法律今典译丛

司法部法治建设与法学理论研究部级科研项目成果

The Machinery of Criminal Justice

刑事司法机器

〔美〕斯蒂芬诺斯·毕贝斯（Stephanos Bibas）著
姜　敏　译

著作权合同登记号　图字:01-2014-4600
图书在版编目(CIP)数据

刑事司法机器/(美)毕贝斯(Bibas,S.)著;姜敏译.—北京:北京大学出版社,2015.8
(法律今典译丛)
ISBN 978-7-301-25427-1

Ⅰ.①刑… Ⅱ.①毕…②姜… Ⅲ.①刑法—研究—美国 Ⅳ.①D971.24

中国版本图书馆CIP数据核字(2015)第018202号

Copyright © 2012 by Oxford University Press, Inc.
"THE MACHINERY OF CRIMINAL JUSTICE, FIRST EDITION" was originally published in English in 2012. This translation is published by arrangement with Oxford University Press."
《刑事司法机器》(第一版)原初于2012年以英文出版。此中译本由牛津大学出版社授权出版。

书　　　名	刑事司法机器
著作责任者	〔美〕斯蒂芬诺斯·毕贝斯 著 姜　敏 译
责 任 编 辑	李　昭
标 准 书 号	ISBN 978-7-301-25427-1
出 版 发 行	北京大学出版社
地　　　址	北京市海淀区成府路205号　100871
网　　　址	http://www.pup.cn
电 子 信 箱	law@pup.pku.edu.cn
新 浪 微 博	@北京大学出版社　@北大出版社法律图书
电　　　话	邮购部 62752015　发行部 62750672　编辑部 62752027
印 刷 者	三河市北燕印装有限公司
经 销 者	新华书店
	965毫米×1300毫米　16开本　22.5印张　302千字
	2015年8月第1版　2015年8月第1次印刷
定　　　价	49.00元

未经许可,不得以任何方式复制或抄袭本书之部分或全部内容。
版权所有,侵权必究
举报电话:010-62752024　电子信箱:fd@pup.pku.edu.cn
图书如有印装质量问题,请与出版部联系,电话:010-62756370

民主与法治视野中的刑事司法改革路径
——《刑事司法机器》中译本序

《刑事司法机器》一书是美国宾夕法尼亚大学著名刑事法教授斯蒂芬诺斯·毕贝斯(Stephanos Bibas)十几年研究成果的结晶。该书分析了美国刑事司法由殖民地时期非专业人士运行的道德剧式的审判,到美国独立后刑事司法专业化发展直至辩诉交易产生的整个过程,并对当前美国刑事司法体制下局内人与局外人之间展开的博弈进行了分析,揭示了美国刑事司法体制中的弊端。毕贝斯教授特别论证了辩诉交易的过度适用所导致的刑事司法大众参与的衰落和道德作用的缺失、局内人与局外人的博弈所导致的刑事实体法价值和法律公信力的削减、政府对刑事司法排他性的控制所导致的刑事程序不能发挥对人际关系、意见交换、治愈当事人的作用等,从而主张从宏观、中观、微观三个层面进行刑事司法体制改革,具体包括监禁制度的改革、公众参与刑事司法的完善以及当事人和陪审团作用的加强等。尽管该书以美国刑事司法运行机制为研究内容,但是书中提出的很多问题是现代世界各国刑事司法实践中所存在的共同问题。该书有利于深入了解美国刑事司法制度,同时对于我国刑事司法制度的发展和完善具有启示意义。

刑事法治作为现代法治内容的重要的组成部分,其实现取决于刑事立法、司法、守法等诸方面的共同促进与完善。刑事司法作为刑事法治中的重要内容,其合理运行是影响法治进步的关键因素。而纵观世界各国刑事司法的发展历程,都是从非专业化到专业化的演进,在这种制度化过程中最显著的变化是道德在刑事司法中所起的作用越来越微弱。制度化的刑事司法体制建立以前,道德判断在刑事审判中起主要作用,审判人员依据道德伦理判定罪与非罪、轻罪与重罪,而民众也能依据团体的道德共识辨别正义与非正义、辨别何种行为被允许何种行为被禁止。刑事审判因为以公认的道德原则为依据而得到人民普遍的遵从和信服,并且,审判中道德的宽恕和救赎效力被发挥得淋漓尽致,刑罚的教育作用也得以实现。随着以法官为最终裁判者的现代文明司法体制的建立,律师开始在刑事审判中起主导作用,被害人被忽视,被告人选择沉默,专业化、机械化的刑事司法程序取代了传统道德剧式的审判,道德价值开始逐步退出刑事审判的舞台。

在刑事司法体制现代化进程中,辩诉交易制度的出现是特色也是必然。其发源于美国,是美国特定社会环境和司法实践的产物。美国的司法体制一直对于被告人的保护较多,而检察官的检察权未受到合理限制,而且诉讼程序繁琐冗长,再加上犯罪率攀升与司法资源有限性之间的矛盾,简易、快捷的辩诉交易机制便应运而生。而后陆续被英国、意大利、德国等国家借鉴和发展。辩诉交易是一种典型的刑事契约,通过控诉方与被告人之间的协商,由控诉方撤销指控、降格指控或建议法官减轻刑罚为条件而换取被告人的有罪答辩。辩诉交易通过减少诉讼投入和缩短诉讼时间极大地提高了诉讼效率,在当前许多国家的刑事司法中都扮演着重要角色。但是,该制度自形成之初就饱受争议,争论的焦点主要在于刑事司法在追求效率化过程中忽视了正义的实现,而辩诉交易基于实用主义哲学和意思自治原则为理论支撑,且结案快、效率高符合司法实践的需要,因此在实践中被广泛适用。

正如斯蒂芬诺斯·毕贝斯教授在《刑事司法机器》一书中提到的,辩诉交易制度有其优越性。辩诉交易的广泛适用保证了美国刑事司法体系的正常运转,但是,该制度同样也存在种种弊端。在辩诉交易中,看似控方和被告方交易权平等,而实际上交易的主动权掌握在控方手中,检察官为了促使被告人作出有罪答辩,有时可能增加与事实不符的指控,而被告人要么选择接受交易,放弃正式法庭审判的机会,要么就只能冒着被判处较重刑罚的危险,交易的合意性和自愿性徒有虚名。而在检察官与辩护律师讨价还价的过程中,刑事诉讼的尊严和权威被剥夺,检察官充当了法官的角色,辩护律师可能成了最大的受益人。并且,辩诉交易由检察官和辩护律师私下达成,案件的快速解决成了终极目标,被告人、被害人、群众的声音无从表达,局内人与局外人之间的鸿沟被无限扩大。需要特别强调的是,这种既不理想又必不可少的案件处理方式被过度适用,导致了灾难性后果:案件事实被隐藏,群众被隔离在司法之外,不能亲眼看到正义被伸张,司法乃至法治的公信力遭到破坏。据了解,目前美国联邦和各州90%以上的刑事案件以辩诉交易结案。面对如此严峻的形势,斯蒂芬诺斯·毕贝斯教授从各个层面提出了具体的改革措施,但不管是宏观层面的刑罚制度的完善,中观层面的提高公众在刑事司法中的参与度,还是微观层面的具体路径的构设,总体而言,辩诉交易机制下的刑事司法体制的改革,其中心内容都是致力于刑事实体法基本价值理念的恢复,并以这些理念的实现为改革的目标和方向。

  道德理念是刑事实体法的基本价值理念,刑事司法作为刑事实体法实现的保障,刑事司法应该以道德目标的实现作为基本的价值追求。道德价值在刑事司法中的实现,既体现在法官应该严格依照刑事实体法的规定作出公正的判决,又体现在刑事审判中应该充分尊重诉讼当事人的基本权利以及确保民众道德监督作用的实现。而随着律师在刑事司法中"代言人"作用的加强,特别是辩诉交易机制下,交易的隐秘性、案件事实的模糊性和群众的零参与性,使得刑事司法越来越趋于非道德性。道德作用在刑事司法中的缺失使刑事审判变成了单纯解决纷争的高速运转的机器,而民众参与的缺乏使刑法的一般预防功能和教育作用难以实现。斯蒂芬诺斯·毕贝斯教授提出的提高刑事司法的透明度和公众的参与度,有利于发挥人民群众的道德监督作用,使刑事司法更加人性化。同时,被告人和被害人权利的恢复有利于增强二者之间的交流和沟通,通过悔过和道歉等道德方式修复受损的人际关系,从而从根本上治愈双方当事人。

民主与法治是一对相辅相成的概念,刑事司法中的民主通常从两个方面来体现,即"参与"和"监督"。司法民主中的参与包含普通民众的参与和当事人的参与。普通民众的参与是民主法治社会的重要标志,其中陪审制度是民众有效参与司法、司法反映民意的最基本方式。而当事人的参与,特别是犯罪嫌疑人、被告人、被害人的参与,是司法公正的基本要求,因为审判的本质就在于受判决直接影响的人能够参加判决的制作过程。对于监督而言,民众对司法的监督是最有效的监督,能否得到民众的支持和信任,是衡量现代司法公正与否的重要标准。在现代法律体制下,刑事司法权专属于国家,公诉人员以国家的名义对犯罪提起诉讼,由法官依据事实和法律作出最终裁量,刑事司法完全代表国家的利益,特别是在辩诉交易机制下,隐秘的辩诉交易取代了公开的刑事审判,司法的民主性进一步遭到削减。司法民主性的衰落首先表现为被害人的权利和地位被忽视。被害人是权利直接遭受侵害的个体,作为与判决结果有直接利害关系的当事人,被害人有权参与刑事诉讼的每一环节,并有知情权和自由表达的权利。但辩诉交易通常是辩诉双方私下进行,由法官对辩诉双方达成的协议进行形式审查,被害人被隔绝在程序之外,意志无法表达,利益也很容易被忽视。被害人在辩诉交易中的缺位,很可能导致被害人在诉讼中受到制度性的二次伤害,同时不利于和解的达成和社会关系的修复。其次,普通民众参与司法的权利被剥夺。辩诉双方达成有效协议后刑事审判程序被省略,群众因而丧失了对案件事实的知情权,同时公众对刑事司法的监督作用也不能实现。在刑事司法制度的改革中,应该致力于恢复被害人在刑事诉讼中的主体地位,同时让更多的人参与到刑事诉讼中来,通过完善陪审团制度和增强刑事司法的透明度,发挥大众对于刑事司法的监督作用。

刑事司法追求效率化过程中,正义价值的实现遭到挑战。正义与效率作为刑事司法两个最基本的价值目标,二者之间时常发生冲突,如何在正义与效率之间实现价值平衡,是所有国家在司法实践中不断努力探究的问题。当代刑事司法对效率的追求是有其合理性的。随着科学技术的发展和社会关系的复杂化,各国犯罪率越来越高,并且犯罪呈现出智能化、多元化的趋势,这为案件的侦查增加了难度,越来越多的案件积压需要得到解决,因此对效率的追求变得更加迫切。在寻求如何快速解决刑事案件的过程中,司法正义的实现必定面临挑战,这也是辩诉交易制度遭受质疑的主要原因之一。而有学者提出,正义是相对的,并且是不断变化的,辩诉交易制度所体现的是确保有效定罪、迅速结案的现实主义公正观。我们承认即便是在法庭公开审理,群众有效监督的情况下,也很难实现绝对的正义,但我们不能因此放弃实现绝对正义的追求。司法制度的改革应该要确保在实现正义的前提下追求效率的最大化,要保证正义这一司法活动的最根本价值目标得以实现,并且正义不仅应当实现,而且要以人们看得见的方式实现,要将审判搬上"舞台",让正义呈现在光明之下。总体审视,《刑事司法机器》一书中提出的当代刑事司法在专业化、效率化过程中对基本价值理念的忽视这一问题,对世界各国刑事司法的发展都具有警示意义,非常具有理论意义和实践意义。

《刑事司法机器》一书的译者姜敏副教授是西南政法大学法学院的老师,也是我带的北京师范大学刑事法律科学院的博士后。姜敏副教授本科毕业于四川外语学院,通过英语专业八级考试。同时在北京师范大学刑事法律科学院做博士后期间,获得国家公派世界著名的美国宾夕法尼亚大学法学院学习一年的机会。因此,从翻译英文专著的英语专业角度看,姜敏副教授具有非常良好的外语功底。同时,姜敏副教授主持过国家及省部级社科基金项目,还获得了中国博士后面上赞助基金和中国博士后特别赞助基金项目,发表过多篇学术论文。因此,作为该书的译者,姜敏副教授既具备良好的外语功底,亦具备一定的法学专业功底。而从本书的翻译本身看,达到了信、达、雅的翻译要求。虽然没有彻底摒除翻译的痕迹,但不失为一本优秀的法学译著。

是为序。

赵秉志

中国刑法学会　会长

北京师范大学刑事法律科学院　院长

北京师范大学法学院　院长

二〇一五年二月

目 录

致谢 ... 1

内容概述 ... 1

本书研究主题 ... 1

导言：理论争鸣、现实和道德 ... 1

第一章 从道德控制到刑事司法机器控制的漫长转化 ... 7

一、早期美国殖民地时期的刑事司法 ... 8

   1. 小城镇的道德 ... 8

   2. 非专业人运行的司法 ... 10

   3. 宽容与怜悯之纬 ... 17

   4. 殖民主义时期重新回归社会的刑罚 ... 22

二、美国独立后的刑事司法 ... 31

   1. 刑事司法不断变化的目标 ... 31

   2. 刑事司法的专业化 ... 34

   3. 辩诉交易的产生 ... 39

   4. 隐藏在监狱墙后的刑罚 ... 43

   5. 刑事司法宽容与怜悯之纬衰微 ... 49

第二章 当代非透明、非共鸣性的刑事司法 ... 56

一、刑事司法参与者 ... 57

2　刑事司法机器

　　1. 控制刑事司法的精明且自私的局内人　　57
　　2. 渴望司法正义的被排出刑事司法制度的局外人　　63

二、刑事司法中局内人和局外人的博弈　　75
　　1. 第一局：局内人制定程序决定诉讼规则　　76
　　2. 第二局：局外人试图监督局内人　　79
　　3. 第三局：局内人程序自由裁量权削弱改革　　81
　　4. 第四局：受政治怂恿的局外人企图自己解决问题　　83
　　5. 第五局：局内人逃避最基本的"强制性"改革　　86

三、局内人和局外人博弈的代价　　90
　　1. 消减刑事实体法的价值和有效性　　91
　　2. 破坏刑事法治的合法性和信任　　94
　　3. 妨碍公众监督和公众利益　　97

四、辩护律师和被告人之间的不信任　　99
　　1. 局内人辩护律师的利益和压力　　99
　　2. 被告人的过度乐观和冒险态度　　103
　　3. 被告人沟通困难、缺乏信任和话语权　　104

第三章　刑事司法机器视域下的反驳、悔恨、道歉和原谅　　110

一、反驳和含糊其辞　　111
　　1. 反驳中被告人的答辩　　111
　　2. 对无辜者错判的风险　　119
　　3. 假反驳的代价和坦白的价值　　123
　　4. 道德在审判中的价值　　132

二、悔过、道歉和原谅　　137
　　1. 当代刑事司法中悔过与道歉的式微　　138
　　2. 犯罪概念的相对性　　144
　　3. 非刑事法语境的启示：民事调解　　153

第四章　刑事司法体现谁之利益　　156

一、政府对刑事司法的垄断　　157
二、国家机器的不完全替代选择　　165

  1. 被害人的权利 *165*
  2. 恢复性司法 *175*
  3. 治疗性司法体系和问题解决型法院 *187*

第五章　普适道德论与机械有效论的对弈 *199*
 一、效率对道德评判的取缔 *200*
 二、实体道德目标沦陷之因 *205*

第六章　在专业人士驱策的体系中还权于公众 *227*
 一、宏观层面的改革之路 *231*
  1. 从监禁的闲置到工作、责任与改造 *231*
  2. 附带性后果与重返社会 *243*
 二、公众参与刑事司法的中间层面改革 *249*
  1. 提高刑事司法的透明度 *250*
  2. 提高公众的参与度 *255*
 三、微观层面的路径构设 *259*
  1. 让被害人拥有知情权和获得咨询权 *259*
  2. 被告人知情权和参与权 *264*
  3. 恢复性量刑陪审团 *267*

案例目录 *281*

索引 *285*

参考文献 *291*

译后记 *318*

致　谢

本书是在我十几年的研究成果基础上发展而成，亦可谓十年一剑。我的法学导师 Akhil Amar 和 John Langbein 对美国刑事司法正义缺失评估的截然不同的观点，让我对这个课题非常感兴趣：Amar 强调刑事司法大众参与的衰落，而 Langbein 强调控辩交易如何使刑事专业人士基于利己主义的原因而规避刑事公开审判。在我担任美国第五巡回上诉法院帕特里克·希金波坦法官和联邦法院肯尼迪大法官的助理时，两位都教导我去欣赏陪审团参与公开庭审的价值。而美国检察官办公室的诸多主管和同事，为我提供了陪审团审判和控辩交易在实践中如何进行的诸多线索和资料，尤其是 Vernon Broderick、Andy Dember、Cheryl Krause、Peter Neiman 和 Rich Sullivan 给我提供了巨大的帮助。他们帮助我开阔了视野，并让我明白了现实距离历史上的理想是多么的遥远。

作为一个学者，我是诸多慷慨指导者的受益人，尤其是 Al Alschuler、George Fisher、已故的 Dave Baldus 和 Bill Stuntz，均以榜样式的角色教导我。诸多的同仁们讨论、阅读、评论该书的草稿及以前的关于该书的手稿，并提出了中肯的建议和指导，包括 David Abrams、Matt Adler、Anita Allen、Al Alschuler、Laura Appleman、Regina Austin、已故的 Dave Baldus、Rachel Barkow、Amy Barrett、Chris Beauchamp、John Beckerman、A. J. Bellia、Doug Beloof、Doug Berman、Anita Bernstein、Randy Bezanson、Peter Blank、Josh Bowers、Don Braman、Curtis Bridgeman、Peg Brinig、Darryl Brown、Steve Burbank、Bill Burke-White、Emily Buss、Paul Butler、Paul Cassell、Gabriel Jack Chin、Jonathan Cohen、Tino Cuellar、Angela Davis、Antony Duff、Jeff Dunoff、Margareth Etienne、Jeff Fagan、Mary Fan、Nita Farahany、Kim Ferzan、

Claire Finkelstein、George Fisher、Mike Fitts、George Fletcher、Dave Franklin、Carolyn Frantz、Doug Frenkel、Amanda Frost、Nicole Garnett、Rick Garnett、Brandon Garrett、Steve Garvey、Jill Gaulding、Adam Gershowitz、Gary Goodpaster、Craig Green、Lewis Grossman、Bernard Harcourt、Jill Hasday、Andy Hessick、Carissa Hessick、Adam Hirsch、David Hoffman、Herb Hovenkamp、Kyron Huigens、Mark Janis、Dan Kahan、Leo Katz、Nancy King、Russell Korobkin、Seth Kreimer、Ken Kress、Anne Kringel、Herb Kritzer、John Langbein、Sophia Lee、Renée Lettow Lerner、Howard Lesnick、Doug Lichtman、Matt Lister、Erik Luna、Dan Markel、Terry Maroney、Toni Massaro、Serena Mayeri、Tracey Meares、Rob Mikos、Marc Miller、Jon Molot、Stephen Morse、Jeffrie Murphy、Bill Nelson、Nate Persily、Anne Joseph O'Connell、Sarah Paoletti、Gideon Parchomovsky、Todd Pettys、Eric Posner、Margaret Raymond、Kevin Reitz、Jenny Roberts、Paul Robinson、Ed. Rock、Irene Merker Rosenberg、Jacqui Ross、Richard Ross、Dave Rudovsky、Ed. Rubin、Ted Ruger、Hillary Sale、Barry Schwartz、Cathy Sharkey、David Skeel、Chris Slobogin、Bruce Smith、Carol Steiker、Kate Stith、Geof Stone、Lior Strahilevitz、Heather Strang、David Strauss、Cathie Struve、已故的 Bill Stuntz、Rick Swedloff、Sandy Guerra Thompson、Lea Vandervelde、Mike Wachter、Kevin Washburn、Amy Wax、Bob Weisberg、Peter Westen、Jerry Wetlaufer、David Wexler、Tess Wilkinson-Ryan、Norman Williams、已故的 Bruce Winick、Ron Wright 和 Tung Yin。

  本书的写作时断时续。书中的部分观点是借鉴几位前辈的文章中观点,并在此基础上进行了创新。这些文章包括:*Transparency and Participation in Criminal Procedure*,81 New York University Law Review 911(2006)(该文章的内容在第二章和第六章均有论及);*Plea Bargaining Outside the Shadow of Trial*,117 Harvard Law Review 2463(2004)(该文章是第二章最后部分的主要资料);*Harmonizing Substantive-Criminal-Law Values and Criminal Procedure*;*The Case of Alford and Nolo Contendere Pleas*,88 Cornell Law Review 1361

(2003)(这些文章是第三章的主要资料);*Forgiveness in Criminal Procedure*, 4 *Ohio State Journal of Criminal Law* 329(2007)(我把该文章的内容融入了第三章和第四章)。当然本书第三章和第四章的较多内容是源于我和理查德·A.比尔施巴赫以前合作的作品(参见斯蒂芬诺斯·毕贝斯和理查德·A.比尔施巴赫在2004年发表于《耶鲁法律评论》第114期上的文章:*Integrating Remorse and Apology into Criminal Procedure*。)

特别感谢理查德·A.比尔施巴赫,作为我亲爱的朋友,围绕某些观点他花费了大量的时间和我进行交流和探讨。这些观点和意见对我和该书的书稿有很大的帮助。本书第三章就是我们讨论和合作的成果,我亦很遗憾他不能和我一起合著本书。

如果没有以下这些人的帮助,我不可能完成本著述。他们是:Micole Allekotte、Jeffrey Andersen、Elizabeth Augustine、Joseph Baranello、Bryan Bennett、James Borod、Jacob Boyars、Jessica Chiarello、Pietro Deserio、Jordan Esbrook、Jonathan Fisch、Trevor Foster、Kate Gregory、John Harbin、Keith Kasten、Indira Khan、Agatha Koprowski、Christopher Lee、Svetlana Mirkis、Ted Moore、Nick Moses、Brian Powers、Joline Price、Kerstin Rademacher、Brian Raimondo、Jenn Sasso、Kristen Scoville、Katrina Smith、Jessica Urban、Yiyang Wu。诸多的图书馆工作人员,尤其是 Ed. Greenlee、Ben Meltzer、Ellen Qualey 和 Merle Slyhoff 为本书的研究提供了重要的帮助。

我担心我薄弱的记忆和粗陋的记录,使我怠慢或疏漏了那些帮助我写作本书的朋友和同事。在此,我表示深深的歉意。

亲人无微不至地关爱和支持我。我特别感谢我的父母 Haritos 和 Cleo Bibas,以及我亲爱的兄弟 Greg 和 Andrew。当然,在烦闷琐碎的日常写作中,我可爱的儿子 Hariton 和 Maximos 给我带来了无穷的欢乐。对于我而言,即将出世的小女儿 Elizabeth 是我准时完成书稿的强劲动力。但最重要的是要感谢我最爱的妻子 Juliana,她是我亲爱的伴侣和最好的朋友。她的持久陪伴与支持激励着我披荆斩棘。

谨以此书献给我的爱妻 Juliana。

内容概述

本书第一章复述了刑事司法机制的历史。殖民地时期的美国人把刑事审判看做是一场道德剧。受害者代表自己（没有律师）启动并且经常起诉他们自己的案件，被告人经常亲自为他们自己辩护。来自邻近地区的外行人作为陪审员进行审判，甚至很多法官缺乏法律培训。由于多基于常识性的道德争论，审判进行得非常快，随着受害者把他们的经历说完后，被告人作出回应，过程中没有适用法律术语。社区很小，很容易告诉街坊邻里正在发生着什么事，所以小道消息散播得非常快。刑罚甚至是一种公共事务，如同城镇广场上的绞刑架和足枷，被民众知晓。确实，此时的刑罚可能是野蛮残酷的，没有程序保障，而且种族、性别和阶级偏见如乌云般笼罩着这个场景。尽管如此，殖民者有一个我们已经丢失的重要优点：当地社区成员的积极地参与，并且这些人确实能亲眼看到正义得到伸张。

各种各样的力量改变了这个画面。律师的主导地位不断随着工作量的增加而上升，法官发展出技术性很强的证据规则、指示陪审团的样板文件及与（能够处理样板文件的）律师串联合作的程序。律师被假定为委托人服务的代理人，检察官被假定为在审判中公众和受害人利益的代表，而辩护律师则被假定为被告的利益的代表。但律师曾经且现在仍然通过各种可以减轻他们自己工作量及避免危险性审判的方式处理案件，且更关注自身利益，特别是倾向于关注那些可量化的利益。①

---

① 具有影响力的最近的控辩交易，熟练地探讨了检察官和法官的自身利益是如何与处理不断增长的民事案件数量之需要的相互作用。乔治·费希尔：《控辩交易的胜利：控辩交易在美国的历史》，斯坦福大学出版社 2003 年版，第 19—58 页、第 111—136 页。

律师的出现不仅把受害人排除在外、使被告沉默及通过控辩交易绕开陪审员,而且把刑事审判隐藏在公开法庭之外,正如监狱把刑罚隐藏在高墙之后一样。因此,刑事司法系统不仅变得更不具有参与性,而且更不透明。专业人员贿赂控辩交易机制,通过绕开非专业人员使控辩交易加速完成。在这个过程中,律师提高了案件处理的效率,而且使昔日的道德剧式的审判萎缩退化。第一次受到刑事审判的非专业人员看到他们渴望的普遍正义,与非道德性的千篇一律的控辩交易的现实之间,确实存在巨大的鸿沟。

重点不是将过去传奇化,表明其束缚了我们,主张重新恢复鞭笞或以死刑处死暴民,而是要帮助我们知道我们从哪里来,甚至仅仅只是帮助我们理解为什么我们的刑事司法没有满足我们的期待。这种历史叙述亦给我们启发,且赋予我们继续完善现在刑事司法系统的力量,让我们能够对之进行批评并考虑可能的改革。

诸多读者可能希望跳过历史概述,直接开始探讨第二章研究的问题。第二章讨论的是刑事司法局内人和刑事司法局外人之间的鸿沟。局内人是指那些日复一日地在刑事司法机器中处于支配地位的法官、检察官、辩护律师、警察及缓刑假释官。他们具有不同的正义感、丰富的知识、巨大的权力,是反复的表演者,且用能达到结果的手段促使高效率地处理案件。局内人能够预知结果是什么,所以他们可以达成反映那些期望的交易,并且节省每一个人的时间和金钱。迅速的交易使所有局内人高兴:检察官、辩护律师和法官都减轻了自己的工作量,从而继续处理其余待处理案件。于是,局内人几乎看不出有什么理由要通过法庭仪式来达成可预见的定罪和判决。他们也看不出有什么必要把局外人纳入其中。在他们看来,他们自己是最了解怎样运行刑事司法机器以服务于局外人利益的专业人士。

相对应地,局外人是指非专业人士而不是律师。其中包括受害人和公众,在一定程度上亦包括被告。对于局外人而言,刑事审判似乎是难懂的、技术性的,且与道德无关。局外人所知道的,基本上都是来自于轰动一时的新闻轶事及富有刺激性的犯罪剧,而这些与极其简单的小案件中单调乏味的控辩交易大相径庭。局外人几乎没有参与刑事案件的途径。最后,局外人缺乏局内人快速处理诉讼事件的利益,局外人不会变得厌倦或懒散,且主要关注正义的实现。

在局外人看来,正义的实现并不意味对被告尽可能多的施加最严厉的刑罚。同时,公众常常受到错误平均量刑信息的误导,而当获知实际判决时,往往又认为量刑较重,甚至量刑过重。人们不能假定现行法律是严苛的,因为那是公众真正想要的。这些法律通常是由扭曲的、功能失调的政治程序形成的。这些扭曲的出现,在某种程度上是因为受挫的局外人通过大声疾呼更加严厉的大规模改革,来抽象地发泄他们的不满造成的。然而,当他们面对具体案件时,普通公民赞成尽可能轻的量刑,甚至赞成比各种各样的刑法所规定的刑罚明显更加轻缓的量刑。由朱利安·罗伯茨等人进行的大量实证研究证实了这一惊人的发现,笔者将在第二章的第二部分中进行讨论。总而言之,在个人层面上,局外人的判断要细致得多,而且不那么严厉。不幸的是,由于局外人很少担任陪审员,相反,影响的是立法和普通投票。在立法过程中,抽象的、宏观的视角在很大程度上取代了特定的、具体化的视角。除了实质上公正的定罪和量刑外,局外人还希望看到被告通过公平的、参与式的程序被公开地追究法律责任。

信息、参与及价值观念中的差异,造成了自利的局内人和被排除在外的局外人之间持久的紧张关系。这种结果是一种拔河比赛式的博弈关系。局内人操纵实体性规则和低透明度的程序,按照他们的喜好任意地处理案件。局外人试图通过改变实体政策,也就是通过创设新的犯罪和量刑来约束局内人。于是,局内人在程序上破坏这些约束条件等等。由于局内人的信息渠道更畅通,并且持续不断地参与其中,局外人发现很难赢得持久的胜利,但是阶段性地会被激怒继而奋起反抗。

这种拔河式的博弈会从很多方面损害刑事司法。其能激起选民要求制定简单化的、粗糙的法律,使局外人难以监督局内人的运作。局内人因此过度自由地追求自己目的的实现,而不是追求受害者和公众的利益实现,这破坏了民主。当局内人与作出的判决没有关系时,这种问题尤其尖锐。每天从郊区乘车上班的联邦检察官或法官,不跟市区的受害者或被告人的家人住在一起,或无法听到他们的声音。局内人和局外人之间的这种鸿沟,会损害刑法的效力,从而使法律太不明确而无法有效地威慑并谴责犯罪。这种鸿沟削弱了刑事司法为被害人伸张正义、治愈被害人及给受害人和公众提供精神宣泄的能力,并且削弱了公众对法律的信心和信任,从而使公民不愿意遵守法律。

辩护律师和委托人之间也存在着这种巨大鸿沟,作为局内人的辩护律师,对跟检察官和法官和睦相处及处理他们巨大的待处理案件数量有着浓厚兴趣,特别是因为大多数辩护律师工作过度而且资金不足。被告则过于乐观、拒绝认罪而且倾向于冒险。教育状况、表达能力、阶级、种族、性别等方面的巨大差异阻碍了沟通。被告人不信任给他们指定的律师,因为他们没有为这些律师付费。辩护律师一个人夸夸其谈,有效地使他们的委托人保持沉默并使其失去影响力。律师把使刑罚减至最轻限度并解决案件看做是自己的工作,但是在这样做的时候,他们会忽视委托人表达自己想法、道歉及要求和解的需求。政治上的激烈竞争不会爆发,因为被告几乎没有政治权力和经济实力,但是这些巨大差异损害了意见表达、监督以及信任。

在第三章中,笔者关注刑事司法机制最严重缺陷之一:未能为被害人伸张正义或者治愈被害人。运作该机制的专业人员,把他们的工作看做是分配不受个人感情影响的刑罚,而不是传递道德信息或修复受损的人际关系。控辩交易机制的迅捷性,是刑事司法机器快速且便宜地处理了大量的待处理案件,但这是以许多其他的刑事审判价值理念为代价的。控辩交易和量刑不仅反映个体性的被告的恶性程度,而且反映律师的利益、能力和工作量。在最大程度上,刑事司法会考虑被告需要多大的报应、威慑和多大程度的资格剥夺。尽管这些因素是非常重要的,但这些因素是静止的,过高地估量了刑事审判对那些参加者进行改造的动态潜能。刑事审判不仅能够降低未来的犯罪,而且能够修复因犯罪而破裂的人际关系。然而,当前的刑事审判在很大程度上忽略了这些目标。

特别是,刑事诉讼程序使被告能够拒绝认罪,并且几乎不采取任何措施表达悔意和歉意以求得受害人的宽恕。一个否认自己有罪的刑事被告人,仍然可以承认有罪并获得认罪答辩从而获得打折的量刑,那么这种认罪最多只是勉强认罪而已。这些模棱两可的认罪答辩,使被告人、被告人的家人、受害人及公众失去了明确解决问题的机会,使被告人拒绝认罪进而使其更有可能重复他们的犯罪,而且剥夺了受害人进行澄清的机会。与之对应,陪审团审判和明确的认罪答辩,有机会向受害人澄清案件,能够为受害人伸张正义、谴责犯罪并给被告人以教训。仍然拒绝认罪的被告人,需要陪审团审判来对他们进行谴责或者确定他们无罪,给被告人、受害人及公众传递明确的信息。

刑事诉讼程序对于悔意和歉意的表达具有相同的盲点。犯罪不仅仅是关于个人的不当行为,还涉及被损害的社会关系。刑事诉讼程序仅把悔意和道歉作为衡量个体被告人需要多少报应、威慑和剥夺资格的非充分必要标准。但这些手段亦对修复受损的人际关系、为受害人伸张正义及教育犯罪人,并使犯罪人重新融入社会具有巨大的力量。

同样的,在过去,宽恕一直在刑事诉讼程序中发挥着更大的作用。但今天,国家及其专业人员控制了刑事诉讼程序,并且在很大程度上将局外人排除在外。刑事司法程序几乎没有给局外人(比如受害人和被告人)留下表达自己想法、悔过和道歉的空间。

问题的部分原因在于局内人的个体化恶性模式,把被告人看作与他们所损害的人际关系网和社会网相分离的个体。另一个问题是刑事诉讼程序忽视了许多刑罚的实质性正当化事由,比如忽视了教育被告人、公众及为受害人伸张正义的功能。在法学院,我们把刑法和刑事诉讼法当做完全独立的学科进行教授。当然,程序法的存在是为了补充并帮助实体法的实现。刑事诉讼法需要更加认真地采用许多作为刑事实体法基础的价值理念,而且刑事实体法应该服务于这些价值理念。现在的刑事司法则仅仅使成本最小化并且使效率、剥夺资格及威慑力最大化。这些目标的确是实体上的价值,但程序法忽视了许多其他的实体价值。

第四章研究的是通过在刑事审判中增加新的、不同的来自非专业人士的声音来纠正上述缺陷。国家对刑事审判的垄断,使其对有价值的人类利益和局外人的需求熟视无睹。犯罪不仅危害了不具人格的国家,而且危害了实实在在的公民个体。现实中的这些公民个体在刑事诉讼程序中,应该受到更多关注,应具有更大的权利。受害人和犯罪人之间的调解和面对面的交流提供了这种希望。国家在缓和复仇欲望和确保平等中应该发挥作用,而且亦是非常有帮助的。但国家控制不应该排挤实实在在的受害人、被告人及社会公众的需求和声音。他们都应该拥有发言权,当然这并不意味着给予受害人否决权。中立的法官和陪审团必须保留最终决定权。受害人和社会公众至少能够通过表达他们的观点来约束检察官。向受害人授权不是许可复仇。较之于对在公正的诉讼程序中表达自己的想法并发挥一定作用的重视,受害人对控制审判结果的重视程度要轻得多。

笔者的个体化、参与式的刑事司法体系建议,同最近三个刑事司法运动有相似之处:受害人权利保护、恢复性司法以及治疗法理学。所有这些运动都是有价值的智慧,但是都仅仅提供了一部分公众所渴望的道德剧的部分情节。首先,受害人权利运动恢复了对受害者需求的关注,受害人经常在由律师控制的以国家名义展开的刑事诉讼程序中迷失自己。一些受害者的代言人能正确地强调应尊重受害人并倾听他们的声音。但受害者的言语通常被视为具有报复性,只是为了法律与秩序施加严厉惩罚的幌子。但很多人认为,使受害者更快乐的唯一方法是更加严厉地惩罚被告人,即使受害者通常更加关注是否被尊敬和被告人是否道歉。其次,恢复性司法强调相互交流。超越检察官和辩护律师之间单维度的零和博弈这一想法,是吸引人的,而且参与者似乎能够得到更加满意的结果。困难之处在于,大多数恢复性司法的热衷者,比如约翰·布雷斯维特,留给国家谴责或刑罚发挥作用的空间太小。最后,治疗法理运动正确地集中关注法律体系的程序如何能够对犯罪人、受害者及其他人进行情感治疗和心理治疗。最后,治疗法理学的治疗避开了有利于治疗的谴责。因此,其和恢复性司法一样,不愿意谴责并且不愿意使用道德方法,从而使治疗法理学是不完全的。

所有这种说教式空谈,可能使许多读者感到不安。我们的多元社会包含各种不同的宗教信仰和道德信念,所以我们对于参加道德说教感到不自在。依靠诸如效率、成本和所处理案件数量的中立标准,反而似乎是一种更安全的方法。于是,律师能够运行该系统最大限度地提高效率,掩盖棘手的本应该由陪审团进行的道德判断。

第五章研究的是刑事诉讼程序对效率的依赖,并把效率最大化视为是程序的道德价值。刑事诉讼程序试图最大限度地提高效率,但律师很少考虑应该怎样做才是高效率的。刑事审判在大众的想象中是输送道德,而且程序的道德意义与其合法性紧密相连。在这一点上,刑事审判与其他法律程序相比,更加突出。尽管控制犯罪是局内人和局外人共同关心的一个问题,但局外人想要实现更多的价值。他们希望刑法辨明无辜的被告或被冤枉的被告,并且对有罪的人进行谴责。

但为什么刑事诉讼程序的法律话语如此脱离相同主题的广为流传的道德话语?其中部分原因在于刑事诉讼法与刑事实体法的人为的学术分离,另一部分原因在于局内人的官僚政治观念和对数量、效率及成本的强调。但最多的原因在于知识分子对此的担忧,即担忧道德判断即使在最好的情况下亦是有争议的,而更可怕的是道德判断最坏的可能是产生任意武断且不具有宽容性的结果。与之对应,效率和威慑力的科学语言,看起来是客观且无可争议的。学者和律师们也担心大众接受的道德亦是残酷无情的,有些人甚至宁愿相信他们自己的怜悯仁慈观念。

尽管存在理论上的怀疑主义,然而正如笔者在第五章的第二部分所表明的,在刑事司法的基本问题上,美国人已具有足够道德共识,支持坚定的道德诉求和话语。首先,诸多学者进行的实证研究表明,外行人对犯罪的看法强调报应,并且在追究责任和对罪责的排列上表现出显著的一致性。关于何时进行归罪以及应该在多大程度上谴责的道德共识,在那些侵犯人身和财产权利的犯罪中表现得最为明确,甚至对所谓的无受害人犯罪和道德犯罪,也存在实质性的一致意见。其次,在讨论诸如死刑的热点问题的时候,非专业人士认为,较之于采用有争议的道德话语,援用中立的威慑语言则更加中肯。然而,真正促成他们进行判断的是那些富有表达功能的关于犯罪的道德判断。再次,非专业人士把这些道德期望带入刑事诉讼程序。他们不仅关注法律程序是否达成了正确的结果,而且关心这些程序是否是公平和合法,关注是否给予非专业人士足够的发言权和影响力。非专业人士期望在法庭上获得话语权,从而可以谴责、悲伤、道歉及原谅。刑事司法机制忽视这些期待。最后,非专业人士并不像律师所想当然认为地那样严酷无情。大众接受的道德话语既囊括了正义与怜悯,又包含了惩罚与宽恕。

更认真地对待这些因素并且使它们公开化,能提高公民对司法制度之合法性的观念,而不会导致过度的价值观念冲突。对价值观念冲突的担忧不应该导致我们压制道德话语,并使其成为形式的参考因素。正相反,健全的道德话语能够巩固、完善并加强共同体的道德准则和道德期望。然而,认真考虑这些想法,将需要对刑事司法机制进行实质性的改革。

已经认识到该制度已经出现问题并且与大众遥不可及的读者,可能希望跳到最后一章——讨论如何解决这些问题的一章。第六章开始思考在一个受法律人驱策的体系中,人们如何能够把权力还给非专业人士。我们不能摧毁整个机制并退回到由外行人运作的刑事司法机器中去。美国刑事司法系统不能用那种方式处理其巨大的待处理案件数量,而且牺牲所有程序权利和专门技术的代价将是无法容忍的。但非专业人士如何能够在刑事审判中发挥更加实质性、更加积极的作用,是一个值得认真思考的问题。

刑罚首先就应该更加可见,更加注重修复,并且应促使罪犯在支付了他们对社会的债务之后重新融入社会。所有体格健全的犯人都应该工作以偿还受害者、国家及他们自己的家人。工作甚至参加军队或者民团工作,都是亲社会的、减少犯罪者的反社会行为并且教给他们良好的习惯的方式。同样的,强制性教育培训和职业培训及戒毒,将教给他们宝贵的技能,并帮助他们出狱后重新作为守法公民。减轻定罪的附带影响将同样地促使犯人重新融入社会。

然而令人感慨的是,上述提出的宏观层面改革将会迎头撞上制度性障碍。军方领导人将会拒绝让大量不熟练并且存在纪律问题的罪犯进入军队,而工会和企业也反对跟狱中的劳役竞争。面对这些根深蒂固的障碍,要在全国自上而下的采取这种补救办法的愿望是暗淡的。而且对于一个单一的全国性补救办法,该问题也是千差万别的。法律或最高法院的判决,乃至连续性的改革方案,能不能用来修复我们已经被破坏的制度。然而,我们需要自下而上的民众主义来寻求一种多方面的方法。改革更有可能发生在中等水平的州、城市和社区及个体化刑事案件的微观层面上。各种各样的局外人压力,通过社交网络技术被组织起来并放大,其能够引领局外人的声音以及他们在各个层面参与的愿望。

这种制度可能鼓励他们参与刑事诉讼,被告人能够扮演具有较大发言权的角色,而不是由他们的辩护律师说出所有的话而自己保持沉默。特别是在他们服罪之后,他们不必担心自证其罪。判决之前或之后的辩解会谈、宣判听证会及受害者——犯罪者调解会议,能够给被告人提供更多的机会去倾听和表达。他们能够作出公开道歉,并且能够通过强制性工作偿还他们的家人和受害者。由于已经被公开追究法律责任并偿还了他们的债务,被告人将会如愿重新融入社会而不是永远被避开。

受害者也能够发挥更大的作用。从调查开始,警察和检察官能够使用自动化的计算机系统来通知受害者逮捕、保释状态和听证会,控诉,辩诉讨论和控辩交易以及判决。从调查到起诉的整个阶段,受害者能够拥有与检察官协商的权利。他们还能够在这些庭审以及与被告人面对面的会谈中,具有选择更大发言权角色的权利。恢复性程序给了受害者和被告人更大发言权的可能,虽然亦不是完美的方式。

在独立个案中,通过社区治安和起诉座谈会,与检察官和警察协商,公众甚至能够获得更多的信息和更广泛的权利。此外,新的恢复性量刑陪审团,能融合恢复、报应及富于表现力的谴责。受害者和被告人将会发表意见,检察官将会证明他们的控辩交易的合法性,而陪审团将会最终决定应该怎样量刑和折抵刑期。这将从根本上改变现行法律。检察官将不能再就被指控的犯罪或就事实问题讨价还价。控辩交易能够建议一种较轻的量刑,但首先检察官必须使社区陪审团相信该刑罚适合该犯罪。据此,控辩交易将不再是检察权的不成熟运用,而是由陪审团批准的有说服力的、公开的正当化事由。

授权给受害者能够把执法重点转向暴力犯罪和财产犯罪,并且远离所谓的无受害者犯罪,除非特定的间接受害者受到不法侵害或者提出控诉。举例来说,禁毒法的执行可把注意力更多地集中在那些受炮火、骚乱以及其他外溢效应危害的社区。警察和检察官不应该完全受制于受害者,尤其是当他们要求不成比例的严厉或宽大处理的时候。人们不想赋予家庭暴力者因威逼他们的受害者、使其屈从而取得费用的权力。但是执法官员应该留心并更加注重受害者所关心的这些问题。

当然,这些解决方案是有成本的。将更多的当事人纳入其中将延缓诉讼程序,花费更多成本,并且减少该系统能够处理的刑事案件数量。也就是说,改革可能减少该系统能够给予的报应、威慑力以及剥夺能力的总数。但有些时候,牺牲数量换取质量是值得的。有些被告人或者受害者可能比其他人受到更好的对待,特别是那些白种人、女性、口才好的人、受过良好教育的人以及富人。更大的个性化具有降低形式平等性和中立性的风险,这会引发对偏见的担忧。很多被告人将试图玩弄这个系统,假装悔意和道歉以博得量刑折减。但是许多这样的问题已经存在于现状中,同时,将它们公开化很可能会缓和这些问题。此外,人们至少可以希望,这些短期成本将会通过长期效益:重塑社区并最终降低犯罪率,来证明刑事司法的合理性。

本书研究主题

　　内容概述部分揭示了刑事审判中深深的断层现状,其中的诸多问题亦反复出现在上面的论述中。本书的第一个主题是:法律人士和非专业人士之间的鸿沟。由于法律人士倾向于记录法律制度的规定,所以他们有时忽视这种鸿沟,或将之归咎于非法律人士的无知。法律人士相信自己是法治的守护者,并且怀疑公众的参与法律、平等及理性道德判断相对立。法律人士强调数量和结果,他们认为自己是在尽可能多地审判该系统所应处理的案件。

　　但局内人和局外人之间的鸿沟太深、太严重,并不能如此迅速地消除这种鸿沟。局内人理所当然地认为其应该专属享有这些权利与知识,却忘记他们在该系统中的支配地位是相当晚近才发展出来的。因此,公共信息披露的建议似乎侵犯了神圣的检察秘密性。受害者的权利看起来就像是对律师的势力范围的新型威胁,而不是被看做重新授权从而重新满足非法律人士的深层次需要。同样的,局内人可能过高地估计了他们自身的利益。局内人是委托人的代理人,也就是他们的当事人或者选民的代理人。但是局内人可能不会受到太多要求其符合局外人所表达的愿望或者利益的压力,因为局外人所拥有的权利非常少。既不存在有效的反馈回路,也不存在对代理人行为的监督。而且由于他们是与局外人相隔离的,局内人可能不会意识到他们对效率的功利性强调会与局外人的表达需求、道德利益相抵触。或者局内人可能认为局外人的道德主义是愚昧肤浅的从而对其嗤之以鼻,更不会严肃处理局外人在质量方面的利益,而仅仅只会关注数量方面的利益。局外人除实质性结果之外还寻求程序正义,他们在这个问题上并不是非理性的。局外人关注增加的受到刑罚惩罚的被告人数量,但他们同时也在意这个过程所表达的信息。局外人认为他们的参与可以充实枯燥的法律程序,这也是非常正确的。他们想看到正义被实现并且自己也参与其中,而不是通过局内人的话语判断是否实现这些诉求,这亦是可以理解的。尤其是在独立的具体个案中,正如许多学者所主张的①,刑事司法的疾病不在于过度民众主义本身,而是局内人过多的代理成本及局外人健康发泄方法的缺失。

按照推测,作为一个政治理论问题,局内人应该留心并倾听他们为其工作的局外人的声音。局内人绝不能简单地把他们的效率意识,或者犯罪控制观念,或者正义感等强加于公众身上。在一个民主国家,局外人的正义感对刑事审判的实体和程序都是极为重要的。对于刑事实体法而言,那意味着要尊重惩罚的该当性,以及大多数社区成员在深思之后所秉持的责任与刑罚直觉。刑事诉讼法中的对应物是程序正义。公开的刑事诉讼程序必须公平地尊重和对待任何人,而且应该给每个人发言权。汤姆·泰勒及其他学者探讨了公众期望的程序主义应是何物。② 正如第二章解释的那样,实际情况已经远远偏离公众的程序主义与实体正义观念。程序正义需要被带回到审判中。因此,本书的规范性论点主要是民众主义和民主主义的。本书倡导刑事诉讼程序应该反映选民的持久道德直觉,而不是仅反应某些抽象的哲学理论。"钟摆"应该偏离两个多世纪前切萨雷·贝卡利亚提出的在刑事司法中占据支配地位的理性主义、集中主义及国家主义。刑事审判局内人从根本而言是韦伯式的官僚主义者,但是笔者的重点是托克维尔式的。

---

① 参见迈克尔·托尔尼:《西方国家的惩罚政策与惩罚模式》,载迈克尔·托尔尼、理查德·S. 弗拉塞编:《西方国家的量刑与制裁》,2001年;迈克尔·托尔尼:《刑罚政策的决定因素》,载迈克尔·托尔尼编:《比较视野中的犯罪、惩罚与政策》,2007年;迈克尔·托尔尼:《反思美国不可思议的惩罚政策》,载《加州大学洛杉矶分校法律评论》(第46期),1998年;詹姆斯·Q. 惠特曼:《严厉的司法:刑事处罚以及美国和欧洲之间日益扩大的鸿沟》,2003年;戴维·加兰:《文化控制:当代社会的犯罪和社会秩序(143—144)》,2001年;伊恩·洛德:《"柏拉图式守卫者"的失败:自由主义、犯罪学及对英格兰与威尔士犯罪的政治回应》,载《英国犯罪学杂志》(第46期),2006年。

② 参见汤姆·R. 泰勒:《人们为什么遵守法律》,1990年,第115—157页。

本书的第二个主题是：刑事诉讼法价值与刑事实体法价值之间的脱节。程序被认为应该服务于实体。但程序法主要强调程序价值，而不考虑刑罚的许多实体性正当化事由。刑事诉讼法学者们在由赫伯特·帕克拟定的著名的诉讼模式两分法中，争论了将近半个世纪。在帕克的方案中，(温和的)正当程序模式强调公平、权利、被告人自主性以及在释放无辜者中的准确性，而(法律—秩序的)犯罪控制模式则强调在宣告犯人有罪中的准确性、成本、终局性及效率。③ 帕克视角的两端忽略了我们之所以惩罚的实质性原因，而且也忽略了受害人和社区在刑事审判中应该扮演的角色。

笔者并不想夸大其辞，但加速该机制将使被监禁的年度总数量增至最大限度，从而通过剥夺资格和威慑促进犯罪控制。此外，正当程序模式强调的准确性对威慑、剥夺资格及将刑罚施加于合适的人是必不可少的。尽管如此，这些实体价值几乎是不明显的，而且其他重要的实体价值完全退出了刑事司法。在实践中，效率仅仅服务于少数易于量化的价值，譬如服务于剥夺资格的刑罚。报应、维护受害人、教育公众或调解并治愈被告人、受害人以及社区等方面的许多讨论被漏掉了。也就是说，刑事诉讼法在很大程度上与其被期望服务的"同胞兄弟姊妹"——刑事实体法脱节了。我们的诉讼程序使产出量增至最大限度，但忽略了该程序的质量及其应有的软性目标。

而且正如帕克所承认的，这两种模式都假定诉讼的对抗是极为重要的。从而两者都隐含地看好局内人的世界观。而且两者似乎都把刑事审判看做是一场拔河比赛，一种保守派和自由派之间、检察官和辩护律师之间的零和游戏。当然存在一个零和方面：受害人希望看到一定量的刑罚，而被告人则不愿意遭受这种惩罚。但笔者希望证明，存在能够使双方情况更好的改变，因为受害人、被告人以及社区经常需要共同愈合。有时候这种愿望看起来过于

---

③ 赫伯特·帕克尔：《刑事制裁的限制》，1968年，第158—173页。

理想化,但是在其他情况下这是可以实现的。

　　这种愈合愿望涉及本书的第三个主题:从个体恶的模式向多关联的犯罪模式转移。在刑罚的测量中,最近的刑事诉讼程序集中关注个体被告的恶需要多大威慑和资格剥夺。这种模式描绘了一幅威慑力的机械画面,并将疼痛和能力丧失描述成身体受到约束。这种方法与其说是错误的,不如说是不全面的。它忽视了前述其他刑事实体法价值。威慑不仅仅是痛苦和威胁,而且更重要的是通过加强社会规范及传播公共信息阻止人们犯罪。

　　同样的,个体恶这种关注焦点忽视了关系因素。犯罪并非简单地只是一种不相关联的侵害行为,一种身体伤害或财产损失犯罪,亦对关系造成了损害。很多时候,违法犯罪人、受害人以及邻居们都彼此认识,而犯罪使他们相互疏远并且产生怨恨。甚至陌生人对陌生人犯罪以及一些无受害人犯罪,亦撕裂了社会结构,在邻里和社区中传播了恐惧与不信任。在许多情况下,刑事审判具有愈合这些受损关系之潜能,至少,如果各方当事人愿意对话,这种受损关系是可以治愈的。很多时候违法犯罪人会认罪、接受指责、公开表示后悔、道歉以及赔偿损失。有时候受害人亦愿意或者渴望讲述他们的遭遇,倾诉情感,倾听、接受道歉和表示原谅,尤其是当他们看到正义被伸张的时候。在其他情况下,我们所能做的只是阻止并使违法犯罪人丧失能力,以及对他们施加惩罚。但是在正确的情况下,刑事诉讼程序可以做更多的事情,帮助维护并治愈各方当事人以及他们之间的受损关系。

　　最后是本书对适用专业术语的注解:由于公众舆论和通俗道德对笔者的论证是极为重要的,所以笔者试图使这本书可以为非法律人士和非学术研究者所理解,尽可能简单而清楚地写作本书。举例言之,笔者对那些早已经为刑事诉讼法学者、法律史学家以及其他法律人士和专业学者所熟悉的概念、术语和观念作了解释说明。为了防止普通读者分心,笔者把参考文献合并到了每章后进行尾注(译者注:为了本书的形式更符合中文书籍的排版习惯,译者把于每章后进行尾注的方式改成于每页进行脚注的方式),并且把内部交叉引用减少到最低限度。另外,在同样精确的情况下,笔者力求使用通俗的术语。例如,大多数刑事诉讼法学者习惯性地使用违法者(offender)这个词,可能是因为这个单词具有一种冷静客观、与道德无关的感觉。但是,笔者的论证的一个关键部分在于,局内人不愿意使用带有道德谴责色彩的语言,这使刑事审判远离了通俗道德判断的根源。笔者有时候使用违法者(offender)这个术语,是依循笔者论证需要而采用的语言,或按照专门名词,比如性犯罪者、累犯、初犯以及刑事和解,而适用该术语。在这里笔者想要强调与犯罪的联系,或者与一个人在某一刑事案件或监狱中的身份的情况下,笔者偶尔使用罪犯(criminal)或被告(defendant)或监犯(inmates)这些术语。但是对于大部分论证,笔者故意使用犯错者(wrongdoer)这个术语,因为该术语突出了刑事司法系统必须设法治愈的道德错误和法律错误。笔者在此指出,专业学者逃离附属于犯错者的污名效应,结果却适得其反,引起了公众的不满。解决方法是使道德判断公开化,而不是设法将之消除。

导言:理论争鸣、现实和道德

在大众想象中,刑事司法是一部道德剧——教育社会的一种形式。正如阿诺德所说:"审判就像是古时候的神话剧或道德剧,以一种无法通过逻辑形式实现的方式戏剧性地呈现了共同体解决相互冲突的道德价值。"当价值发生冲突时,审判帮助沟通调和这些价值。而经常的情况是当价值冲突已经被解决时,审判教导并强化这些道德价值。"在审判的细节和剧本中……审判变成一部道德剧,这部道德剧给公众留下这样的印象:法律正在被实施、正义正在被实现。"犯罪惊悚小说、电影和电视剧描绘了法庭审判,且描写的这些过程在陪审团的审判中达到高潮。在一些描写审判的电视剧中,被错误指控的被告人,公开地说出自己的意见并且挽回自己的名誉。在其他虚拟的关于审判的法庭剧中,受害人整天待在法庭,确实看到正义被伸张,有时甚至收到那些曾经冤枉他们的人的道歉。陪审团充当了希腊悲剧的解说员角色,代表了"社会的良知"①。陪审

---

① 本段的第一处引文源自阿诺德·瑟曼:《作为公共道德符号的刑事审判》,载 A.E.迪克·霍华德编:《当代刑事司法》,1965 年,第 137 页、143 页;亦可参见威廉·J.斯顿茨:《论弄巧成拙的犯罪》,载《弗吉尼亚州法律评论》(第 86 期),2002年,第 1871、1882 页("刑事审判是道德剧。刑事审判的公开性以及围绕着刑事审判的仪式,似乎旨在传递关于两个方面的信息:对不应受惩罚的人的关怀和被施加惩罚人的罪有应得。")。
第二处引文源自亚伯拉罕·S.戈尔茨坦:《聚合式刑事司法体系:认罪答辩与公共利益》,载《南方卫理公会大学法律评论》(第 49 期),1996 年,第 567、569 页。
第三处引文源自威瑟彭诉伊利诺伊州案,391 U. S. 510, 519 & n. 15(1968年)(而且还解释说陪审团是可取的,因为他们给刑罚判决注入了"当代社会的价值观念");阿卡希尔·里德·阿马尔:《宪法与刑事诉讼法:最重要原则研究》,1997年,第 122—123 页("刑事审判不可避免地成为道德剧,集中关注于被告人的道德可责难性或者道德缺失。而且根据《美国宪法第六修正案》,被告人的道德可责难性之评价是社区的任务,且是通过陪审团而不是法官完成……");科龙·惠更斯:《论美德与归责》,载《哈佛法律评论》(第 108 期),1995 年,第 1423、1462—1466 页("证明刑事陪审团作为将社区的道德观念及合理的实践判断应用于特定犯罪的具体语境中的公共机构的正当性")。

2　刑事司法机器

团运用社会道德准则宣布判决结果,给被告人打上烙印或宣判被告人无罪。陪审团审判要解决的问题是谁做了何种坏事、做坏事的人应该受到怎样的报应(报复)及如何谴责犯罪和为受害人伸张正义。普通公民是关键角色,受害人和被告人有发言权,陪审员和公众列席各个审判。受害者遭受痛苦,被告人可能赔偿损失,有时甚至道歉或要求和解。观众评价谁对谁错,与主人公产生情感共鸣,并且在喜剧结束时等待精神宣泄和最终判决。

法律专业学生认为他们知道得更清楚。大多数法学院(所)教授的刑事司法愿景,强调检察官和辩护律师之间在审判中的对抗性争论。因此,律师在事实和法律这两个问题上产生博弈,并且把无罪的人和有罪的人分离开来。检察官追求定罪和刑罚的最大化,以威慑(或阻止)尽可能多的犯罪者,使其丧失再犯能力(将其关起来)。辩护律师追求则与此迥异,其目的是让委托人无罪开释或至少获得最可能轻的判决。辩护律师坚决追求程序公正和诉讼权利,质疑是否存在排除合理怀疑的证据。受害人在很大程度上是缺位于这一场景的,被告人被推到援用他们的保持沉默的权利的地位,陪审员则谦恭地遵循法官的技术指导。反之,则由律师掌控局势。

刚出道的律师很快发现,刑事司法战壕中的现实与这些画面不同。和人们想象中的不同,现实世界并不怎么需要外行人。在至关重要的法庭诉讼程序中,受害人很少有发言权,比如在保释、指控和控辩交易中,其肯定没有发言权。被告人保持沉默,让他们的律师代为发言。关于正确和错误、痛苦与责备的辩论几乎是不存在的,很少有道德剧中的情节出现。刑罚在很大程度上被隐藏在遥远的监狱中,外面的人无从看见,亦不关心。

在现实世界中,刚入行的律师亦没有发现富有魅力的庭审律师辩论。事实上,控辩交易是博弈的代名词。许多刑事律师认为,在刑事司法系统中几乎每个人都是有罪的,并因此通过谈判解决问题而不是据理力争。解决大多数案件的电话会议或走廊谈话中充斥着千篇一律的控辩交易,所以陪审员和公众只能看到其中的极少部分。大规模的控辩交易简化了精心设计的宪法程序,比如调查、证据开示、质证及对陪审团的指示和陪审团审议的程序被忽视。律师用被告人的宪法权利,比如米兰达警告和搜查令等进行交换,作为获得较轻刑判决的交易筹码。一些重要因素,比如犯罪的严重性、被告人的认罪态度及证据采信力,确实会对控辩交易产生影响。但检察官与辩护律师的薪水、待处理案件数量以及被告人支付保释金的能力等不重要因素,亦会对控辩交易产生影响。亦就是说,律师似乎很少维护无辜者、维护宪法、权衡罪与刑的该当性、重新改造被告人或治愈受害人这些问题。律师所做的几乎全都是尽可能迅速并且低成本地调动控辩交易机制,该机制使刑事司法系统能够威慑并使丧失能力的人数增加到最大限度。刑事司法机制以及其对快速性的需求,已经呈现出与许多人的期望或需要大相径庭的面貌。效率几乎扼杀了民众所渴望的道德剧情节。

在民主国家为何发生此种现象?毕竟大多数刑事案件都被冠以有点像 X 州人民诉约翰·Q. 被告人姓(*People of the State of X vs. John Q. Defendant*)之名。检察官仍然以人民之名起诉案件,民众对这些案件具有强烈的兴趣。那么刑事司法系统是怎样变得如此远离人民?是怎样变得如此与道德无关、隐秘及绝缘?对此,我们是否可以或应该做点什么?

在某种程度上,选民的兴趣和公职官员的行动之间的距离会弥漫代议政府。局内人控制政府是民主国家中慢性摩擦的源头,但是该问题在刑事司法中是最尖锐的。在其他政府中,专家意见中的理性冷漠和信仰,导致选民在例如控制杀菌剂和退休金计划问题上,对专家言听计从(没有人会费心去看关于税务审计员的真人秀电视或关于公共住房的戏剧)。② 与此相反,许多普通公民不

---

② 通过行使低级别的、隐蔽的自由裁量权的四通八达的官僚机制的概念,源自迈克尔·利普斯基:《层级官僚机制:公共服务中个人的困境》,2010 年,第 3—25 页。关于理性的冷漠和屈服于专家的相关论述,参见约翰·R. 希宾、伊丽莎白·泰斯—莫尔斯:《秘密的民主:美国人关于政府应如何工作的信念》,2002 年,第 130—132 页(作者主张公民既不关心也不希望参与大部分政府决策,并且更愿意听从中立的专家,但是在这样做的时候感觉到压力,原因只是在于其看起来像是阻止"贪婪的政客和特殊利益集团"采取跟与公众欲求不一致的自我服务措施的唯一方法)。

会听从刑事司法专家,但却对局内人是如何处理刑事案件表现出强烈的兴趣。的确,当政治家或媒体零星地揭露感知性的非正义的时候,公众的愤怒就会爆发。

此外,《美国宪法第六修正案》规定了本地的、公众的陪审团审判制度。亦就是说,民众有了解并参与刑事审判的宪法权利,虽然在实践中控辩交易破坏了这些权利。这样的赌注亦是很高的:被告人的生命、自由和名誉与受害人的权利、公众的安全及法律的表达以及道德信息形成对抗。此外,刑事被害人、旁观者及普通公民在刑事审判中,只有很少的程序性法定权利,而且没有任何的实体性法定权利。法官、警察和检察官并不受可识别的委托人的约束,这种约束方式在教师或社会福利工作者中适用。③ 因此,民主参与的限制和需求在刑事司法领域尤其重要。

许多学者已经研究了有关控辩交易的历史,但那并不是笔者在这里的真正关注点。正如第二章和第三章所讨论的,控辩交易是刑事司法系统更大发展趋势的一部分,其使刑事司法体系更加专业化、机械化,以至于使其与普通公民的期待和愿望脱节。对这些趋势的各种解释在一定程度上是正确的,但也不是完全正确的。例如,一些人指责沃伦法院创设并扩大了被告人的宪法权利。④ 这些权利的范围从米兰达警告到排除不具有搜查令获得的

---

③ 参见迈克尔·利普斯基:《层级官僚机制:公共服务中个人的困境》,第54—70页(提供了一个关于"与委托人的关系"如何约束并塑造层级官僚的行为,包括那些刑事司法中的行为模式)。

④ 最好且最新的关于控辩交易的历史概述是乔治·费希尔:《控辩交易的胜利:控辩交易在美国的历史》,2003年。关于实质性历史组成部分的其他研究成果,其中大多数集中关注特定的司法管辖区,包括西欧多尔·费迪南德:《波士顿的下级刑事法庭》,1992年,第1814—1850页;劳伦斯·M.弗里德曼、罗伯特·V.珀西瓦尔:《正义的根源:加利福尼亚州阿拉米达县1780—1910年的犯罪与惩罚》,1981年,第173—181页;艾伦·斯坦伯格:《刑事司法的转变:1800—1880年的费城》,1989年;玛丽·E.沃格尔:《强制措施的妥协:控辩交易、法院与政治权威的形成》,2007年;麦克·麦康维尔、切斯特·米尔斯基:《认罪答辩的出现:1800—1865年的纽约》,载《法律和社会期刊》第22期,1995年,第443页;雷蒙德·莫利:《消失中的陪审团》,载《加利福尼亚法律评论》第28期,1928年,第97页;玛丽·E.沃格尔:

证据,再到人身保护令挑战最终的刑事判决。这些技术性细则经常与犯罪相去甚远,所以事实上的有罪和清白对案件的结果并不十分重要。而且这些新的权利进一步鼓励检察官进行控辩交易,作为被告人放弃自己权利的交换条件。然而,控辩交易机制的产生远远早于20世纪50年代,而且检察官正是控辩交易的创设者。这些新的辩护权成为新的控辩交易的筹码,并且促使检察官产生控辩交易动机。

其他人基于犯罪率上升和待处理案件数量的增加而对刑事司法大加指责。⑤这种现象亦同样具有合理性。随着法院越来越忙,法院亦努力寻找更加快捷的方式来处理他们的事务。而控辩交易越来越多地绕开正式的审判,从而使法院能够移开更多的刑事和民事案件。然而,这种片面的解释把律师排除在外。如果受害人和被告人仍然在今天的待处理案件数量中处理他们自己的案件,那么他们就不会以与检察官和辩护律师相同的方式进行控辩交易。律师的眼界、兴趣及没有对外行人的义务,是机械性心态产生的重要原因。不断增长的案件负荷诱使这些现象不断发生。

随着刑事司法从我们过去血腥的黑暗时代进入更加理性、更

《控辩交易的社会根源:国家形成过程中的冲突与法律(1830—1860年)》,载《法律和社会评论》第33期,1999年,第161页;《控辩交易的特殊问题》,载《法律和社会评论》第13期,1979年,第185页(其中包括由艾伯特·W.阿尔舒勒、劳伦斯·M.弗里德曼、约翰·H.朗本、马克·H.哈勒尔以及林恩·M.马瑟所写的许多重要的有关抗辩交易历史的文章)。

关于沃伦法院的作用,参见哈罗德·J. Rothwax:《罪责:刑事司法的没落》,1996年版;彼得·阿雷内拉:《反思刑事诉讼程序的功能:沃伦法院和伯格法院间相互冲突的意识形态》,载《佐治亚法律评论》第72期,1983年,第185、192页(报告称,在20世纪60年代后期,民众认为沃伦法院授权了阻止警察制止犯罪的技术性细则)。

⑤ 参见达瑞尔·K.布朗:《论民主与去罪化》,载《德克萨斯法律评论》第86期,2007年,第223、270—271页(其主张认为案件数量的增加和其他因素,推动了控辩交易);马尔科姆·M.菲利:《刑事程序的法律复杂性与转变:控辩交易的起源》,载《以色列法律评论》第31期,1997年,第183页(把这种立场描述为控辩交易学术研究中的主流观点)。

加文明的现在,今天的许多人把这段历史看做是进步。毋庸置疑,律师、程序和控辩交易的增加产生效益,增加了保障措施,并使我们适应了数量惊人的待处理案件。笔者并不否认取得的这些效益,但想批判这些转变,并且揭露这些转变过程中被忽视的代价。当人们后退几步来反思这些发展时,这些转变会更加令人不安,并且让人发现其代价太大。我们不能简单地怀念过去,因为控辩交易机制不会立即消失。但我们必须清楚地看到过去和现在的局面差异。刑事司法过去是个性化的、道德的、透明的,而且是大众参与式的,但现在已经变成客观的、无关道德的、隐秘的及与民众绝缘的机制。因此,刑事司法丧失了受人欢迎的民主合法性和民众支持。理解刑事司法所丧失的这些价值,能够激发改革以复兴现代司法制度中的这些传统价值观念。通过采取大陪审团制度、向检察官咨询、法庭上的听证权、恢复性司法会议、要求被告人工作供养家庭和受害人等方式,被告人、受害人和社会能够发挥更大的作用。

个性化的道德剧式的审判和个体之间对抗之理想,希望在我们的文化中继续存在,也希望在实践中被复兴。这不意味着我们应该,甚至可以废除控辩交易和律师在刑事审判中的主导地位。这些因素产生的一些效益应在刑事司法中扎根。但是确实亦意味着,我们应抨击控辩交易机制的过度适用,意味着应向局外人提供更多信息、更多发言权及更多的权利,应重新引入救赎道德剧中的关键因素。受害人、被告人及普通公民,应该作为与局内人并肩作战的利益相关者,积极地参与刑事司法,而不是继续作为局外人被刑事司法隔离。

第一章　从道德控制到刑事司法机器控制的漫长转化

将刑事司法作为一部道德剧，一部在陪审团面前展开的具有教育意义的社会剧，人们普遍追求的这一理想，听起来像是回到了殖民地时期的美国。这种理想深深根植于美国人的集体记忆之中，深刻地塑造了我们的《宪法》和《人权法案》。尽管我们仍然欣然接受这些法律遗迹，但是我们脚下的构造板块已经发生了漂移，早已时过境迁。整个过程已经从一部公众的道德剧转变为一部快速实行控辩交易的机器，使刑事司法隐藏在公众的视野之外并且与公众隔离开来。

三个主要结构明确体现了这种转变。第一，虽然非专业人士在过去经常调查和控制对犯罪的起诉，但是专业的刑事司法官僚体制已经将非专业人士排挤出去。第二，快速的隐蔽性的控辩交易取代了公开审理以及陪审团的常识和道德判断。第三，隐秘的监禁取代了公开的惩罚，从而使公众无法看到正义被伸张。法律史学家对这些变化十分熟悉，并且发现这种程式化的规定过于简单化，因为其掩盖了其中的微妙之处和区域差异。但是大多数非法律史学家，未能理解这些结构改变是如何扭曲了今天的司法体制，也未能理解其如何导致司法体制偏离了我们的集体历史记忆。

像大陆漂移说一样，法律漂移发生了几个世纪甚至上千年，但这种漂移经常不是单一的大变动，公众也没有对这种转变的认知。然而这种变化就这样发生了。我们的故事开始于17世纪和18世纪之间，美国独立战争之前。当然，在英国人到达詹姆斯敦和普利茅斯岩之前，美国就有原住民、移民以及刑事司法。就像早期西班牙和法国移民者一样,甚至像比这些人更早的维京人一样,许多美国印第安人部落有法律制度。随后,荷兰移民者很快就到达了美国。但是他们的法律几乎没有在我们的法律上留下印记。我们的刑事司法制度源于居住在最初的十三个殖民地上的英国殖民者,他们带来了英国的普通法。① 虽然这些殖民地的法律和习惯之间存在着显著的差异②,但是它们也共同具有许多历史传统和思维方式。现在,我们就把目光转向英国殖民地。

一、早期美国殖民地时期的刑事司法

1. 小城镇的道德

早期美国殖民地的社区是关系亲密的。每个人都互相认识,村庄很小,所以口头消息也会传播得很快。同时他们具有相当的同质性,所以大多数情况下人们知道并且能够对什么行为是正确的、什么行为是错误的以及哪些行为是被允许的、哪些行为是被禁止的等问题取得一致意见。在马萨诸塞州,由清教徒出于宗教原因而建立起来的殖民地,其建立一个敬虔的社会的共识尤其强烈。但是即便在那些非宗教性的殖民地中,社区也都具有相似的背景

---

① 在殖民地的实践证据不充分的情况下,笔者将谨慎地用大致相同时期的英国所发生的事情的证据来加以补充,这是基于如下初步假设:殖民地的实践很可能反映出其母国所发生的许多事情。笔者第一次是在第一章一、1. 部分作出了这样的补充,第二次是在第一章一、3. 部分作出这样的补充。前者讨论的是殖民地刑事诉讼中专业化和刚性的相对不足,后者论及的是殖民地司法给自由裁量权和仁慈留下了太多的空间。考虑到殖民地居民直到殖民统治时期结束的时候才有他们自己的法律学校和法律书籍,就更有充足的理由说明,非专业人员在殖民地中的作用一定至少如同在其母国中的作用一样大、一样具有灵活性。

② 道格拉斯·格林伯格:《殖民时期美国的犯罪、法律执行和社会控制》,载《美国法律史杂志》(第 26 期),1982 年,第 293、296 页(记录了各殖民地之间和殖民地内部的"实质差异",并且指出,对殖民地时期刑事司法的任何概括都"几乎不可避免地会受到挑战和遇到例外")。

和道德理解。③

对于绝大部分人而言,法律并不是由冷漠的官僚强加的新奇负担,法律反映了团体的道德共识,反映了什么是上帝的法律、什么是人的法律这种普通法的观念。大多数犯罪不是立法机关最近创设出来的而是基本的自然犯罪,每个人都知道这些行为是错误的而且是应被禁止的。当然,这些自然犯罪包括暴力犯罪(谋杀、强奸、抢劫和伤害)和财产犯罪(入室盗窃、纵火盗窃和盗窃)。但是,尤其是在清教徒殖民地中,犯罪还包括了道德犯罪(通奸、乱伦和醉酒)和宗教犯罪(亵渎上帝、异端邪说、巫术和玷辱安息日)。④共同体的道德共识给公民施加社会压力从而使其遵守法律和惩罚违法者。当地的法官和陪审团将本地的是非观念应用于他们面对的具体案件之中。

处理犯罪的这种道德方式的不利之处在于它的侵入性。对我们来说,许多表面上看来没有受害者的犯罪侵犯了人们的良心自由,譬如当我们回头看纳撒尼尔·霍桑的《红字》时,会对人们对海丝特·白兰通奸行为的自以为是的谴责感到恼怒。⑤

但是,这种道德方式也存在好的方面。殖民地居民认识到每个人都是脆弱的,所以任何社会阶层的任何人都可能屈服于诱惑

---

③ 劳伦斯·弗里德曼把殖民地称为"闭塞的小岛"。参见劳伦斯·M. 弗里德曼:《美国历史上的犯罪和惩罚》,1993 年,第 17 页。关于殖民地居民背景和价值观的同质性,参见塞缪尔·沃克:《大众司法:美国刑事司法的历史》(第 2 版),1998 年,第 15—17 页。纽约在其"特殊的异质性"上是不同寻常的。道格拉斯·格林伯格:《纽约殖民地 1691 年至 1776 年的犯罪和法律执行》,1974 年,第 55—56、215 页。

④ 甚至直到进入 18 世纪,马萨诸塞州"几乎所有的社会成员还共同持有相同的伦理价值观,并且将那些价值观强加给拒绝自愿奉行这些价值观的偶然个人"。参见威廉·E. 尼尔森:《普通法的美国化:法律变迁对马萨诸塞州社会的影响·1760 年至 1830 年》,1975 年,第 4 页。在英国,大众接受的道德和对罪恶的理解同样弥漫在刑事司法的管理中。参见辛西娅·B. 赫鲁普:《共同的和平:十七世纪英国刑法和参与》,1987 年,第 3、7 页。
关于殖民地的道德犯罪,参见劳伦斯·M. 弗里德曼:《美国历史上的犯罪和惩罚》,1993 年,第 32—36 页。

⑤ 纳撒尼尔·霍桑:《红字》,班坦经典出版社 2003 年版。

和犯罪。一个犯错的罪犯和其他人一样,都是有罪恶的人,如果他犯错了,绞刑架的布道将会强调认为那些观众席上的人同样也会犯下罪孽并且需要忏悔。于是,大多数违法者都被视为公民同胞,应该在他们跌倒之后再次把他们扶起来,还仍然是兄弟。刑事司法制度的任务就是对偏离正道的绵羊进行改造,并且使他们重新融入羊群。社会应该憎恨犯罪,但是也应该关爱并救赎犯罪。只有那些最恶劣、最无可救药的违法者才被看做是无法避免的威胁,因此,才不得不被杀死或者放逐。⑥

2. 非专业人运行的司法

殖民地的司法是非专业人员的任务。

首先,不存在有组织的警察机关。在大多数殖民地,每个县都由治安官或执行官来执行法律、选任陪审团以及对监狱进行监督,但也仅仅是关于执行专业主义的范畴。通常情况下,白人男性轮流担任守夜人并且作为治安官实施逮捕。如果县治安官需要帮助,治安法官可以召唤地方保安队——一个无法跟一群暴徒区分开来的由男性组成的团体。同样的,如果一个受害者或者巡夜者

---

⑥ 关于人性弱点的普遍性,参见伊莱·法伯尔:《清教徒罪犯:十七世纪马萨诸塞州犯罪的经济、社会和智力背景》,载唐纳德·弗莱明编:《美国历史研究的14个视角》,1978年(引用了科顿·马瑟以及其他人的观点);亦可参见威廉·布莱克斯托恩:《英国法律评注》(第4卷),第2页;辛西娅·B.赫鲁普:《共同的和平:十七世纪英国刑法和参与》,1987年,第191页。就绞刑布道而论,当然大多数观众都没有犯下该罪,因为其将导致死刑。虽然如此,从绞刑台传教的牧师仍然强调,一般的通奸行为经常导致杀婴,一般的醉酒引起凶杀。斯图尔特·班纳尔:《美国的死刑历史》,2002年,第33—34页。

关于刑事司法使偏离正道之羊重新融入社会的使命,参见劳伦斯·M.弗里德曼:《美国历史上的犯罪和惩罚》,1993年,第31、37页;威廉·E.尼尔森:《普通法的美国化:法律变迁对马萨诸塞州社会的影响·1760年至1830年》,1975年,第39—40页。

甚至已经被判处死刑的人仍然被当做上帝的子民而受到重视,他们至少能够象征性地实现重新融入社会,因此,殖民地居民认为给死囚提供忏悔和获得上帝宽恕的机会是十分重要的,而如果死囚这样做了,殖民地居民很可能与其产生情感共鸣并且宽恕他。参见斯图尔特·班纳:《美国的死刑历史》,2002年,第32页。

第一章　从道德控制到刑事司法机器控制的漫长转化　**11**

发出叫喊声,附近的市民应该起来帮助他抓捕重罪犯。⑦ 这是非专业的、业余的警务,远非职业性的警察机关——它开始于19世纪。

其次,并不存在很多律师。至少在开始的时候,整个殖民地的律师很少。一些男性之前在英国的时候接受过一些法律培训,然而其时并没有正式的法律学校,当然这些培训就更不可能比得上结构化的现代法律培训。少数本土的律师仅仅简单地通过阅读法律书籍和在律师事务所做学徒来学习法律。例如在1732年以前,弗吉尼亚州一直辗转于思考是否向律师颁发执照。⑧

如此一来,许多法官并不是法律人,非专业人员代表了社区的正义感和秩序感。很多人甚至对于司法制度没有太多的经验。诉讼程序虽然具有一些技术性细则,但是给地方法官或治安法官留下了宽泛的自由裁量权。法庭审理程序是容易理解的,但是保留了戏剧性的仪式,伴随着宏伟的建筑、开场祈祷、浮华排场以及极具特色的法官服装。⑨

即使一些法官是法律人,但最初的诉讼律师也并不是法律人。在英国,受害者代表自己起诉他们自己的犯罪,不借助于律师并且自己承担费用。受害者有权聘请律师,但是他们几乎从未这样做过。比如非常具有典型意义的 R.（Rex 是拉丁语,意为国王）诉被

---

⑦ 劳伦斯·M. 弗里德曼:《美国历史上的犯罪和惩罚》,1993年,第28—29页。

⑧ 关于殖民地法律培训的非正规性,参见劳伦斯·M. 弗里德曼:《美国法律史》,1973年,第81、83—87页;亦可参见塞缪尔·沃克:《大众司法:美国刑事司法的历史》(第2版),1998年,第31页(沃克指出到美国独立战争的时候,马萨诸塞州人口为20万人,而律师不超过100名。沃克还指出很少有被告人能够负担得起聘请律师的费用）。

特别是关于弗吉尼亚州,参见 A. G. 罗勃:《权威、法律和习俗:弗吉尼亚沿海低洼地区的开庭日仪式(1720年到1750年)》,载《威廉玛丽学院季刊》(第3辑第37期),1980年,第29、34页。

⑨ 关于程序上的灵活性,参见塞缪尔·沃克:《大众司法:美国刑事司法的历史》(第2版),1998年,第28—29页。关于殖民地刑事诉讼的氛围,参见 A. G. 罗勃:《权威、法律和习俗:弗吉尼亚沿海低洼地区的开庭日仪式(1720年至1750年)》,载《威廉玛丽学院季刊》(第3辑第37期),1980年,第31—32、35—37、51页(该文讨论了1720年至1750年间的弗吉尼亚州低洼海岸地区的情况)。

告人大卫,但是受害者主管一切(杀人案件除外)。美国殖民地在一段时期内遵循了这种做法。令人惊讶的是,我们对我们的现代公诉制度何时以及如何最终取代了受害者这个问题知之甚少,但是现代公诉制度在刑事司法中处于支配地位,并没有太长的时间。虽然到美国独立战争的时候,一些殖民地具有了对一些犯罪进行起诉的官员,但是很多起诉仍然是私人性质的,这种情况持续到19世纪。而且检察官是当地的官员,并经常是兼职工作。他们有时为了受害者的利益提起公诉,但是也进行其他工作。当时还没有政府的警察机关,没有复杂精细的、由律师控制的刑事审判,国家也不垄断对犯罪的控告、调查和起诉。直到19世纪,由国家公共经费资助的刑事司法官僚机构才出现,并且这种刑事司法官僚机构系统性地推动犯罪控制议程。公诉检察官通常是被任命的而不是被选举的,而且他们无法系统性地控制法庭审理案件日程表和法庭备审案件目录。普通公民,而不是警察或者检察官,必须通过提起投诉来发起诉讼。有时候,如果受害者拒绝合作,检察官就不能继续进行起诉,或者检察官依照受害者的请求撤销指控。直到19世纪中叶,纽约州的检察官才能搜寻证据、起草法律文书,受害者支付他们固定费用后检察官才选任陪审团。⑩ 甚至在检察官介入之

---

⑩ 关于英国刑事审判中律师的缺乏,参见约翰·H.朗本:《对抗性刑事审判的起源》,2003年,第11—12页。关于美国专业化起诉的缓慢到来,参见乔治·费希尔:《控辩交易的胜利:控辩交易在美国的历史》,2003年,第19页、246页的注释1(作者指出,马萨诸塞州米德尔塞克斯县直到18世纪初才有第一个县检察官);艾伦·斯坦伯格:《刑事司法的转变:1800—1880年的费城》,1989年,第38页("19世纪上半叶,自诉在费城的刑事司法中占主要地位,大多数刑事检控是由普通公民发起的")。

关于系统的刑事司法官僚机构的缺乏,参见麦克·麦康维尔和切斯特·米尔斯基:《认罪答辩的出现:1800—1865年的纽约》,载《法律和社会期刊》(第22期),1995年,第448—449、453页(该文指出,在纽约,直到1847年,"地方检察官并不像是一个关注于精心安排案件结果以增进社会控制目标的州代理人。更确切地说,地方检察官的主要职能是接收由地方法官收集的案件卷宗,以及当起诉人不是由私人聘请的律师代理的时候,在审判中引导案件得出结论,这种结论经常代表自诉人的利益")。

关于19世纪初期由公共检察官行使的有限权力,参见麦克·麦康维尔

第一章　从道德控制到刑事司法机器控制的漫长转化　　13

后,受害者仍然在诉讼进行的一段时间内主宰一切。

在抗辩方面,很多被告人不得不在没有律师帮助的情况下为自己进行辩护。直到20世纪中叶,《美国宪法第六修正案》才被理解为授予被告人(由他们自己承担费用)聘请律师的权利。许多殖民地时期的被告人没有经济能力负担聘请辩护律师的费用,从而不得不代表自己为自己进行辩护。譬如在马里兰州,直到19世纪初期,很多被告人仍然请不起辩护律师。直到19世纪中叶,伦敦才有一半的被告人请律师;对此马萨诸塞州的数量和时间可能是可观

和切斯特・米尔斯基:《认罪答辩的出现:1800—1865年的纽约》,载《法律和社会期刊》(第22期),1995年,第447、465页;也可参见劳伦斯・M.弗里德曼:《美国历史上的犯罪和惩罚》,1993年,第340—341、347—348、368页;艾伦・斯坦伯格:《刑事司法的转变:1800—1880年的费城》,1989年,第7页。

同样在英国,受害者无处不在地发挥作用,并且在启动刑事案件中行使自由裁量权。参见辛西娅・B.赫鲁普:《共同的和平:十七世纪英国刑法和参与》,1987年,第7、67—92页;彼得・金:《英国的犯罪、司法和自由裁量权(1740—1820年)》,2000年,第17—46页。

⑪ 《美国宪法第六修正案》被局限于自己聘请律师的权利之最初理解,在1963年,联邦最高法院推翻了这种理解,并且广泛地提供由联邦支付费用而指定的辩护律师。参见吉迪恩诉温赖特案,372 U.S. 335 (1963)。在20世纪30年代的早些时候,联邦最高法院就已经开始创设被指定辩护律师的有限权利,尤其是在死刑案件中。参见鲍威尔诉阿拉巴马州案,287 U.S. 45, 71 (1932)。

关于殖民地时期被告人没有能力负担得起聘请他们自己的律师的费用,参见劳伦斯・M.弗里德曼:《美国历史上的犯罪和惩罚》,1993年,第57页。

关于马里兰州的代表率,参见詹姆斯・D.赖斯:《聘请律师之前和之后的刑事审判:马里兰州陪审团审判中的权威、法律和文化(1681—1837年)》,载《美国法律史杂志》(第40期),1996年,第455页、第457页的表格1(该文指出,在1767年至1771年间,马里兰州弗雷德里克县只有27.5%的重罪被告人聘请了辩护律师;在1818年至1825年间,重罪被告人聘请律师的比例达到了92.1%)。

关于伦敦和马萨诸塞州的低代表率,参见乔治・费希尔:《控辩交易的胜利:控辩交易在美国的历史》,2003年,第96页、第286页的注释14(转引查尔斯・莱斯特和马尔科姆・M.菲利:《刑事程序的法律复杂性与转化》,载安德烈・古伦等编:《Subjektivierung des justiziellen Beweisverfahrens》,1994年,第355页)。费希尔承认自己没有关于马萨诸塞州米德尔塞克斯县1844年之前的代表率的确凿证据,但是他似乎可信地推断出1832年左右的代表率大幅度上升。参见詹姆斯・D.赖斯:《聘请律师之前和之后的刑事审判:马里兰州陪审团审判中的权威、法律和文化(1681—1837年)》,载《美国法律史杂志》(第40期),1996年,第96—97页,表格4.1。

的。⑪虽然辩护律师有时候出庭，而且一些法院甚至指定辩护律师，但是没有像公共辩护律师制度等类似的制度来处理大量的案件。因此，不存在系统性的反复表演者，伴随着激励机制来进行控辩交易以摆脱待判决诉讼事件。

审判是极其快速的。18世纪的英国法院每天能审理12到20个案件，每个案件持续大约半个小时。陪审团的审议只需要几分钟的时间，陪审员甚至经常不会退出法庭，而直接挤在一起并且达成一致意见。殖民地时期的审判看起来非常迅速。⑫

这些迅速的、非正式的审判几乎没有像今天这样僵硬的法庭仪式，几乎就聚焦于谁是谁非的争论。这些审判可能是忙乱的，而且多少有点混乱无序。受害者以及任何辅助性的证人非常简单地就被告人的所作所为宣誓作证。被告人在没有宣誓的情况下进行回答，对各种指控作出回应。被告人经常会否认被指控的犯罪，但有时被告人会承认有罪并且请求宽恕，特别是在审判与量刑考虑相结合的时候，被告人会承认有罪。从理论上分析，犯罪会承受固定的刑罚。在实践中，陪审团可以通过判决犯有较轻的罪行，比如判处轻盗窃罪而不是大盗窃罪来减轻判刑。特别是因为很多（如果不能说是大多数，但至少也有很多）被告人是在作案时被当场抓住，或者由于其他原因而没有抗辩理由，所以许多审判的主要内容是权衡是否应宽大处理。⑬换句话说，大多数审判的核心是被告人

---

⑫ 关于英国审判的速度，参见约翰·H.朗本：《对抗性刑事审判的起源》，2003年，第16—22页。关于殖民地的审判速度，参见詹姆斯·D.赖斯：《聘请律师之前和之后的刑事审判：马里兰州陪审团审判中的权威、法律和文化（1681—1837年）》，载《美国法律史杂志》（第40期），1996年，第463页（作者指出殖民地时期马里兰州的审判，从传讯到宣判，持续时间不超过半个小时。作者还指出，到1817年的时候，审判的持续时间上升到了40到45分钟）。

⑬ 关于各方当事人之间的争执，参见约翰·H.朗本：《对抗性刑事审判的起源》，2003年，第13—14页。关于审判在权衡宽大处理中的作用，参见约翰·H.朗本：《对抗性刑事审判的起源》，2003年，第57—59页；亦可参见J.M.贝蒂：《英国的犯罪与法庭（1660—1800年）》，1986年，第429页；威廉·布莱克斯托恩：《英国法律评注》（第4卷），第238—239页（描述了陪审团的经常把被盗物品的价值降低到十二便士——绞刑的门槛以下，这和"虔诚的伪证"一样）。

应该受到什么刑罚的问题。

审判因此成为了道德剧。如果被告人拒绝承认被指控的犯罪,陪审团就要查明谁在撒谎、谁在说真话。除此之外,陪审团还将确定所指控犯罪的严重程度、罪犯具有多大程度的恶性或者值得多大程度的同情以及什么样的刑罚看起来是恰当的。在理想的情况下,犯错误的一方当事人(无论是罪犯还是错误的控告者)将会坦白并且忏悔,就像在一部法庭剧中一样。坦白表明违法者已经吸取了教训并且为对违法者表示宽恕和使其重新融入社会铺平了道路。⑭

法官不会用技术性的法律指示对陪审团进行约束,尤其是在 18 世纪之前,对陪审团的指示只不过是法官从控告者和被控告者那里听到的陈述,并以这种陈述提醒陪审团而已。法官自由地对法庭证词发表意见,强有力地对别人暗示他们自己的观点。法官询问并交叉盘诘证人,帮助证人讲述他们的故事。他们还对侮辱性的质问作出限制,并且指出案件的各个方面的弱点。法官频繁地建议陪审团宣判被告人犯有较轻的罪、不判处死刑。此外,法官还劝阻认罪答辩,以便被告人能够讲述他们的故事,并且尽可能地表明他们应该受到宽恕。⑮(对于许多不严重的、没有受害者的犯

---

⑭ 劳伦斯·M.弗里德曼:《美国历史上的犯罪和惩罚》,1993 年,第 31、37、39—40 页。

⑮ 关于对陪审团指示的简单性,参见劳伦斯·M.弗里德曼:《美国历史上的犯罪和惩罚》,1993 年,第 666—669 页;约翰·H.朗本:《对抗性刑事审判的起源》,2003 年,第 14 页。在 18 世纪和 19 世纪初期的过程中,随着法官越来越害怕上诉撤销,法官对陪审团的指示从具体案件的意见转变为抽象的、拘泥于法律条文的费解冗语。劳伦斯·M.弗里德曼:《美国历史上的犯罪和惩罚》,1993 年,第 246—247 页。
关于法官对证词发表意见,参见维克斯堡和 M. R.公司诉帕特南案,118 U.S. 545, 553 (1886)(该案表明,只要法官没有误述法律规则,他们的意见表达就不会受到上诉审查,并且引用 1830 年代的案例来说明这种规则的长期存在基础);劳伦斯·M.弗里德曼:《美国历史上的犯罪和惩罚》,1993 年,第 237、245—246 页。
关于法官对讯问的介入,参见约翰·H.朗本:《对抗性刑事审判的起源》,2003 年,第 15—16、28—32 页。关于法官的较轻的、不判处死刑的裁决的建议,参见 J. M.贝蒂:《英国的犯罪与法庭(1660—1800 年)》,1986 年,第 286、426 页。关于法官对认罪答辩的劝阻,参见约翰·H.朗本:《对抗性刑事审判的起源》,2003 年,第 19—20 页。

罪承认有罪的被告人,可处以罚金的惩罚,但是特别严重的犯罪一般不会如此,其会受到更为严厉的刑罚)。换句话说,即使法官参与审判,也集中关注核心的、常识性的问题,即谁做了什么及被告人应该受到怎样的惩罚。审判是共同体对事实真相和道德真相的调查。

虽然法官是积极的参与者而且表达自己的意见,但是陪审团同样是非常具有影响力、非常积极的。与静静地坐着相反,陪审员们偶尔插入评价,有时候通过法官,有时甚至直接询问证人,从而对证人的证词发表意见并且进行询问。法官们有时候给陪审团的法律指示相互矛盾,或者仅仅给最基本的指导,或者根本不给出指导。甚至当法官向陪审团作出具体而明确的指导时,诉讼当事人能够向陪审团提出他们自己对于法律的观点。陪审团有权自己解释法律,而法官不能对陪审团进行惩罚,或者驳回对法官的指示置之不理的陪审团裁决。换句话说,陪审团不仅是裁决事实上有罪和法律上有罪,而且是评判道德谴责的政治机构。⑯

陪审团审判是透明的,而且易于理解。几乎不存在法律规则和法律术语来模糊事实上有罪和道德上应受惩罚这些中心问题。因此,受害者、被告人和陪审团能够很容易地理解正在发生的事情。同样,公众能够看到司法的车轮转动。审判非常简短,法庭只是偶尔开庭审理。陪审团审判是向公众开放的,而且是在当地进行,这样一来,旁观者就能够观察每一件事情。陪审团审判是公开的活动,挤满了走进城镇来观看和闲聊的观众。刑事案件是他们日常生活的肥皂剧。邻居们的小道传闻将法庭的新闻迅速传遍大多数美国人居住的小镇和村庄。审判教导公民关于犯罪和法律的

---

⑯ 关于陪审员的意见和讯问,参见约翰·H.朗本:《对抗性刑事审判的起源》,2003年,第319页。关于陪审团为他们自己解释法律的权力,参见威廉·E.尼尔森:《普通法的美国化:法律变迁对马萨诸塞州社会的影响·1760至1830年》,1975年,第3页;马修·P.哈灵顿:《美国陪审团的法律发现职能》,载《威斯康星法律评论》,第1999年,第377、385—404页。关于陪审团的政治角色和道德角色,参见阿卡希尔·里德·阿马尔:《宪法与刑事诉讼法:最重要原则研究》,1997年,第90、122—123页。

知识,并且"使公众满足于真理在审判中获得了胜利",从而增强公众对司法制度的信心。⑰

审判不仅是透明的而且是参与式的。受害者和被告人运行司法系统,他们真正有权在法庭上陈词。他们不仅看到正义被伸张,而且由他们自己来伸张。公众也参与其中,那些碰巧掌握了相关信息的审判旁观者能够提出所掌握的相关信息,从而绘制出一幅更完整的画卷,并且防止证人作伪证。此外,(白人男性)公众作为陪审员积极地参与其中。正如笔者已经提到过的,陪审员插入发表意见和进行询问,并且控制定罪和量刑。通过这样的方法,陪审员塑造了法律,对政府官员进行监督,并且防止了法官的偏袒和腐败。⑱ 简言之,审判赋予民众权利。

3. 宽容与怜悯之纬

当我们回过头看殖民时代的刑罚时,我们发现那时候的刑罚是杂乱血腥的,执行太过迅速。但是,比起今天存在更多的死罪

---

⑰ 关于审判的公共性质,参见《美国宪法第六修正案》(保障了案件在犯罪实施地区获得快速、公开审判的权利)。关于作为公共景观和闲聊话题的审判,参见劳拉·F.爱德华兹:《人民及人民的和平:美国独立战争后南部法律文化和不平等的转变》,2009 年,第 75—77 页(讨论了美国南北战争前的南部)。关于审判在教育公众和确保公众对刑事司法制度的信心中的作用,参见阿克希尔·里德·阿马尔:《人权法案:创新与重建》,2000 年,第 113 页。

⑱ 阿克希尔·里德·阿马尔:《人权法案:创新与重建》,2000 年,第 113—114 页。真实的情况是,殖民地的县治安官有时把自己的支持者安插进陪审团,或者使陪审团面临不利形势以影响陪审团的决定,这让殖民地居民十分不满。参见瓦莱丽·P.汉斯、尼尔·维德马:《审判陪审团》,1986 年,第 29,35—36 页;爱德华·科克:《英国的第一个法律研究所及利特尔顿评注》(第 1 卷),第 156 页(确认了在国王作为一方当事人的案件中,郡治安官使陪审团面临不利形势以有利于国王的职责)。郡治安官这样做的意义是:他们削弱了共同体的参与以及共同体情感的反映。为了克服这种弊端,《美国宪法第六修正案》确保了从当地邻居中产生陪审团的公正性。法院把这个条款解读为要求陪审团的陪审员召集令反映出社区的公平的横截面。参见杜伦诉密苏里州案,439 U. S. 357,363—367(1979);泰勒诉路易斯安那州案,419 U. S. 522,527—531(1975)。

来，殖民地时期美国的刑罚远不如英国刑罚那样血腥。到18世纪后期，英国法律用死刑惩罚的犯罪有将近两百个，从而成为欧洲最严厉的刑法。特别是在18世纪初期，美国北部的殖民地不批准对财产犯罪适用死刑，或者只对于财产犯罪的累犯（重复犯罪的人）批准适用死刑。在一段时期内，一些殖民地甚至不对强奸和一般杀人罪批准适用死刑。[19]

这幅仁慈画卷的巨大污点是奴隶制。为了对奴隶进行控制，南方殖民地对奴隶的手段变得越来越血腥。奴隶试图谋杀、强奸、致残甚至使白人受淤伤，或者烧毁、破坏货物，或者对于引诱其他奴隶逃跑，都会面临死刑。一些南方殖民地还剥夺了奴隶接受陪审团审判的权利，通过治安法官来加速执行。可能正是这个原因，美国北卡罗来纳州在1748—1772年间，处死至少100个奴隶——远远多于在其整个殖民历史期间北卡罗来纳州处死的白人的总数。弗吉尼亚州在1706—1784年间处死了555个奴隶。北部殖民地的司法有时候也是具有种族色彩的。作为对一次有计划的奴隶起义的反应，纽约州绞死和烧死了31个奴隶和4个白人。[20]但是随着奴隶司法这一重要的例外出现，殖民地的司法实践与理论上的分析相比，显得更加仁慈。很多殖民地对道德犯罪或同意的犯罪授权进行惩罚，但是几乎没有对任何实施通奸、亵渎上帝、鸡奸或者兽奸行为的人进行惩罚。对入室盗窃、抢劫或者盗窃处以绞刑是极其罕见的。在美国独立战争以前，宾夕法尼亚州每年被宣判犯有死罪的不超过2人，实际上被执行死刑人数每年大约只有1人。[21]

---

[19] 斯图尔特·班纳尔：《美国的死刑历史》，2002年，第6—8页。

[20] 关于北卡罗来纳州和南方其他州的奴隶司法，参见斯图尔特·班纳尔：《美国的死刑历史》，2002年，第9页。关于弗吉尼亚州和纽约州的奴隶司法，参见劳伦斯·M.弗里德曼：《美国历史上的犯罪和惩罚》，1993年，第44页。

[21] 关于对道德犯罪处以死刑的罕见性，参见斯图尔特·班纳尔：《美国的死刑历史》，2002年，第6—7页；埃德加·J.麦克马纳斯：《早期新英格兰的法律与自由：刑事司法和正当程序（1620—1692年）》，1993年，第173—175页。关于宾夕法尼亚州对入室盗窃罪、抢劫罪或盗窃罪的宽大处理和极少适用绞刑，参见劳伦斯·M.弗里德曼：《美国历史上的犯罪和惩罚》，1993年，第41—42页。

虽然对犯罪规定有固定的刑罚,但是殖民时期的司法在实践中更加宽容,原因在于刑事诉讼程序给仁慈留下了很大的空间。布莱克斯托恩曾为这种仁慈的手段取了一个非常著名的称谓:"虔诚的伪证"。正如前面所提到的,陪审团在法官的提示下,经常频繁地对被告人表示同情,并判处较轻的刑罚或不判处死刑等。在英国,威胁财产的犯罪,特别是拦路抢劫以及由犯罪团伙实施的入室盗窃,几乎从未获得宽大处理。而更加轻微的犯罪,比如扒窃,几乎总是会受到宽大处理。对于处于这两极之间的许多犯罪,陪审团按照犯罪的严重性以及罪犯的行为和应受的惩罚调整他们的裁决。譬如偷窃商店货物的人和从住宅、商店以及仓库偷窃的小偷,经常会受到较轻的、非死刑的定罪。然而,"虔诚的伪证"是一种不完善的、粗糙的处理方式,因为陪审团并不总是能够把案件事实篡改成一个较轻的、非死刑的指控。举例言之,由于英国法律对于偷羊的行为没有明显的非死刑替代物,所以陪审团经常宣判偷羊的人完全无罪。②

英国法律另一个仁慈的时代遗留产物是以神职人员的特权著称的法律拟制。最初,神职人员和僧侣是免于被世俗权力判处刑罚的,因为只有教会才能对他们进行惩罚。由于在中世纪只有神职人员才识字,所以对神职人员是否享有特权的测试方法是看其是否能够阅读《圣经》中的文字。随着时间的流逝,测试用的文字被标准化为《诗篇》第51章的前几行:"神啊,求你按你的慈爱恩待

---

② 关于英国陪审团对于威胁性财产犯罪和更加轻微的财产犯罪的不同回应,参见 J. M. 贝蒂:《英国的犯罪与法庭(1660—1800年)》,1986年,第58—59页(就中央刑事法庭1750年代案件的一个样本进行了报告);托马斯·安德鲁·格林:《出于良知的裁决》,1985年,第276—278页。

关于对商店扒手、住宅盗窃的宽大处理,以及对偷羊者的宣告无罪,参见 J. M. 贝蒂:《英国的犯罪与法庭(1660—1800年)》,1986年,第428—429页的表格8.5(报告了1660年至1800年间萨里郡巡回审判中判处死刑的财产犯罪之裁决)。相反,一旦英国刑法批准对一般杀人罪适用非死刑惩罚的定罪,陪审团宣告有罪的可能性就会大得多,并且不太可能裁决正当防卫以回避死刑。托马斯·安德鲁·格林:《出于良知的裁决》,1985年,第121—122页。

我，按你丰盛的怜恤涂抹我的罪过。"初次犯罪者如果能够记住这段文字并背诵它，就能拯救自己的生命（随着时间的推移，立法机关对于一些最暴力、最严重的犯罪废除了神职人员的特权）。犯罪者的拇指上将被铭刻表明其犯罪的字母，而不是被绞死。这种烙印将他标记为重罪犯，使其感到羞愧，并且防止他再次主张神职人员的特权。到17世纪的时候，虽然妇女不能成为神职人员，但是她们也可以主张神职人员的特权。甚至在极度反感神职人员之特权的清教徒殖民地，也将许多犯罪的死刑限定于重复实施犯罪的人。秉行仁慈的承诺如此普遍深入到社区，以至于奴隶也从中受益。弗吉尼亚州允许奴隶主张神职人员的特权并且避免刽子手的套索，从而缓和了种族主义刑法中的一些严苛之处。[23]

法官在神职人员的特权之执行中，可以行使自由裁量权。法官对不同情的被告人可以严格地执行法律的规定。相反，对其同情的被控告犯有轻罪的被告人，法官可以宽松地解释法律规定，甚至忽视其先前的定罪。同样，在他们自己的自由裁决中，陪审团会将罪犯打有烙印的拇指考虑在内。在决定是否宣判被告人犯有新的犯罪的时候，陪审团会考虑此前相关的犯罪记录。[24] 如果一个小偷此前具有相关的犯罪记录，那么品格证据规则不会排除他有可能再次偷窃的常识性推断，或不排除其应该受到宽大处理的常识性推断。

最后，行政长官的宽恕经常会减轻判刑，宣判被告人犯有死罪

---

[23] 关于英国神职人员的特权，参见 J. M. 贝蒂：《英国的犯罪与法庭（1660—1800年）》，1986年，第141—142页；斯图尔特·班纳尔：《美国的死刑历史》，2002年，第62—64页；托马斯·安德鲁·格林：《出于良知的裁决》，1985年，第117—118页；约翰·H. 朗本：《对抗性刑事审判的起源》，2003年，第192—193页；关于殖民地神职人员的特权，参见劳伦斯·M. 弗里德曼：《美国历史上的犯罪和惩罚》，1993年，第43—44页。当然，贫乏的奴隶可能符合个体奴隶的所有者的经济利益，尽管它削弱了由作为一个阶级的奴隶主进行的集体刑法控制。

[24] J. M. 贝蒂：《英国的犯罪与法庭（1660—1800年）》，1986年，第142—143、452页（讨论了英国的经验）；约翰·H. 朗本：《对抗性刑事审判的起源》，2003年，第192—193页（讨论了英国的实践）。

的陪审团有时会补充宽大处理的建议。在最常见的情况下,宽大处理的建议来自于对案件有最充分了解的法官。有时候,法官对事实上有罪或者法律错误仍然持怀疑态度,并且使用宽恕作为上诉理由以纠正错误。犯罪的严重性是另一个因素。与使用暴力的财产犯罪相比,比如强奸罪或者入室盗窃罪,不使用暴力的财产犯罪更有可能获得宽恕。在犯罪过程中使用暴力、进行威胁或者显示持有武器的违法者获得宽恕的可能性要小得多。对于陪审团不能给出较轻裁决作为回报的犯罪,比如偷羊和偷马,法官尤其可能建议宽大处理。基于这样一种假定:青少年和新手由于受到不良影响而堕落,而且尚未达到无可救药的地步,所以他们更有可能获得宽恕。女性因为被认为不太具有威胁性,所以她们不仅更有可能被宣判无罪,受到较轻的裁决,而且获得宽恕的可能性要大得多。告发他们的共犯的违法者也能够获得宽恕作为奖赏。[25]

宽恕的最重要的理由之一是罪犯的品格。品德信誉见证人常规性地对被告人的教养、职业、家庭支持、节制、诚实以及可信赖度作证(受害者的品格受到的重视程度和其证词获得重视程度紧密相关)。当地神职人员和贵族阶层的报告会很有分量,当然这也可能引起阶级和地方性偏见。但是,大多数宽恕发生在除法官之外没有任何其他人介入的情况下。因此,大量的贫民和无权无势的人会受到宽恕。[26] 如今虽然我们排除了很多这些值得怀疑的证据,

---

[25] 斯图尔特·班纳尔:《美国的死刑历史》,2002 年,第 56—58 页;J. M. 贝蒂:《英国的犯罪与法庭(1660—1800 年)》,1986 年,第 432—435 页的表格 8.7、第 437—439 页(讨论了萨里郡的陪审团裁决);托马斯·安德鲁·格林:《出于良知的裁决》,1985 年,第 282—283 页;约翰·H. 朗本:《对抗性刑事审判的起源》,2003 年,第 324 页。

[26] 斯图尔特·班纳尔:《美国的死刑历史》,2002 年,第 55—56 页;J. M. 贝蒂:《英国的犯罪与法庭(1660—1800 年)》,1986 年,第 440—449 页;托马斯·安德鲁·格林:《出于良知的裁决》,1985 年,第 283—284 页。公众舆论的人道冲动在于让(与其没有实质联系的)罪犯在仁慈发挥作用时获得怜悯。彼得·金:《英国的犯罪、司法和自由裁量权(1740—1820 年)》,2000 年,第 326—327 页。

但是这些证据却能阐明罪犯的更广泛的应受谴责性、危险性以及改革的前景。重点并不是在于形式的甚至盲目的法律面前人人平等,而是在于对我们所知道的关于这个具体的个体的所有东西如何进行完整的评估。

从轻发落决定中最有趣的因素是悔恨。于是,如同现在一样,宽大处理的最强有力的理由之一是罪犯的明显悔意和内心改变。因此,殖民地居民在判决和执行死刑之间给罪犯留下了充足的时间来悔改。他们甚至允许延缓执行以便被判处死刑的人能够做好准备去见造物主,甚至还可能获得暂缓执行。当然罪犯经常假装悔改以推迟死亡的到来,并且可能完全避免绞刑。被判处死刑的人的"目前的虚荣做作和他们希望祈祷的愿望,与其说是以在来世得到拯救为目标,不如说是以在现世得救为目标"。但是,过去和现在一样,官员识破了许多类似的弄虚作假。[27]

4. 殖民主义时期重新回归社会的刑罚

在殖民地,刑罚是公开的、不体面的,甚至是痛苦的,但是刑罚通常来说是暂时性的。关键是要使犯罪者感到悔恨并且让他赔偿损失,以便受害者和社区将会对他表示原谅并且欢迎他回到社区。刑罚让犯罪人偿还他们对受害者和社会所欠的物质上的债务和精神上的债务,并把他们以前的过错一笔勾销,并且使他们作为平等的人重新回到社区。正如我们监狱今天所做的,刑罚没有造成由有前科者组成的下层阶级。

如今,监禁在刑罚种类中几乎占据了垄断地位。但是在殖民地时期,监禁并不是一种常用的制裁。占优势的刑罚是罚金、肉刑和耻辱性惩罚。罚金可能是最常见的刑罚。债券和保证金要

---

[27] 斯图尔特·班纳尔:《美国的死刑历史》,2002年,第18—20、58—61页(引用对约翰·莫里森实施的抢劫罪之叙述(费城:s.n.1750—1751));托马斯·安德鲁·格林:《出于良知的裁决》,1985年,第283页;辛西娅·B.赫鲁普:《共同的和平:十七世纪英国刑法和参与》,1987年,第158、185页。

求犯罪人或者他们的保证人提存金钱,如果他们在接下来的一年中有不端行为,他们这些钱就将被没收。法庭也将对违法者发出告诫,或者要求他们对受害者作出赔偿。另一种普遍的刑罚是戴上枷锁弯腰坐着或者戴着颈手枷站立。这些刑具把罪犯的脚、手或头锁在适当的位置。笞刑也是被广泛应用的,佩戴一个突出一个人的犯罪的字母亦是如此。模拟执行死刑同样是十分常见的。许多犯罪人不得不站在绞刑台上,绞索套在他们的脖子上,并持续一段时间。其他的刑罚包括犯罪人身穿塞口物在公开场合站着,或者在一张浸水椅上被浸入水中。更加严厉的刑罚包括在耳朵上打烙印、钉钉子和切除耳朵以及流放。这些罕见、严厉甚至残酷的制裁,主要适用于那些重复犯罪或者具有永久危险性的违法者。[28]

许多这样的刑罚是非常令人心寒的。戴着枷锁或颈手锁的违法者不得不保持不舒服的姿势站立或者坐好几个小时,暴露于恶劣天气下,还可能被投掷烂番茄。但只有烙刑和肉刑是永久性毁容的,对于大多数人来说,身体上的疼痛是短暂的。更加灼痛的是公开羞辱所带来的耻辱。在规模更小、结合更加紧密的具有强烈宗教信仰的社区中,羞耻和内疚是非常强大的力量。正如霍桑对在胸口上佩戴猩红 A 字母的耻辱所进行的描述:"上千双冷漠的眼睛直视着她,死死地盯住她胸前的孩子和红字。在如此沉重的压力下,这个可怜的罪犯尽一个女人最大的努力支撑着,这实在是难以忍受的。"[29]

刑罚具有极大的可见性。直到 19 世纪,刑罚还是在户外进行的,通常是在城市广场或者广场附近。通常在前往绞刑台的路

---

[28] 斯图尔特·班纳尔:《美国的死刑历史》,2002 年,第 65—68 页;劳伦斯·M. 弗里德曼:《美国历史上的犯罪和惩罚》,1993 年,第 37—41、48 页;埃德加·J. 麦克马纳斯:《早期新英格兰的法律与自由:刑事司法和正当程序(1620—1692 年)》,1993 年,第 164—173、201—210 页(把马萨诸塞州、康涅狄格州以及罗德岛州 17 世纪的典型犯罪和刑罚制成表格)。

[29] 纳撒尼尔·霍桑:《红字》,班坦经典出版社 2003 年版,第 54 页。

上有一个游街程序。虽然在英国绞刑退化成令人残忍的嬉戏,但是在美国,绞刑"并不是给嗜血的人群上演骇人听闻的场面"。尤其是在 18 世纪,绞刑是行为端正的、有序的、阴森的并且戏剧性的仪式。死刑的关键是要形成可见且庄严的场面,有从监狱到绞刑台一路观看游街的人群。正如被判处死刑的人可能作诗表达:

啊! 多么精彩的表演,我很快就将成为那剧中人,
士兵把你在耻辱之树上吊起来。㉚

非死刑惩罚的情况也是一样。枷锁、颈手锁以及耻辱性刑罚完全暴露在社区居民的视野之下,经常是在绞刑台上进行。笞刑也是可见的,如 1664 年马里兰州一个法院规定妇女要"在人们的公开视野范围内被绑在鞭笞柱上"受到鞭打。㉛

这些刑罚仪式观看者能看到犯罪、醉酒和放荡的极度恐怖的后果,从而能加强对社区居民的道德说教。不仅方圆数英里的人们赶来观看绞刑,而且他们还会把自己的孩子带去观看。他们来到绞刑台前呆呆地看着,不仅是出于好奇,而且表示同情并且从中吸取教训。牧师来到绞刑台前说教,要求警惕潜藏在我们每个人胸中的诱惑和罪恶,以及屈服于那些诱惑将会产生的危险。他们想要传递的信息是:任何向小罪恶屈服的人,最终可能成为更大罪恶的牺牲品。关键是不能排斥违法者并且将其妖魔化,而是要认识到一个人自身的罪恶。每个人都需要为自己的罪恶忏悔并

㉚ 关于美国死刑的太过严酷性,参见 V. A. C. 加特莱尔:《绞刑之树:死刑和英国人(1770—1868 年)》,1994 年,第 56—69 页;斯图尔特·班纳尔:《美国的死刑历史》,2002 年,第 24、27—28 页的内容进行了比较。想象上的绞刑架诗歌来自于《临死的忏悔者》;李维·埃姆斯的动人演说是他亲口所说的,是他在生命的尽头被执行死刑的早上,在波士顿发表的言论,转引自斯图尔特·班纳:《美国的死刑历史》,2002 年,第 11—13 页。

㉛ 劳伦斯·M. 弗里德曼:《美国历史上的犯罪和惩罚》,1993 年,第 37 页[引自 J. 霍尔·普莱森茨:《查尔斯县地方法院的会议记录(1658—1666 年)》,载《马里兰州卷宗》(第 37 期),1936 年,第 560 页]。

且寻求宽恕。被判处死刑的罪犯也被期望做这样的事情。他们将会详述把自己引入歧途的罪行,并且警告旁观者不要做同样的事情。㉜

那些出席观看的人是道德剧最后一幕的目击者,他们确实地看到正义被伸张。但他们也是伸张正义的参与者。通过出席观看,他们显示出"自己对犯罪以及罪犯的谴责"。正如埃米尔·涂尔干所说的那样,刑罚是一种通过谴责犯罪和维护受害者来加强社会连带的仪式。㉝ 正如普通市民作为旁观者和陪审员参与到审判之中一样,他们也作为旁观者参与到刑罚之中。

这种道德剧有消极的一面,即对犯罪进行公然谴责。但它也有积极的一面,即给予罪犯宽恕和救赎。正如一些人成为困扰我们每一个人的诱惑的牺牲品,大多数犯罪是由意志和性格的缺陷造成的。关键是要传播迅速的、难忘的教训,并且引导偏离正道的同胞服罪、忏悔以及赔偿损失。特别是清教徒极其艰难地设法使罪犯认罪并且忏悔,以便他们能够净化自己的良心。一旦他们这样做了,这场道德剧就能以对罪犯表示原谅并且欢迎他们重新回归社会而告终。社区成员已经看到违法者偿还了他们积欠社会的

㉜ 斯图尔特·班纳尔:《美国的死刑历史》,2002 年,第 29—34、41—43 页。关于绞刑台演讲的大量宣传小册子文献,反映了这样的社会期待:甚至被判处死刑的人也将忏悔、教导他们的听众,并且获得某种救赎的措施:"我们将其死刑记录下来的那些男人和女人,就绝大部分而言,不仅仅只是在接受他们的命运。他们是惩罚戏剧的自愿的主要参与者,这些惩罚戏剧不只是提供了一种景观,而且提供了一种对特定价值观的加强。"J. A. 夏普:《"最后的临终演讲":十七世纪英国的宗教、意识形态和公开处决》,载《过去和现在》(第 107 期),1985 年,第 144、156 页。

㉝ 关于他们不赞成的观点,参见斯图尔特·班纳尔:《美国的死刑历史》,2002 年,第 32 页。关于作为社会连带关系的一种加强措施的惩罚的论述,参见埃米尔·涂尔干:《社会劳动分工》(第 1 版)(平装本),W. D. 霍尔斯译,自由出版社 1997 年版,第 57—60、62—64 页。

债务。在看到正义被伸张之后,他们更愿意对违法者表示宽恕。[34]

殖民地时期的罪犯不仅仅是象征性地,而且必须具体地偿还他们积欠社会和受害者的债务。赔偿金、罚金和额外的损害赔偿是常见的,除此之外,还存在其他方式来赔偿损失。一个偷猪的人被判处公开承认自己的罪行,然后修复该县的桥梁。有时,当罪犯被监禁的时候,他们不是被关进监狱并且被禁锢在无所事事的环境中,而是被关在教养所中并且要求进行劳动。唐纳德·布拉曼指出,连接这些制裁措施的主题是罪犯被公开追究法律责任。他们不仅必须承认自己的罪行和道歉,而且必须进行工作并且向他们的受害者和公民同胞赔偿损失。反社会行为的矫正方法是强制

---

[34] 劳伦斯·M.弗里德曼:《美国历史上的犯罪和惩罚》,1993 年,第 25—26、31、37、39—40、47 页;参见卡伊·T.埃里克森:《任性不羁的清教徒:异常行为的社会学研究》,1996 年,第 194 页;乔治·李·哈斯金斯:《早期马萨诸塞州的法律与权威:传统与构思研究》,1960 年,第 206—211 页;盖尔·萨斯曼·马库斯:《"正义之总体规则的正当执行":纽黑文镇和殖民地的刑事诉讼程序(1638—1658 年)》,载大卫·H.霍尔等编:《圣人和革命者:美国早期历史论文集》,1984 年,第 130—131 页;约翰·M.默林:《地方法官、罪人及岌岌可危的自由:十七世纪新英格兰的陪审团审判》,载大卫·H.霍尔等编:《圣人和革命者:美国早期历史论文集》,1984 年,第 152、173—175 页;劳拉·F.爱德华兹:《人民及人民的和平:美国独立战争后南部法律文化和不平等的转变》,2009 年,第 83—85 页(记录了美国南北战争前南北卡罗莱纳州中忏悔、宽恕以及重新融入社会的重要性,并且认识到犯罪并不永久地将某个人标记为一个罪犯)。

按照相同的逻辑,被告人经常坦白或者承认有罪,以表明他们的悔悟和没有违抗性。通过承认自己的不正当行为,并且维护他们的受害者以及社会的规范,被告人希望获得较轻的判刑。相反,在法庭接受审理中,如果看起来像是反抗行为,那么就需要较重的惩罚来使顽固不化的被告人谦卑。参见盖尔·萨斯曼·马库斯:《"正义之总体规则的正当执行":纽黑文镇和殖民地的刑事诉讼程序(1638—1658 年)》,载大卫·H.霍尔等编:《圣人和革命者:美国早期历史论文集》,1984 年,第 130—131 页。因此,尽管存在一些法律上的压力,迫使被告人坦白和承认有罪,但这些压力远远不及今天的控辩交易机器所施加的压力。

性的亲社会行为。㉟

　　这种制度是家长主义的,国家就是一个严厉但慈爱的父亲,而不是一个霍布斯主义的残酷独裁者。虽然家长主义这个词在今天听起来是带有轻蔑意味的,但是家长主义模式有其光明的一面,那就是爱。尘世的父亲像上帝圣父,时刻准备着拥抱忏悔的回头浪子,使他们重新融入社区。当然,被打有烙印或者不得不佩戴猩红A字母的很少一部分罪犯,仍然会被划出边线,就像他们今天这样被分离出来。不过总的来说,当时的社会远远比今天更加愿意表示宽恕以及把过去的恩怨一笔勾销。㊱

　　关于殖民地时期违法者重新返回社会的经验证据,来自于马萨诸塞州米德尔塞克斯县。1650 至 1686 年间,居住在米德尔塞

㉟　关于恢复原状、罚金、额外的损害赔偿以及教养这些制裁措施,参见劳伦斯·M.弗里德曼:《美国历史上的犯罪和惩罚》,1993 年,第 38—39、48—50 页。偷猪者的例子来自于拉斐尔·塞姆斯:《早期马里兰州的犯罪和惩罚》,1938 年,第 67 页。关于作为一种促进责任感之手段的惩罚,参见唐纳德·布拉曼:《惩罚与责任感:理解和改革美国的刑事制裁》,载《加州大学洛杉矶分校法律评论》(第 53 期),2006 年,第 1143、1167—1171 页。

㊱　关于对悔改的犯人进行父亲般的惩罚的论述,参见劳伦斯·M.弗里德曼:《美国历史上的犯罪和惩罚》,1993 年,第 52 页。《圣经》中涉及浪子回头的寓言,见于《路加福音》15:11—15:32。在这个寓言中,悔改的罪人时刻准备着承认自己的放荡,还说自己应该被视为奴仆而不是一个儿子。但是他的父亲从很远的地方一看见自己的儿子,就产生出怜悯之心,跑过去亲吻儿子,并且为他的重新开始新生活而欣喜不已。同样,在《红字》中,虽然海丝特必须终身佩戴猩红 A 字母,但她仍然通过把自己的工作做好来救赎自己,而且周围的人最终宽恕了她。参见纳撒尼尔·霍桑:《红字》,班坦经典出版社 2003 年版,第 145—147、234 页。

　　与此相反,如今有前科者面临着一种永久的恶意,几乎根深蒂固的愤恨,特别是在寻找工作或者住房的时候。参见安东尼·C.汤普森:《释放囚犯、救赎社区:重新进入社会、种族和政治》,2008 年,第 68—121 页(讨论了判罪在住房、卫生保健和就业方面的附带后果);诺拉·德姆莱特纳:《"附带损害":毒品犯罪者不存在重新进入社会》,载《维拉诺瓦法律评论》(第 47 期),2002 年,第 1027、1036—1039 页(同样讨论了刑事定罪对于住房和就业方面的附带后果);大卫·撒切尔:《犯罪背景在房屋租赁中的影响》,载《法律和社会调查》(第 33 期),2008 年,第 5、12 页(同样讨论了刑事定罪对于住房方面的附带后果)。

　　我们今天不太愿意原谅有前科者,部分原因在于社会从未看到他们以公开的方式得到自己应有的惩罚,此外,部分是因为监禁已经疏远了他们。

克斯县的至少67个刑事罪犯以备有证明文件的方式被重新融入社会。罪犯经常性地转入市政办公室担任行政委员、治安官、测量员、评估员、书记员、什一税官、特派员和治安法官。其他的罪犯担任民兵军官、教会长老,甚至担任养父母。虽然妇女不能担任公职,但是被定罪的妇女中9/10的人继续结婚,这表明她们能够改过自新而使人们忘记她们的羞耻,并且继续开始新的生活。㊲

特拉华流域的贵格会教徒殖民地,也就是美国今天的宾夕法尼亚州和新泽西州西部,同样热衷于重新接纳罪犯并且凸显其社会重要性。一个位历史学家研究了1680至1710年间这些殖民地中超过1000起刑事指控。令人惊讶的是,惯犯略微更加富有,更有可能拥有土地,担任贵格会领袖的可能性几乎同样大,而且担任公职的可能性比普通人群要大得多。㊳总而言之,通过从刑罚中遭受痛苦,罪犯偿清了他们积欠社会和受害者的债务。从那之后,殖民地居民时刻准备着欢迎他们作为声誉良好的社会成员重新回归社会。他们过去的定罪不会阻碍他们重新获得社会的青睐和崇高的社会地位。

㊲ 伊莱·法伯尔:《清教徒罪犯:十七世纪马萨诸塞州犯罪的经济、社会和智力背景》,载唐纳德·弗莱明编:《美国历史研究的14个视角》,1978年,第137—144页。法伯尔查找到在这段时间里居住在米德尔塞克斯县的468个知名罪犯的居住地点,并且追踪其中73人的释放后的情况。在这73人中,有67人重新融入社会。参见上书,第137页。法伯尔还指出,后来结婚的女性并没有全部嫁给她们曾经因为与之通奸而被判有罪的男性。五名女性后来跟其他男性结婚,另外几个曾经被宣告犯有其他罪行,比如在教堂公然抨击牧师的女性,同样也结了婚。参见上书,第142—143页。威廉·奥法特得出结论说:"很明显,刑法在某种程度上触及了这个社会的各个层面;正如这样的控告没有排斥被告人进一步参与公共生活一样明显。"参见小威廉·M.奥法特:《"良好的法律"和"良民":特拉华流域的法律与社会(1680—1710年)》,1995年,第186页。

㊳ 小威廉·M.奥法特:《"良好的法律"和"良民":特拉华流域的法律与社会(1680—1710年)》,1995年,第186—191页。奥法特把累犯定义为:30年间被指控两次或者两次以上的人。参见上书,第186页。奥法特最引人注目的发现是:累犯担任高级法律官职或者较少地担任法律官职的可能性要大得多。在统计学上,对于0.001%的卡方检验概率具有重要意义。参见上书,第190页表格28。

宽恕违法者是尤其重要的,原因在于那时和现在一样,大多数犯罪牵涉到家庭成员、朋友以及街坊邻里。大多数人不得不回到包含有自己曾经亏待过的人的人群当中生活。此外,一个小型社会几乎不能负担得起杀死、监禁或者流放超过其极小一部分成员的代价。每一个成员都是有价值的,其太过于珍贵而不能被处死或者以巨大的代价锁起来数年。大多数违法者从所经受的惩罚中回报社会,而悔改、道歉和宽恕则为他们的重新进入社会铺平了道路。

* * * * *

甚至死刑的目的也是在于诱导悔恨和宽恕。这就解释了为什么已经被判处死刑的罪犯被给予如此长的时间来认识自己的错误和忏悔。悔恨并不总是诱导现世的宽恕,但它至少引起上帝和人的宽仁之心。当被判处死刑的罪犯真诚地忏悔的时候,殖民地的居民欣喜庆祝,甚至在他们绞死这些死刑犯的时候对他们表示宽恕。对某些人来说,一方面表示宽恕,另一方面却继续执行死刑,这看起来似乎是虚伪的。但是殖民地居民并不认为使罪犯遭受其应得的惩罚与表示同情并释放他们的愤恨之间存在着不一致性。宽恕是释放愤恨的,并不一定会赦免该当的惩罚。悔恨和道歉愈合被犯罪撕开的裂缝,象征性地使违法者重新融入社区。它是一部宣泄型道德剧的最后一幕。[39]

---

[39] 斯图尔特·班纳尔:《美国的死刑历史》,2002 年,第 31—32 页;参见丹尼尔·A.科恩:《盐柱——优雅的纪念碑:新英格兰的犯罪文学与美国通俗文化的起源(1674—1860 年)》,1993 年,第 59—80 页(描述了关于 18 世纪初期新英格兰等待被执行死刑的罪犯的三个转换叙事);海伦·普雷让:《死囚漫步》,1993 年,第 93 页(描述了一个被判处死刑的男人,就在被执行死刑之前向其谋杀案受害者的父亲道歉的故事)。

在我们的历史上,有很多的东西应该受到谴责。种族、性别[40]、阶级和财富偏见对殖民地时期司法的影响,远远大于它们今天对美国司法的影响。殖民地时期的刑法比今天美国的刑法更加具有侵略性,包含更多的道德犯罪和宗教犯罪。殖民地时期的刑罚可能是野蛮残酷的,太多的犯罪可以被判处死刑,而且几乎没有程序性保障措施来确保准确性。非专业人员可能是不能够胜任的、反复无常的,而且缺乏口才,可能会对其代表的当事人非常不利。殖民地居民并不是自觉地选择他们的制度,但是,由于缺乏法律专业人士和法律书籍,他们不得不凑合着用业余的道德剧。历史不是圣徒言行录,但是它确实矫正了这些常见的假设:所有旧的东西都是落后的,所有现代的东西都是更好的,每一次改变都是进步的。殖民地居民并不是完美无缺的,但他们也不是简单愚昧的。陪审团审判作为一种看得见的参与式道德剧的普遍印象,在我们的历史中有着很深的根基。而我们的历史证实,这种愿景虽然是不完美的,但它不仅是可能的,而且是实际上奏效的。

---

[40] 女性当然不能担任陪审员。而且一些法律和起诉书明确把女性作为目标,并且强化家长主义纪律,范围从对普通责骂的惩罚到萨勒姆巫术起诉。参见劳伦斯·M.弗里德曼:《美国历史上的犯罪和惩罚》,1993年,第38、45—47、242—243页。例如通奸和强奸的规定就包括婚内强奸的例外情况,其目的不是保护女性的性自主权,而且为了加强男性对女性贞洁的控制。参见安妮·M.考夫林:《性与罪》,载《弗吉尼亚法律评论》(第84期),1998年,第1页。而且较旧的普通法曾经授权丈夫"在合理的范围内"殴打他们的妻子,以对她们进行矫正并且维持秩序。然而,最近的法律已经开始对丈夫殴打自己妻子的权利产生怀疑,虽然"较低阶层的人"仍然坚持丈夫的古老特权,而法院继续允许丈夫殴打犯有"严重不当行为"之过错的妻子的行为。参见威廉·布莱克斯托恩:《英国法律评注》(第1卷),第444—445页(在某些版本中是第432—433页)(引文省略);瑞瓦·B.西格尔:《"爱的规则":作为特权和秘密的殴打妻子》,载《耶鲁法律杂志》(第105期),1996年,第2117页。

二、美国独立后的刑事司法

1. 刑事司法不断变化的目标

美国独立战争宣扬了殖民时期的民众主义思想和参与式司法的精神。在独立宣言中,殖民地公民控诉英王乔治三世剥夺他们的陪审权利且操纵法官的行为。美国《宪法》及《权利法案》把这种愿景变成了现实,美国《宪法》第3条特别规定了刑事诉讼陪审团制度。可即使这样的特别规定也不能满足殖民地公民的愿望,于是《美国宪法第六修正案》明确规定犯罪行为发生地的陪审团必须进行公开、迅速、公正的审判,《人权法案》亦包含了日后发展成律师主导的对抗式诉讼的内容,即包括了《美国宪法第五修正案》中防止自证其罪的权利和《美国宪法第六修正案》被告人聘请律师辩护的权利。㊶

在美国独立战争前,《刑法》很大程度上是为维护社会和民族凝聚力而存在的。美国建国者关心的主要问题是:制止专制皇权在没有民众许可的情况下任意实施刑罚。因为国王曾经以诽谤政府罪和其他政治罪名对政敌施加刑罚。但从美国建国到19世纪前,《刑法》的立法目的从防止权力滥用转变到了控制普通街头犯罪上。同时,以更职业化的管理系统取代了外行人员。

用人口统计学可解释其中的诸多变化。一些殖民地区(如新英格兰地区)的公民,由于对宗教的狂热和使命感而形成了小的、紧密的、宗教性和民族性的组织。随着时间的流逝,这些地区人口增加,活动范围扩大,公民亦不再对宗教那么狂热,并最终容纳了其他的宗教信仰、人种和民族。较弱的社会凝聚力和社会多元化弱化了道德

㊶ 《独立宣言》第11条、第20条;美国《宪法》第3条第2项第3款;《美国宪法第五修正案》《美国宪法第六修正案》。

的强制力、共同的羞耻感和把受害人与侵害人当做兄弟姐妹的认同感。㊷ 但是,同时也有更广泛的思想层面上的力量在发挥作用。

这些变化适应了 19 世纪的理性主义和科学主义。理性主义和科学主义起源于 18 世纪的思想启蒙运动。犯罪行为人在宗教中的画面正如我们大家一样的罪犯:因日常的各种诱惑而迷失,但是却有能力赎罪。然而,改革派却视违法犯罪人仅仅是具有理性的利己主义思想者。功利主义论者如杰里米·边沁,把刑法看作是对犯罪行为人施加足以抵消其因犯罪而产生的满足感的刑罚机制,从而制止理性的罪犯再次犯罪。边沁自然而然地想到了圆形监狱,即那种随时处于监控中且凸显了社会控制力的监狱。思想启蒙运动中的改革派如切萨雷·贝卡利亚,认为刑法的目的是为了制止犯罪而不是对罪犯实施应得的刑罚,且理性的哲学将取代宗教的愚昧。因此,贝卡利亚赞同在没有宽恕和赦免的前提下,实施更温和且确定的刑罚。㊸ 法治要求稳定的法典化的规则被同等应用,而不是赋予法官特殊的自由裁量权和特赦。

19 世纪晚期的科学家有更悲观但理性的观点:他们把犯罪看做是遗传的病理,即遗传于残忍掠夺者的不能治愈的危险。犯罪

㊷ 参见劳伦斯·M.弗里德曼:《美国历史上的犯罪和惩罚》,1993 年,第 54 页、127 页;亚当·杰伊·赫希:《监禁者人数上升:美国早期的监狱与惩罚》,1992 年,第 35—39、45 页。

㊸ 参见杰里米·边沁:《道德与立法原理导论》,牛津:克拉伦敦出版社 1907 年版,第 1—2、170—171 页的注释 1(该书同样分析了刑法使违法者丧失行为能力以及对违法者进行改造的作用,但是拒绝报应论,因为只有较大可能利益才能证明给违法者施加痛苦的正当性);切萨雷·贝卡利亚:《论犯罪与刑罚》,爱德华·D.英格拉哈姆译,菲利普·H.尼克林第二次修订版,1819 年版。该书包含了伏尔泰的强烈的赞成性评论,这反映出,贝卡利亚的理性的、可预测的、法典化的、功利主义的惩罚方案,是对启蒙运动的回应。戴维·罗特曼认为,启蒙运动理性主义者,特别是贝卡利亚,有助于使美国从将犯罪视为罪恶转变为将犯罪作为社会控制问题进行处理。参见戴维·J.罗特曼:《收容所的发现:新共和国的社会秩序与社会失范》,Aldine de Gruyter 出版社 2002 年版,第 58—62 页。罗特曼的论点尽管是有争议的,但其已经被证明是相当有影响力的。参见亚当·杰伊·赫希:《监禁者人数上升:美国早期的监狱与惩罚》,1992 年,第 13—31 页(作者对罗特曼对贝卡利亚追随进行了反驳,并且追溯了 16 世纪英国济贫院监禁的理念。赫希同时也承认,18 世纪启蒙运动理性主义及 18 和 19 世纪美国宗教乐观主义的影响力)。

并不仅仅像人们强调的那样源自人类的软弱,其表现的是人在身体和头脑中的危险的道德缺陷。犯罪行为人并不是上帝的孩子,不是按上帝的模样塑造的,亦不具有足够的赎罪能力,而是应当被关在笼子里的贪婪的野兽。这一派别中最著名的就是切萨雷·龙勃罗梭的颅相学,即一种根据外貌预测犯罪的学说。龙勃罗梭认为低额头和其他尼安德特人的特征是罪犯的标志。依据该观点,犯罪行为人是危险的、返祖的且进化不完全的人,他们中的大多数人缺乏自由心智、道德感和悔罪感。龙勃罗梭认为犯罪行为人不能忏悔或不能改过自新,刑罚仅是阻止上述进化不全的人犯罪的手段,而不是给予应得刑罚、教育或对受害人进行治愈的手段。龙勃罗梭认为特赦达不到预期目标,因为特赦降低了刑罚实施的平等性和威慑性,并滋生了犯罪。[44]

刑法反映了美国从宣传美德的共和国到被规则、理性和私利统治的稳定的社会契约国家的转变。正如威廉·尼尔森精确地总结马萨诸塞州的法律变迁:简言之,在18世纪与19世纪之交,犯罪分子不再被视为对上帝犯罪的人,而是被看成掠夺上帝子民财产的人。尽管政府不断起诉犯罪从而维护社会稳定,但是政府忘记了刑法在保护公共伦理道德和社会凝聚力上的价值。[45] 制止犯罪和使犯罪人不再实施犯罪是保证低犯罪率的关键,且由此保障了市场经济安全。惩罚和其他道德价值并不和这种刑法的机械概念完全吻合。

在20世纪,改造罪犯和报应在大众和学术讨论中重新出现,

---

[44] 切萨雷·龙勃罗梭:《犯罪人》,玛丽·吉布森、尼科尔·哈恩·拉夫特译,杜克大学出版社2006年版,第43、48—49、51、53、56—57、91—93、108—109、336页。

[45] 威廉·E.尼尔森:《普通法的美国化:法律变迁对马萨诸塞州社会的影响·1760年至1830年》,1975年,第118页。在18世纪的最后10年里,秩序和财产保护变成了目的,而不仅仅是一种追求共同体道德的手段——道德理想各不相同的人们能够坚持的一个目的……至少在刑事程序法中,对财产以及经济稳定性的保护,正在变成重要的价值,最终彻底地与长期的法律应对伦理统一性进行保护的观念分离。参见上书,第120—121页。

但是这些理论不能颠覆刑事司法实践的基本形态。在专业化的律师世界中,刑事司法依然是通过监狱实施社会管控的途径。下文笔者将论述:只要刑事司法持续不断地向前发展,控辩交易体制就永远不会做出妥协,为道德发挥作用留有空间。

2. 刑事司法的专业化

如果刑事司法要成为具有可预测性且可靠的威慑犯罪的方式,那么其就不能局限于让社会底层志愿者和被征召的人来操作。这种需求逐渐排挤了外行人作为被授权的参与者在刑事司法中所扮演的角色。首先,美国需要职业化的法律实施者。经常从白人男性市民中选出的业余巡警远远达不到要求,他们缺乏训练,有的人甚至不愿意参与这项工作。此外,非专业人员应对危险的罪犯时,并不具有足够的能力,他们经常被罪犯攻击或遭遇罪犯拒捕。[46]

因此,美国很快复制了伦敦 1829 年创建永久性的职业化的警察力量的做法。19 世纪中叶,在种族、民族和反天主教暴乱后,许多美国城市建构了警察力量,并配备了徽章、制服和规则手册。尽管如此,美国警方在职业化上略显不足,不仅没有警察工作的入职条件,也没有相关培训。纽约警方在组织纪律性上和伦敦警方相比也有很大差距。纽约警察一般是当地人,他们大多依靠政客来获得工作与升职,作为回报,他们帮助他们的政客谋求连任。尽管政治上的任免权滋生了腐败,但因更加可靠和具有可预测性,警察取代了非专业的巡警。过去,起诉主要看受害人自己的诉讼请求,其次才考虑受害人邻居的看法。现在,警方可以对那些违反公共秩序的人提起诉讼,范围包括从公共场合吸毒、卖淫到赌博等。[47]

---

[46] 参见劳伦斯·M. 弗里德曼:《美国历史上的犯罪和惩罚》,1993 年,第 28 页。

[47] 参见同上书,第 68—70、150 页;埃德加·J. 麦克马纳斯:《早期新英格兰的法律与自由:刑事司法和正当程序(1620—1692 年)》,1993 年,第 67—70 页(作者分析了在新英格兰,邻居作为圣神看守人或者检举无受害者犯罪的有报酬的提供消息者的作用);塞缪尔·沃克:《大众司法:美国刑事司法的历史》(第 2 版),1998 年,第 50—56 页。

诉讼远离受害人控制,就把强制的重点从证明受害者的伤害转移到保障公共秩序上。

为了应对警方腐败和政客对其的支持,先进的改革者进一步隔离了警察,甚至使他们与其服务的社区分开。警方变得更加职业化和专业化要追溯至19世纪早期。聘用标准、公务员考试以及对教育要求限制了政客原先对警察的任免。到了20世纪,警察从走路巡逻发展成了驾驶巡逻车巡逻。他们从四处寻找社会事件发生到对无线电分配任务的回应。这些改变使管控集中,但是这种做法却把警察和当地的居民分隔开来。㊽

另一个转变是律师对立案和起诉的控制越来越多。尽管最初殖民地律师很少,但在美国独立战争之后,律师数量及法律书籍的数量快速增长。19世纪后,刑事公诉制度广泛传播并取代自诉制度。日益增长的没有受害人的公共秩序犯罪,如违反禁酒法类犯罪,因为没有与案件有利害关系的受害人,因此要大量专业人员处理。同警察一样,新增的专业公诉人逐渐把注意力集中在此类无被害人的犯罪中,远离了被害人的犯罪。㊾

㊽ 劳伦斯·M.弗里德曼:《美国历史上的犯罪和惩罚》,1993年,第359—360页;塞缪尔·沃克:《大众司法:美国刑事司法的历史》(第2版),1998年,第131—137页。

最近,社区警务运动已经让钟摆回到当地控制和相互作用的状况。参见马修·J.希克曼:《司法统计局:当地警局的社区警务(1997年和1999年)》,2001年,第1、5—10页;马克·哈里森·摩尔:《论问题解决与社区警务》,载迈克尔·托尔尼、诺弗尔·莫里斯编:《现代警务》,1992年,第99页;大卫·A.斯科兰斯基:《论警察与民主》,载《密歇根法律评论》(第103期),2005年,第1699页(把与社区隔离的警务运动与20世纪中期强调社区审议与参与的民主理论之兴起联系起来)。

㊾ 威廉·E.尼尔森:《普通法的美国化:法律变迁对马萨诸塞州社会的影响·1760至1830年》,1975年,第2页(作者在该部分记录了从1760到1830年间美国的司法报告、法律专著以及法律期刊的暴涨);艾伦·斯坦伯格:《刑事司法的转变:1800—1880年的费城》,1989年,第171—232页(作者分析了警察和警务司法官在19世纪下半叶费城如何取代自诉人的情况);尼古拉斯·帕里洛:《反对利润动机:美国政府的转化(1780—1840年)》(即将由耶鲁大学出版社出版;部分手稿由作者存档)第七章,第24—61页(作者注意到,在19世纪,立法机关提高了对无受害者犯罪——比如赌博和违反酒法的行为,进行起诉的费用,从而鼓励自诉。但是,他们最终放弃了这个模式,因为虽然很多行为严格按照法律规定是有罪的,但是检察官仅仅对具有少量应受谴责性的被告人进行指控)。

同样的,刑事被告人雇用代理人为其辩护,那些负担不起费用的被告人利用宪法规定权利获得辩护律师。因此,在19世纪中期早些时候,大约半数的刑事被告人都有辩护律师。到19世纪晚期,许多州甚至开始为那些付不起费用的被告人指定律师。在20世纪早期,许多州开始组建公诉辩护律师处,从而便于指定法律援助律师。有趣的是,公诉律师处的支持者把其吹捧成对抗式诉讼中讼棍的替代品,且具有价格更低廉、适应性更强的优点。一个杰出的辩护律师还要明白,公诉辩护律师与检察机关联合起来才能保障无罪之人不受刑罚,有罪之人不逃脱制裁。换句话说,律师们的工作就是贿赂专业化的法律机器,并且鼓励有罪辩护而不是打一场堂堂正正的庭审对抗。今天,法庭宣读《第六修正案》是为了保障贫穷的被告人在面对真正的牢狱之灾和重罪指控时,能获得法律援助律师的服务。㊿

一旦公诉人和辩护律师完全取代了受害人和被告人,庭审本身亦必然改变。公诉人而非受害人做出是否提起诉讼、如何调查取证和控告、传唤哪个证人和寻求哪种刑罚的决定;公诉人而非受害人做出法庭陈述,把被害人在庭审中的角色降低为公诉人诉讼中所使用的手段之一。一旦受害人的角色和证人相当,他们就会因为害怕听到其他人的证据推翻他们的陈述,而最终被完全排除

㊿ 关于19世纪的指定辩护律师,参见劳伦斯·M.弗里德曼:《美国历史上的犯罪和惩罚》,1993年,第245页。

著名辩护律师的引证来自于迈耶·C.高曼:《公设辩护律师的必要性分析》,载《刑法与犯罪学杂志》(第8期),1917年,第273、274页;迈耶·C.高曼:《刑事案件中穷人的公设辩护律师》,载《弗吉尼亚法律评论》(第26期),1940年,第275、275n.,280页("地方检察官与公设辩护律师之间的融洽合作,将必然会产生更高层次的司法路径。公设辩护律师作为一种政府官员,不会对此感兴趣,即对不择手段地设法使有罪的被告人被判无罪来败坏司法感兴趣。私人雇佣的律师经常这样做,因为他们错误地相信这是辩护律师的恰当职责所在");迈克尔·麦康维尔、切斯特·L.米尔斯基:《纽约市穷人的刑事辩护》,载《纽约大学法律评论与社会变革期刊》(第15期),1986—1987年,第581、598—599页。

关于当前对《美国宪法第六修正案》的解读,参见阿杰辛格诉汉姆林案,407U. S. 25,40(1972年)(面临"实际的……监禁"的轻罪犯人);吉迪恩诉温赖特案,372 U. S. 335(1963年)(重罪被告人)。

到大多数庭审之外。[51]

同样的,辩护律师负责在法庭抗辩。他们做开庭陈述和结案陈词、交叉询问证人、提出合理怀疑、解释和不在场证明。他们亦经常建议他们的客户保持沉默或把他们在法庭上要说的话写下来。如果被告人有犯罪记录,作证就会使其面对有关以前被证明有罪的交叉询问和弹劾。尤其对惯犯而言,最安全的做法就是在案件中一言不发,并由辩护律师对公诉人作出回应。[52]

根据上述方式,案情更多地由律师而非外行人说出。甚至证人证言亦越来越多地有了律师塑造的痕迹。证人不仅要讲述结果可公开的案情,还要回应律师的细节性问题。律师调查取证和立案,整理材料并构建出整个案件事实。律师开始训练证人开庭,在庭审前会见证人,询问证人及对他们所说的话进行修改或对案情有所侧重。不讲道德的律师甚至扭曲证人的话或贿赂证人作伪证。[53]

一旦专业律师控制了整个过程,证据规则和程序规则亦会成倍增长。来自大城市或地区的陪审员不太可能知道受害人和被告人的性格和日常活动,而律师把时间花在选择陪审员及质询陪审

---

[51] 关于公共检察官作用的增长,参见约翰·H. 朗本:《对抗性刑事审判的起源》,2003 年,第 116—136、145—147 页(作者讨论了 18 世纪中叶英国起诉的发展);胡安·卡德纳斯:《检察程序中的犯罪受害者分析》,载《哈佛法律与公共政策期刊》(第 9 期),1986 年,第 357 页。关于受害者被排除在刑事诉讼程序之外的分析,参见道格拉斯·E. 比鲁夫、保罗·G. 卡塞尔:《犯罪受害者参加审判的权利:应重新占优势的全国共识》,载《路易斯克拉克法律评论》(第 9 期),2005 年,第 481、484—503 页。

[52] 关于对辩护律师日益重要的作用的分析,参见约翰·H. 朗本:《对抗性刑事审判的起源》,2003 年,第 266—273 页(讨论了 18 世纪晚期英国罪犯于 1681 年在马里兰没有辩护律师的审判以及于 1831 年具有辩护律师的审判之平行发展)。关于被告人犯罪记录的可接受作为证据的分析,参见约翰·亨利·威格摩尔:《普通法中审判证据制度论》,1904 年,第 980 节及 983(4)节。

[53] 参见约翰·H. 朗本:《对抗性刑事审判的起源》,2003 年,第 136—145、269—270 页(讨论了英国的发展以及伦敦在 1730 年对伪证罪的恐惧);詹姆斯·D. 赖斯:《聘请律师之前和之后的刑事审判:马里兰陪审团审判中的权威、法律和文化(1681—1837 年)》,载《美国法律史杂志》(第 40 期),1996 年,第 461—462 页(记录了 1831 年马里兰审判,在该审判中辩护律师详细的询问与证人接受辅导有很大不同)。

员的过程上，排除对案件有偏见的陪审员。因此，陪审员必须完全依赖法官承认的证据来审案。法官因为不相信陪审团具有法律常识，从而通过排除陪审团在听证中获得的证据，增加法官自身对庭审的控制。传闻证据规则、品格证据、有关联性的偏见、特权和排他性证据规则，把陪审团隔离于审判之外。其中部分规则可能会增加审理案件的准确程度，而其他规则却分散了人们对犯罪这一中心问题的注意力。这些规则融合在审前动议、异议、旁听会议中，延长了案件审理时间，且向陪审团和公众隐藏了证据。案件审理时间变得越来越长，从几分钟到几小时甚至几天。(54) 此外，这些

(54) 关于选陪审员时间的期限，参见劳伦斯·M. 弗里德曼：《美国历史上的犯罪和惩罚》，1993 年，第 243—244 页（讨论了诸多律师对陪审员筛选进行了审查询问，并且注意到，在臭名昭著的芝加哥干草市场案中，筛选陪审员花费了 21 天）；詹姆斯·D. 赖斯：《聘请律师之前和之后的刑事审判：马里兰州陪审团审判中的权威、法律和文化（1681—1837 年）》，载《美国法律史杂志》（第 40 期），1996 年，第 460 页（该文论及了 1831 年马里兰案，在该案中，律师在选陪审员花费了一到两个小时。但是在 1681 年，代表自己的被告人在案件中选陪审，只花费了 5—10 分钟）。

关于证据规则在陪审团的使用，参见劳伦斯·M. 弗里德曼：《美国历史上的犯罪和惩罚》，1993 年，第 248—249 页（“在某些方面，陪审员同样被明确禁止使用他们的常识。还有什么其他理由把这么多明显相关的事实——比如证明被告人之前曾实施过类似的犯罪之证据，在法律上看作不重要？”）；詹姆斯·D. 赖斯：《聘请律师之前和之后的刑事审判：马里兰州陪审团审判中的权力、法律和文化（1681—1837 年）》，载《美国法律史杂志》（第 40 期），1996 年，第 462 页（该文的该部分内容记录了马里兰州辩护律师为排除不利证词的努力）。

关于审判时间的延长，参见劳伦斯·M. 弗里德曼：《美国历史上的犯罪和惩罚》，1993 年，第 245 页；约翰·H. 朗本：《酷刑与控辩交易》，载《芝加哥大学法律评论》（第 46 期），1978 年，第 3、10—11 页（该文注意到在 1730 年，中央刑事法庭每天进行 12 到 20 个重罪审判，然而在 1986 年的洛杉矶，平均每个重罪陪审团审判花费 7.2 天）。费希尔对审判持续时间与控辩交易之间的关系提出了质疑，并且指出，19 世纪马萨诸塞州米德尔塞克斯县的审判，稳定在每个法官每天进行两个审判，尽管在 19 世纪末，谋杀案审判从 3 到 4 天延长到了 6.6 天。参见乔治·费希尔：《控辩交易的胜利：控辩交易在美国的历史》，2003 年，第 118—121 页。然而在马里兰州，在 1818 年，审判从 30 分钟缓慢地延长到 45 分钟；但是当律师参与其中时，仅仅陪审团的筛选就能花费 1—2 个小时。参见詹姆斯·D. 赖斯：《聘请律师之前和之后的刑事审判：马里兰州陪审团审判中的权力、法律和文化（1681—1837 年）》，载《美国法律史杂志》（第 40 期），1996 年，第 460、463 页。即使费希尔在这一点上是正确的，即审判持续时间不是控辩交易上升背后的推动力，但是朗本的数字仍然表明，律师的引入及其伴随的规则和阴谋诡计是与持续时间更长、更加难以处理的审判紧密相连的。

规则分散了人们对罪责与刑罚这些中心问题的注意力。

对陪审团的指导亦被模式化。在17、18世纪,法官把其对证据的观点和意见告诉陪审团,然后让陪审员做出初步的法律判断。陪审员运用他们的常识去理解法律,思考哪些是正义的。到了19世纪早期,法官越来越多地进行法律训练,他们给予陪审团多样的、通俗的、具体的指导,告诉陪审团针对特定事实应该如何适用法律。但是随着上诉制度的发展,上诉法庭会进行部分专业性的指导,但不进行其他指导。初审法官从讨论正在审理案件的细节,发展到列举以前案件适用的标准化样本。上诉法庭不能撤销这些标准化样本,但是也把法官的指导变成了从现有案件分离出的抽象法律术语。这种路径亦同样适用于陪审团,最终变成否认陪审团有解释法律的权利。(55) 这一系列的改变使案件审理时间变得更长、更复杂。同时,其亦缩小了陪审团的权力,让陪审员更加缺乏服务的热情。

3. 辩诉交易的产生

公诉人最初是采用任命制,但是到了美国南北战争时期,直接在当地选举公诉人员成为强烈的趋势。被选出的公诉人并不一定是全职人员,他们中的大部分是兼职工作人员,很急切地想去做自己更赚钱的私人工作。由于拿着低廉的工资或从每个案件或判决中收取固定的费用,所以他们希望迅速处理手中的刑事案件,这样

---

(55) 劳伦斯·M.弗里德曼:《美国历史上的犯罪和惩罚》,1993年,第245页;约翰·H.朗本:《酷刑与控辩交易》,载《芝加哥大学法律评论》(第46期),1978年,第245—247页。宣告陪审团必须遵循法庭所公开宣布的法律之案例,参见史帕弗诉美国案,156 U.S. 51, 106(1895年)。一般性分析参见马修·P.哈灵顿:《美国陪审团的法律发现职能》,载《威斯康星法律评论》,1999年(该文认为陪审团的法律发现职能在19世纪就开始减少)。

就可以从私人工作中赚取更多的钱。(56) 当然,不同于受害人,这些公诉人对庭审结果并无利害关系。

公诉人的工作多到超出他们能应付的程度。公诉人极少有甚至完全没有其他人为其提供帮助和支持。警务的改善和酒类法律的实施,意味着更多的逮捕和起诉。公诉人要处理几百件案子,但他们中的部分人从每件案子中赚的钱甚至少于 1 美元,甚至部分公诉人还要奔走于各司法巡回区中,立法机关却没有给公诉人划拨足够的资金。此外,如果被告人雇佣了律师,公诉人会面对更多的上诉。这引起很多公诉人抱怨他们的工作环境和微薄的工资。(57)

在刑事起诉中,受害人没有撤销案件和和解的权利。如果他们实施了上述行为,他们就可能会被施以刑罚。不同于受害人,总检察长授予公诉人撤销案件和刑事和解的权力。公诉人认识到其可以通过撤销起诉中的固定赔偿金,从来使被告人获得较低的量刑。通过撤销违反酒类法律的指控或把故意杀人降为过失杀人,公诉人承诺对被告人判较轻的刑来换取被告人的认罪答辩。这种对指控犯罪讨价还价的策略在今天仍然很盛行。通过被告人应承担的较长时间的量刑与被告人的有罪答辩交易,公诉人可减轻自己的工作负担并保证定罪的高效。兼职公诉人亦可通过这种方法赚到比私人工作更多的钱,且计件付款的公诉人亦会获得更高的

---

(56) 关于直接当地选举检察官的趋势,参见琼·雅各比:《美国检察官:寻求认同》,1980 年,第 24—26 页。关于检察官的多种兼职身份,参见劳伦斯·M.弗里德曼:《美国历史上的犯罪和惩罚》,1993 年,第 30 页。

关于检察官的处理案件数量之激励,参见乔治·费希尔:《控辩交易的胜利:控辩交易在美国的历史》,2003 年,第 13、42—43 页;亦可参见艾伯特·阿尔舒勒:控辩交易及其历史,载《法律和社会评论》(第 13 期),1979 年,第 211、225、233—236 页(该文讨论了工作量、时间以及费用在鼓励指控交易以及其他形式的控辩交易中的历史作用)。

(57) 乔治·费希尔:《控辩交易的胜利:控辩交易在美国的历史》,2003 年,第 40—44、98 页(作者讨论了马萨诸塞州米德尔塞克斯县的一个案例研究)。

费用。(58)

19 世纪的犯罪,通常都伴随着不同数目的罚款或者监禁判决。那时有关犯罪的辩护交易,因法官对量刑享有广泛自由裁量权,所以对被告人没有多少益处。公诉人需要获得对量刑讨价还价的权力,但却不能承诺法官会给予何种判决。对不严重的案件,公诉人建立了缓刑制度的最初模型,他们可以推迟起诉或完全撤销案件。(59) 严重案件则需要法官在公诉人允诺量刑前与公诉人协商。

尽管法官最初反对公诉人进行交易,但因法官亦非常忙碌,以至于默许辩诉交易。工业革命使法官面对大量的侵权案件,包括因火车、有轨电车、工厂的使用所造成的人身伤害,使法官通常要同时携带民事和刑事待审案件时间表。这些新产生的侵权案件的案件事实和时间非常密集,法官亦没有权力简单地处理这些案件。公诉人不能对诉讼的最终结果进行交易,因为陪审团来设定最终的赔偿金且原被告双方都想实现最大利益。日益增长的案件压力增加了法官把刑事案件快速解决的动力。所以,有时法官会对有罪答辩的被告人给予较轻的判决。有时法官会作出明确的承诺或威胁被告人进行交易,但更多的情况是法官只是简单地答应被告人一方的量刑建议。被告人很快明白大多数法官可以不经审查就批准这些交易。有时如果法官不同意建议的量刑,被告人可撤销他们的有罪答辩,这使被告人的权利得到更多保障。(60)

当被告人在 19 世纪可在法庭上获得律师辩护时,稳定的律师行业就出现了。公诉人和处理他人事务的辩护律师是恒定的角色,双方都对案件结果没有利害关系,并且有经济上的动力去快速

---

(58) 乔治·费希尔:《控辩交易的胜利:控辩交易在美国的历史》,2003 年,第 21—44、155—174 页(作者重点关注了马萨诸塞州的米德尔塞克斯县,也讨论了公共检察官、固定判决、犯罪的分级以及撤销指控能力的存在或者不存在,是如何解释在 18 世纪伦敦不存在答辩交易及在 19 世纪纽约州和加利福尼亚州存在控辩交易的)。

(59) 同上书,第 62—90 页。

(60) 同上书,第 121—124、129—136 页。

处理案件,然后转而服务其他客户。他们经手的案件越多,他们就能赚到越多的钱。刑事律师互相认识且彼此相信。公诉人和辩护律师很快就能明白每个标准犯罪的一般交易价格:故意杀人可以降为过失杀人,第一次偷盗可以获得一年的监禁。随着时间的流逝,一个可以预测的市场形成了,使得有罪答辩的好处更加清晰,亦由此鼓励更多的有罪答辩。辩护律师努力地做自己客户的工作,使他们相信控辩交易的各种好处。[61]

因此,到了 19 世纪末期,控辩交易在美国刑事司法中占主导地位。20 世纪之后,加州阿拉米达县超过半数的被告人进行了有罪答辩。该比例在纽约市和纽约州可以达到4/5。在马萨诸塞州的米德尔塞克斯县,该比例高达 7/8。从那时起,比例一直在持续升高。今天,美国大约 19/20 的被告人进行有罪答辩。[62] 庭审充满了

---

[61] 关于答辩交易的一项领先的社会学研究发现,新任检察官、辩护律师及法官逐渐熟悉了事情的内情,并且看到了控辩交易的优势,这也成为这些局内人适用控辩交易的推动力量。参见米尔顿·休曼:《控辩交易:检察官、法官以及辩护律师的经历》,1978 年,第 53—91、99—126、134—152 页。

[62] 在 19 世纪 80 年代和 19 世纪 90 年代的阿拉米达县,被宣判的被告人中,有 46% 要么最初要么随后认罪。其中 54% 的被告人在陪审团审判中被宣判有罪或者被宣判无罪。在 1900 至 1910 年,这些数字分别为 57% 和 43%。参见劳伦斯·M. 弗里德曼、罗伯特·V. 珀西瓦尔:《正义的根源:加利福尼亚州阿拉米达县 1780—1910 年的犯罪与惩罚》,1981 年,第 173 页的表格 5.11(作者同时还注意到,这些百分率排除了法官的免职和延期)。

关于纽约的情况,参见麦克·麦康维尔、切斯特·米尔斯基:《认罪答辩的出现:1800—1865 年的纽约》,载《法律和社会期刊》(第 22 期),1995 年,第 466 页的图表 3(作者表明在 1890 年,纽约市大约 75% 的刑事案件是通过认罪答辩解决的,15% 是通过审判解决的,10% 是通过撤销指控解决的);雷蒙德·莫利:《消失中的陪审团》,载《加利福尼亚法律评论》(第 28 期),1928 年,第 108 页(本页图表表明,在纽约曼哈顿与布鲁克林间的金斯县,被宣判的案件中认罪答辩率是 80%,在纽约州的六个农村县是稍高于 85%,纽约全州是稍高于 80%)。

关于米德尔塞克斯县的情况,参见乔治·费希尔:《控辩交易的胜利:控辩交易在美国的历史》,2003 年,第 161 页。关于现在的认罪答辩率,参见美国司法统计局:《刑事司法在线统计资料大全》,表格 5.34.2009(表格显示,2007 年联邦法庭中被宣判的被告人之认罪答辩率是 96.3%)、表格 5.46.2004(表格显示,在 2007 年,95% 的州重罪定罪起因于认罪答辩),载 http://www.albany.edu/sourcebook/tost_5.html。

变数且有罪答辩让规则变得可以讨价还价。

4. 隐藏在监狱墙后的刑罚

美国独立战争后刑事司法的另一个巨大改变就是刑罚。在殖民时期,监狱很少作为对已被判刑的罪犯进行惩罚的地方。监狱的目的是羁押债务人和被起诉的被告人等待审判或执行死刑。[63]死刑在那时和人身刑及耻辱刑一样常见且公开。

观念上的改变引发了监狱系统内的重大改革。改革者不再把犯罪的原因看成是自由意志的薄弱或是魔鬼的蛊惑,与此相反,他们指责犯罪行为人的家庭、同伴及充满了罪恶的城市把普通人拉入了犯罪的深渊。解决问题的方法似乎是把犯罪行为人带出可能导致犯罪的环境,并逐步灌输新的、遵守法律的习惯和纪律。[64]

美国独立战争之后的几十年,改革者尝试把监禁作为修改后的人身刑和耻辱刑。1776年《宾夕法尼亚州宪法》规定,把公共场所、街道、公路上进行的重体力劳动变得不那么血腥,从而使刑罚更人性化。该方案产生了事与愿违的效果,最后使罪犯和市民相互冲突。许多州保证公众可以进入监狱,因此,公民可监视囚犯劳作。[65]

但是一个更新的观点确立了下来,这使得以往的人身刑和耻辱刑彻底地分割开来。宾夕法尼亚州非常拥护监禁应当按照字面解释,即为罪犯设定一个悔罪和改造的地方。设立于1790年的费城核桃街监狱,将犯人分类、隔离并且进行惩罚,但是并未让犯人劳作。东方州立监狱(又名樱桃山监狱)是一个在1829年设立于

---

[63] 劳伦斯·M.弗里德曼:《美国历史上的犯罪和惩罚》,1993年,第49页。
[64] 同上书,第77页。
[65] 同上书,第77—78页;亚当·杰伊·赫希:《监禁者人数上升:美国早期的监狱与惩罚》,1992年,第59页。好几个殖民地——特别是宾夕法尼亚州,已经判定在前几个世纪中强迫劳役有罪。亚当·杰伊·赫希:《监禁者人数上升:美国早期的监狱与惩罚》,1992年,第28页。

荒地的从事重体力劳动的监狱,其中对犯人施行着单独的监禁,相互隔离且保持绝对的安静。该实验被启蒙运动和贵格会对人类本性的信仰所启发。如果每一个人都保持沉默,并只有《圣经》做伴,他们的内心或理性就可能发现自己的罪恶,并指引他忏悔和改正。[66]

相比之下,美国纽约奥本监狱没有那么严格,囚犯每天在一起静静地工作,晚上才独自睡觉。然而,这两种监狱体系至少都包含一定程度的隔离及军事化的组织和纪律。这两种体系的中心目的就是让罪犯在军事化的组织中从事劳动并改过自新。[67]

上述改革者对人性太过乐观。监禁并不一定导致忏悔。在囚犯被完全隔离却不工作的地方,他们经常走向极端或企图自杀。甚至那些保持头脑冷静的犯人也不能改过,且可能在被释放后犯下更多的罪。完全的单独隔离亦被证明因难度太大和花销太高而难以为继。随着犯罪的增加,宾夕法尼亚州在监狱中增加了囚室,并为每间囚室安排了多名犯人,从而破坏了隔离制度。一旦囚犯一起说话和睡觉,监狱就成了教授犯罪的学校,给罪犯提供了相互交流和联系的平台。监狱确应把罪犯与受害者隔离开来,这应是它的主要功能而不是一项改革。[68]

---

[66] 古斯塔夫·德·博蒙、亚历克西德·托克维尔:《论美国的刑事制度及其在法国的应用》,弗朗西斯·列贝尔译,南伊利诺斯大学出版社1833年版,第37—41、46、56—57页;劳伦斯·M.弗里德曼:《美国历史上的犯罪和惩罚》,1993年,第78—79页;亚当·杰伊·赫希:《监禁者人数上升:美国早期的监狱与惩罚》,1992年,第29页;安德鲁·斯科尼斯基:《宗教与美国刑罚制度的发展》,2000年,第30—36、39—40页。

[67] 劳伦斯·M.弗里德曼:《美国历史上的犯罪和惩罚》,1993年,第79—80页。

[68] 古斯塔夫·德·博蒙、亚历克西德·托克维尔:《论美国的刑事制度及其在法国的应用》,弗朗西斯·列贝尔译,南伊利诺斯大学出版社1833年版,第41—42页(作者注意到,在奥本,许多被单独监禁的没有劳役的囚犯感到沮丧、心智失常或试图自杀);亚当·杰伊·赫希:《监禁者人数上升:美国早期的监狱与惩罚》,1992年,第62—64页;E.C.瓦恩斯、西奥多·W.德怀特:《美国和加拿大监狱与感化院报告》(呈送纽约州立法机关,1867年1月),1867年,第61—62页(对美国和加拿大的各种各样的监狱进行了调查,并且对它们当中没有一个集中于改革或者对监犯进行有效的改造而感到失望)。

到了19世纪中期，这些实验已经放弃了通过隔离和重体力劳动而重塑罪犯灵魂的目标。精神上和宗教上重塑罪犯灵魂的目标是通过更有医学根据的、理性的、科学的目标让步，即修复罪犯的习惯。品行的塑造应当建立在实现理性的、科学的、实用的目标上。正如在法官与律师中一样，职业化与专门化席卷了整个监狱行政管理体系，并建立了犯罪社会科学。监狱改革者否定了报应主义，支持犯罪的医疗模式。监狱长泽布伦·布罗克韦把犯罪人分为“不健全的人、有缺陷的人和依赖他人的人”，并努力在“败类”沾染上更多不好品格之前治疗他们。犯罪是道德疾病甚至是生理疾病，而非意志的软弱。尽管布罗克韦比龙勃罗梭更乐观，但他们都认为达尔文进化论关于人的区分是荒谬的。犯罪行为人并不是正常人，这些非正常人污浊了社会。(69) 当修复罪犯的医疗模式失败后，唯一的选择就是把这些非正常人关押在监狱中。

当监狱证明使罪犯改过的计划失败时，人身刑和羞辱刑几乎全部消失。公众并不习惯于看到人身刑，因此，鞭打及其他类似的刑罚看起来野蛮粗暴、侮辱人格且有损声誉。这些刑罚有点像惩罚奴隶、学生、孩子或海员，而非惩罚自由的人。在美国南北战争开始前，北方各州就削减或废除了人身刑。北方各州也停止了羞耻刑的使用，因为在流动人口大的城市，其不具有良好的效果，且可能适得其反，会强化不好的品行。同时，北方各州几乎完全依靠现代的、没有人情的监狱使罪犯改过。尽管监狱曾经很失败，但几

---

(69) 关于泽布伦·布罗克韦的观点，参见詹姆斯·J. 贝亚 II、诺特：《救赎的改革：监狱改革运动的智力起源》，载《纽约大学美国法律调查年刊》(第63期)，2008年，第773、783—797页。

关于对罪犯改造的有效性问题的争论从未中断，但是一个对231项研究进行的元分析被广泛地解读为其结论是“都没有效”。参见D. 李普顿、R. 马丁森、J. 威尔克斯：《矫正治疗的有效性：一项关于对治疗调查的评估研究(1975年)》；罗伯特·马丁森：《什么方式才有效？关于监狱改革的问题与答案》，载《公共利益》(第35期)，1974年，第22页。马丁森1974年的研究标志着从对罪犯改造之希望回到报应主义的转变。

乎没有人能容忍回到血腥的刑罚时期,且现在亦没有可供选择的替代品。因此,惯性赢得了胜利,监狱在两个世纪中一直是我们默许的刑罚。但正如查尔斯·狄更斯论述的那样:"监狱缓慢、隐藏的对于精神的刑罚在很大程度上造成了比人身刑更加不可修复的伤害。监狱把犯人和他们的家庭、朋友、生活相分离,将他们活活埋葬在可怕的绝望中。"[70]监狱滋生了辱骂他人的狱警、帮派暴力与强奸,但这些暴行都不在公众的视野中。刑罚已经从透明、公共的适用转到狱警和假释裁决委员会的私密领域中。刑罚并没有重新整合犯人,而是将他们与社会分隔达数年之久,最终很难使犯人回到社会并重新开始奉公守法的生活。

犯人重新回到社会最大的障碍就是监狱让罪犯变得懒散,而不是让犯人掌握工作技能和产生责任感。尽管起初,监狱工作对监狱行政人员实现改良囚犯的目标很重要,但是监狱的劳作在

---

[70] 革命时代的改革者希望肉刑会很快地消失。正如本杰明·拉什在其向"政治质询促进协会"发表演说中所说的:"我不禁抱有这样一个希望,时间不会很遥远,到那时,绞刑、颈手枷、刑枷锁、鞭笞刑柱以及独轮手推车(公开惩罚常用的工具)将会与拉肢刑架和火刑的历史相联系,在人类的思想中,只作为古今各国残暴行为的标记,并且作为证明理性与宗教无力发挥作用的忧郁证据。"参见本杰明·拉什:《公开惩罚罪犯对社会产生的影响的调查》费城,1787年。

关于改革者对于作为肉刑和羞辱性惩罚的一种替代品的监狱之信赖,参见劳伦斯·M.弗里德曼:《美国历史上的犯罪和惩罚》,1993年,第74—75,77页;迈拉·C.葛兰:《反对肉刑运动:南北战争前美国的囚犯、水手、女性和儿童》,1984年;迈克尔·史蒂芬·辛德斯:《监狱和种植园:马萨诸塞州和南卡罗来纳州的犯罪、司法与权威》,1980年,第1767—1878页;亚当·杰伊·赫希:《监禁者人数上升:美国早期的监狱与惩罚》,1992年,第38—39页。

关于狄更斯对监狱的尖锐批评,请参见查尔斯·狄更斯:《美国纪行》(平装本)(帕特里夏·英格拉姆1842年编),企鹅经典,2000年,第111—113页(作者同样坚持认为:"因为监禁的可怕标志和符号并非如肉体上的伤疤一样可被人类的视觉和触觉感知;因为它的伤口并不是在表面上,而且它很少使囚犯发出人类的耳朵能够听到的哭声。作为一种秘密的刑罚,沉睡的人性没有被警醒,所以其还保留着。因此,我对之进行更强烈的谴责。");比较米歇尔·福柯:《规训与惩罚:监狱的诞生》(第2版),艾伦·谢里丹译,古典书局,1995年,第7—19、23、293—308页(该书认为,从惩罚身体到惩罚灵魂的这种转变使法律成为一种更加具有侵略性并且更加普遍的社会失范控制工具,与简单地对分立的犯罪的回应截然相反)。

1870至1940年间持续减少。虽然一些人道主义的改良者批评了监狱劳作的滥用,但是最致命的打击并非来自于人道主义者而是经济原因。反对监狱劳作的公会和一些小企业逐步压缩了囚犯的工作量。1940年,美国国会宣布州与州之间运输或售卖监狱制作的商品违法,这阻碍了监狱劳作市场的发展。现在,只能拿到当地的一般工资囚犯,才能为私人公司工作。再加上监狱额外的安全成本,使监狱劳动力对私人公司不再经济。囚犯仍可为州政府的内部需求生产商品,但是政府内部市场太小以至于不能维持大多数囚犯的劳作。由此产生的结果是,只有大约1/9的州犯人以及1/6的联邦犯人在工厂或农场工作。(71) 因此,许多囚犯把他们整天的时光花在无所事事的懒散中,看电视或消磨时间。

在取代了人身刑之后,监禁代替了死刑。在最近的两个世纪,死刑适用的越来越少且只存在于极度严重的犯罪中适用。从我们的目的分析,比死刑适用的频繁性更重要的是它的隐秘性。监狱已经把许多刑罚带出了公众视野,所以人们很少看到对罪犯施加的痛苦,人们亦变得越来越脆弱。社会越来越厌恶公开执行死刑,甚至一部人认为公开执行死刑让观看者变得暴力,另一部分人则认为公开执行死刑让观看者对被执行人过度同情。精英们轻视死刑的观看者,并不是因为观看者是市民参加者而是因为他们是堕落的暴徒。精英们尤其厌恶女人抛开他们的优雅去观看该种残酷的场面。这些吹毛求疵的人,并不关心被判刑的人的命运而是在乎自己的感情(他们乐于忽视监狱生活的残酷性,因为这种生活被

(71) 监狱生产商品的州级贸易之禁止是规定在18 U.S.C. § 1761(2006)中。监狱对狱中劳役支付工资之规定是在18 U.S.C. § 1761(c)(2)(2006)中。参见史蒂芬·P.加维:《解放服刑人员的劳动》,载《斯坦福法律评论》(第50期),1998年,第339、358—367页。关于今天狱中劳役的统计资料,参见卡米尔·格雷厄姆·坎普编:《2002年矫正年鉴:成年人矫正》,2003年,第18页。

掩盖了)。(72)

因此,在 19 世纪中期,北方保留死刑的各州把执行地从城市广场转移到监狱的院子里,南方各州不久也实行了同样的做法。最后一次公开执行死刑是在 1936 年。尽管监狱行刑的公开的范围已经相对较小,但是更多的社会精英、男性群体仍然到监狱的院子中观看死刑行刑。从几英里外赶来的观众站在围墙外或爬到附近的房顶或树上观看行刑。新闻取代了公众,因为报纸报道犯罪和行刑并以骇人听闻的手法制造轰动。当室内行刑、毒气、注射死亡取代了 20 世纪的室外绞刑时,只有很少的人可以看到行刑过程。这些室内执行的死刑不会被那些本可引以为戒的人看到。此外,室内执行需要经过训练的专业人员在特定地点来执行,而不是在社会公众集中的犯罪发生地惩罚犯罪。正如斯图尔特·班纳尔

---

(72) 在内战之前,北方许多州彻底地废除了死刑。许多州更加严格地限制了死刑的使用,对于抢劫罪、入室盗窃罪以及有时候鸡奸罪、强奸罪和纵火罪废除了死刑。对于杀人罪保留死刑的一些州将死刑限定于谋杀罪。许多州把谋杀罪分成各种等级,并且仅仅对于一级谋杀罪和叛国罪保留了死刑。南方诸州对于白人的更大范围的犯罪在字面上保留了死刑,并且在实践中对于自由的黑人和奴隶保留了死刑。斯图尔特·班纳尔:《美国的死刑历史》,2002 年,第 131—143 页;劳伦斯·M. 弗里德曼:《美国历史上的犯罪和惩罚》,1993 年,第 73—74 页。在美国内战后的一个世纪里,死刑在北方保持下降趋势,更多的州废除了死刑,其他的州使用死刑的频率小得多。斯图尔特·班纳:《美国的死刑历史》,2002 年,第 220—230 页。在过去的半个世纪,联邦最高法院已经将死刑限定于杀人罪和叛国罪,对于强奸罪废除了死刑,并且暂时地完全停止了死刑。弗曼诉佐治亚州案 408 U. S. 232(1972)(该判决使现行的死刑法律无效,因为它们没有限制死刑的任意的、随机的或者差别对待的适用,并因此在全美国停止了死刑的执行);格雷格诉佐治亚州案,428 U. S. 153(1976)(该案批准了佐治亚州修改的《霍弗曼死刑法》,因此,允许死刑执行重新开始);科克尔诉佐治亚州案,433 U. S. 584(1977)(该案使对强奸一个成年妇女的被告人适用死刑无效);肯尼迪诉路易斯安那州案,554 U. S. 407(2008)(该案使对强奸一个儿童的被告人适用死刑无效)。当然,联邦最高法院对死刑施加了许多其他的程序性限制和实体性限制,由于数量太多就不在这里一一概述了。

关于厌恶和精英主义在公开执行下降的作用分析,斯图尔特·班纳:《美国的死刑历史》,2002 年,第 148—153 页;劳伦斯·M. 弗里德曼:《美国历史上的犯罪和惩罚》,1993 年,第 75—76 页。

所说:"是政府而非民众在执行死刑。"(73)

那些没有被送到监狱的被告人获得了缓刑。他们重新回到正常的生活中,且被要求应在几天和几周内向他们的缓刑监督官汇报情况。这种隐性的刑罚缺少了公众的指责或犯人公开忏悔的机会,以至于看起来好像没有施加任何刑罚。

无论是因刑罚被削弱还是因正式的法律看起来太软弱无力,许多外行人士开始实行私力救济。在19世纪晚期,美国西部大部分地区,自发组织的警员填充了权利缺失或权利弱势的真空地带。南北战争以后,种族主义者、暴民把他们简易的刑罚用到被起诉的黑人上,这尤其发生在南方地区。一些郡的治安官默许甚至鼓励这种暴力,其地区则显得无力控制这种局面。(74) 这些简易的死刑是满足快速、可见的刑罚需求的不良体现。

5. 刑事司法宽容与怜悯之纬衰微

殖民地的司法把赦免看做是高高在上的君主,根据道德评价对被告人的慈悲和特别处理。但是对于启蒙时期的思想家和科学家来说,赦免具有专制性质。启蒙时期思想家认为理性的刑事司法要求的是平等的、可以预测的阻止犯罪的手段,而赦免并不能阻止犯罪。正如美国哲学会的一名主要成员在1820年论述的那样:"统治者持续而荒谬地滥用赦免的特权是犯罪增加的重要原因。"统治者应当为违法者因罪行付出罚金而负责。(75)

对赦免的持续批评逐渐限制了赦免的适用。在1790至1837年间,宾夕法尼亚州的州长平均每年进行100次以上的赦免。但

---

(73) 斯图尔特·班纳尔:《美国的死刑历史》,2002年,第154—163、193—194、197—199、206页。

(74) 劳伦斯·M.弗里德曼:《美国历史上的犯罪和惩罚》,1993年,第179—192页。

(75) 詹姆斯·米斯:《监狱制度和〈宾夕法尼亚州刑法典〉分析》,费城:克拉克&雷茜,1828年,附录71(转引了一篇最初于1820年发表在费城报纸上的文章);克里森·延森:《美国州的赦免权》,1922年,第26页。

在 1839 至 1861 年间,平均每年只有大约 26 次赦免。(76)

为了应对这些批评,各州逐步以宪法、法律法规的形式规范化了赦免权的使用。听证会变得更加正式(尽管没有庭审正式)。有时听证与新闻媒体和公众紧密相连,有时听证是单方面的,即只有被告人和他的律师在场。正如瑞秋・巴克所说的那样,赦免权就像陪审团的否决权不可预测且没有法律规制。对每个案件进行平等管理的想法与个体化的司法和充满怜悯的赦免相冲突。因此,赦免和陪审团否决权都渐趋微势。(77)

近年来,赦免和减刑的使用被进一步削减。任何州长都不愿意因释放的罪犯出狱后再次强奸而被牢记。我们的社会不仅不愿意减轻判决,亦不愿意出狱的犯人出狱后重新恢复犯罪前享有的权利。联邦特赦在判决作出后恢复被告人的民事权利,但从 20 世纪 70 年代每年行使几百次,下降到 20 世纪 90 年代一共只使用了几十次。美国联邦的减刑,即减轻判决的刑罚,从 20 世纪 60 年代每年行使几十次下降到 20 世纪 90 年代每年只有几次,其中还出现了毒品案件犯罪中量刑井喷式增长。在最近 20 年的 12 年里,没有一个人获得过联邦的减刑。20 年中的 6 年里亦没有出现过一次特赦。总统特赦权被批评家视为是富人和有权势人的特权,比如副总统的助手艾・刘易斯・利比和逃亡百货商人马克・瑞奇的特权。各州州长偶尔行使特赦权,尤其当他们即将离开政坛的时候把特赦作为一种政治投机来使用。但州长的特赦权亦被削弱,甚至许多州长完成他们的任期时没有行使过一次特赦。第一世界大战时期,加利福尼亚州州长和他的特赦委员会,每年都进行几十次数目几乎相同的赦免和减刑。但是到了 20 世纪 90 年代初期,加利福尼亚州的特赦降至每年一到两次。该州州长格雷・戴维斯 4 年间没有赦免任何一个人。上述赦免和减刑使用的削减非常突出,

(76) 克里森・延森:《美国州的赦免权》,1922 年,第 26—28 页。

(77) 同上书,第 29—64 页;瑞秋・E. 巴克:《行政国家的上升和仁慈的终止》,载《哈佛法律评论》(第 121 期),2008 年,第 1332 页。

在全国范围内,近几十年来特赦与减刑都被逐步缩减。[78]

宽恕的另一个范式就是假释。前文监狱的改革是为了通过关押犯人足够长的时间,从而使其认识到自己的错误并改过自新。改造犯人需要灵活性,才能使监狱官估计罪犯的改过和悔罪情况。由此,改革者呼吁实行不定期限的刑罚,给予委员会假释犯人的自主性。法官首先设定最低和最高的刑罚判决,让假释委员会于其后设定具体的释放期限。

不确定性把权力从法官的手中拿走了。不确定性削弱了当事人在控辩交易中估算量刑的能力,并导致不平等和引发专制风险。因此,刑法规范和假释管理局开始把释放犯人的期限标准化。可以缩减的刑期成为了每个判决中的特定组成部分。许多法规规定除非犯人在监狱内行为不端,犯人就应当在最短的刑期结束后被自动释放。其他的法规则推定可以在最短刑期结束后释放犯人,还有一些地方的法规,比如纽约和新泽西的法规,规定在犯人的最短刑期结束后大部分地让犯人自动出狱。"与不定期刑判决的理论截然不同",乔治·费舍尔很有说服力地论证了对不定期刑罚的限制,束缚了控辩交易的发展及控辩交易关于可预测性的需求。[79]假释及可以缩减的刑期,因此而成了认罪和举止合法的奖励,而不

---

[78] 参见克里森·延森:《美国州的赦免权》,1922 年,第 29—64 页;瑞秋·E. 巴克:《行政国家的上升和仁慈的终止》,载《哈佛法律评论》(第 121 期),2008 年,第 1332 页;迈克尔·海斯:《从数字上看仁慈:仁慈及其结构的实证分析》,载《弗吉尼亚法律评论》(第 89 期),2003 年,第 239、251—252 页(作者发现,行政赦免在死刑案件中的使用自 1973 年以来已经稳步下降);亦可参见玛格丽特·科尔盖特·洛夫:《刑事定罪的附带后果的减免:各州资源指南》,2006 年,附录 B。

[79] 乔治·费希尔:《控辩交易的胜利:控辩交易在美国的历史》,2003 年,第 186—194 页;乔治·费希尔:《立法:不确定的量刑法——Peno-矫正法的试用》,载《哈佛法律评论》(第 50 期),1937 年,第 677、683 页("不确定判决中的监禁产生的矫正效果,经常因假释的机械应用而失去");乔治·费希尔:《州委员会阐述的假释制度》,载《纽约时报》,1926 年 6 月 12 日版,第 7 页(该文报道了假释裁决委员会成员的证词,即他们必须在最低量刑判决执行完后假释囚犯,除非囚犯违反了监狱规则);克里森·延森:《美国州的赦免权》,1922 年,第 88—96 页(该文讨论了假释的标准化、根据最低刑期结束的自动假释资格以及如何对监狱中行为进行考量)。

是特赦的一种形式。

近年来,对假释的限制进一步束缚了特赦制度。20 世纪 80 年代和 90 年代中,"真理在量刑中"的运动席卷了整个国家,消除或者极大程度地限制了假释。联邦《量刑改革法》废除了假释,并把对行为良好的犯人的减刑限制在 15%。至少有 12 个州废除了有自由裁量的假释,超过 20 个以上的其他州限制了假释,其他州也不愿意施行假释。(80) 这些"真理在量刑中"的法律确实让量刑更加透明和能够解释,但是亦限制了特赦的适用。

另一个对特赦的限制是从不确定量刑转向有层级性结构性的量刑指南的趋势。由法官马文·弗兰克尔领导的改革者阐述了专断、偏见及法官在自由裁定量刑时差异对待的危害。因此,联邦政

---

(80) 1984 年美国联邦《量刑改革法》,载 Pub. L. No. 98—473,tit. II,ch. II, § 218(a)(5) 98 Stat. 1837、2027[废止了 18 U. S. C. § 4201 et seq. (1988),因此,取消了假释委员会];18 U. S. C. § 3624(b)(2006)(批准了在监狱中每年 54 天的善行折减);凯特·斯蒂斯、约瑟·A. 卡布拉内斯:《论判决恐惧:联邦法院中的〈量刑指南〉》,1998 年,第 40、42、63 页的表格 1(该文认为,在《联邦量刑指南》生效之后,联邦囚犯的实际服刑时间从判决书上判刑的 47% 上升到 85%)。

关于州的诚实量刑法,参见美国司法统计局司法项目办公室:《美国罪犯重新融入社会分析:从州立监狱释放》,载 http://bjs. ojp. usdoj. gov/content/reentry/releases. cfm(该文认为,16 个州已经取消了对所有罪犯的自由裁量假释,其中有 4 个州对某些杀人罪或者长期监禁刑的犯罪作为为数不多的例外);参见托德·赖默斯:《假释:过去与现在》,1999 年,第 1—7 页(该报告认为,在 1999 年,14 个州已经取消了对所有罪犯的假释自由裁量权,而且其他 21 个州已经严格地限制假释的使用);琼·皮特尔斯莉亚:《美国的假释与罪犯重新融入社会》,载《犯罪与司法》(第 26 期),1999 年,第 479、480、496 页表格 1。

甚至那些保留假释自由裁量的州,已经大幅度缩减了使用。从 1976 年到 1999 年,州立监狱通过自由裁量假释比率从 65% 下降到 24%。达米卡·达玛帕拉等:《立法机关、法官与假释裁决委员会:确定量刑下的自由裁量权之分配》,载《佛罗里达法律评论》(第 62 期),2009 年,第 1037、1048 页。甚至一直到 1999 年,被假释的成年人中,42% 是通过自由裁量假释被释放的;到 2008 年,数字已经下降到了 26.6%。试比较下面的数据:司法部:美国矫正人口中的男性和女性达到了 630 万:占据美国成年人口的 3.1%(2000 年),表格 6,载 http://bjs. ojp. usdoj. gov/content/pub/pdf/pp99pr. pdf;劳伦·E. 格莱茨、托马斯·P. 邦克冉尔:《2008 年美国的缓刑与假释》,美国司法部,NCJ 228230,2009 年,第 39 页附录中的表格 13,载 http://bjs. ojp. usdoj. gov/content/pub/pdf/ppus08. pdf。

府和超过 1/3 的州把《量刑指南》制成法律,从而防止量刑过重及赦免的情况发生。在《联邦量刑指南》下,主要量刑幅度是在被告人认罪的前提下给予 25% 到 35% 的减刑幅度。

该种减刑幅度实际上对罪犯的悔改并无太大帮助,但和被告人是否进行有罪答辩有关。联邦和大多数州还通过了强制性的最低量刑,这几乎完全束缚了法官的裁量权。改革者提出的替代方案是:非经选举而产生的法官,应当像专家量刑委员会一样,把量刑政策交给有政治责任的立法机关。该种质疑在一定程度是合理的,因为 19 世纪的徒刑的裁判权赋予了法官,而非那些从民众中选出的陪审员。[81]

追溯到殖民时期,那时的刑罚是固定的,并且表面上也不如今天灵活。从实践看,由规则束缚的体制比看起来更灵活。陪审员经常宣告被告人无罪或宣布被告人犯轻罪,同时法官为值得同情

---

[81] 关于《量刑指南》,参见马文·E. 弗兰克尔:《刑事判决:没有秩序的法律》,1973 年;理查德·S. 弗拉塞:《州〈量刑指南〉:多样性、共识与未解决的政策问题》,载《哥伦比亚法律评论》(第 105 期),2005 年,第 1190—1196 页;《联邦量刑指南手册》,2010 年 § 3E1.1(对承认承担责任规定了二级减轻刑罚;根据检察官对 16 级或更严重级别的犯罪进行的动议,规定了三级减轻刑罚);迈克尔·M. 奥希尔:《懊悔、合作与"承认承担责任":〈联邦量刑指南〉3E1.1 的结构、执行与改革》,载《西北大学法律评论》(第 91 期),1997 年,第 1507、1534—1540 页(报告一个行政区的实证研究结果。在该行政区中,承认承担责任之减轻处罚,在实践中起到自动请求折减的作用;同时,还对全国性的证据进行了评论。该证据证明,承认有罪的被告人中,其中 88%——但是这其中只有 20% 的被告人在法庭受审,得到了量刑折减)。

关于法定最低量刑的分析,参见美国量刑委员会:《联邦刑事司法制度中的法定最低刑》,1991 年,第 8—11 页;例如 18 U. S. C. § 924(c)(2006)(对于在暴力犯罪或者毒品走私犯罪中使用或携带枪支的行为,规定了强制性的连续性刑罚);21 U. S. C. § § 841、846、848、960(2006)(对于各种毒品犯罪规定了法定最低刑)。

当然,阿布伦蒂诉新泽西州案及其成果已经将钟摆摆回来了一些,使法官以恢复陪审团的自由裁量权之名运作的有约束力的《量刑指南》无效,参见 530 U. S. 466(2000)。然而,这些案件名义上影响法定最低刑法,包括哈里斯诉美国案 536 U. S. 545(2004),但几乎没有将权力归还陪审团。只有 6 个州给予了陪审团判决非死刑重罪的权力。参见南希·J. 金、罗斯福·L. 诺尔:《实践中的重罪陪审团量刑:以三个州为研究样本》,载《凡德法律评论》(第 57 期),2004 年,第 885、886 页。

的被告人谋求宽恕。以前,陪审员清楚地知道他们判决的量刑结果;事实上,法官建议陪审员思考是否给被告人定罪和定哪条罪时,亦同时考虑量刑。今天,陪审员经常不了解刑罚,而且法官告诉他们不要在作出裁定时考虑量刑。当陪审员不了解他们正在实施的刑罚时,他们不能代表公众的良心。唯一的例外就是在死刑判决中,陪审员至少要认为被告人应当死亡。[82]

对罪犯仁慈的条件是公诉人享有自由裁量权,公诉人才可以减轻起诉、撤销起诉、签合作协议并建议法官从轻处理。特别是令人同情的被告人,他们会得到从轻处理。但更常见的却是,公诉人利用这些手段作为控辩交易的筹码,鼓励有罪答辩,同时在惩罚旷日持久的诉讼时不考虑可以宽大处理的理由。该种自由裁量权与殖民时期透明且具有谴责性的个人道德评价模式不相符。不同于执行人和陪审团,公诉人享有的自由裁量权在一定程度上是因为他们的决定会远离评判,也因为在一定程度上他们要对优先权的排序作出决定。[83] 体制下的自由裁量权驱使着控辩交易的前进,而非为正义与宽恕服务。

律师、控辩交易及不公开的刑罚,在很大程度上削减了外行人在刑事司法中所起的作用。公诉人替代受害人进行起诉后,留给受害人的唯一角色是出庭作证。但由于前述情况的出现,受害人不再需要在庭审中作证,且受害人在控辩交易中没有任何话语权。被告人除了对辩护提供书面的回应并朗读已经准备好的陈述外,再没有其他事情可做,甚至这些回应和陈述也是在他们的律师的指导下提前完成的。因为大多数的控辩交易都是在私人对话等远离公共场合的地方下完成的,所以无论是被害人还是公众,都不

---

[82] 参见林诉亚利桑那州案,536 U.S. 584(2002)(要求陪审团就被告人适用于死刑的事实作出裁定);香农诉美国案 512 U.S. 573、587(1994)(重申了"反对告知陪审员他们裁决后果的规则",并且拒绝了提议中的例外情况)。

[83] 关于检察官对控辩交易筹码的使用,参见斯蒂法诺斯·毕贝斯:《法庭审判外的控辩交易》,载《哈佛法律评论》(第117期),2004年,第2463、2470—2476页。关于检察官自由裁量权的不透明性,参见瑞秋·E.巴克:《行政国家的上升和仁慈的终止》,载《哈佛法律评论》(第121期),2008年,第1353—1354页。

能看到完整的案件处理过程。

被害人也不能监控刑罚的实施,因为刑罚在狱墙背后实施。与其和罪犯纠结于道德问题,不如我们在根本上放弃他们,让他们在几年内离开我们的视线。我们并不认为罪犯能够容忍他们的羞耻,不认为其会偿还对受害人和社会的债,亦不认为其会获得新生。即使我们最终释放了他们,有很多法律仍然会对有犯罪前科的人区别对待,阻碍他们重回社会。监狱成了罪犯流放的地方,而社会却对罪犯很冷漠,不愿意原谅他们。

简言之,刑事司法已经从常识的、大众的道德判断发展成专门技术的、隐秘的司法过程。它不再是公众对正义和应得刑罚的表达,而是对社会危险的迅速且专业的分类。

第二章　当代非透明、非共鸣性的刑事司法

过去两个世纪的职业化,造成刑事司法局内人与局外人之间不可逾越的鸿沟。局内人是指律师和其他运行刑事司法制度的专业人士;局外人是指这一制度的利益相关人,包括受害人、被告人和一般社会公众。根据一般理解,局内人理应代表局外人的利益和意愿。但为局外人的利益和价值,与自身的利益和价值之间经常存在分歧。经济学家将局内人不能为局外人提供完善服务而产生的这种隔阂的后果称作"代理成本",且有许多学者研究代理成本是如何歪曲企业,并精心设计治理企业的机制来抵消这些负面影响。公共选择的研究也采用相同的视角来理解立法与行政机关,但对刑事司法代理成本的研究却很稀少。

本章分析了现在的隐秘的由法律人控制的控辩交易机制。该体制与非法律人运行的、先前的公共道德剧相比大不相同。笔者开篇粗略地划分刑事司法局内人与局外人,研究造成委托人与其认定的代理人之间差异的因素,尤其是对检察官为公众和受害者所提供服务的不完善之处进行了分析。接下来,笔者进一步分析这种博弈结果:局内人操纵刑法,局外人企图对局内人进行限制;局内人推翻这些限制,局外人回击以新的强制性规范,如此循环往复。据证,这种恶性循环代价极高,损坏法律的有效性和合法性,阻碍政府的民主监督。最后,笔者提出诸多不同的代理问题,即导致被告人与其代理律师关系紧张的那些问题。被告人常常不信任被指定的辩护律师,与其交流、合作不畅,也不理解律师的所作所为。这些长期存在的代理问题妨碍了理解、交流和监督。名义上是公众和被告人在掌控整个过程,实际上是律师在操纵局势。这场博弈的各个部分对很多律师来说是非常熟悉的,然而却鲜有律

师退一步观察全局,即观察律师主导制度是如何偏离非专业性的偏好及这一分歧是如何歪曲刑事司法政策的。

本章共有五个主题。第一个主题是合作问题:不同于激烈反对彼此主张的对手,检察官和辩护律师共同协商以找到解决问题的首选方案。他们是确立现行交易价格和处置惯例的重复玩家。既不是真相和谬误的对立冲突,也不是公众关注焦点对法律人表现的监督。没有中立的陪审团,法官不经审查即批准交易协议。在某种意义上,真正的博弈存在于局内人和局外人之间。第二个主题是量化问题。每条法律和每个事实都像交易筹码一样被量化或商品化。在共谋的系统中,没有基于真相的清晰辩护,仅有调解的价格。权利不再关乎真相或公平,而仅仅是倾斜的谈判桌。第三个主题是隐秘性。整场博弈隐藏在公众视野之外,使局外人无法理解整个过程,并使该制度失去其本可能传达给社会的经验教训。第四个主题是隔离性。该隐秘的制度还独立于局外人的掌控。公众和受害人并没有发言权,即便是被告人通常也听从律师的计划而不是其他方案。第五个主题是无道德性。这一由局内人操纵的制度产生"价值中立"的结果,并不服务于道德目的和重视真相,只是简单地将处理案件的数量最大化。在追求数量的过程中,仅受局外人期盼和重视的道德以及治愈品质的细微影响。局内人并没有将这一制度演绎成道德剧,而是一场游戏。

然而,为了理解这些主题,笔者将首先分析局内人与局外人阵营。只有首先研究这一背景,才能领会两大阵营如何以及为何爆发冲突。

一、刑事司法参与者

1. 控制刑事司法的精明且自私的局内人

当前章节分析的职业化,是指由律师和在刑事司法领域取代外行人的其他执业人员组成的团体。19世纪,检察官已经主导刑事案件,并使起诉远离受害人。辩护律师则代替了支付律师费的被告人。20世纪,公共辩护律师和其他指定辩护人数量增多,他们为贫穷的被告人出庭辩护。到那时为止,法官只来自律师阶层,并与律师持相同的观点。训练有素的警察取代了业余的地方武装团和守夜人。专业的缓刑和假释官、监狱看守和死刑执行人大量涌现。

这些趋势导致局内人和局外人在刑事司法中产生鸿沟。局内人,尤其是律师,熟知操纵此体制和管理典型罪犯、被告人以及惩戒的复杂的法律规则。[①] 他们可以接触到调查过程、对目击者的询问、警方的文件档案和导致控辩交易的幕后谈判。简而言之,律师知道很多事情。当然,他们也不是了解所有的事情,正如几乎没有人能够全面了解该刑事司法体制一样。但至少这些局内人能够了解并掌控其所在的领域。

这些局内人不再是传统意义上的对手,即相互制约并维持对被代理方的忠诚。恰恰相反,他们的立场是合作。局内人是法院的常客,是"有着强烈的和谐相处动机的重复玩家"。他们组成工作小组,相互协助并对权利讨价还价。他们并不是为一方或者另一方明确辩护,而是消除彼此之间的差异并暗地里达成妥协。对抗制诉讼的先决条件是中立的判决者保持对各方进行警示。由于陪审团审理的案件非常少,并且法官主动批准交换协议,几乎没有对手是相互制约。[②]

也没有被代理人可以有效地制约局内人。名义上,局内人是其委托人的代理人。实践中,正如笔者将在下一部分讨论的那样,公众和受害者在刑事诉讼中起的作用很小,也不能限制检察官。

---

① 斯蒂芬诺斯·毕贝斯:《法庭审判之外的辩诉交易》,载《哈佛大学法律评论》(第117期),2004年,第2483—2485页。

② 同上书,第2485页;乔治·费希尔:《控辩交易的胜利:控辩交易在美国的历史》,2003年,第129、131、136、198—199页;米尔顿·休曼:《辩诉交易:检察官、法官和辩护律师的经验》,1978年,第61、43—44、61—67、122—126、140—143页和第150—151页;美国司法统计局,互联网刑事司法统计数据原始资料,tbls. 5.46. 2004, 5.24.2007(反映州以及联邦95%的定罪是因有罪答辩)。

无论公众和受害人的满意程度如何,检察官都领取固定工资。此外,由于控辩交易比庭审更隐秘,因此,局外人很难监督检察官的工作。认罪来源于幕后讨论,特殊协议的相关条款常常被隐藏,检察官既不遵循明确的规则,也不为进行的特殊交易进行明确的解释。由于是被告人决定认罪还是进行审判,因此,被告人应当有更多的发言权。但是,他们不可避免地倚重律师的建议,并且是由律师进行讨论。正如笔者将在这一章的最后讨论的那样,被告人信息不灵通,也不了解在这一操作的基准点,所以他们大多默许律师的建议。并且,大多数律师是指定而不是由其客户雇佣,这又消除了另一个对其工作的制约。③ 因而,局内人通常游离于委托人的监督之外。

如此,局内人享有不受监督的广泛权利。警察决定调查的对象、地点和内容;是否以及对谁进行逮捕或传讯;是否提起指控以及指控的罪名。并且时常决定将案件提交给联邦检察官还是州检察官。检察官决定是否接受指控以及是否下调轻罪或推迟起诉还是不予受理。他们还会决定是否将提交的案件转化成药物治疗案例。他们可以批准保释、达成合作协议或者控辩交易,建议从宽量刑。在这个资源匮乏的世界,警察和检察官在决定采用多大的力度推动案件以及推动到何处程度的问题上,拥有巨大的权力。辩护律师也是如此。在数十或数百件欺诈性案例中,他们决定在何处展开调查,进行何种程度的对抗以及怎样在交易中说服客户。

由于局内人将大多数的时间花费在刑事司法上,因此,对如何操纵刑事司法制度有着独特的见解。他们对案件处理结果有各自的直觉,虽然开始时可能和公众相一致,然而,随着时间的流逝他们变得厌倦和老练,对公平惩戒的评估与公众背道而驰。例如,一个人见过持械抢劫案件以后,对手无寸铁的入室盗窃和一般行窃,就会觉得微不足道。其他人可能会转而走向另一个方向,遗失了自我见解并对严苛的毒品犯罪的刑罚习以为常。虽然检察官和假

---

③ 卡洛琳·沃尔夫·哈洛:《刑事案件中的辩护律师》,美国司法统计局特别发言人,2000年,第3页,载 http://bjs.ojp.usdoj.gov/content/pub/pdf/dccc.pdf。

释官可能会对相关因素和行情共享一种普遍的局内人观点,但这种共同认知是未公开的、不成文的,而且经常很模糊。另外,局内人表现出倦怠,追求有罪判决,比法官更不愿意相信被告人的抗辩和理由。虽然一些人行新手开始时会质疑控辩交易,但他们会逐渐适应这一制度,并发现很难或者不可能想出其他的解决方案。此外,局内人亲自并且近距离的见过被告人,这导致他们可能会考虑公众和受害人不了解或未加考虑过的加重或者减轻因素。局内人甚至可能会变的愤世嫉俗,以至于放弃维护正义,向现实妥协,局外人对此非常震惊。④

在处理案件的过程中,局内人还会考虑巨大的工作量和个人利益这些现实问题。控辩交易保证了必要的定罪和刑罚。作为对

---

④ 关于局内人的熟练过程,参见米尔顿.休曼:《以辩诉交易:检察官、法官和辩护律师的经验》,1978 年,第 117—121 页(描述检察官是怎样经历这一"熟练过程"的)。有可能——实际上是很可能,局内人与局外人在种族、阶级、性别、文化和教育水平上存在系统性的不同。这些不同很可能加大局内人和局外人观点上的鸿沟。然而,笔者不知道有任何经验证据可以证实这一说法。

关于对局内人达成控辩交易的相关因素的不成文的共识是:根据客观的、外部的观点,检察官、假释官和其他刑事司法主体,拥有广泛的自由裁量权,几乎没有规范、判例或公开出版的规则有这样的规定。然而,这些相同的主体经常为自己的行为提供一致的理由,并声称其遵循统一的官方政策和认识,并不是行使自由裁量权。换言之,根据主观或内部的观点看,他们感觉其自身被共同遵守的规范、认识和实践所制约。参见马克·L.米勒、罗纳德·F.怀特:《黑匣子》,载《爱荷华法学评论》(第 94 期),2008 年,第 125 页。

关于陪审团的不太愤世嫉俗的观点,参见小哈里·卡尔文、汉斯·采泽尔:《美国陪审团》,1966 年,第 66—75、115—116、164—189 页(该书认为在大多数案件中,陪审团与法官意见不同,原因在于陪审员的证据采信问题。在这些案件中,陪审员更倾向于参考有利于被告人的证据)。关于局内人适应控辩交易的方式,参见米尔顿·休曼:《以辩诉交易:检察官、法官和辩护律师的经验》,1978 年,第 49—91、95—117、134—155 页。

关于局内人对司法玩世不恭的态度,例如当笔者为第三章的资料采访数十名检察官、辩护律师和法官时,笔者很惊讶地听到几个放弃正义的借口。当笔者询问一位辩护律师是否接受坚称自身清白的被告人的认罪答辩是不公正的时,他并没有从实质性的辩护角度进行答复,也没有为客户的利益倡导正义。相反,他用犬儒心态挑战笔者的前提。他认为,我们的刑事司法体系不是也不可能关乎正义,正义只是粉饰。他公开承认其只将正义视为得到最低量刑可能的博弈。

必要性的交换,不愿承担风险的检察官,牺牲刑罚的严厉性以规避使其尴尬并且有损其职业前景的无罪判决。另外,大多数律师很少或没有经济动力投入额外的工作,使案件处于审理当中。相反,律师更希望案件迅速得到解决。大量的积压案件、有限的经费和助理员工太少的压力,同样迫使律师和法官在投入大量的工作之前就想迅速处理案件。案件越早解决,律师和法官就能越早回家和家人朋友共进晚餐。案件的迅速处理不仅带来了更多的休闲时间,更带来了良好的结案率和认罪率——这是评估法官和检察官工作的标准。⑤ 因此,局内人运用其知识和权力加快控辩交易体制的运行,将认罪率最大化,但最小化时间和成本。

虽然个人私益至少在利润方面影响了局内人,但笔者并未暗示局内人都是故意的利己主义者。许多局内人加入刑事司法并不是出于公德心这一理想。他们对怎样服务于公共利益的理想化的

---

⑤ 参见米尔顿·休曼:《以辩诉交易:检察官、法官和辩护律师的经验》,1978年,第110—114页;斯蒂芬诺斯·毕贝斯:《法庭审判之外的辩诉交易》,载《哈佛大学法律评论》(第117期),2004年,第2471—2472页(注释21、注释22、注释26),第2474、2476—2477、2479页(讨论风险规避与检察官和辩护律师通过控辩交易减轻其案件压力的鼓励措施);乔治·费希尔:《控辩交易的胜利:控辩交易在美国的历史》,2003年,第40—49、121—124页(讨论资金和案件压力是如何激励检察官和法官通过控辩交易解决刑事案件的);参见 State v. Peart, 621 So. 2d 780, 784, 788—790,(最高法院,1993年)(发现新奥尔良市公共辩护人制度被认为无效,因为辩护律师一次性处理70件在诉的重罪案件,在7个月内共计418个被告人,并且是在人员、图书以及其他资源都不足的情况下完成的;结果是,7个月内这位律师的客户在传讯中进行了130次认罪答辩);弗兰克·O.鲍曼三世、迈克尔·海斯:《无声的反抗(II):地区等级数据的联邦毒品犯罪量刑下降之实证分析》,载《爱荷华州法学评论》(第87期),2000年,第542—544、552—553页(该书认为联邦检察官的案件压力和联邦毒品犯罪量刑下降,在统计上有非常明显的关联性。其可以说明检察官利用愈加宽宏的控辩交易解除案件堆积的压力);亚当·M.格肖维茨、劳拉·R.基林格:《州(从不)休息:检察官过度的案件压力是怎样伤害刑事被告人的》,载《西北大学法学评论》(第105期),2011年,第267—274页(该文报导美国25个最大行政区中的大多数地区检察官工作过度,并且处理案件的数量远超建议范围。2006年每一位检察官处理高达457起重罪和轻罪案件的实证调查结果);艾伯特·W.阿尔舒勒:《检察官在控辩交易中的作用》,载《芝加哥大学法学评论》(第36期),1968年,第106—107、138页。

认识与公众关于公共利益的感知完全不同,上述讨论的厌倦和老练导致局内人看待公共利益的方式与局外人也大不相同。

另一个影响业内人关注案件处理进程的因素是:法律培养。许多法律院校训练未来法官和检察官用成本效益、净现值的统计数据来评估结果。⑥ 面对着高效压力的局内人,可能认为只要最终的定罪量刑实际上对他们来说是可以接受的,能见度低的程序就不再至关紧要。这本书的大多数读者是经过培养的律师,同样很可能倾向于把对结果的评估作为底线。

律师的正义感同样倾向于强调中立标准,例如平等,即需要同等情况同等对待。如果将平等在逻辑上推向极致,并将其适用于司法中,那么通过这种方式就会以牺牲自由裁量权和同情为代价,从而极端推崇平等的、可预期的规则。丹·马克尔指出:宽容和同情不能给予违法犯罪者应得的刑罚,并且和法律的平等原则相冲突。⑦ 在很多律师的眼里,对专断和差别待遇的担忧主导了对公正的评价。

当然将这些群体全都贴上业内律师的标签太过简单:现实是复杂的。一些局内人,如警察和假释官并不是律师,而一些外部受害者却恰好是税务律师。那些经常在相同的刑事法庭出庭的律师是典型的局内人,相反,偶尔处理刑事案件的移民律师,没那么熟悉也不会厌倦这些惯例。有时这些变量很重要,但通常加入局内人的行列既简单又毫无限制。通常,局内人知识渊博、消息灵通、有

---

⑥ 斯蒂芬诺斯·毕贝斯、理查德·A. 比尔施巴赫:《将忏悔和抱歉融入刑事诉讼程序》,载《耶鲁大学法学杂志》(第114期),2004年,第147页;参见罗素·科罗布金、克里斯·格思里:《诉讼和解的心理障碍:一种实验方法》,载《密歇根大学法学评论》(第93期),1994年,第111—114页(该文分析了标准的法律和经济理性人模拟和解的方法);罗素·科罗布金、克里斯·格思里:《心理学、经济学与和解——一种看待律师作用的新观点》,载《德克萨斯州大学法学评论》(第76期),1997年,第96—101、121—122、124页(该文呈现的一个实证研究结果是:当考虑诉讼选择时,律师比当事人更有可能显式或隐式的适用预期的经济价值计算,因此,更有可能支持和解)。

⑦ 参见瑞秋·E. 巴克:《行政国家的上升和同情的下降》,载《哈佛大学法律评论》(第121期),2008年,第1337—1351页;丹·马克尔:《反对怜悯》,载《明尼苏达州大学法学评论》(第88期),2004年,第1421页。

权力并且经过了法律训练。他们在案件迅速审结中共享个人利益，最在乎底线，并不与其所代表的局外人有同样的个人利益。

并不是每一个政府官员或重复玩家，都能完全符合本书二分法中的内部人士，正如本书将要解释的那样，尤其是立法机构和媒体常常跨越这道栏杆。他们是企业家又是机会主义者，既与局内人一同工作又为了赢得选民和观众而煽动反对他们。

2. 渴望司法正义的被排出刑事司法制度的局外人

刑事司法的局外人以完全不同的角度看待这一制度。确切地说，局外人比局内人更多样化。各个群体在利益、认识、关注点和相关能力方面存在差异。暴力犯罪的受害者受到更多的精神创伤，比财产犯罪的受害者更具复仇心理。作为被告人亲属和邻居的受害人，更倾向于当面对质和和解。累犯可能（对法律）了解的更多、更加老练，而初犯则是典型的非法律人士。受到特殊犯罪影响的当地人有兴趣、知识和能力接触受害人。实际上他们就是间接的受害者。犯罪率高的居民区会有更多的个人忧虑和见解，但也可能没有政治影响力且很贫穷。其余的一般公众可能少有直接兴趣、关注点，且仅有普通的权利，例如无记名投票权。然而，选民将对犯罪的关注和愤怒，传达给选举产生的代表和候选人。其中的一些团体，例如犯罪率高的社区的居民，比一般公众更加了解且更加关注犯罪（虽然也可能更没影响力）。因此，一些团体是典型的局外人，其他的则横跨内行人与局外人之间的界限。尽管存在分歧，各种局外人团体共享重要利益且共同行使权力。例如，通过选举等方式共同行使权力。因此，尽管有时笔者将受害者从一般公众中分离出来，但通常笔者指的是全体局外人。局外人的这些子类在各个方面各不相同。本书并没有将他们与一般的局外人混在一起，而是在本章的最后一个部分单独讨论被告人及其家庭。在那之前，本书将专注于对比内部的警察和检察官以及外部的受害者及选民。

许多刑事司法制度隐藏在局外人的视野之外。警察不会宣称将要拦下哪个驾驶员,也不会宣称哪种犯罪行为以及哪个社区是目标。检察官很少向公众解释为什么决定起诉、追究重罪指控或达成监禁协议。证据开示发生在检察官和被告人律师之间,而不是面向公众。严格的保密协议隐藏在大陪审团程序中。控辩交易通常发生在会议室、法庭走廊或私人电话里,而不是在公开法庭。⑧重要的会议发生在旁边的会议室或者法官的议事厅。公共陪审团审判是例外而不是规则。

那些在技术上向公众开放的听证会在实践中却很隐蔽。听证会常常通过电话会议进行,或隐藏在诉讼时间表当中,而法院职员并不公布时间表。抗辩和量刑听证仅仅是走过场,即秘密达成不经审查的交易且其原因不明。许多受害者迫切想要得知其案件的信息却苦于所获甚少。虽然许多州有受害者权利法案,承诺通知受害者抗辩、判刑以及假释听证会,然而许多受害人并没有收到这些通知。⑨

---

⑧ 参见司法部的权威和监督:参议院司法委员会听证会,1981年第96届大会(首席检察官助理菲利普·海曼的补充声明)(我们不能过分讨论法律的背离……由于法律的背离,公众常常得不到详细的信息:他们仅仅知道一个明显的恶棍被关进了监狱这一调查结果)。关于证据开示的隐蔽性、大陪审团调查程序以及控辩交易,参见米尔顿·休曼《以辩诉交易:检察官、法官和辩护律师的经验》,1978年,第36—46页;例如《联邦刑事诉讼规则》第6(e)、16条。

⑨ 关于控辩交易的隐蔽性,参见乔治·费希尔《控辩交易的胜利:控辩交易在美国的历史》,2003年,第131—133页;米尔顿·休曼《以辩诉交易:检察官、法官和辩护律师的经验》,1978年,第43—46、134页。关于受害者信息缺失,参见希瑟·斯特朗、劳伦斯·W.谢尔曼《弥补伤害:受害者和恢复性司法》,载《犹太法律评论》(第15期),2003年,第20—21页;佩吉·M.托波罗斯基《犯罪受害者的权利和补救措施》,2001年,第36—39页。斯蒂芬诺斯·毕贝斯、理查德·A.比尔施巴赫《将忏悔和抱歉融入刑事诉讼程序》,载《耶鲁大学法学杂志》(第114期),2004年,第137页;参见安妮·M.韦默《刑事司法体系中的受害者》,1996年,第19—20页。关于受害者法定权利、实现的程序规则和实际操作之间差异的讨论,参见美国政府问责办公室《犯罪受害者权利法案:提高意识,改善投诉过程以及提高顺应性监测将改善立法的实施(2008)》GAO-09-54,保罗·G.卡斯尔《认识联邦刑事诉讼规则中的受害者:对犯罪受害者权利法案的修正案的建议》,载《杨伯翰大学法学评论》,2005年,第835页;保罗·G.卡斯尔《公平对待刑事犯罪受害者:将受害者融入美国联邦刑事诉讼规则》,载《犹他州大学法学评论》,2007年,第867—868页[引用司法部部长珍妮·雷诺在受害者权利法案修正案中的声明:Hearing on S. J. Res. 6 Before the S. Judiciary Comm. ,05th Cong. 64 (1997)]。

换句话说,受害者堂堂正正的权利在实践中却不幸未能得以实施。

即便他们参加了听证会,局外人也很难理解。法律术语、行话、委婉表达以及复杂的程序,使庭审过程难以理解。控辩交易与庭审过程相分离以至于谋杀变成了过失杀人、入室行窃变成了强行入侵他人住宅。对局外人来说,这一制度很难让人理解,更坏的是,其令人沮丧且不正当。因此,受害者和一般公众对这个制度丧失了信心和尊重。同样,刑事被告人认为他们不是受到了欺骗,就是因不为人知的原因而得到了坏的交易。因此,滋生愤世嫉俗的心态。⑩

公众渴望了解刑事司法,从其对罪案片、新闻报道、电视真人秀法庭报道表现出的喜欢就能看出来。不幸的是,公众得到的信息往往是不准确的、歪曲的或过时的。与局内人不同,局外人并没有大量具有代表性的样本,从而帮助他们得出案件胜负的平均率,也没有典型案例。因为司法体制并不透明,并且大多数公众几乎没有经历过犯罪或刑事司法,他们必须求助于令人印象深刻的、不具代表性的并且富有煽动性的媒体报道。即使犯罪率近年来有所下降,但媒体对犯罪日益增多的报道,使犯罪行为看起来更加频繁、突出且重大。新闻媒体通常报道暴力犯罪和从宽的刑罚,而不报道轻微的犯罪和普通的判决,甚至是明显虚构的罪案剧也在影响着观众。许多民众对于刑事司法的印象,来自于电影

---

⑩ 参见罗纳德·怀特、马克·米勒:《控辩交易中的诚信和透明度》,载《斯坦福大学法学法学评论》(第 55 期),2003 年,第 1411—1412 页;罗纳德·莱特、马克·米勒:《掩护/控辩交易》,载《斯坦福大学法学法学评论》(第 55 期),2002 年,第 34、95—95 页。

或电视剧。⑪ 而这些电影或电视剧中的法庭审判是公开的、有很多证据且有陪审团。这些情节既过时又忽视今天处于主导地位的控辩交易。

如同犯罪剧,新闻报道关注的是进行庭审的非典型性案件,如对华盛顿狙击手(约翰·穆罕默德与李·博伊德·马尔沃)、蒂莫西·麦克维与辛普森的审判。一个只关注了这些庭审案件的观众,可能会得出大多数被告人将面临庭审并被定罪的结论。除非

---

⑪ 关于媒体对刑事审判的歪曲影像,参见瑞秋·E.巴克:《管理犯罪》,载《加州大学洛杉矶分校法学评论》(第52期),2005年,第748—750页;劳伦斯·W.谢尔曼:《对刑事审判的信任和信心》,载《国家司法研究杂志》,2002年,第28—29页。当然,那些直接经历过犯罪和司法的人,尤其是犯罪率高的社区的居民,不需要过多依赖这些评论。媒体偶尔也报导严厉的量刑,但是宽大处理的奇闻异事,更容易引起恐慌并以此吸引读者。

关于对媒体的犯罪报导和公众见解之间可能的直接及间接联系的深思熟虑的讨论,参见萨拉·比尔:《继续严厉打击犯罪吗?美国恢复性司法的前景》,载《犹他州大学法学评论》,2003年,第425—428页(该文讨论了新闻媒体对犯罪的泛滥报导,是如何帮助提上政治议程以及如何增加公众对犯罪的恐惧);萨拉·比尔:《法律到底应该做什么? 政治、社会、心理的和其他非法律因素影响(联邦)刑法的发展》,载《布法罗刑事法律评论》(第1期),1997年,第44—45页;丹尼斯·T.劳瑞等:《消除公众恐惧议程:对网络罪案剧的纵向分析报告,公众对犯罪的看法以及美国联邦调查局犯罪统计》,载53 J. Comm. 61, 61 (2003);丹尼尔·罗默等:《电视新闻以及对犯罪恐惧的培养》,载53 J. Comm. 88(2003)。

关于观众对法庭证据和审判的预期,参见《CSI:犯罪现场调查》(哥伦比亚广播公司电视剧);《洛城法网》(美国全国广播公司电视剧)。很明显,看过犯罪现场调查的陪审员希望在每一个案件中看到严密的法庭证据,并且对缺乏法庭证据的案件不愿意定罪。参见杰米·斯托克韦尔:《辩护、起诉模式与新的"犯罪现场调查"方式:陪审团期望以电视剧风格辩论》,载《华盛顿邮报》2005年5月22日A1版;参见陪审员评价模式,《美国联邦判例汇编,非官方汇编》("在该案件进入审理以前,笔者以为将一个人带入庭审,一定也有确凿的证据。笔者认为这是其应有的方式"),比较安德鲁·P.托马斯,基于对亚利桑那州马里科帕县检察官的调查,报道了犯罪现场调查效应的证据(http://www.thepocketpart.org/2006/02/thomas.html)与汤姆·R.泰勒的评论:《思考犯罪现场调查和犯罪门槛:应对现实和虚构中的真理和正义》,载《耶鲁大学法学评论》(第115期),2006年,第1050页(该文对犯罪现场调查效应的证据表示怀疑)。超过61%的受访者经常或偶尔从这些电视剧中获取法庭的信息,超过40%的受访者从电视真人秀,例如《朱蒂法官》中获取法庭信息。公众是怎样看待州法院的,1999年的全国普查19,图7有显示。

第二章　当代非透明、非共鸣性的刑事司法　**67**

他们是请得起大律师的名人，否则这些剧目不会在现实中发生。媒体对科伦拜恩校园枪击案的报道，足以让观众形成关于校园枪击案的印象。政治家同样公布和利用奇闻异事，似乎这就是趋势的表征：呼吁重新加大对高纯度可卡因的刑罚力度以回应雷·巴斯过量吸食可卡因致死的案件。⑫

同样，这些新闻及虚构的故事给局外人留下对这类犯罪和主导刑事司法的案件的画面，但这些画面虽然难忘但却具有误导性。当然这些画面是对极具吸引力的、具有轰动效应的重大庭审案件的写照，但却不能反映现实中的小案件的真实处理情况。现实中，会通过无休止的、迅速的控辩交易处理这些小案件。

基于媒体的报道，公众从摘要中事先形成了对犯罪与刑罚的总体看法。因为一般公众并不参与刑事司法，并没有看到每一个真实案件的加重和减轻情节。当人们了解到对某项犯罪极其简单的描述，会根据其定式思维、难忘的或最近案例中的判决，在大脑中补充这些案件的空白。当人们作为陪审员认真考虑实际细节时，其观点就会发生极大的转变。例如，即使88%的调查对象理论上支持强制性的"三振出局"法案，但当面临具体案件时，大多数被调查者赞成一种或更多的特殊情形。在4个加拿大人发起的调查

---

⑫　乔尔·贝斯特：《炒作巨人》，《未来教育》2002年夏季版第50页，载 http://www.educationnext.org/monster-hype/（将校园枪击案描述成"盛行的幽灵"，并标明"在很大程度上，媒体报道促进了对这一问题的扭曲"）。关于对可卡因的刑罚：在1986年，受欢迎的《时代》杂志等出版物都在讨论强效纯可卡因的出现。例如小雅各布·J. 拉马尔等：《可卡因药丸：廉价但致命的可卡因是迅速蔓延的威胁》，载《时代》1986年7月2日第16页；伊万·托马斯：《美国改革运动——隐藏在最新毒品战争背后的是什么？》，载《时代》1986年12月6日，第73页。参见威廉·A. 亨利三世：《毒品问题报道：记者是否过量占用出版物和电视新闻？》载《泰晤士报》，1986年8月6日（"在最近激增的毒品中，可卡因药丸主导着媒体的注意力"，是众多电视节目、杂志以及报纸的头版头条）。那年6月，波士顿凯尔特人队新秀莱恩·拜斯死于过量吸食可卡因。国会接着加紧通过新的强效纯可卡因的量刑规定，并及时赶上11月的大选。随着草案在国会的通过，政治家继续加重刑罚，以表现他们可以对毒贩施加多重的刑罚，直到草案规定5克的强效纯可卡因与500克的粉状可卡因，应受到相同的惩罚。参见大卫·A. 斯科兰斯基：《可卡因、种族与平等保护》，载《斯坦福大学法学评论》（第47期），1995年，第1291—1297页。

中,一些调查对象阅读对某一判决的新闻报道,其他人则阅读对同一个案件的法庭记录和被告人的犯罪记录。与阅读法庭记录的人相比,阅读新闻报道的一致认为判决过于宽容。⑬

因为普通公众对刑事司法系统的真正运作知之甚少,他们受到错误认识的蒙蔽。在民意调查中,公众普遍认为法官的判决过于宽宏大量。然而,一般公众常常低估刑罚。例如,在一项调查中,大部分人认为手持凶器的强奸犯多半未被监禁。但是,佛蒙特

---

⑬ 关于媒体报道是如何影响公众对刑事司法的抽象看法,参见雷切尔·E.巴科夫:《管理犯罪》,载《加州大学洛杉矶分校法学评论》(第52期),2005年,第748—750页;参见约翰·多布尔:《犯罪与刑罚:公众视角》,1987年,第14、16页(该文认为焦点团体的受访者将重点集中在"近期高度曝光的犯罪"上,特别是一系列儿童谋杀案并夸大暴力犯罪的发生率);参见洛蕾塔·J.萨伦斯:《衡量量刑态度在改变刑罚态度的影响:公众观点》,载朱利安·V.罗伯茨、麦克·霍夫等编:《犯罪与正义》(15卷),2002年,第23—24页。

关于思维定式与公众犯罪观点中的最新事例,参见詹姆斯·P.林奇、莫娜·J.E.丹内:《犯罪严重性程度:情景方法的替代路径》,载《定量犯罪学研究杂志》(第9期),1993年,第311页;参见洛蕾塔·J.萨伦斯:《衡量量刑态度在改变刑罚态度的影响:公众观点》,载朱利安·V.罗伯茨、麦克·霍夫等编:《犯罪与正义》(15期),2002年,第22页(该文分析了一项研究发现,即对某一典型案件进行裁决前,陈述了一件严重盗窃案件的被研究对象,倾向于给被告人更高的刑罚)。

关于不同人如何评价单个案件,参见瑞秋·E.巴克:《管理犯罪》,载《加州大学洛杉矶分校法学评论》(第52期),2005年,第750—751页;雷切尔·E.巴尔科:《联邦主义和量刑政策》,载《哥伦比亚大学法学评论》(第105期),2005年,第1283—1284页;爱德华·安布勒、凯瑞·李·卡姆:《衡量公众量刑态度的一般和特殊方式》,载《加拿大行为科学杂志》(第22期),1990年,第330—337页的表格1(调查结果表明,当被问及一般的调查问题时,大多数调查对象认为刑事司法体系过于宽松,但被要求对4项具体犯罪规定的刑罚时,调查对象认定的刑罚非常接近实际量刑,虽然对强行入侵他人住宅以及小额盗窃更加严厉)。

关于"三振出局法",参见布兰登·K.阿普尔盖特等:《评估公众对"三振出局法"的支持度:普遍态度与特殊态度的比较》,载《犯罪 & 少年犯罪》,1996年第42期,第517、522页的图表2,第528及530页的图表4。

关于加拿大的调查,参见安东尼·N.杜布、朱利安·罗伯茨:《公共惩罚性公众对案件事实的理解:加拿大关于公众对量刑态度的几项调查——对五个国家进行的调查研究》,1988年,第126—132页。实际上,至少有一个众所周知的案件,加拿大报纸的读者认为实际量刑太宽松,而法院文件的读者认为刑罚太重。

州刑事司法的局内人认为,这些强奸犯绝对进了监狱,且至少被判15年。南卡罗来纳州、佐治亚州和弗吉尼亚州的陪审团,大大低估可被处以死刑的谋杀犯在保释之前所必须监禁的时间,可能最后他们又重获死刑。⑭

实际上,判决常常跟普通公众希望的一样严厉或更加严厉。例如,在一个实证研究中,大约 2/3 的伊利诺伊州居民认为伊利诺伊州法官判处窃贼太宽大。然而,当给定一个具体的入室盗窃的场景时,其中 89% 的居民认为他们首选现行法定最小限度的刑罚,即低于两年以下徒刑。另一项包含了 4 个假设场景的伊利诺伊州的研究表明,法官的判决和非法律人士的判决一样严厉或更加严厉。加利福尼亚州针对 6 种犯罪进行了一项调查,调查显示被调查人提出的刑罚与法律规定的一样轻或更加轻微。另一项研究发现"调查对象的平均判决与(联邦)量刑指导的判决非常一致"。许多其他的调查表明,当被要求为详细的案件作出判

---

⑭ 关于公众对于轻判的看法,参见朱利安·V.罗伯茨等:《刑罚平民主义和公众舆论:以五个国家的经验为教训》,2003 年,第 27—28 页;朱利安·V.罗伯茨、洛蕾塔·J.萨伦斯:《犯罪、刑事司法与公众舆论》,载迈克尔·托尔尼等编:《犯罪与刑罚手册》,1998 年,第 31、33、49 页;参见司法统计局:互联网刑事司法统计数据原始资料,2009 年,第 140—141 页表格 2.47。

关于佛蒙特州调查局的调查,载 http://www.albany.edu/sourcebook/pdf/t247.pdf;约翰·多布尔研究联合公司、朱迪思·格林尼:《佛蒙特州对犯罪与刑法的态度:对一项恢复性司法实验的公众意见》,2000 年,第 14—15 页,载 http://www.ncjrs.gov/pdffiles1/nij/grants/182361.pdf。

关于南卡罗来纳州、佐治亚州和弗吉尼亚州的死刑量刑陪审员,参见西奥多·艾森伯格、马丁·T.威尔斯:《致命的混乱:死刑案件中的陪审员》,载《康奈尔大学法学评论》(第 79 期),1993 年,第 7—8 页;安东尼·帕杜阿诺、克莱夫·A.斯塔福德·史密斯:《致命的错误:死刑实施过程中陪审员对假释的误解》,载《哥伦比亚大学人权法学评论》(第 18 期),1987 年,第 220—225 页;威廉·W.胡德三世:《弗吉尼亚州陪审员理解的"生命"的含义及其对死刑量刑可靠性的影响》,载《弗吉尼亚大学法学评论》(第 75 期),1989 年,第 1623—1627 页。

决时,公众并不会比法官更加严格,甚至可能更加宽松。⑮

相反,许多责任和审判原则导致的判决,远比公众认为被告人应当承受的刑罚严重很多。有学者研究发现,现在制定的很多规则,大部分很明显是基于预防犯罪的需要。"三振出局法"、毒品刑罚、以成人方式起诉未成年人、废除或限制精神并辩护、严格责任、重罪谋杀、行政违法行为的入罪,都属于这种情况。调查者为每一个规则选取了一个或两个真实的案例。他们要求跨界的调查研究对象,将这些被告人应得的刑罚进行排序,并与判决实际上施加的刑罚相比较,结果令人震惊。针对每一个案例,犯罪控制规则规定的刑罚更高,甚至大大高于被调查人认为公平的刑罚。公众认为行政犯(使用塑料而不是硬纸板制的纸盒龙虾容器)应当判决的刑罚是不多于 1 年监禁,但实际上被判处至少 15 年。与有理由相信达到法定年龄但实际上是未成年的少女发生性关系的行为,公众认为该当的刑罚是 3 年监禁,但实际上被判处 40—60 年监禁。在一辆车的后备箱内运输 2/3 千克的可卡因,实际上被判终身监禁不得假释,而不是公众认为的应判的 4 年有期徒刑。⑯ 简而言之,

---

⑮ 关于伊利诺伊州的研究,参见洛蕾塔·J.萨伦斯、莎丽·塞德曼·戴蒙德:《非法律人士对刑事量刑的评价的形式和变化:误解和不满》,载《法律和人类行为》(第 14 期),1990 年,第 202 页的注释 1,205—207 的表格;莎丽·塞德曼·戴蒙德、洛蕾塔·J.萨伦斯:《司法量刑从宽的神话》,载《行为科学与法律》(第 7 期),1989 年,第 75—81 页。
关于加利福尼亚州的调查,参见威廉·塞缪尔、伊丽莎白·莫尔兹:《犯罪严重性对认识公平刑罚的影响:以加利福尼亚州的一则案例为研究视角》,载《刑法与犯罪学杂志》(第 77 期),1986 年,第 938—940 页的表 1。实际上,受访者对 6 项犯罪中提出的 5 项刑罚(汽车盗窃、盗窃 1000 美元、持械抢劫、强奸和杀人),都比立法中规定的中间或通常刑罚期限要短。参见威廉·塞缪尔、伊丽莎白·莫尔兹:《犯罪严重性对认识公平刑罚的影响:以加利福尼亚州的一则案例为研究视角》,载《刑法与犯罪学杂志》(第 77 期),1986 年,第 938—940 页的 tbl.1。
关于公众对《联邦量刑指南》的认同,参见彼得·H.罗西、理查德·A.伯克:《公正的刑罚:〈联邦量刑指南〉与公众观点的比较》,1997 年,第 149 页。关于其他研究,参见朱利安·V.罗伯茨、洛蕾塔·J.萨伦斯:《公众舆论、犯罪和刑事司法》,1997 年,第 210—212 页。
⑯ 保罗·H.罗宾逊等:《不公正的副作用》,载《纽约大学法律评论》(第 85 期),2010 年,第 1940 页、1949—1978 页。

除非检察官选择削减法定刑,许多具体案件的量刑远远超过公众认为应判的刑罚。

即便公众同意局内人的平均判决,其中仍隐含着令人不安的变化和差异。检察官有时通过叠加的指控或者加重情节,在法定或指导性案例的最低刑以上提出刑罚。其他的案件中,他们用指控或判决进行交易以在所谓的最低刑或公众认为适宜的指导性判决之下达成较低的真正刑罚。局外人没有办法审查或核实这些隐秘的指控和控辩交易的结果。在一个案件中,达成特别宽容的控辩交易会误导局外人,使之认为所有的判决都很轻。因此,他们可能会推动提高法定刑,而没有认识到局内人不是对所有的案件一致适用这样高的刑罚,而是将他们作为交易的筹码。结果可能是造成任意的量刑不断增长,例如,一些被告人受到异常高的刑罚,而其他被告人受到的刑罚则很低。

简而言之,对平均量刑的误解助长了急剧上升的刑罚,并与刑事司法实践不一致。由于误解,选民们呼吁更加严厉的刑罚。"三振出局法""强制性最低刑"都是这种情况造成的结果。这种压力是误解和事先交易的产物:选民并不像其想象中的那样极具惩罚性。如果普通公众足够了解,他们很可能会认为法律规定的刑罚在具体案件中已经足够严厉。问题并不存在于局外人关注的法定刑,而在于内行人秘密的操纵和颠覆法定刑的方式。

虽然并不想控制这一刑事司法过程,但许多局外人也想参与到刑事司法当中并从中获利。调查中超过 3/4 的被害人认为了解或参与撤诉、认罪协商、判决和假释程序中非常重要。参与使受害者感受到享有权利并帮助他们在情感上痊愈。更重要的是,尽管一些公众避免陪审团服务,但接受了陪审团服务的人认为这一过程也会增加人们对这一制度的尊重,并愿意委托这些参与的人。即使是不想发挥作用的人,可能会有一种参与感,因为其他局内人并不是服务于公众的利益而是服务于他们自己的利益。⑰

不幸的是,受害人、受影响的当地人和普通公众,很少积极参与到刑事诉讼中。从理论上分析,公民运转大陪审团,但在实践中,大陪审团由检察官主导。正如首席法官沃切特勒的著名言论所分析的那样,大陪审团可能会在检察官的要求下"起诉一个火腿三明治"的情况。同样的,公民在理论上运转小陪审团,但实践中大多数案件并没有进行庭审。在许多州,受害者和公民在逮捕、起诉和控辩交易过程中没有发言权。即便是在审判中,大多数重罪的受害者也缺席。当他们出庭时,许多受害者仅仅是阅读提前准备好的受害人陈诉书或更为普遍的是,在判决前提交书面陈述。⑱

---

⑰ 关于受害者想要参与的意愿,参见迪安·G.基尔帕特里克等:《刑事被害人的权利——法律保护是否具有效果?》,载《国家司法研究所研究简报》,1998年10月第4页(NCJ 173839),载 http://ncjrs.org/pdffiles/173839.pdf;希瑟·斯特朗、劳伦斯·W.谢尔曼:《弥补伤害:受害者和恢复性司法》,载《犹太法律评论》(第15期),2003年,第21页。

关于陪审服务的影响,参见 E.阿兰·林德、汤姆·R.泰勒:《程序正义的社会心理学》,1998年,第106页("认为每个人都有机会表达自我,并且有被当权者认定在公正判决中发挥关键作用");汤姆·R.泰勒:《人们为什么遵守法律》,1990年,第163页;布莱恩·L.卡特勒、唐娜·M.休斯:《评价陪审团服务:法院陪审团检查办公室的结果》,载《行为科学与法律》(第19期),2001年,第311页(报导称,陪审服务改善了超过20%的陪审员对司法系统地看法);丹尼尔·W.舒曼、吉恩·A.汉密尔顿:《陪审服务——可能改变陪审员和非陪审员对公平的看法》,载《南方卫理公会大学法学评论》(第46期),1992年,第468页(报导称,有陪审经验的人比没有陪审经验的人认为刑事司法系统更加公正11%);对爱荷华州地方法官罗伯特·W.普拉特的电话采访(2005年7月15日)(报导称,基于对前陪审员调查的实证数据,他们对刑事司法体系表示一致尊重,并从这些实证调查中学到很多,并深刻感受到其服务的重要性)。

关于公民是怎样看待其必须参与监督局内人的活动中,请参见约翰·R.希宾、伊丽莎白·泰斯-莫尔斯:《秘密的民主:美国人关于政府应如何工作的信念》,2002年,第131页(对为什么公民宁愿参与政治也不愿监督局内人提供一个解释)。

⑱ 关于大陪审团的消极态度,参见大卫·马戈利克:《州执行法院的法学教授》,载《纽约时报》1985年2月1日B2版(引用当时纽约上诉法院首席法官沃切特勒的观点)。

关于受害者和市民在逮捕、控告和控辩交易裁决中的有限作用,参见道格拉斯·E.贝卢夫、保罗·G.卡塞尔和史蒂夫·J.特威斯特:《刑事诉讼中的受害人》(第2版),2006年,第259—262、302、308—310、476—477页。受害者可以在作出受害人并不像法官那样面对被告人,不能参与到与法官或与律师的对话中。受影响的当地人或一般公众即便参与也并不乐在其中。

此外,局外人并没有完全考虑局内人的利益和实际需要。大多数受害者仅仅关心自己的案件,并且往往非常强烈。受害者和一般公众不会过多地考虑法官和律师的输赢记录、处理案件的统计、利润或休息时间。对局外人来说,许多法律人士所关心的事似乎是违法且自私的。局外人将惩罚的判断主要建立在其报应司法的直觉上。他们的报应直觉涉及的因素往往远比律师考虑的因素更加广泛,包含许多律师和哲学家看来无关紧要的因素。例如,许多局外人过分注重被告人是否道歉以及被害人是否原谅他们或是否表现出同情心。[19]

此外,局外人并没有局内人那么厌倦或愤世嫉俗,并把不愿意放弃正义作为首要目标。他们仅能隐约意识到办案压力、资金限制和引发控辩交易的无罪释放的风险,其部分原因在于刑事司法极其不透明。如果能得到更好的信息,他们能意识到这些实际限

每个决定之前,咨询检察官并站在法庭上表达自己的观点,甚至是寻求对检察官决定的司法审查。这些权利的分享不需要提高否决权的等级。

关于受害者在实际判决中的有限作用,参见佩吉·M. 托波罗斯基:《犯罪受害者的权利和补救措施》,2001 年,第 96—98 页。如前所述,虽然大多数受害者想参加,但许多可能并不了解判决听证,因为检察官从未告知他们。另一些可能拒绝参加,因为法律给予他们的参与权利不足,如果被划为毫无权力的旁观者,他们可能看不出参与的理由。

[19] 关于报复心态在局外人惩罚性裁决中的作用,参见凯斯·R. 桑斯坦:《论惩罚的心理》,载《最高法院经济评论》(第 11 卷),2004 年,第 175—176 页("这项研究明显表明,惩罚性裁决具有重要的报复心理,并不是针对结果主义的目标……这些研究表明,当评价判决时,人们的判断根植于愤怒,他们并不只关注,至少不是单纯地关注社会后果");凯斯·R. 桑斯坦等:《人们想要最佳威慑吗?》,载《法学研究杂志》(第 29 期),2000 年,第 240—241 页("这些研究明确表明,直觉惩罚判决不直接适用于结果主义目标");参见丹·M. 卡汗:《威慑的秘密野心》,载《哈佛法学评论》(第 113 期),1999 年,第 414—419、472—476 页(该文认为威慑没有解释人们对罪与罚的态度,而是作为一种合理化或掩盖植根于其道德价值观分歧的言辞)。

制,也能认识到牺牲刑罚的严厉性以换取惩罚更多违法犯罪者的确定性的必要。但即使他们完全了解,局外人也可能不会把自己的利益和局内人一样看的那样重。例如,局外人可能不会和检察官一样规避无罪宣告给自己带来的风险,因此,局外人往往不容易和解。⑳

同样,局外人并不会随着时间的推移变得熟练或疲倦,因为他们不能看到使法律专业人士麻木的重复循环的案件。局内人可能会把被告人和受害者看成统计数据,但是局外人是以全新的眼光看待复杂、有缺陷的真实的人们。"对于所有法律工作者来说,即便是最好的法律工作者,最可怕的不是没道德,不是愚蠢,而是变得习惯于这个制度。"正如 G.K.彻斯特顿观察的那样:"严格来说,他们并没有看见受审的犯罪人,他们看到的都是在平常地方的普通人。他们并没有看到法庭审理的可怕之处,他们只看到了自己的工作地点。"㉑陪审团不断循环吸收局外人,使其在"可怕的法庭审理之前"可以看到受伤的被害人和"受审犯罪人"的复杂性之所在。

最后,局外人是非法律人士,不是律师。如前所述,业内律师倾向于关注判决结果的底线。但是非法律人士评估结果时,不仅仅考虑结果的底线,他们比律师更加关心广泛的公正性问题,例如自己的身份,对方当事人的可责性以及歉意。他们想使罪犯负起公众责任,并向受害者及其家属赔偿其所欠下的债务(在对公众情绪仔细审查的基础上,发现最初出现的公众的原始性惩罚情绪是对无效监禁的不满和希望通过强迫劳动的方式追究犯罪人责任的愿望)。局外人的处理方式具有重要意义,据分析局内人在评估什

---

⑳ 斯蒂芬诺斯·毕贝斯:《法庭审判之外的辩诉交易》,载《哈佛大学法律评论》(第 117 期),2004 年,第 2471—2472 页。正如笔者于本文中的观点,控辩交易远不是检察官仅仅寻求最大化的惩戒、威慑或其他公正措施的合理、有效场所。仍有许多其他因素进入他们的考量。尽管充分通知局外人可能会了解一些控辩交易的需要,但是局外人可能会选择不同的交易,因为其缺乏局内人的私利以及导致局内人日渐老练的工作年月。

㉑ G.K.彻斯特顿:《〈巨大的琐事〉中的〈12 怒汉〉》,1909 年,第 85—86 页。

么因素对局外人重要时眼界过于狭窄。㉒ 局外人关心判决,但也同样关心一系列来自透明度和参与度的程序利益。然而,讲究效率主义的局内人很少提供这些程序利益。

　　笔者不想美化具有诸多缺陷的局外人。选民常常忽视政策细节以及成本和利益。他们的注意力是选择性的,并容易被信息过量所干扰。局外人可能很难同情贫穷的少数民族被告人,也可能存有偏见。然而,选民的批评必须明白公众选择和代理问题,这些问题困扰着同样具有认知限制和偏见的局内人。此外,除了局内人基于事实和价值进行判决的问题中,仍有许多考虑局外人的原因。正如刚刚讨论过的,公众的满意是很有价值的,并独立于政策的实质性细节。无论是作为增加公众满意度的方式,还是民主正当性的要求,公众参与也同样遭到了忽视。公众参与赋予了刑事司法政策表达价值,该表达价值独立于事实基础和专家决策。所有这四个要素——代理成本、公众满意、公众参与和表达价值,在下文的分析中,虽然各自独立但仍会交织。

二、刑事司法中局内人和局外人的博弈

　　在许多国家,政治精英确立了许多刑事司法政策,但也留下了许多空间,导致了对公众愿望的忽视。例如,许多欧洲国家不顾民

㉒　关于公众对闲置监禁之不满的作用,参见布唐纳德·布拉曼:《惩罚与责任感:理解和改革美国的刑事制裁》,载《加州大学洛杉矶分校法律评论》(第53期),2006年,第1181—1200页;关于影响局外人判断的一系列广泛的考虑因素,参见罗素·科罗布金、克里斯·格思里:《诉讼和解的心理障碍:一种实验方法》,载《密歇根大学法学评论》(第93期),1994年,第148—150页;罗素·科罗布金、克里斯·格思里:《心理学、经济学与和解——一种看待律师作用的新观点》,载《德克萨斯州大学大学评论》(第76期),1997年,第99—100、108—112、121—122、124、129—136页。这两项研究针对的都是民事和解,然而笔者与理查德·比尔施巴赫都认为,这些观点在刑事案件中可能具有更大影响力,因为犯罪受害者和违法者具有强烈的需要去治愈、调和、吸取经验教训并重新融入社会。参见斯蒂芬诺斯·毕贝斯、理查德·A.比尔施巴赫:《将忏悔和抱歉融入刑事诉讼程序》,载《耶鲁大学法学杂志》(第114期),2004年,第109—118页。

意废除了死刑。欧洲政治精英显然能比美国同行更好的抵挡改变刑事司法政策的民众压力。[23] 美国的政治精英则能更好地回应民众的压力,给予有组织的选民团体挑战或调节局内人政策的工具。这些工具不仅仅包括直接选举,还包括选民公投、公民复决投票权、撤回请愿书以及直接通过法律以及惩戒政治官员。

由于各方在信息、权力、观点和利益方面各不相同,所以局内人经常表现得与局外人不同也就不足为奇。两者之间的差距很大,自然代理成本也就很高。因为局内人有权力、学识渊博,但局外人可以偶尔施加政治压力,从而在两者之间产生了博弈。该部分概括有序地分析这一博弈关系,虽然在现实生活中,该博弈并不总是按照整齐的序列不断反复发生。证明历史和政治中的因果关系几乎是不可能的,笔者能做的就是说明这些代理问题是怎样造成或恶化刑事司法的病状的。局内人使用其程序上的自由裁量权,选择性的适用书面法律以满足自己的利益和目标。经过一段或长或短的时间,局外人偶尔发现了这些谋略,并通过推动新的实体性和程序性法律进行反抗。紧接着局内人运用程序性权力,歪曲新法刺激局外人推动更加严厉的实体法和强制程序性限制。然而,局内人持续发现新的程序性方式以颠覆更具强制性的法律。即便局内人通常保持上峰,但这一博弈从未停止。

1. 第一局:局内人制定程序决定诉讼规则

我们以书本上的刑法和刑罚制度开始。然而在美国,书本上

---

[23] 参见斯图尔特·班纳尔:《美国的死刑历史》,2002 年,第 301 页(指出欧洲政府之所以能在公众支持的情况下仍废除死刑,是因欧洲民选官员在实现公众优先政策上的压力远低于美国);詹姆斯·Q. 惠特曼:《严厉的司法:刑事处罚以及美国和欧洲之间日益扩大的鸿沟》,2003 年,第 13—15、199—201 页(其解释法国与德国对官僚机构强烈的服从文化,"既作用于保护政府免受民主政治中严打犯罪的压力,又作用于以适度和有序的方式管理监禁和其他刑罚");富兰克林·齐姆林:《美国死刑的矛盾》,2003 年,第 23 页;约书亚·弥迦书·马歇尔:《魂断威尼斯》,载《新共和国》,2000 年 7 月 31 日第 13 页(其解释称,欧洲议会政府不利于新贵夺取政权,也不利于单一议题的政治主张撼动已确立的政党计划,并指明政治精英决定这些计划并无视民众对死刑的支持。)

的法律和实践中的法律关系甚远,因为局内人仅仅运用其认为恰当的法律。对于局内人来说,刑法并不是规定约束性的义务,而是规定若干可选方案。㉔ 例如,警察根本不需要逮捕犯罪嫌疑人,如果警察确实实施了逮捕行为,也不需要提起指控。正如当他们将年轻的违法者送回父母身边,父母会惩罚他们一样,警察可以释放并警告当事人。有时,逮捕的关键是施加无司法保障的快速、酌定的刑罚:警察逮捕醉汉可能仅仅是为了让他们在牢房中清醒过来,或等被施以家暴者的愤怒和醉酒消退后释放他们。

  检察官享有更多的自由裁量权。他们可以决定不起诉或在暂缓起诉以等待药物治疗成功或赔偿。即便提起了指控,他们仍可能会因为药物治疗转移案件,这可能会导致中止指控或暂缓判决的执行。当检察官提起诉讼时,他们常常可以从许多轻罪和重罪中进行选择。例如,北卡罗来纳州的检察官可以在八个等级的与伤害有关的罪名和六个等级的绑架相关罪名中进行选择。那些入室抢劫的犯罪人无疑会面临(携带或未携带武器)抢劫罪、入室盗窃罪、强行入侵他人住宅罪、各种等级的伤害罪、大或小的盗窃罪、非法拘禁罪、非法持有武器罪、持有盗窃工具罪以及合谋进行上述犯罪等多项罪名的指控。检察官可以决定对哪种罪名进行指控,忽略哪种罪名以及对哪种罪名进行交易。当检察官不满意现行的规则时,他们说服立法者订立更多的规则,以在实体和程序上给予他们更多的选择。例如,当检察官发现难以证明犯罪未遂时,立法者通过将教唆行为犯罪化,从而使检察官的工作更加容易。当检察官发现难以证明入室盗窃时,立法者将持有盗窃工具入罪,这样也使检察官的工作更加容易。㉕

 ㉔ 威廉·J.斯顿茨:《控辩交易和刑法中逐渐消失的阴影》,载《哈佛法学评论》(第117期),2004年,第2589—2558页。
 ㉕ 关于北卡罗来纳州的例子,参见罗纳德·F.怀特、罗德尼·L.恩金:《指控运动和检察官理论》,载《大学法学评论》(第91期),2007年,第15—16页。关于检察官说服立法者通过增加新罪名为其提供的更多选择的例子,参见威廉·J.斯顿茨:《刑法的病态政治》,载《密歇根大学》(第100期),2001年,第534—535、537—538页的注释131。

其他局内人也同样享有自由裁量权。检察官和辩护律师可以围绕大多数规则达成控辩交易。例如,检察官和律师可以针对没收或赔偿达成协议,或联合起来对抗其他被告人以全部或部分代替刑事处罚。㉖ 法官可以驳回案件、建议和解,如果当事人同意或不同意这样做,法官可以暗示或轻或重的判决。最后,假释和良好的信用造成了判决在理论与实际之间存在很大的差距。他们允许业内检察官、法官、狱政官员和假释官做出远低于名义判决的真实判决。这些工具通常是模糊的或隐藏在公众视野之外,即便公众有所耳闻,也没有引起他们的注意。

不足为奇的是,局内人运用这些隐藏的工具部分服务其私人利益和减少实践中的担忧。一方面,如果会带来麻烦或导致不容易赢,警察会避免实施逮捕,检察官也会避免提起指控。在很长一段时间中,这是他们对待家庭暴力的通常态度。因为受害者往往害怕,矛盾并且不愿意作证,所以检察官可能会完全拒绝这类案件或将一些被告人转移至药物治疗,这在一定程度上能减少其工作量。他们可能提起多重原始指控作为他们进行控辩交易的筹码,会避免起诉棘手的案件以节约精力,避免令人头痛的局面和可能的无罪判决。他们可能会利用控辩交易获得相对简单的认罪并以牺牲判决严肃性为代价,规避尴尬的无罪判决的风险。他们鼓励快速审理案件,避免耗时的申请、大量的证据开示和长期的谈判。他们可能会倾向于推动审判一些大案以赢得市场经验,对小的案件进行讨价还价。另一方面,抗辩律师可能会建议其客户达成辩诉协议,在一定程度上减轻工作量,减少处理案件的难度,还能快速的拿到费用。他们甚至可能会用悲观的预期和带有偏见的评估推

㉖ 南希·让·金:无价的诉讼:《刑事诉讼的不可谈判性》,载《加州大学洛杉矶分校法学评论》(第47期),1999年,第114—115、118—119页。

这一部分讨论的是公众了解并作出反应之前,博弈的第一环节。一旦了解局内人普遍减少刑罚,公众会要求通过"量刑中的真相"的法律并取消假释的反应,笔者在下文将进行分析。关键在于,该体系的不透明性造成了一定的前置时期,或者是局内人施加手段和局外人做出反应之间的滞后期。现在,在众多州以及联邦政府废除假释之后的很长时间,许多公民仍认为假释将会减短刑期。

动客户认罪。法官运用自身对判决的影响力鼓励推动有罪答辩,有效惩罚那些运用审判权的人。通过这种方式,法官提高了案件处理的统计数据,避免了耗时的陪审团审判和可能的上诉变更。[27]

2. 第二局:局外人试图监督局内人

在某些方面,一些局外人关注调整局内人的私利和自由裁量权的行使。例如,大多数地方检察官都是选举产生的。因为这些检察官面临着选举压力,从而希望最大化定罪,并推动其下属提高定罪率。[28]

对此影响有三件事值得注意。第一,这种方式之所以有效,是因为选民有途径接触到最低限度的信息(主要通过定罪统计的形式获得知悉),并可以参与无记名的投票。第二,是竞选职位的候选人公布此信息,例如地区检察官或他们的对手利用些统计数据吸引选民的注意力。第三,由于信息不完善,这一影响也并不完善。因为局外人不关注陪审团审判和公开的惩罚,他们获得的信息是第二手或第三手并经过处理的信息。地区检察官可以通过吹捧99.5%的认罪率,从而建立自身工作有魄力的误导性印象。实

---

[27] 警察和检察官不愿意控告家庭暴力案件,至少是在立法机关颁布"应当逮捕与不应遗漏的政策"之前。参见美国民权委员会:《经验法则:受虐妇女与司法审判》,1982年,第12—34页;谢丽尔·汉娜:《无选择权—授权受害者参与家庭暴力案件的起诉》,载《哈佛法学评论》(第109期),1996年,第1857—1865页;劳伦斯·W.谢尔曼、理查德·A.伯克:《明尼阿波里斯市家庭暴力实验》,《警察侦查汇编》,1984,第1—2页,载 http://www.policefoundation.org/pdf/minneapolisdve.pdf。

关于控辩交易大多仅奖励对程序权利的放弃,参见美国诉瑞兹案,536 U.S. 622, 625 (2002);州诉拉弗勒斯案,665 A.2d 1083, 1085 (N.H.1995)。关于法官利用其对判决的影响力鼓励控辩交易,从而改善其结案统计并避免撤销,参见米尔顿·休曼:《以辩诉交易:检察官、法官和辩护律师的经验》,1978年,第140—145页。

[28] 斯蒂芬·佩里:《州法院的检察官》,载《美国司法统计局公报》,2006年7月,附录第11页;丹尼尔·S.麦德伟:《热心交易:检察官对定罪后声称无罪的抵抗》,载《波士顿大学大学评论》(第84期),2004年,第182页;阿贝·史密斯:《你能既做好人又成为好的检察官吗?》,载《佐治亚州立大学法律道德杂志》(第14期),2001年,第290页。

际上,其中的大部分定罪来自给予宽大处理的认罪。与认罪统计不同,判决统计数据通常不容易为公众获得,所以公众不能制约这种交易的达成。让知名度高的案件受到审判但如果输掉案件,那么地区检察官可能因此丢工作。至少,可见的审判损失给予了竞选对手竞争素材,并鼓励他们与在位者展开竞争。㉙ 结果就是想规避风险的检察官,进行的控辩交易超过能充分了解情况的所期望的数量,因为选民仅仅看见定罪统计而没有看见指控或判决统计。

偶然情况下,一件奇闻异事会引起公众的注意并推动改革。例如,梅根·坎卡遭一个猥亵儿童的惯犯强奸和杀害的案件,导致地方推动登记性侵犯者。有时,政治家利用或加剧这些担忧。1988年总统大选时,威利霍顿的广告宣称暴力罪犯很快就会被释放到社区,这种宣传引发公众恐惧。作为部分回应,许多州限制或取消了假释。㉚ 媒体报道也煽动读者和观众对犯罪的恐惧,诱发公众反映。例如,1992年大量关于劫车并谋杀的报道,误导性的暗示

㉙ 参见安德里亚·福特:《辛普森判决:又一控诉失败的典范,使地方检察署的失败名单又增亮点,其亦会让吉尔加塞蒂在明年的大选可能会失败》,载《洛杉矶时报》,1995年10月4日A3版;米切尔·兰德斯伯格:《分析家认为吉尔加塞蒂的获胜机会微乎其微》,载《洛杉矶时报》,2000年11月12日B1版。

理论上,公众可能仅关注定罪率而不关注量刑(或至少不太在乎,在这种情况下,他们可能仅仅根据定罪率投票)。但一些地区检察官,比如新奥尔良的老哈利康妮克,已经凭借限制控辩交易的主张(反复)成功连任。面对低犯罪率的指责,老哈利康妮克回应称他筛选出证据不足的案件,而不是对审判中足以坚持下去的案件的指控和量刑进行控辩交易。参见罗纳德·怀特、马克·米勒:《掩护/控辩交易》,载《斯坦福大学法学评论》(第55期),2002年,第113—115页。

另一种可能性是公众要么喜欢现任者,要么对现任者不喜欢,想把他们踢出办公室。参见乔纳森·P.希克斯:如果你想得到稳定的工作:地方检察官是城市中最稳定的职位,载《纽约时报》2005年4月17日,§1,at 33(解释称,纽约州的地方检察官在最近50年的选举中,从未连任失败,部分原因在于地方检察官享有很多机会举行戏剧性的新闻发布会,宣布逮捕或起诉)。任职优势理所当然的抑制了局外人通过选举监督局内人的行为。

㉚ 参见梅根·妮可·坎卡基金会,http://www.megannicolekankafoundation.org/mission.htm,访问时间:2008年8月26日;威利·霍顿:《一个对犯罪30秒的广告》,载《纽约时报》1988年11月3日B20版;亚历山德拉·马克《对罪犯来说,这是一个不准假释的世界》,载《基督科学箴言报》2001年7月10日,第1页。

一股劫车浪潮席卷了美国。㉛ 现行法已经将劫车定为武装抢劫并把偷窃机动车的行为定位重罪。但是公众想要新的行动,因此,公众叫嚣着让政客和检察官确立新的罪名和惩罚。

笔者再介绍一个不同的例子。1972年出版的《刑事量刑:没有秩序的法律》,揭露了违法的量刑自由裁量权以及引发的刑法改革运动。自由党担心判决时的种族和阶级差异,保守党抨击对罪犯心慈手软的法官做出的宽大判决。没有确凿的证据证明这个问题的严重性,但是这些担忧引起了选民的共鸣。因此,美国许多州以及联邦政府建立了量刑委员会和程序,期望使判决更加统一和可预测。㉜

3. 第三局:局内人程序自由裁量权削弱改革

个别公众监督的结果可能导致新的实体性罪名和惩罚,加强执法的压力或者量刑委员会。公众的注意力开始减退,局内人完成了起草、实施和管理这些新的规则。有时候,他们忠实的实施这些规则,然而在通常情况下,局内人运用程序或权力之外的方式调整、实施这些规则,而不是简单的被规则所限制。

例如,一些警察部门吹捧其犯罪率下降,甚至使用激励性薪酬奖励官员以减少犯罪。作为回应,一些警察通过把抢劫报告成盗

㉛ 参见艾伦·萨利、特里西娅·沃尔什:《美国郊区被围攻》,载《财富》1992年12月28日;布鲁斯·弗兰克尔、丹尼斯·科雄:《不安分的青春——1992年太多的暴力犯罪》,载《今日美国》1992年12月31日7A版;唐·德瑞:《劫车罪:旧罪新名》,载《纽约时报》1992年12月9日A18版。

㉜ 马文·E.弗兰克尔:《刑事判决:没有秩序的法律》,1973年;理查德·S.弗拉塞:《州〈量刑指南〉:多样性、共识与未解决的政策问题》,载《哥伦比亚法律评论》(第105期),2005年,第1190—1196页。关于联邦政府层面最好的刑罚改革,1984年完成的《刑法改革法案》,参见凯特·斯蒂斯、乔斯·A.卡夫拉内斯:《对审判的恐惧:〈联邦法院量刑指南〉》,1998年,第29—77页。至少有18个州以及哥伦比亚特区和联邦政府使用《量刑指南》,其他一些州正在考虑制定《量刑指南》。参见弗拉塞·S.弗拉塞:《州〈量刑指南〉:多样性、共识和未解决的政策问题》,载《哥伦比亚大学法学评论》,2005年,第1195—1196页。

窃、低估被盗财产的价值,从而夸大其执行情况。㉝

说明局内人是怎样运用程序的另外一个例子是,美国《量刑指南》的起草者们试图降低没有根据的量刑差异,并提高对某些犯罪的惩罚。正如在大多数案件中只允许奖励认罪一样,他们也对刑事责任的可接受性,具体规定了固定的折扣率。然而,由于一些被告人不愿意认罪,并愿意接受长时间的刑罚,一些局内人又增加了额外的减刑来诱导其认罪。检察官和辩护律师达成协议后,对审判法官隐瞒或不披露加重事实。即便在有些案件中,提出的合作基本不起什么作用或仅仅是减轻量刑的遮羞布,他们也用合作协议绕开《量刑指南》。检察官建立了新的快速通道以宽大处理大量的移民和毒品案件,并作为被告人对证据开示和其他权利的交换。一些法官使用向下偏离趋势减轻其认为过于严厉的量刑。㉞ 同时,

---

㉝ 参见大卫·塞德曼、米歇尔·卡曾斯:《让犯罪率下降:政治压力和犯罪报告》,载《法学会评论》(第 8 期),1974 年,第 468—483 页(根据证据分析,在华盛顿特区、巴尔的摩、费城警察局中的警察就是这样干的);福克斯·巴特菲尔德:《犯罪率下降,更改数据的压力增大》,载《纽约时报》1998 年 8 月 3 日 A1 版(该文指出,纽约、费城、亚特兰大和佛罗里达州博卡拉顿的警察局,把入室盗窃以及其他重罪下调为轻罪,以降低其报道的犯罪率);菲利普·梅辛等:《纽约警察局统计数据被队长篡改了》,载《纽约邮报》2010 年 2 月 7 日;罗科·帕推斯坎朵:《纽约警察局对布鲁克林第 81 选区篡改数据展开调查:据称重罪被标记为轻罪》,载《纽约每日新闻》2010 年 2 月 2 日。

㉞ 关于事实交易,参见艾琳·H.纳高、史蒂夫·J.斯库尔霍夫:《三城记:一项关于〈联邦量刑指南〉下的控告和控辩交易实践的实证研究》,载《加州大学法学评论》(第 66 期),1992 年,第 501、522 页和第 547 页(讨论事实交易的案例);缓刑监督官咨询小组:《缓刑监督官咨询小组调查》,8 Fed. Sent'g Rep. 305, 306。
关于将合作协议用作控辩交易的工具,参见杰弗瑞·T.乌尔姆:《美国四个地区法院对〈联邦量刑指南〉的部分适用:程序命令证据》,载《象征式互动论》(第 28 期),2005 年,第 255 页、第 263 页和第 265 页的表格 1(该文指出,至少一位联邦检察官的办公室用"软性"合作减刑,作为减少硬性量刑的工具以换取"价值可疑的信息")。关于"快速通道"偏离量刑,参见斯蒂芬诺斯·毕253斯:《规制联邦量刑的地区变数》,载《斯坦福大学法学评论》(第 58 期),2005 年,第 145—148 页。
例如一位法官相当坦率地承认,他利用下调背离趋势来减短严厉的刑罚,参见杰克·B.温斯坦:《审判法官对〈联邦量刑指南〉的第二印象》,载《加利福尼亚州立大学法学评论》(第 65 期),1992 年,第 365 页("这一指南把我们都变成了骗子和伪君子。我们为了得到公正的结果花时间计划、扭曲、忽视法律");参见杰克·B.

通过暗示这一趋势很可能或接受为其提供的认罪协议,法官可以诱导被告人尽快认罪并处理所有应审的案件。

因为局内人不均衡的适用这些规则,所以就产生了一种新的量刑差异,妇女、白人、城镇居民、富人和受到良好教育的人的刑罚比较低。简而言之,具有专业知识的局内人知道量刑改革的复杂性,并充分利用着其内在知识和程序的自由裁量权。他们快速的追求自己的正义感与个人利益,以牺牲改革者的严肃和公平的目标为代价。

4. 第四局:受政治怂恿的局外人企图自己解决问题

有时局外人得知了这些伎俩,希望通过新的严格规则约束局内人,或至少限制其自由裁量权。有时这些反攻造成了实践中的程序性限制,例如控辩交易和量刑分离。很多时候,这导致了实质性量刑立法,例如"三振出局法"和强制性最低刑或新的实体犯罪。

例如当公众知道了指控交易,表达对贩卖公正和贱卖犯罪和刑罚的愤慨。有时政治家利用和强调某一问题,例如美国《联邦量刑指南》向下偏离趋势。他们可能通过谴责专业法官并限制向下偏离趋势以取悦公众,从《菲尼修正案》到《保护法案》就是典型例子。立法机关做同样的事,即为贩卖毒品、枪支犯罪和其他引人注目的犯罪,规定强制性的最低刑期。⑤正如下一章分析的那样,这从

温斯坦:《审判法官对〈联邦量刑指南〉违反法律的思考》,载《联邦量刑汇编指南》(第 5 期),1992 年,第 6、12 页。(有人会认为,大多数美国法官和立法者以及量刑委员会的成员,被要求进行无情监禁的呼吁推动,忽视人们已经实现或将要实现的善。幸运的是,法院对《量刑指南》的解释并不总是那么的强硬,如果刑罚应接近刑事司法体系所要求的公平与节俭,法官必须持续承担酌情偏离《指南》的个人责任)。

⑤ 关于公众对于控辩交易的愤怒,参见乔治·费希尔:《控辩交易的胜利:控辩交易在美国的历史》,2003 年,第 148—152 页;参见卢娜·B. 梅尔斯:《让罪犯就范:刑事法庭的观点》,载蒂莫西·J. 弗拉纳根、丹尼斯·R. 罗格玛尔等编:《美国人对犯罪与司法的看法:一项全国性的民意调查》,1996 年,第 46、49、54—55 页的表格 4.2(报道认为,多项调查表明公众不满控辩交易);罗纳德·莱特、马克·米勒:《掩护/控辩交易》,载《斯坦福大学法学评论》(第 55 期),2002 年,第 96 页(指出控辩交易达不到公众预期,并且造成一种"习得性无助"感)。

表面看是局外人的胜利,但却常常给局内人留下太多回旋空间。

但是,立法机关偶尔也会真正站在局外人这一边,限制检察官的自由裁量权。在纽约州,1973年《洛克菲勒毒品法》,就大大限制了检察官对强制性毒品判决进行指控交易的权力。当涉及政治上的重罪时,立法机关同样限制警察和检察官的从宽处理权。例如在家庭暴力案件中,立法机关通过了必须逮捕与不应遗漏的政策,来改变警察和检察官传统的不愿逮捕和不予指控的情况。鉴于局外人反对局内人滥用职权,竞选公职的候选人也可能在竞选中提出这些问题。例如在新奥尔良,老哈利·康妮克通过批评并承诺压制猖獗的控诉交易中,将地方检察官吉姆·加里森赶下了台。㊱

有时局内人将重要问题掌握在自己手中,并利用直接民主绕

《保护法令》是《公法》第108—121条和第401条,《州法》第117卷第650条和第667—676条(2003年)(视为对《美国联邦法规汇编》第18和第28卷分散章节的修改)。《菲尼修正案》限制量刑法官根据《联邦量刑指南》减短刑期的职能。它是通过消除或限制众多允许下调背离的量刑根据,规定个别刑期向下调整要求原告同意,以及增加上诉、执行和向下偏离趋势的法律审查等方式达到这一目的。参见斯蒂芬诺斯·毕贝斯:《菲尼修正案和在控辩交易中检察权的崛起》,载《刑法与犯罪学杂志》(第94期),2004年,第296、299—301页(该文解释这些以及其他规定)。

著名的联邦强制最低刑罚案例包括《美国联邦法规汇编》第18卷924条第(c)(1)(a)款(2006年)(规定任何人"使用或持有枪支""参与或者与任何暴力或毒品犯罪相关联"最低刑期为5年);《美国联邦法规汇编》第21卷第841条第(a)(1)款,第(b)(1)(A)款、(B)款(2006年)(规定贩卖特定数量毒品的最低刑期为5—10年)。

㊱ 《纽约州刑事诉讼法》第220条第10款的洛克菲勒禁毒法限制,控辩交易强制最低刑(麦肯尼,2005年)。家庭暴力案件"应当逮捕与不应遗漏政策"的例子包括《佛罗里达州法》第741节第2901条(2005年)(为家庭暴力而制定一项"专门的起诉政策"和特殊检察单位,甚至赋予检察官忽视受害者反对进行起诉的权力);《威斯康星州法》第968节75条(2003—2004年)(要求警察不论受害人是否已遭受人身伤害,或可能遭受持续的虐待,都应逮捕家庭暴力实施者;规定警方采取书面政策鼓励在其他家庭暴力案件中进行逮捕,并且要求警察对任何家庭暴力实施者作出的不逮捕决定进行书面解释)。

关于对新奥尔良地区检察官,老哈利康妮克选举成功的讨论,参见罗纳德·怀特、马克·米勒:《掩护/控辩交易》,载《斯坦福大学法学评论》(第55期),2002年,第60—61页。老哈利康妮克是知名歌手小哈利康妮克的父亲。

开立法机关。例如在加利福尼亚州选民投票通过了一部法律,从而禁止对严重的犯罪案件之起诉和控告进行控辩交易。同样是在加利福尼亚州,选民将"三振出局法"放到投票表决的议题中,要求为三次重罪强制实施最低 25 年的刑罚。在委员会审议中,立法机关放弃了这一草案。但紧接着 12 岁的波利·克拉斯被绑架、强奸并被谋杀。随着这起案件令人发指的罪行的曝光,共有 84 万人签署了请愿书,请求将这一提案放到投票表决的议题中,迫于这一压力,立法机关通过了这一法案。㊲

许多学者批判强制性最低刑,这表达了公众对于更多刑罚的热切渴望。一些学者将这些法律贬低为仅仅是简短的量刑口号。这些法律的确表达了选民对于腐败的社会和道德凝聚力的关注。然而还有另外一种更加慈善的态度来理解强制性法律,尤其是公民立法提案和公民复决投票。公众对刑事司法系统无比失望。刑事司法系统看起来不透明、极为复杂、与公众相隔离并不受外部监督和改变的影响。即便选民不满控辩交易和不断轮番更替的审判,但这种情况时刻都在发生,特别是在累犯似乎蔑视法律的权威且逃脱法律的制裁时。解决方案似乎是保险杠贴纸政策,这种情况非常清楚并且非常简单,选民和潜在的违法者都能理解。㊳ 透明

㊲ 加利福尼亚州的辩诉交易禁令在《加利福尼亚州刑法典》第 1192 条第 7 款(West,2011)。参见坎迪·斯麦考尼:《政治与辩诉交易:加利福尼亚州受害人的权利》(1993)。

加利福尼亚州的"三振出局法",是在《加利福尼亚州刑法典》第 667 条第(e)(2)款(West,2011)。参见理查德·凯莉·赫夫特:《立法与复仇:加利福尼亚州的罪犯在第三次违反"三振出局法"后面临终身监禁》,载《独立报》(伦敦),1995 年 4 月 26 日,第 27 页。

㊳ 关于对强制量刑法律的批评,参见富兰克林·E. 齐姆林:《严厉的刑法是虚伪的承诺》,载《联邦量刑汇编》;青少年司法研讨会:《100 年的改革》,载《美国刑法评论》(第 37 期),2000 年,第 1414—1415 页(国会议员鲍比·斯科特评论);参见雷切尔·E. 巴克夫:《管理犯罪》,载《加州大学洛杉矶分校法学评论》(第 52 期),2005 年,第 735 页(认为公共观点缺乏差别,但没有明确批评公众)。

关于公众对轻视规则者的愤怒,参见朱利安·V. 罗伯茨:《公共观点,刑事记录和量刑程序》,载《美国行为科学家》(第 39 期),1996 年,第 493 页(该文表明公众支持对累犯采取强制措施,可能是认为重复犯罪是愚弄法律以及对蔑视刑事司法程序)。

性和简明性不仅有助于阻止犯罪和表达谴责,也是刑罚的两个重要正当性依据。通过限制局内人的权力,这些政策承诺达成更多的一致性,并使其更有利于监督。简而言之,选民似乎努力将灵活的、任意性的标准和选择,转变为能够限制局内人的确定规则。

5. 第五局:局内人逃避最基本的"强制性"改革

局外人可以通过强制性的保险杠贴纸法律,但局内人仍要执行他们。因为监督仍不完善,而且代理费用更具有吸引力,法律人士找到新的方法将规则转回任意性的选择或标准。他们常常创造或利用成文法和自由裁量程序中不可避免的空白,甚至在很多时候,这些局内人根本就无视法律。无论运用哪种方式,局内人的程序性力量都能成功,或者至少软化局外人确立的实体和程序上的

对于社会凝聚力在解释公众支持"三振出局法"中的作用,参见汤姆·R.泰勒、罗伯特·J.贝克曼:《"三振出局法"、你出局了及原因、公众支持惩罚规则破坏者的心理原因》,载《法学会评论》(第 31 期),1997 年,第 254—255 页。泰勒和贝克曼认为,社会价值观以及对社会和道德凝聚力的恐惧,是对三个因变量的主要解释。这三个变量是:加利福尼亚州的"三振出局法"、公众普遍的惩罚心态和公众废除刑事程序保护的意愿。参见同上书,第 253—255 页。他们还认为,公众对犯罪和法院的评价与对一般惩罚性政策(包括强制最低刑)的支持以及废除司法程序保护的意愿(包括不满法院对被告人以及法律依据过分关注和对普通公众权利的漠视)之间的联系尽管小,但很重要。同上书,第 245、252 页表格 2。他们推测,后来的发现可能因为公众认为当前的刑事程序并不公正。同上书,第 259 页。他们发现只有一个微不足道的相关犯罪判决和法院支持加州的"三振出局法"。同上书,第 252 页表格 2。他们发现三个因变量之间有很大的相关性(皮尔森相关系数 40 到 68 之间)。同上书,第 250 页表格 1。然而他们并没有测试这些变量之间的因果关系,因为他们将三个因素都视为独立的变量。同上书,第 253—254 页。因此,对刑事诉讼程序的不满以及废除刑事司法程序的意愿,可以部分地解释加州的"三振出局法"。泰勒和贝克曼并没有验证这个假设。

此外,其研究目的在于说明政治和社会价值观是创制"三振出局法"更重要的原因,而不是实实在在的刑事风险和法院的结果。同上书,第 255 页,这一见解支持笔者的论点,即局外人对刑事司法系统之程序的不透明性以及对未能明确谴责犯罪和维护受害者感到失望。由于法院体系过于关注定量结果,以至于无法实现此类灵活的、定性的程序利益。

限制。

首先,检察官并不总是以所谓的强制性的罪名或处罚进行起诉。即便是在强制性的加利法尼亚法律之下,检察官也可以通过宣称证据无效进行指控交易。同样,尽管"三振出局法"禁止控辩交易,加利福尼亚州的法官和检察官可以撤销重罪指控或将它们降为轻罪。尤其是,检察官有自由裁量权,有权决定将某些"摇摆性"犯罪("wobbler" offenses)是定为轻罪还是重罪。只有对后者的指控才能导致"三振出局法"的适用,所以检察官提议以轻罪指控进行控辩交易。换句话说,检察官将"三振出局法"的限制转变成了工具,运用这种法律引申出更加严格但仍然打了折扣的控辩交易。一项研究表明,被追踪的联邦案件起初都包含《美国联邦法规汇编》第 18 卷第 924 条(c)规定的涉枪指控,会带来强制性的五年持续刑罚。但研究中的过半案例显示,第 924 条(c)的指控随后都被撤销了。检察官似乎用这些降级的指控以补偿认罪答辩,并减轻严厉的判刑。另一项研究发现,可以适用毒品犯罪强制性最低刑的案件中,高达 40% 的案件被告人承认犯有较轻的罪。白人和女性比少数人及男性更可能以这种方式避免最低限度的刑罚。最后,虽然"必须逮捕与不应遗漏政策"可能会僵化警察和检察官的操作,但这些政策也为他们在实践中远离强制性法律留下了太多的自由裁量权。㊴

其次,立法机关和检察官相互勾结,形成强大的专业人士的选

㊴ 加利福尼亚州禁令的漏洞在《加利福尼亚州刑法典》第 667 节第(f)—(g)条(West 2011)(除非因证据不足或"促进司法公正",禁止控辩交易或者驳回依三振出局法做出的指控);《加利福尼亚州刑法典》第 1192 节第 7 条(a)(West 2011)(禁止控辩交易或者驳回对重罪的起诉或控告,除非因证据不足,缺乏实质性证人或者控辩交易对判决不会造成任何实质性不同)。

关于加利福尼亚州法官与检察官如何驳回重罪指控或将重罪下调为轻罪的讨论,参见埃里克·G. 卢娜:《前言:"三振出局法"概述》,载《托马斯杰弗森法学评论》(第 20 期),1998 年,第 24—25 页;萨马拉·马里恩:《地理司法,一项关于圣地亚哥自 1996 年 7 月到 12 月"三振出局法"的判决实践研究》,载《斯坦福法学政治评论》(第 11 期),1999 年,第 37 页。

区,将所谓的强制性条款变成交易的筹码。例如《菲尼修正案》限制法官,但却使《联邦量刑指南》倾向于检察官,从而导致仅仅检察官偏离该《指南》,同意但限制通过快速的方式偏离结案,并给予检察官额外的交易筹码。⑩

由于"遗漏指控"创立了一个记录:至少应潜在地向监察人或其他人公开。局内人同样参加具有更强隐秘性的审前协议。在大陪审团控告一名被告人之前,局内人可能会同意就较轻的罪名认罪。例如辩护律师可能建议用"在运输毒品过程中适用电话"认罪,而不是实质性的运输毒品罪。通过这种方式,他们至多获得4年徒刑,避免了最低5年或10年的强制性最低刑。由于较为严重地指控从来没有被人提起,监督者和局外人发现很难察觉到这些

关于控辩交易中的"摇摆法",参见《加利福尼亚州刑法典》第17条第(b)(4)(West 2011);大卫·波杰克:《罪刑相适应:强制最低刑罚视野下的检察官自由裁量权的作用》,载《法学与经济期刊》(第48期),2005年,第604—609页;约书亚·E.鲍尔斯:《博弈的统一重于一切:"三振出局法"的地理差异问题》,载《纽约大学法学评论》(第76其),2001年,第1178页的注释75;洛伦·高登:《如果仅需服刑几日你会是否会犯罪:加利福尼亚"摇摆法"适用于州的合宪性问题研究》,载《西南大学法学评论》(第33期),2004年,第505—508页。

关于检察官怎样通过辩诉交易绕开第924条(c)款的规定,参见保罗·J.霍飞:《暴力和涉及枪支的毒品走私罪的联邦量刑:最近变化和改善的前景》,载《美国刑法评论》(第37期),2000年,第53—59页;美国联邦政府起诉安耶洛斯一案,《联邦判例补编》(第2版)第345卷,第1231—1232页(犹他州,2004年)[分析了检察官提出被告人依据924条(c)款的一项枪支指控进行认罪答辩,但被告人拒绝此控辩交易后,在接下来的指控中,检察官通过追加另外4项罪名惩罚被告人]。关于通常情况下被告人通过辩诉交易绕过强制最低刑罚的频率,参见量刑委员会《联邦刑事司法制度强制最低量刑》(8—11),1991年,第90期,第66页的表格10,第77页表格19,第80页表格22。

即使在所谓的家庭暴力强制性政策中,仍存在自由裁量权。参见谢丽尔·汉娜:《无选择权—授权受害者参与家庭暴力案件的起诉》,载《哈佛法学评论》(第109期),1996年,第1864页。安吉拉·科尔斯勒斯:《在家庭暴力案件指控时不可废弃的政策:保障起诉还是危险解决?》,载《福特汉姆法学评论》(第63期),1994年,第854—855,857页。

⑩ 参见斯蒂芬诺斯·毕贝斯:《〈菲尼修正案〉和在控辩交易中检察权的崛起》,载《刑法与犯罪学杂志》(第94期),2004年,第299—301页。

第二章 当代非透明、非共鸣性的刑事司法　89

交易。同样的,在加利福尼亚禁止对被诉案件进行控辩交易的情况下,局内人通过在起诉以前达成协议以规避这一禁令。纽约的检察官通过了轻罪认罪以及允许毒品罪的被告人避免起诉,从而以这种方式绕开了交易限制。㊶

最后,即使是起诉之后,局内人也能削减所谓的强制性最低刑。最常用的方式是和解协议。与警察和检察官合作展开调查,开启了另外的强制性量刑方法,并提供了另一种规避强制性最低刑的方式。当局内人决定进行交易时,有时即便可供合作的证据极少,他们也能达成和解协议。即便是用不足为信的合作动机作为减少刑罚的机会,许多法官也欣然接受这一过程。另一个降低量刑准则的方式是达成认罪协议。在一些司法辖区,约定性的量刑认罪协议同样可以规避强制性的刑罚指南。㊷

　㊶　关于适用联邦电话的分析,见《联邦判例汇编》第 21 卷第 841 条第(a)(1)款,第(b)(1)(A—B)款,第 843 条(b)、(d)(1)款(2006 年);斯蒂芬诺斯·毕贝斯:《法庭审判之外的辩诉交易》,载《哈佛大学法律评论》(第 117 期),2004 年,第 2484—2485 页;参见弗兰克·O.波曼三世、米歇尔·海斯:《无声的反抗?近十年联邦毒品量刑下降趋势分析》,载《爱荷华州大学法学评论》(第 86 期),2001 年,第 1121—1122 页(该文指出,"电话指控几乎都是逃避《联邦量刑指南》的控辩交易")。

　加利福尼亚州控辩交易禁令的规避,参见《加利福尼亚州刑法典》第 1192 条第(a)款(West 2011)。参见坎迪·斯麦考尼:《政治与辩诉交易:加利福尼亚州受害人的权利》,1993 年,第 37—38、80—84 页和第 97—104 页。关于纽约州的检察官如何绕开控辩交易限制,参见纽约州药品法评价联合委员会:《美国最严厉的药品法:评价纽约州的经验》,1977 年,第 27—28、95 页。

　㊷　允许合作削减其他最低刑期的条款包括《美国联邦法规汇编》(第 18 卷)第 3553 条第 e 款(2006 年);《联邦量刑指南》§ 5K1.1(2010 年);《阿拉巴马州法典》§ 5K1.1[第 13A-12-232 条第 b 款(法律数据库,2005 年)];《哥伦比亚法律修正汇编注解》,第 18-18-409 条(2004 年);《北卡罗来纳州法律注解》第 90—95 条第(h)(5)款(West2005);《弗吉尼亚州法典》第 18.2-248.H2.5 条(2005 年)。不同于《联邦量刑指南》,强制最低刑法令与州指南不提供咨询,也不受联邦最高法院所做的判决的约束。参见美国联邦政府诉布克案,《美国联邦判例汇编》第 543 卷,2005 年,第 258—265 页(大法官布雷耶·J 的对多数派意见进行了纠正)。

上述分析叙述了相互交织的实体性和程序性策略，以及人们对此的不满。能见度低的程序，例如控辩交易和背离法律使局外人感到失望，两者在程序上看起来都不公平或者不诚实，因为他们导致了不好的实体性结果。局外人通过推动新的程序做出反击，例如"必须逮捕"规则、控辩交易禁令和《联邦量刑指南》，以及新的实体性罪名和量刑。传统的法律院校将实体刑法与刑事诉讼法分离开来，然而这种做法掩盖了两者之间的相互作用。

该章节的寓意是局外人几乎不能赢得持久的胜利。对极少数的犯罪来说，尤其是家庭暴力和醉酒驾车，局外人压力团体已经带头立法，并持续关注媒体来改变执法文化和优先权。但是，这些犯罪可能是非典型性的，有值得同情的受害者和组织良好的辩护团体。总的来说，局外人缺乏知识、权力，也缺乏保持监督能见度低的程序性决定的愿望。政治家和媒体充当着创业者的角色，为其自身的目的，定期抓住引人注意的奇闻异事从而引起公众愤慨和施加舆论压力。该变化是螺旋式上升的。如果该变化是简单的循环，我们会直接回到我们开始的地方。但是，正如下文分析的那样，该循环趋势扭曲了刑事司法系统，严重影响了刑事正义。

三、局内人和局外人博弈的代价

局内人认为他们的政策选择有利于刑事司法制度，他们自以

关于与法官勾结减轻刑罚的合作动机，参见杰弗瑞·T. 乌尔姆：《美国四个地区法院对〈联邦量刑指南〉的部分适用：程序命令证据》，载《象征式互动论》（第28期），2005年，第255页、第263页、第265页的表格1；杰克·B. 温斯坦：《审判法官对〈联邦量刑指南〉违反法律的思考》，载《联邦量刑指南汇编》（第5期），1992年，第7页。

尽管法院有分歧，但大多数的联邦法官适用约定性的量刑认罪协议，远超强制性指导规定。参见斯蒂芬诺斯·毕贝斯：《〈菲尼修正案〉和在控辩交易中检察权的崛起》，载《刑法与犯罪学杂志》（第94期），2004年，第305—306页的注释61。当然，《联邦量刑指南》虽不再具有强制性，但仍被检察官与法官普遍遵守，除非他们如本文所述故意绕开相关规定。

为是地弱化局外人过度反应中的最坏情况。他们也提高刑事司法机器的效率,推进案件处理的进程。如果其他的考量因素都是同等的,那么提高效率和速度、降低成本当然是好事。我们的时代是一个一切都量化的时代,因此,我们总是关注那些可见的、可以计量的利益,也就是关注可以用美元和美分计量的利益。但是,我们很少认真地去权衡其中的利弊。而局内人和局外人长期的博弈说明,委托代理成本是真实存在的且数额非常大,局外人明显的不满应该让我们认真地思考博弈的成本问题。

博弈的成本实际上非常大。不公正的量刑和过长的刑期,会浪费监狱资源,也会转移公众和立法机关对其他刑事司法问题和刑事改革的关注。博弈给了局内人更多的权利,让他们能有选择地适用新的法律规则来满足他们的利益或满足他们的偏见。这种没有监督的自由裁量权很容易使量刑不公正,从而造成对穷人、男性以及少数民族的刑罚不成比例。博弈还剥夺了局外人的权利,否定了他们接受法庭审判或接受治疗的权利,并最终让局外人深受挫折。并且,这在民主国家中是一种特殊的、可见性很低的、责任很小的政策形成方式。

局外人和局内人的博弈,以及这种博弈在"局内人—局外人"之间造成的鸿沟,还有三个高代价的负面影响:首先,其会消解刑事实体法的内容和降低刑事实体法的效力;其次,其会损害法律的公信力和合法性;最后,其会妨碍公众选择和监督代理人的能力。在接下来的三部分中,笔者将分别对这三个问题进行讨论。

1. 消减刑事实体法的价值和有效性

传统的边沁功利主义法学派认为,犯罪行为人之所以犯罪,是因为他们从犯罪行为中获得的快感多于其所需付出的代价。基于这一观点,刑事法律制定的目的就在于通过法律规定犯罪行为人实施犯罪后,受到的惩罚会多于将获得的利益,从而预防潜在违法者犯罪。因此,刑事法律的规定必须直接明确,从而使潜在的违法者能够掂量清楚犯罪后可能受到的惩罚。但是,刑事程序的不透明性和不可预见性,却使刑事实体法的这一直接明确目标的实现大打折扣。如果预期的惩罚是不被获知的,潜在的犯罪分子或初犯就不能得到遏制。一些累犯也许清楚犯罪行为将要受到的量刑,而初犯或第二次犯罪的犯罪人以及潜在的犯罪分子却未必明白。由于违法者的过度自信,他们很容易低估并承担犯罪的风险,所以,违法者很可能会对实际的量刑产生误解。因此,面对刑事程序的不透明性和复杂性,初犯往往可能低估将要受到的量刑,对逃过重罚存在侥幸心理。㊸

刑事实体法的意义还在于教育社会大众,强化社会规则和道德规范的作用。通过刑罚本身的威慑力并施加与罪行相适应的惩罚,法律明确了犯罪行为的社会危害性,维护了受害者的正当权益。因此,法律能在一定程度上治愈受害者。刑罚表达了社会对犯罪行为的谴责,通过这种方式,法律又再次强化了社会规则。㊹要使刑事惩罚措施能持续高效地传达刑法的目的,刑事程序就必须透明。否则,现行犯、潜在违法者、受害者以及社会大众都不能看到刑事司法的过程,也不能感受到法律的实质内涵。正如笔者

㊸ 参见斯蒂芬诺斯·毕贝斯:《法庭审判之外的辩诉交易》,载《哈佛大学法律评论》(第117期),2004年,第2498—2502、2507—2510页。这些问题连同其他问题共同破坏了法律在实践中的威慑作用。参见约翰·M.达利:《刑事法律是否有威慑:以行为科学进行的调查》,载《牛津法律研究杂志》(第24期),2004年,第173页;约翰·M.达利:《刑事法律规则形成过程中的威慑作用:在最糟糕情形时所发挥的最强威慑力》,载《佐治亚法律杂志》(第91期),2003年,第949、953—956页。

㊹ 关于惩罚在教育民众维护社会规范方面的作用,参见吉恩·汉普顿:《惩罚的道德教育理论》,载约翰·西蒙斯等编:《惩罚制度:哲学和公共事务读者》,1995年,第112、116—121页;吉·汉普顿:《报应理论》,载杰弗里·G.莫菲、吉恩·汉普顿:《原谅和仁慈》,1988年,第111、124—132页。
针对惩罚措施应该体现出社会对犯罪行为的谴责这一观点存在多种不同的表达。如乔尔·范伯格:《刑罚的表达功能》,载《犯罪和惩罚:刑事责任论文集》,1970年,第101—105页;詹姆斯·芬兹詹姆斯·斯蒂芬:《英格兰刑事法律史》(第2版),伦敦:麦克米伦出版社有限公司,1996年,第80—82页;吉·汉普顿:《报应表达论》,载卫斯理·克莱格编:《报应主义及其批判》,1992年,第20—22页;近期对这一观点最著名的拥护者是丹·卡汗,参见丹·卡汗:《替代性制裁措施是什么?》,载《芝加哥大学法律评论》(第63期),1996年,第591、593、597—601页。

在本章前部分内容所提到的,刑事司法制度对于局外人来说,透明度还远远不够。而且,在过去的几个世纪中,受害者没有权利参与法院的审判,不能直接参与司法程序,因此,感到受挫的他们极其渴望得到为自己辩护的机会,让自己得到治愈。总之,刑事程序的缺陷阻碍了刑事实体法实现预防犯罪、教育公众、维护受害者以及表达社会谴责等目标。

近几年,公众认为应让刑事犯罪分子蒙受羞耻的趋势重新回来。例如,一些法官判决被告人穿上特殊 T 恤或在其汽车后面贴上车尾贴以示其曾有违法犯罪行为。一些学者和民众也支持以羞辱犯罪分子的方式来表达对罪行的谴责。但是,羞辱性惩罚措施往往容易遗漏了一点,即羞辱性惩罚措施之所以令人满意,仅仅因为其他刑事司法程序仍不透明。其他惩罚措施是不确定的,让人们担心犯罪分子可能受到假释,或者可能由于监狱的一墙之隔让人们根本不知道犯罪分子受惩罚情况,与之相反,羞辱性惩罚措施快速而明确地向人们展示了刑事司法程序。羞辱性惩罚措施意义明确,效果可见。也许那些支持羞辱性惩罚措施的人之所以赞成这种惩罚方式,原因之一就是羞辱性惩罚是唯一可以让局外人看得见的进行惩罚的司法程序。如果其他刑事程序透明,我们可能就不需要也不会要求适用这种羞辱性惩罚措施了。㊺

㊺ 羞辱性惩罚措施的大力倡导者是丹·卡汗。想了解卡汗在这一领域的观点,参见丹·卡汗:《替代性制裁措施是什么?》,载《芝加哥法律评论》(第 63 期),1996 年,第 637—660 页。在这一领域的其他著作参见凯瑟琳·K. 贝科:《性、强奸和羞辱》,载《波士顿大学法律评论》(第 79 期),1999 年,第 663、698—701 页;参见简·W. 巴纳德:《融羞辱性惩罚于单位犯罪量刑》,载《加利福尼亚法律评论》(第 72 期),1999 年,第 959、1001—1002 页;参见小戴维·A. 斯基尔:《单位犯罪的羞辱性刑罚》,载《宾夕法尼亚大学法律评论》(第 149 期),2001 年,第 1811、1812 页。卡汗开始不再支持羞辱性惩罚,并非因为他认为这些措施是错误的,而是因为他开始怀疑是否能让坚持平等主义的公民相信这类惩罚可以取代徒刑。参见丹·卡汗:《羞辱性刑罚措施的问题何在?》,载《德克萨斯州法律评论》(第 84 期),2006 年,第 2075 页。

2. 破坏刑事法治的合法性和信任

当人们看得见司法程序的公平性,并在司法程序中有话语权或控制力时,会更尊重法律。程序的公正、过程的可控以及对局内人动机的信赖,有利于维护刑事司法体制的合法性。个体所体会到的局内人的公正可信的动机,能让他们对刑事司法体制的合法性有更全面的理解。正如泰勒·汤姆和於恩·霍所解释的:"人们往往是从与警察和法官打交道的过程中,总结概括从而形成自己对法律和社会的观点。"法律合法性的增强有助于法律更好地得到遵守。大多数公民遵守法律并不仅仅出于对惩罚的恐惧,更多的是因为法律本身的公正性和合法性。⑯相反,公众所感知到的不公正或公众对法律缺乏信赖,都将损害法律的合法性,公民也不会很

想了解更多认为羞辱性惩罚具有残忍性和侮辱性的观点,参见安德鲁·冯·赫希:《谴责和制裁》,1993 年,第 82—83 页;斯蒂芬·P. 加维:《羞辱性惩罚是否具有教育作用?》,载《芝加哥大学法律评论》(第 65 期),1998 年,第 733、759 页;托尼·M. 马塞洛:《羞辱、文化以及美国的刑事法律》,载《密歇根州法律评论》(第 89 期),1991 年,第 1880、1942—1943 页。试比较:丹·马克尔:《羞辱性惩罚是否能完美地实现报应目的? 报应主义和替代性惩罚措施的复杂性》,载《凡德法律评论》(第 54 期),2001 年,第 2157 页(否认羞辱性惩罚措施妨碍了对报应主义和自由主义的正确理解);詹姆斯·Q. 惠特曼:《判处羞辱性惩罚是否可行?》,载《耶鲁法律杂志》(第 107 期),1998 年,第 1055、1089—1092 页(谴责性羞辱性惩罚"是私刑司法的一种形式",因为其激起并利用了民愤)。

⑯ 参见汤姆·R. 泰勒、於恩·霍:《法律的信任:加强公众对警局和法院的配合》,2002 年,第 101—138 页;E. 阿兰·林德、汤姆·R. 泰勒:《程序正义的社会心理学》,1998 年,第 76—81、106、208、215 页("在受判决影响的程序中植入程序控制或提高话语权,能让整个程序更显公平");汤姆·R. 泰勒:《人们为什么遵守法律》,1990 年,第 94—108、125—134、146—147、161—170、178 页;汤姆·R. 泰勒:《何谓程序正义:民众用以评判法律程序公正的标准分析》,载《法律和社会评论》(第 22 期),1988 年,第 103、121 页。试比较:艾伯特·O. 赫希曼:《退路、话语权和忠诚:对公司、组织和国家中下降的回应》,1970 年,第 77—78 页(请注意,在一个组织的成员,如果觉得自己有话语权,就会对该组织更有感情更忠诚);弗雷德·W. 弗兰德利:《评州法院法官的未来》(西奥多·J. 费特编),1978 年,第 70、72 页(如果民众对本国的法律持有不满和不关心的态度,那么这类民众便不会去了解法律)。

好地遵守法律。

不仅要让公民看到刑事法律的程序公正,也要让他们感受到刑事法律的实质公正。当法律的实施让公民看到了实质公正的结果,法律便赢得了公民的道德信任,公民在其他案件中也会自觉遵守法律。相反,如果法律的实施不能得到实质性公正,或者至少没有让公民看得见公正,那么,公民便会认为依该法裁判并不可信,法律本身也不值得他们遵守。实证研究证明,这样的情形带来的后果很可能就是,法律的公信力将会降低,公民对法律的遵守程度也会降低。[47]

过去的公众陪审团审判不仅教育普通公民,让他们体会并影响刑事司法制度的实施,同时,这一审判模式也促进了法律制度的民主。但如今,由于陪审团审判已不再普遍,局外人几乎看不到、也不能理解甚至更不能参与刑事司法的实施过程。司法体制不够透明,不能很好地起到教育公众的效果。局外人在这一体制中缺乏话语权,缺少利益相关性,甚至缺失了对刑事司法的参与感。并且,很多刑事司法裁判都是通过秘密地或可见性很低的自由裁量权的操作而实现,这种裁决并不受法律规定或其他规范的限制。除了某些经政客们或者媒体曝光的重大案件,公民很难看到司法体制的操作程序。司法体制的隐秘性和不透明性,削弱了公民对法律的信任,让他们对法律产生冷漠感和疏离感。参与过控辩交易的案件受害者和被告人都会认为这一制度在程序上不公正,因为在控辩交易中,他们没有话语权,不能得到尊重,整个过程缺乏

---

[47] 贾尼斯·纳德勒:《论嘲笑法律》,载《德克萨斯州法律评论》(第83期),2005年,第1399、1410—1426页(调查发现,调查对象在阅读过一些不公平法律案件之后,更倾向于触犯无关法律,而那些知道不公正的刑事判决的人,也更易于在原本不相关的刑事案件中否认法律的效力);约翰·M.达利:《赏罚的效力》,载《纽约大学法律评论》(第91期),1997年,第453、457、474、477、483—485、488页。

一个中立的裁决者,也没有值得信任的国家机关介入。[48] 隐秘性和不透明性也意味着公民不仅看不到刑事司法的具体过程,也看不到实质公正的结果。相反,他们只看到媒体或者政客们所曝光的要么异常严厉要么异常仁慈的裁决。这种明显的不公正破坏了公民对法律的实质道德信任感。

正是因为这些因素,几乎 3/4 的美国公民对刑事司法体制都缺乏足够的信心和信任。2/3 的美国公民都认为诉辩交易制度存在问题,他们认为这一制度是刑事审判程序中最不透明也是最受局内人控制的刑事程序。案件受害者也存在同样的看法。在某些受害者权利保护立法较薄弱的州中,受害者在刑事司法程序的各阶段中更不能获得及时通知或有效的参与。也许对这样一个司法裁判结果,他们可能不仅仅是不满意,更会怀疑刑事审判程序的公正性和全面性。[49] 总之,刑事程序存在的缺陷很可能会损害刑事司法体制的合法性和有效性。

---

[48] 关于陪审团审判制度在历史上教育民众及使司法体制合法化方面的作用,参见亚力克西德·托克维尔:《论美国民主》,1835 年,第 280—287 页(菲利普斯·布拉德利编辑,弗朗西斯·鲍恩修订,亨利·里夫翻译,年代图书出版社 1990 年版);阿卡希尔·里德·阿马尔:《宪法与刑事诉讼法:最重要原则研究》,1997 年,第 93—96、111—114 页。如第一章第一部分第 1 节所述。

想了解关于公安介入程序的秘密性和不透明性,以及公诉人定罪的随意性,对削弱民众对法律的信任的分析,参见埃里克·卢娜:《透明的警察权的程序》,载《爱荷华州法律评论》(第 85 期),2000 年,第 1107、1156—1163 页。也可参见艾米·古特曼、丹尼斯·汤普森:《民主和异议》,1996 年,第 95—101 页(作者解释了为什么案件信息和政府机关采取相关措施的理由需公开:不仅有利于让民众相信案件处理的合法性,也有助于促进民主自由);

关于受害人和被告人所认为的诉辩交易程序的不公正性,参见迈克尔·欧希尔:《论诉辩交易和程序公正》,载《佐治亚州法律评论》(第 42 期),2008 年,第 407、415—420 页。

[49] 关于公民对刑事司法体制信赖缺失的论述,参见《盖洛普民意测验》,2009 年 6 月(6 月 9 日增补),2010 年截自网络民意测验数据中心、公众民意调查洛普中心、康乃迪克大学,载 http://ropercenter.uconn.edu/data_access/ipoll/ipoll.htm(该调查显示,调查者中仅有 11% 的人表示对美国刑事司法体制很有信心,而另有 17% 也表示比较有信心)。

当然，仅仅将刑事司法体制的不公正进行曝光，这还不够。如果公民明知刑事司法体制不公正却无力改善这种情况，他们便会逐渐产生厌倦和愤世嫉俗的心理。但是刑事司法的透明化及公众的参与将能带来立竿见影的效果。刑事司法的透明化是告知并授权公众改革刑事司法权力滥用现状的一种途径，通过这一途径，他们便可以看到刑事司法体制的合法性并遵守法律。

3. 妨碍公众监督和公众利益

《美国宪法第六修正案》之所以要保障大众陪审团制度，原因之一就是为了使刑事司法程序"基本上符合大众主义和多数主义"。同样，大陪审团制度可将公诉人的倾向以及其他隐秘的行政行为公之于众，这一制度不仅增强了问责机制，也可监督委托代理成本。㊿这些程序的公开和当事人的参与，正符合公众所理解的刑事司法体制。但是，如今陪审团制度在司法实践中的运用越来越少，刑事法律的公正性也变得更加不透明，更受局内人的控制。这些问题为局外人监督和影响局内人行为带来障碍。因此，局内人

关于对控辩交易制度的质疑，参见卢娜·B.梅尔斯：《让罪犯就范：刑事法庭的观点》，载蒂莫西·J.弗拉纳根、丹尼斯·R.罗格玛尔等编：《美国人对犯罪与司法的看法：一项全国性的民意调查》，1996年，第54—55页及表1.4.2。罗伯特·F.里奇、罗伯特·J.桑普森：《公众眼中的刑事司法政策：牺牲能改变什么？》，1990年，第104、109页；亦可参见《公共议程的基础：国民民意调查》，2002年2月10日（这一调查结果以2001年6月的电话调查为基础，仅有14人赞成为暴力犯罪分子提供诉辩交易）；

关于施行受害人权益保护法的不同观点，参见犯罪行为受害者国家研究中心：《论〈受害者权益保护法〉和〈宪法〉保护对犯罪行为受害者的影响》，1996年，第31—38、43—46、51—63页。这一研究与弱化《受害者权益保护法》的观点差异很大，其认为通过某种精确的公式可使法律从整体上更加全面，更具可执行性也更有针对性。同时，还将一些强化《受害者权益保护法》的州与弱化《受害者权益保护法》的州进行比较，参见同上书，第11—16页。

㊿ 阿卡希尔·里德·阿马尔：《宪法与刑事诉讼法：最重要原则研究》，1997年，第84—88页。

在处理一些可从宽处理又紧急的案件时,便有了更多的自由裁量空间来满足他们的私利。因此,委托代理成本扭曲了刑事审判的程序和实质结果,导致二者有时候均偏离了公众所预期的司法公正。

委托代理成本的问题尤其突出,因为局内人和局外人越来越多地来自不同的行业。正如比尔·斯汤兹认为从 19 世纪至 20 世纪初,刑事司法审判仍然具有地域性。因犯罪被抓的犯罪嫌疑人往往会选择其临近的警察和本地律师。当地公众往往在对受害者的害怕、怜悯和对当地被告人及其家人的同情之间平衡。对于那些真正为民众服务的当地官员,民众将会给予奖励,而对于无视或不考虑民众需要的当地官员,民众也会给予惩罚。因此,犯罪的政策从来都不会过于严厉或者过于仁慈。但 20 世纪中期之后,犯罪的政策逐渐上升到州和国家的高度。局内人也渐渐脱离了他们本该服务的对象——局外人。处于郊区的州立法官或上诉法院法官临近受害者、被告人或者他们的家人而居。联邦检察官和法官甚至可以住得离他们更远,从而不必经受民众选举监督。虽然局内人也许会想为社区主持公正,但是他们对公正和社区的概念太难统一。司法公正曾经意味着服务于附近居民具体的共同预期和需求。但是,现在社区和公正的概念都变成了抽象的理论。受犯罪行为影响最深的局外人便更没有话语权,或者更不能控制局内人,因此,局内人便能更加自由地考虑他们自己的优先利益。(51)

没有陪审团的参与,局外人只能选择粗鲁的方式去介入刑事审判。面对控诉方的程序垄断,公民和受害者并不能对个案产生任何影响。最好的情况是,他们可以通过选举和影响立法机关从而影响司法程序,而最糟糕的情况是,他们必须求助于公民投票,比如"三振出局法"和强制性的最低量刑。因为他们已经对局内人

(51) 这是威廉·J. 斯顿茨的观点,参见威廉·J. 斯顿茨:《美国刑事司法体制的瓦解》,2011 年。

丧失了信任，也没有更有效的方法来实现他们的目的。局内人和局外人本应该是相互合作的关系，现在却变成了相互竞争的敌对关系，似乎局外人正朝局内人挥舞着大锤，让局内人感觉必须得躲避这些猛烈的打击。

四、辩护律师和被告人之间的不信任

在此之前，笔者一直集中讨论实施法律的局内人和受害者及公民这些局外人之间的鸿沟问题。法律实施者本该服务于受害者及公民这些局外人，但二者之间的鸿沟却将他们完全分离。接下来，笔者将集中讨论让辩护律师与其当事人分离的另一鸿沟。虽然形式不同，但局内人和局外人的分离原则在这一讨论中仍可适用，接下来要讨论的内容和前文也不是简单的重复论述。

1. 局内人辩护律师的利益和压力

精明又熟练的律师懂得如何操作权力的杠杆，他们都辩护了大量的刑事案件。虽然这些律师资质不一，有些辩护律师是新入行律师，有些律师只是偶尔处理刑事案件，更多的律师既处理刑事案件，也处理非刑事案件。公诉辩护人和一些私人律师则在某个法庭中专门处理刑事案件。

和检察官一样，辩护律师并不是完美的，他们也不是绝对地无私，不完全忠实于委托他们的客户或遵守司法程序。他们也是普通人，也会遇到打败官司的情况，受到物质诱惑的影响。他们也想要通过知名度高的案件审判来获得自身财富和知名度的提升，同时，他们也担心失败的官司会让他们名声受损。

辩护律师所遇到的物质诱惑与检控官不同，因为他们的法律服务收费方式不同。公诉辩护人占了辩护律师的很大比例，他们为穷人代理案件，获得的收入都是固定薪水。除此之外，也有一些私人律师会担任刑事诉讼辩护人,这一类律师多由法庭指定并支付一定的固定费用,或者在限额内按时支付少量费用。㊲ 还有一些为当事人个人聘用的律师,他们可能获得固定费用,或者是律师聘用费加小时费,或者仅仅是小时费。很多聘请私人律师的当事人并不富裕,费用超过一定额度就支付不起。除非当事人满足一定的条件并可向法庭申请指定律师,否则,当事人的经济状况很可能导致其请不起辩护律师。

资金的不足给当事人带来很大的经济压力,当事人也因此无法聘请优秀的辩护律师。虽然并非所有的律师都是掉进钱眼里的人,但物质激励能给案件带来很多影响。那些只获得固定薪水或是每个案件只获得固定费用的律师在代理案件时不能得到良好的物质激励。但是,收取固定费用的律师却能通过快速高效地办理案件带来物质奖励,从而增加代理案件的数量。那些只获得较低的小时费用或者按小时收费但有低限额的律师代理案件几乎也得不到物质激励。物质激励小,案件负担重,最终都会使律师选择控辩交易。如果不愿意聘请私人律师,案件几乎不可能提交至法院审理,主要是因为法院支付的报酬通常也很低。也就是说,接受当事人聘用的辩护律师收固定的律师费,都可以通过促使当事人提出更多诉求,从而以更少的时间和精力挣更多的钱。将诉讼请求从物质私利中剥离出来,正符合亚伯拉罕·布隆伯格所谓的"将

㊲ 参见《斯潘根贝格集团:在非经济重罪审判中支付给法院指定辩护的律师的赔偿费:各州对比附录》(1—9),2007年6月(该附录总结了各州非经济案件中支付给指定辩护律师的小时费,大部分州都集中在40—50美元左右,而且只有半数不到的州的指定辩护律师费,在许多标的额为445—3600美元这一区间的案件,都超出标准费用。也就是说,每个案件任何超出一定时间的工作投入,实际上都不能得到补偿)。

法律付诸实践是自信的博弈"㊼。相反,一些新设立的私人律所,律师则会主动向法院提出担任指定律师,从而增加自己的出庭诉讼经验。这些新生律师在诉辩交易中会表现得很强硬,因为他们更想让案件得到法庭审判。

㊼ 关于固定费用和薪水的不同影响,参见琼斯诉巴恩斯案,463 U.S. 745, 761(1983)(讨论了固定费用如何促进案件的快速处理,布伦南大法官不赞成该观点);地方司法官员、法庭律师协会诉韦恩巡回法院,03 N.W.2d 885,887—888(密歇根州1993年)〔该案说明,在固定费用体制中,律师接受报酬后并没有投入更多的时间为客户工作,而是尽可能缩短服务时间。在现行体制下,律师可以在一个刑事辩护案件中获得每小时100美元的报酬,而如果他接受法院指定参与案件审判,这一报酬可能就是15美元一小时(引用了专家的调查结果)〕;理查德·克兰、罗伯特·斯潘根贝格:《穷人的辩护危机》(第6版),1993年;肯·阿姆斯壮等编:《律师收益和客户量不可兼得》,载《西雅图时报》,2004年4月5日A1版(该文报告认为,业余受指定辩护律师仅投入很少时间在指定辩护案件中,以争取更多的时间去处理个人案件,获得丰厚报酬);肯·阿姆斯壮等编:《只有高成本才能换来更优质的辩护》,载《西雅图时报》,2004年4月4日A1版(该文报告认为,一个地方的固定费用体制导致指定律师接受代理大量案件,律师因此也就敷衍了事,从而使华盛顿诉辩交易率最大)。

关于案件量和经济压力促使辩护律师急于促成诉辩交易的相关论述,参见戴维肯·鲁本:《刑事辩护律师是否有差异?》,载《密歇根法律评论》,1993年,第1729、1757页;斯蒂芬·J.斯库尔霍菲尔:《诉辩交易是一场灾难》,载《耶鲁法律杂志》(第101期),1992年,第1979、1988—1990页;也可参见理查德肯·克兰:《未穿衣服的基甸皇帝:被告人有权获得律师的有效辩护是虚假承诺》,载《黑斯廷斯宪法季刊》(第13期),1986年,第625、672页。

关于对非自愿指定私人律师的鼓励政策的论述,参见詹姆斯·爱森斯坦:《美国律师:政法体系中的美国律师》,1978年,173页。艾伯特·W.阿尔舒勒:《诉辩交易中辩护律师的作用》,载《耶鲁法律杂志》(第84期),1975年,第1179、1182、1259页;威廉·J.斯顿茨:《刑事程序和刑事公正的不良关系》,载《耶鲁法学杂志》(第107期),1997年,第1、10—11、33页;亦可参见德克萨斯州为穷人提供刑事法律服务律师委员会:《公诉人调查结果:德州问题中的穷人刑事辩护现状》,第18、31页(没有出版日期、未出版的作者原稿)(报告了德州一些既要处理私人聘用案件,又要处理法院指派案件的律师处理案件的情况,他们往往对穷人案件投入更少的时间,也不会为案件的辩护做认真准备,辩护也不那么有力。几乎一半的德州公诉人都认为,补偿费用不足以让法官指派合格的私人律师)。

本文引用来自亚伯拉罕·S.布隆伯格:《法律实践是自信的博弈:专业人士有组织的共同选择》,载《法律社会评论》(第1期),1967年,第15、24—31页(文章将辩护律师描述成博弈参加者)。

另一个问题在于：很多公诉辩护人的案件负担过重。他们每年要处理几百件案子，这一数量远远超过个人聘请的律师所处理的案件数量。物质激励可能会促使一些私人律师承接更多案件，数量超过他们所能处理案件数量的极限。[54] 这种过重的案件负担，导致律师几乎没有精力处理案件实质问题，他们便会对当事人施加压力，催促其接受控辩交易，为罪行承担责任。

局内人之间的关系不仅影响检控官，也影响着辩护律师。公诉辩护人与检控官和法官频繁打交道，他们之间将形成紧密关系。在诉辩交易过程中，法官和书记员将压力转移给辩护律师，尤其是公诉辩护人，迫使他们接受控辩交易。老练的辩护律师通常会屈服于这种压力，以避免当事人受到司法报复。然后，他们可能会继续作为指定律师受到法院的提名。公诉辩护人必须巧妙地选择他们的斗争方式，这就要求他们在某些客户和其他因素中暗自权衡。甚至有可能存在这样的情形，即：某个辩护律师在案件A中同意做出让步，就是为了在案件B中获得法官对对方当事人更严厉的惩罚。当一个私人辩护律师只考虑支付律师费用一方当事人的利益，而不考虑法官为其指定辩护律师的当事人的利益，从而在对前者进行诉讼支持并获取现金后，这种不公平将更加麻烦。[55]

---

[54] 关于对公诉辩护人日程安排的分析，参见新奥尔良州诉皮尔特案，621 So. 2d 780（La. 1993）（新奥尔良州公诉辩护人体制失效，因为律师同时处理70个审判案件，共有418名被告人，案件处理持续11个月的期间）；罗伯特·伯克等编：《国家法律援助和辩护律师协会：穷人辩护案件和常识新编》（3—5），1992年；肯·阿姆斯壮、贾斯汀·梅奥：《抓狂的律师：你根本无法给人们提供帮助》，载《西雅图时报》，2004年4月6日A1版；关于私人律师接受处理大量案件以获取收益，参见艾伯特·W.阿尔舒勒：《诉辩交易中辩护律师的作用》，载《耶鲁法律杂志》（第84期），1975年，第1201页。

[55] 关于辩护律师对报复打击的恐惧，参见同上书，第1237—1238、1240、1261—1262页的注释225；达瑞尔·K.布朗：《刑事辩护权利的定量配置：以制度设计为视角进行分析》，载《哥伦比亚大学法律评论》（第104期），2004年，第801、812页的注释46（法官更倾向于指派快速处理案件的辩护律师，而不是那些会给他增加工作量的辩护律师，如提交请求、申请调查及寻求专家证人的协助等）；德克萨斯州为穷人提供刑事法律服务律师委员会：《公诉人调查结果：德州问题中的穷

2. 被告人的过度乐观和冒险态度

刑事被告人有许多局外人所具有的特点，但他们也有各自不同的特点。天真、年轻又是初犯的被告人，简直就是典型的局外人。他们几乎不了解案件的具体情况，而且他们可能会因电视剧精彩的剧情而对现实中的案件审理充满期待。惯犯对刑事制度的了解会更多一点，但他们在案件的了解程度方面往往也会高估自己。但是，无论是初犯还是惯犯，他们绝大多数都属于受教育水平很低的群体。他们当中很多人滥用毒品、嗜酒成性，有些则是精神病或精神障碍患者。大部分重罪犯和重罪嫌疑人几乎都没有政治申诉或反击的权利，因为他们已经丧失了选举权。

此外，被告人还容易盲目乐观。人们往往容易对自己的运气和掌控整个局面的能力过于自信。被告人通常具有不成熟、多为男性、不理智的特征，而这一群体（包括初犯）特别容易盲目乐观。有些刑事被告人，例如性犯罪者，往往会否认他们的罪过或者减轻

人刑事辩护现状》的问题三（律师在案件处理速度方面的名气是获得法官指派的最大因素。也就是说，辩护律师如果想得到法官的指派，就必须能快速处理案件）。试比较马盖尔·泰缇娜：《悔意、责任及遵守规则的辩护让被告人为其律师的罪恶买单》，载《纽约大学法律评论》（第78期），2003年，第2103、2171—2173页（本文认为，法官可能会因辩护人不客观的辩护而惩罚被告人及其辩护律师，导致律师在其辩护过程中如履薄冰）。马盖尔·塞缇娜：《联邦刑事法院律师权益的失效：从实证角度研究辩护律师依照〈量刑指南〉进行辩护的角色定位》，载《加利福尼亚法律评论》（第92期），2004年，第425、429—430页。

关于公诉辩护人的分流，参见米尔顿·休曼：《以辩诉交易：检察官、法官和辩护律师的经验》，1978年，第61—66、69、72、74、123—126页；参见艾伯特·W.阿尔舒勒：诉辩交易中辩护律师的作用，载《耶鲁法律杂志》（第84期），1975年，第1210—1211、1222、1224页；参见罗德尼·撒克斯顿《战壕中的专业和生命：以公诉辩护人为例》，载《圣托马斯大学法律评论》（第8期），1995年，第185、187页（该文将公诉辩护人的工作与战场中医学工作者的工作进行对比，后者必须将他们的精力放在伤情最严重的伤兵中）。

关于对辩护律师处理多个客户的案件的分析，参见戴维·A.琼斯：《不受惩罚的犯罪》，1979年，第120—121页（该文指出，辩护律师有时候也承认他们会任由那些不够合作或犯下非常严重罪行的被告人受到较重的惩罚，从而有更多的时间为其他客户辩护请求较低惩罚。同时，与少数民族相比，白人被告人往往更能得到有效辩护）；艾伯特·W.阿尔舒勒：《诉辩交易中辩护律师的作用》，载《耶鲁法律杂志》（第84期），1975年，第1223页。

他们对别人甚至是对自己的责任。而且,大多数刑事被告人,尤其是年轻被告人、男性被告人以及未婚被告人,都容易倾向于为自己的好运赌一把,冒险去犯罪。㊱ 他们远远不如在法学院受过良好教育的、谨慎的、头脑清晰的和理智的这群人。

3. 被告人沟通困难、缺乏信任和话语权

被告人和辩护律师往往来自截然不同的背景。被告人往往来自贫穷家庭,生活于吸毒及犯罪频繁的环境。他们往往也不是以英语为母语的人。他们的辩护律师则多为女性、白种人,比他们受过更好的教育,来自更优越的生活环境。这种物质条件、受教育程度、法律实践经验以及语言差异,使得被告人和辩护律师处于一种缺乏交流而彼此不信任的状态。㊲

被告人是法律专业的门外汉。他们中的大多数经历的刑事案件都比辩护律师少。他们可能会认为自己应该受到同情,并可能会将他们从所见所闻的少量案例中的笼统总结应于用自身。有些被告人显得厌倦或漠不关心,也有的被告人想逃避责任,情绪激动地将责任都推卸到受害者身上。或者相反,有的被告人则为自己的过错深深感到内疚。除了希望降低对他们的惩罚,被告人往往也希望别人能倾听他们的故事,他们想发泄自己的愤怒或痛苦,并为自己的行为寻求原谅。㊳

辩护律师则会有相对丰富的经验,并对案件具体情况有更清晰准确的理解。他们对其当事人不会投入太多个人感情。他们训练有素,能对案件结果作出量化估计,并以此降低被判有罪和惩罚的概率,而不会去衡量一些无形的定性的因素,比如责任归咎以及

㊱ 斯蒂芬诺斯·毕贝斯:《法庭审判之外的辩诉交易》,载《哈佛大学法律评论》(第 117 期),2004 年,第 2498—2504、2511—2512 页。

㊲ 试比较亚历山德拉·纳塔伯夫:《论刑事被告人逐渐沉默》,载《纽约大学法律评论》(第 80 期),2005 年,第 1449—1465 页(该文阐述了法官和被告人之间在社会、语言和经历方面的巨大差异)。

㊳ 同上书,第 1465—1468 页。

内疚感等问题。因此,被告人可能会更多地强调道德责任问题,而辩护律师则会就事论事地判断被告人被判有罪的概率以及具体的量刑情况。这些描述双方特征的不同词汇,征表了其中一方不能理解的另一方的世界。

刑事辩护代理只是加剧了被告人和辩护律师沟通的困难。案件累积的辩护律师忙于处理各类案件,他们实际上几乎没有时间与当事人见面。他们也许只能在法庭外的走廊上聊上10分钟。尤其是当当事人不能被保释时,要想见到他们,辩护律师需要花费时间经过各种程序进入被告人所在监狱,这一过程会很困难。在监狱中见面,他们可能要面对拥挤、嘈杂又不舒适的环境,还要通过隔离带或屏幕才能交流,这些都不利于被告人和辩护律师良好的沟通并建立信任关系。有些地方,律师可能会在审判当日的早晨与被告人初次会面,向被告人介绍自己,并告知其与监控方已经协商好定罪量刑情况,希望被告人能妥协接受。[59] 他们几乎没有机会通过彼此交流去了解对方。

辩护律师也会尝试着平衡当事人盲目乐观的情绪、不认罪的态度以及各种鲁莽的行为。保持冷静和清醒,不让当事人抱有太不切实际的希望,这也是辩护律师们的工作职责。但是,辩护律师也可能会太过悲观,为了满足自己的利益,他们会不遗余力地促使当事人接受控辩交易。物质利益的刺激,来自法官和对方律师的压力,以及规避败诉风险的欲望,都是促使辩护律师急于追求控辩交易的原因。即使辩护律师对败诉风险的预测过度悲观而在法院审理后被证明彻底错误,当事人也永远不会明白这项控辩交易是否基于一项太悲观的预测。为了劝服他们的当事人接受控辩交

---

[59] 美国律师协会:《吉迪恩无法兑现的承诺:美国仍在寻求平等司法:美国律师协会对刑事程序辩护律师权益的听证报告》(16),2004年(描述了卡尔克苏教区、路易斯安那州的典型案例。相关的几位证人往往"满足他们,取悦他们");亚历山德拉·纳塔伯夫:《论刑事被告人逐渐沉默》,载《纽约大学法律评论》(第80期),2005年,第1462—1463、1474页("不寻常……满足并取悦他们","因信赖缺失引起的情况恶化")。

易，辩护律师有时候也会低估案件审判的有利结果，在被告人和检控官协商的过程中不够尽力，从而在控辩交易中偏向检控方。(60)

由于上述原因，被告人往往会对指定的辩护律师产生不信任感。一方面，不信任律师是因为他们没有付相应的律师费，相对于免费的建议，似乎支付了费用的建议才显得有价值。另一方面，他们将辩护律师看做是检察官提出诉辩交易的传话人。他们觉得辩护律师和检察官彼此了解，互相合作，甚至是很密切地合作。同样，案件负荷量过重的辩护律师，对当事人施加压力，催促其接受有罪结论的行为，也会让被告人怀疑律师不会积极地为他们辩护。而为了刺激律师更努力地为自己辩护，被告人则反而会错误地向律师选择否认自己的罪行，从而引起律师对当事人的不信任。这种不信任严重破坏了被告人和辩护律师的关系。由于对指定律师的信任感缺失，被告人也会更加的忽视其辩护律师的意见。(61)

---

(60)　参见丽莎·G.莱尔曼：《论对客户说谎》，载《宾夕法尼亚大学法律评论》（第138期），1990年，第659、700—701页［本文讨论了一项关于人身损害案件中的律师—当事人关系的研究结论，该项研究结论出自道格拉斯·E.罗森塔尔：《律师和客户：谁说了算》（1974年）］；丽莎·G.莱尔曼：《论对客户说谎》，载《宾夕法尼亚大学法律评论》（第138期），1990年，第734页（该文讨论了律师经常对案件做较坏的预期，从而使最终案件的处理看起来比预期更成功）；同上书，第740页（其讨论那些想要减轻案件负担的律师如何让当事人易于接受的方式处理他们的案件）。

(61)　亚历山德拉·纳塔伯夫：《论刑事被告人的逐渐沉默》，载《纽约大学法律评论》（第80期），2005年，第1474页；斯蒂芬诺斯·毕贝斯：《法庭审判之外的辩诉交易》，载《哈佛大学法律评论》（第117期），2004年，第2482页。结论是被告人对他们的辩护律师撒谎，律师也就不再相信他们。参见米尔顿·休曼：《以辩诉交易：检察官、法官和辩护律师的经验》，1978年，第59页。通过四个辩护律师引证同一事实："作为律师，你在执业第一年的时候往往会相信当事人所有的话。执业第二年时，你会相信案件相对方对你说的所有的话。执业第三年时，你根本不知道该相信谁。大部分律师都不会轻易相信他们的当事人。"这句话是四位律师中的一位所说。

关于被告人极不情愿听从指定辩护律师建议的理论，参见艾伯特·W.阿尔舒勒：《诉辩交易中辩护律师的作用》，载《耶鲁法律杂志》（第84期），1975年，第1242页。阿贝·史密斯：《刑事辩护的差异及其重要性》，载《华盛顿大学法律和政策》（第11期），2003年，第83、119页；丹尼尔·W.斯蒂勒：《〈量刑指南〉：被告人和辩护律师间不信任的逐渐加深》，载《联邦量刑指南报告》（第11期），1999年，304页（解释了引起被告人不信任他们的辩护律师导致律师辩护困难的心理和社会因素）。

前两个世纪中,刑事被告人最大的变化可能就是他们的沉默不语了。由于辩护律师在整个刑事审判过程中介入,为刑事被告人辩护,他们渐渐地取代了被告人出庭接受审判。现在,即使是仅有的一些仍然出庭的被告人,他们当中几乎半数都不参与质证,所有对检察官提出的案件证据,都由律师承担质证责任。因此,被告人便可以避免因制作伪证妨碍司法程序而招致更重的惩罚,他们也不想因为自己的犯罪记录或过去的不良履历而受到不利裁判。依照辩护律师在诉辩交易中与检控方的协商结果,95%以上的被告人都会在书面会谈中选择有罪裁判。他们会在法庭中不断地协商。宣判时,辩护律师会及时告知他们的当事人。他们甚至可能会为当事人书写谅解申请书,并由被告人向法官宣读,或者要求他们什么都不说。[62]

从辩护律师的角度上看,其只是履行其所有的辩护职责。辩护律师能更准确地判断检控官和法官的目的,并准确地为被告人申请减轻量刑。毕竟,辩护律师认为其工作职责就是减轻案件中当事人的刑事量刑。因此,辩护律师会亲自叙述被告人的故事,压制被告人自己的看法和观点,并以最恰当的语言去说服审判人员。但是,从被告人的角度上看,辩护律师的所作所为控制着他,要求他保持沉默,使他在法庭中完全没有表达的机会。在被告人看来,辩护律师剥夺了其维护自己尊严、自由表达自己的权利。同时,被告人也会质疑律师为其辩护是由于将其看做是案件审理中无助的受害者,这样做也许可以降低法律惩罚,但却羞辱和贬低了被告人的人格尊严。有时候,一些想要得到公正合法的审判

---

[62] 关于辩护律师的介入是如何使被告人变得沉默的分析,参见约翰·H.朗本:《对抗性刑事审判的起源》,2003年,第258—284页(作者强调"案件审理过程中,被告人的沉默使律师介入案件极其重要");关于被告人拒绝为避免以他们的过往犯罪记录作为控告因素而作证的规定,可参见《联邦证据规则》,第404条(b)款、609条;亚历山德拉·纳塔伯夫:《论刑事被告人的逐渐沉默》,载《纽约大学法律评论》(第80期),2005年,第1459—1461页;关于辩护律师修改当事人在宣告判决前的最后陈述的观点,参见同上书,第1462—66页。

又期望局外人倾听他们声音的初犯,也会感到受挫而心怀不满。[63]

　　笔者在文中不对政治博弈进行浓墨重彩的分析。被告人没有选民选举权,也没有钱去聘请新律师或改变现有律师的辩护策略。以辩护律师为代表的局内人和以被告人为代表的局外人之间的鸿沟,实际上却很深,毕竟他们之间存在那么多差异。比如生活背景、看事情的眼光、个人利益以及价值观等,这些方面的差异都会使二者产生分裂。这些差异也会破坏二者相互的信任和沟通。辩护律师为他们的当事人辩护,他们对当事人该说什么、不该说什么以及审判程序中如何做选择,都会产生影响。但是,在快速控辩交易中,辩护律师的利益和他们程式化的预测,有时候都会与当事人的需求产生冲突。一些当事人更在意的是自己内心的羞耻感和责任感,他们希望在案件审理中能有一定的掌控权和话语权。控辩交易的程序往往非常快速,各方都没有时间去倾听被告人的社会需求、情绪需要以及道德需求。而且,控辩交易还剥夺被告人的权利,将案件的控制权转移至由一些自私自利的局内人组成的隐性机构。因此,被告人往往和受害者、选民一样产生各种抱怨和不满。从某种程度上说,在我国对抗制司法体系中,司法程序中真正相互为敌的不是控辩双方,而是局内人和局外人。

　　至此,笔者关于局内人和局外人博弈的概括性说明就此结束。笔者在接下来的一章中将集中对局内人是怎样忽略了局外人所非常在意的一些东西进行研究,如罪行的否认、内心的忏悔、对受害人的道歉、乞求原谅以及重返社会等的忽略。无视被告人所在意的这些东西,会引起许多问题,主要原因包括以下几个方面:首先,局内人要求被告人承认有罪,强化了法律的威慑,促进了法制改革,却忽略了该行为本身对被告人的积极意义;其次,局内人低估

---

[63] 亚历山德拉·纳塔伯夫:论刑事被告人逐渐沉默,载《纽约大学法律评论》(第 80 期),2005 年,第 1470—1472、1476 页。

了公众对被告人认罪、向受害者道歉并乞求谅解等行为的满意度，也低估了这一系列行为对公众的教育意义；最后，局内人阻止了局外人获得公众的关注，尤其是案件审判当天，受害者、被告人以及民众都不能参与法庭宣判。

第三章　刑事司法机器视域下的反驳、悔恨、道歉和原谅

　　刑事被告人承认有罪、忏悔、向被害人道歉并取得被害人的原谅，不仅仅有助于帮助被告人改过自新，亦有助于帮助受害人宣泄自己的怒火与悲伤。在此过程中，受害人会感到自己的权益被维护，并最终平息怒火。但不幸的是，美国的刑事司法程序对于促进被告人承认有罪、忏悔以及向被害人道歉并无太大帮助。刑事司法从业人员更多关注的是案件的快速处理而不是弄清真相，或者促进双方和解。许多被告人在法庭上支支吾吾或者由律师代表他们表述，而被害人则没有发表意见以及被倾听的机会。

　　职业化的刑事司法机制反映了客观的政府对刑事司法排他性的控制。通过使刑事司法程序像一台高效的机器一样运行，刑事司法从业人员以牺牲许多其他的刑事司法价值为代价，迅速解决了自身的案件负担。最重要的是，控辩交易和量刑决定保证了案件处理的迅速和客观。控辩交易和量刑决定在一定程度上反映了刑事司法潜在的法理。他们与具体被告人的恶性、报应的需要及威慑和剥夺资格有关联。控辩交易和量刑决定趋向于对被告人过去的过错及危险性的静态评估，并使其与刑罚相适应。

　　本章探讨了一个刑事司法人员误区的例子：刑事程序限制了被告人对指控的反驳、忏悔、向受害人道歉及受害人进行原谅。关注范围的有限导致了对被告人的怠慢，甚至几乎忽视了被害人而使被害人与整个程序脱节。笔者从控辩交易开始逐步论述刑事程序对人际关系、意见交换和治愈当事人创伤的冷漠。一个对指控的犯罪进行反否认的刑事被告人也许仍然会进行有罪辩护并且享

受有罪辩护所带来的利益,而其要做的最多就是不情愿地认罪而已。这种承认有罪但却反驳指控犯罪的辩护在处理疑难案件上特别有效,然而这些辩护亦让被告人拒绝接受现实,并且妨碍了罪犯的改造,增加了他们再犯的可能性。如果我们的体制能够更多地关心公平正义及体制外人员所需要的透明,那么"有罪但不认罪"的辩护就会被废除,或者至少被严格限制。本章的其他部分论述了为什么罪犯的忏悔、歉意和受害人的原谅在刑事司法中应当获得比今天更高的地位。

在第六章笔者会论述法律可以在促进被害人恢复方面做得更多。法律本身有这个能力,举例来说,鼓励加害人与受害人之间的和解并举行恢复性司法会议;在辩护和量刑听证会中加入更多的当事人意见交换等等。只有这样,才能在刑事程序中恢复更多的道德元素。

一、反驳和含糊其辞

1. 反驳中被告人的答辩

为了研究罪犯反驳指控中所出现的问题,笔者同 34 位有经验的检察官、法官、公众及来自 7 个州的私人辩护律师进行了会面。笔者向他们询问了一些没有经过事先编排的叙事性问题,这些问题是关于他们对辩护时被告人不承认有罪的认识和经验的问题。这些经验主义的答案使枯燥的统计数字和心理学研究变得丰满,答案解释了抗辩变得普遍的时间段和原因。①

---

① 2002 年早期,笔者在路易斯安那州、密歇根州、密苏里州、宾夕法尼亚州和俄亥俄州,同这些资深检察官、法官、公共辩护律师及私人辩护律师进行了电话会谈,被访问的对象据说都经常参与"有罪但作无罪"的辩护,而这种辩护在印第安纳州和新泽西州是被禁止的。笔者并没有严格遵循科学的方法,并且笔者的样本量太小以至于不能产生统计学上的有效结果。笔者采用的是纪实的和印象主义的方法:笔者在较小的范围内进行了实验,而且是阿尔伯特·阿尔舒勒在控辩交易的成名文章中所进行的实验。

正如会谈的人所说：大部分被告人最初不愿意自承其罪。心理上的拒绝在性侵案件中尤其具有影响力。被告人觉得羞愧，怕家人和女朋友不能接受，并且受到来自其他囚犯的暴力。尽管许多其他案件的侵权人也会陷入对指控的反驳中，但现在让我们先从一个性侵者的案件开始。

根据心理学家的意见，对指控反驳以及把罪过减到最低是性侵者一般的辩护方式。性侵者反驳犯罪事实、反驳自己有犯罪行为、反驳他们明知应为行为承担刑事责任，同时他们不承认对家人、朋友、雇主以及社会存在责任，从而没有羞耻感和愧疚感。这些性侵者同样惧怕说出事实，尤其是对他们自己。因为性的原因而被社会隔离的想法是如此的可怕且令人反感以至于性侵者长期把自己的内心隐藏起来。[②]

在许多案例中，性侵者的谎言和辩解不仅仅是为了应付公众。这些谎言和辩解还表现出社会潜在的态度以及认知的扭曲，他们可能导致未来出现更多的性侵犯。对他人撒谎的犯罪行为人也开

---

② 理查德·M.哈佩尔、约瑟夫·J.奥夫丽：《性侵者评估：阻断"否认"的滥用》，载《美国司法和犯罪心理学期刊》（第 2 期），1995 年，第 5、6 页（"被监禁的性侵者对于自己的非正常性行为或者性侵史保持诚实是十分罕见的。他们反而否认有罪责并且尽可能地推卸责任。简单地说，他们没能理解不正常的性行为给他人带来的严重创伤"）。也可参见茱蒂丝·路易斯·赫尔曼：《父女乱伦》，1981 年，第 22 页（"'否认'是受指控的乱伦的父亲的首选辩护方式"）；巴里·M.马莱斯基、凯文·B.麦戈文：《治疗性侵者》，1991 年，第 6、164—165、253—255 页（"87% 的性侵者在进行会谈时否认一部分甚至全部犯罪，并且他们会在口头上答应承担责任，但是，却很难认识到自己行为的严重性和行为给他人带来的伤害"）；安娜·C.萨尔特：《治疗儿童性侵者和受害人的实用指南》，1988 年，第 97 页；霍华德·E.巴巴里：《性侵者的"否认"和最小化危害：评估和治疗效果》，载《矫正研究论坛》（第 4 卷第 3 期），1991 年，第 30、32 页的表格 1（该文认为："54% 的强奸犯否认性侵的存在，42% 的强奸犯尽可能减少自己的责任、对受害人的伤害和他们行为的外部影响。此外，66% 的儿童猥亵者否认性侵，33% 的儿童最小化自己的责任。"）；南森·L.波洛克、茱蒂丝·M.哈希麦尔：《论猥亵儿童者的宽恕事由》，载《社会行为与法律》（第 9 期），1991 年，第 53、57 页；戴安娜·斯库利、约瑟夫·马罗拉：《被定罪的强奸犯对动机的陈述：宽恕事由和辩护事由》，载《社会问题》（第 31 期），1984 年，第 530 页；麦克·E.温：《对性侵者的认知/行为治疗："否认"行为的治疗战略及系统管理》，载《性泛滥：法律及应对》（第 8 期），1996 年，第 25、27—28 页。

始对自己说谎,并且扭曲自己关于犯罪的记忆和认知。比如,一个性骚扰者或许会声称和儿童发生性关系无可厚非,或者一个强奸犯声称并坚信是受害人要求他那样做。③

当辩护律师开始为那些最初拒绝认罪的被告人代理时,律师和被告人一起讨论案情,让被告人了解证据,并且让他们中的大多数承认有罪。极少的被告人在面对这些事情时仍然不承认有罪,这也使他们能够得到有利的控辩交易和较低的量刑。④ 这些不认罪的被告人中有的人进了监狱,但是其他人却开始进行多样化的笔者所称之为"有罪但不认罪"的辩护。

第一种形式的"有罪但不认罪"的辩护是被告人作出有罪辩护,这个辩护几乎不承认法律上的有罪,但可能会承认道德上的罪过。被告人可能在最终陈词或者量刑时含糊其辞。比如,被告人可能会承认他打了被害人,但是却把原因归结为被害人挑衅并且反驳被害人关于案件事实的描述。⑤ 或者被告人承认他忽视了被

---

③ 吉恩·G.亚伯等:性侵者:《评估结果和治疗建议》,载马克·H.本阿隆等编:《临床犯罪学:犯罪行为的评价与对待方法》,1985年,第191、198—200页;吉恩·G.亚伯等:《成人与儿童之间的性行为:并发症、同意及认知》,载《法律和精神病治疗方法》,1984年,第89页;理查德·M.哈佩尔、约瑟夫·J.奥夫丽:《性侵者评估:阻断"否认"的滥用》,载《美国司法和犯罪心理学期刊》(第2期),1995年,第6页;南森·L.波洛克、茱蒂丝·M.哈希麦尔:《论猥亵儿童者的宽恕事由》,载《社会行为与法律》(第9期),1991年,第58页;约翰·F.乌尔里希:《儿童性虐待的"否认"修正:团体治疗和个人治疗比较——以案例为视角》,安德鲁大学博士论文,1996年,52页,存档于安德鲁大学詹姆斯·怀特图书馆。

④ 参见艾伯特·W.阿尔舒勒:《诉辩交易中辩护律师的角色》,载《耶鲁法律杂志》(第84期),1975年,第1280页(作者引述了一位辩护律师的话:"在性案中,认罪的心理障碍经常是无法控制的");同上书,第1287页(作者引述了一位辩护律师的话:"有的客户最初对指控的否认太深,以至于从心理上改变他们的想法是不可能的");同上书,第1287页(作者引述了另外一位辩护律师的话:"有很多事情,人们尽管做了,但是却不会承认。而有的律师对于这一点根本不了解。");同上书,第1304页(作者认为:"从心理上不承认罪行的被告人以及那些想要保住脸面而否定指控的被告人,会在他们家人、朋友甚至他们自己面前假装他们是案件中最无助的受害者。")。

⑤ 参见亚历山德拉·纳塔伯夫:《刑事被告人的逐渐沉默》,载《纽约大学法律评论》(第80期),2005年,第1467—1468页。

强奸人的抵抗,但是这是在被害人用性感的衣服、相貌和亲吻诱惑他之后才发生的。笔者现在会把这些勉强的有罪辩护放到一边,一会儿再继续讨论。

　　第二种形式的"有罪但不认罪"的辩护是一种不争辩的辩护,也叫不抗辩辩护。在专业的角度上说,这不是一种有罪辩护。由于在辩护中不提出质疑,被告人只能在承认或反驳有罪中选其一,并让法院对其是否有罪作出判决。此时,被告人保持沉默并且避免承认有罪带来的耻辱。此外,这种辩护不禁止反悔,也就是说被告人可以在其后抗辩无罪或者就同一事实提出民事诉讼。比如,驾驶员可以在刑事案件中对酒后驾车不作辩解,同时对受害人提出的轻率驾驶的侵权诉讼提出抗辩。

　　第三种也是最极端的"有罪但不认罪"的辩护是奥尔福德式辩护,有时也被称为最大利益辩护。奥尔福德式辩护不同于不抗辩辩护,被告人在进行有罪辩护的同时保障自己的清白。亨利·奥尔福德曾被指控一级谋杀,这是一种可以判死刑的犯罪。两个目击证人证明了奥尔福德当时持枪离开了自己的房屋,并且声称他会杀掉被害人。奥尔福德回来时说他已经杀死了被害人。本案在庭审之前,奥尔福德就承认了二级谋杀的指控,同时他坚持自己对于指控的一级谋杀是清白的,避免了被判处死刑。最高法院认为如果法官找到了证明被告人有罪的确实证据,被告人会主动、自愿地进行有罪辩护,即使要保证自己在某些罪名上的清白。最高法院在把奥尔福德的辩护同不争辩辩护进行对比之后,认可了奥尔福德为掩盖重罪所做的理性的、有策略的选择。尽管《宪法》许可奥尔福德辩护,但并没进行此类规定。政府及法官也拒绝认可此类辩护的出现。⑥

---

　　⑥　北卡罗来纳州诉奥尔福德案,400 U. S. 25, 26—29, 36—38 & n. 11 (1970)("因为奥尔福德提出的是有罪辩护,在接下来针对被告人的诉讼程序中,法律禁止被告人反言,这和无争议抗辩不同")。

尽管"有罪但不认罪"辩护对是否有罪不作正面答复或者辩称无罪,但是大部分使用这种辩护的被告人是有罪的,但却反驳指控。几乎与笔者会谈的所有的辩护律师、公诉人员和法官都同意无辜的被告人很少使用这种辩护策略。他们认为,大部分"有罪但不认罪"的辩护是羞愧的被告人的遮羞布,他们反驳指控但又试图挽回自己的脸面。⑦

刑事司法从业人员使用这些辩护来运行司法体制。被告人的律师选择传统的有罪辩护,而法官和公诉人员则应对此予以接受并且适当放宽量刑。但是与笔者谈话的每个辩护律师都认同这种"有罪但不认罪"的辩护方式。这些律师把这种辩护作为对付不愿简单承认有罪的被告人的最后手段。大部分公诉人员和法官会接受这种辩护策略。他们把这种辩护方式看成解决疑难案件的有效手段,并且有助于减少积压的案件。另外,司法从业人员对"有罪但不认罪"的辩护亦从实际考虑,并认为这种辩护可能更容易引起上诉或者间接攻击并损害法律的终局性。

一部分公诉人员和更多的法官告诉笔者他们不喜欢"有罪但不认罪"辩护,因为辩护理由和最终结果无关,也就是说他们不喜欢这些辩护传递的内容。不包含认罪的辩护使受害人的利益没有得到保护,而被告人对审理结果更加抵制且轻视。因此,两个辩护律师建议,被害人或者他的家人有时可以给公诉人施加压力,以使其反对奥尔福德辩护,因为他们需要犯罪分子认罪且道歉。此外,一些公诉人员和法官担心模糊的有罪辩护会渐渐破坏公众对司法的信心,使被告人的家庭、朋友以及公众怀疑司法公正。

无论怎样,这些疑虑并没有实际阻止奥尔福德辩护及不争辩辩护的发展。联邦司法体制及超过 3/4 的州政府允许不争辩辩护,但

---

⑦ 在关于无辜被告人在案件中使用"有罪但不认罪"辩护的频率的采访中,被访者认为概率是从"有时"到"罕见",再到"微不足道",最后是"几乎没有"。比如一位资深的公共辩护律师估计,他在最近 16 年来见过的采用上述辩护策略的无辜被告人在 5 到 10 个之间。

只有两个州政府为奥尔福德辩护授权。法官和律师按照一定频率采纳或使用这些辩护策略,尤其是在州法庭,大约2%的联邦法庭被告人和10.5%的州法庭被告人做不争辩辩护,但是大约3%的联邦法庭被告人和6.5%的州法庭被告人采用奥尔福德式辩护。⑧对于采用传统的有罪辩护却对指控不作正面回答的被告人,我们没有更确

---

⑧ 《联邦刑事判例汇编》11(b);G.尼古拉斯·赫尔曼《控辩交易》,1997年,第7章第12节、第8章第5节、第8章第六节;38个州以及哥伦比亚地区允许无争议抗辩,参见《阿拉斯加刑事判例汇编》,11(a);《亚利桑那州刑事判例汇编》17.1(a)(1);《阿肯色州刑事判例汇编》,24.3(a);《加利福尼亚州刑法典》(2011年)第1016条第3款;《康涅狄格州最高法院判例汇编》,第37-7条;《特拉华州最高法院刑事判例汇编》,11(b);《哥伦比亚特区法律修订汇编》,11(a);《佛罗里达州刑事判例汇编》,3.170(a);《佐治亚州最高法院刑事判例汇编》,33.1(A);《佐治亚州法律修订注解汇编》(2010年)第17-7-95条;《夏威夷州刑事判例汇编》,11(a)(1);《伊利诺伊州法律修订汇编》,(2010年第725卷)5/113—4.1(明确规定了违反《州所得税法》的几种情况);《堪萨斯州法律注解汇编》(2010年)22-3208(1);《路易斯安那州刑事程序法典》(2010年)第552条第4款;《缅因州刑事判例汇编》,11(a);《马里兰州法律注解汇编》《马里兰州条例汇编》,2010年4-242(a);《马萨诸塞州刑事判例汇编》,12(a)(1);《密歇根州巡回法庭统一判例汇编》,8.04(A)(1);《蒙大拿州法典》(2009年)46-12-204(1);《内布拉斯加州法律汇编》(2008年)29-1819.01;《内华达州法律注解汇编》,2010年174.035(1);《新墨西哥州法律注解》,2010年605.6;《新墨西哥州地区法庭刑事判例汇编》,5-304.A(1);《新墨西哥州地方法庭刑事判例汇编》,6-302A;《新墨西哥州城市法庭刑事判例汇编》,7-302.A;《新墨西哥州常设法庭判例汇编注解》(2010年)7A-272(c);《俄克拉荷马州判例注解》(2010年)第22、513页;《俄克拉荷马州法律修订注解》,2010年135.335(1)(c);《宾夕法尼亚州刑事判例汇编》590(A)(2);《罗德岛最高法院判例汇编》第11页;《南卡罗来纳州法律注解》,2010年17-23-40(针对轻罪);《南达科他州法律汇编》,2004年23A-7-2(4);《田纳西州刑事判例汇编》,11(a)(1);《德克萨斯州刑事程序法典注解》,2009年27.02(5);《犹他州法典注解》,2010年77-13-1(1)(c);《佛蒙特州刑事判例汇编》,11(a)(1);《弗吉尼亚州法律汇编》,2010年19.2-254;《西弗吉尼亚州刑事判例汇编》,11(a)(1);《西弗吉尼亚州地方法庭刑事判例汇编》,10(a);《威斯康星州判例注解》,2009年,971.06(1)(c);《怀俄明州刑事判例汇编》,11(a)("南卡罗来纳案件显示,尽管南卡罗来纳州最高法院建议层级较低的法院拒绝在重罪案件中采用此类辩护,但重罪被告人仍然会适用无争议抗辩");参见基伯诉州政府案,载《东南地区判例汇编》(第2辑)(第227卷)201页(联邦最高法院,1976年);参见迪尔诉州政府案,载《东南地区判例汇

切的数字统计,但是根据笔者的经验,很多被告人会采取这种做

编》(第2辑)(第527卷),联邦最高法院,2000年,第112页(本案表明,被告人对于通过囚犯携带走私物品的指控采取无罪辩护);州政府诉慕尼黑案,载《东南地区判例汇编》(第2辑)(第338卷),联邦最高法院,1985年,第329—339页(本案表明,被告人对人身攻击及加重的殴打重罪指控采用无罪申诉辩护)。

48个州及哥伦比亚地区允许"奥尔福德式辩护"(Alford plea)(有时也被称为最大利益辩护)。参见阿里森诉州政府,载《南方地区判例汇编》(第2辑第495卷),第741页(阿拉巴马州刑事上诉判例,1986年);维克诉州政府,载《太平洋判例汇编》(第2辑第800卷),第975页(亚利桑那州,1990年)(本案由全体法官共同审理);参见麦克杜格尔诉纳斯特罗案,《太平洋判例汇编》(第2辑第800卷),第975页(亚利桑那州,1990年)(本案由全体法官共同审理);哈里斯诉州政府,载《西南地区判例汇编》(第2辑),第291页(阿肯色州,1981年);阿尔维纳斯案,载《太平洋判例汇编》(第2辑),第758页(加利福尼亚,1992年)(全体法官出庭);检察官诉卡尼诺案,载《太平洋判例汇编》(第2辑第508卷),1274—1275页(科罗拉多州,1973年)(全体法官共同审理);州政府诉阿马里洛案,载《大西洋判例汇编》(第2辑第503卷),162页(康涅狄格州,1986年);罗宾逊诉州政府案,载《大西洋案例汇编》(第2辑第291卷),第281页(特拉华州,1972年);参见福格尔案,载《大西洋案例汇编》(第2辑第728卷),第669—670页(哥伦比亚地区,1999年);博伊金诉加里森案,载《南方地区判例汇编》(第2辑第658卷),第1090—1091页(佛罗里达州上诉法院,1995年);古德曼诉戴维斯案,载《东南地区判例汇编》(第2辑第287卷),第30页(佐治亚州,1982年);州政府诉史密斯案,载《太平洋判例汇编》(第2辑第606卷),第89页(夏威夷州,1980年);斯巴罗诉州政府案,载《太平洋判例汇编》(第2辑第625卷),第415页(爱达荷州,1981年);检察官诉贝克案,载《东北地区判例汇编》(第2辑第415卷),第410页(伊利诺伊州,1980年);州政府诉汉森案,载《西南地区判例汇编》(第2辑第344卷),第727页(爱荷华上诉法院,1983年);州政府诉狄龙案,载《太平洋判例汇编》(第2辑第748卷),第859—860页(堪萨斯州,1988年);联邦政府诉科尼案,载《西南地区判例汇编》(第2辑第826卷),第321页(肯塔基州,1992年);州政府诉布兰卡德案,载《南方地区判例汇编》(第2辑第786卷),第703页(路易斯安那州,2001年);州政府诉马洛案,载《大西洋判例汇编》(第2辑第577卷),第334页(缅因州,1990年);贝恩古拉诉泰勒案,载《大西洋判例汇编》(第2辑第541卷),第971页(马里兰州,1988年);联邦政府诉刘易斯案,载《东北地区判例汇编》(第2辑第506卷),第892页(马萨诸塞州,1987年);州政府诉古莱特案,载《西北地区判例汇编》(第2辑第258卷),第760页(明尼苏达州,1977年);雷诺诉州政府案,载《南方地区判例汇编》(第2辑第521卷),第916页(密西西比州,1988年);布朗诉州政府案,载《西南地区判例汇编》(第3辑第45卷),第507—508页(密苏里州上诉法庭,2001年);州政府诉卡梅隆案,载《太平洋判例汇编》(第2辑第830卷),第1290页(蒙大拿州,1992

法。在实践中,司法从业人员对于快速有效推进案件进程的需求

年);因其他原因而被驳回的蒙塔纳诉狄思丽,载《太平洋判例汇编》(第3辑第188卷),第1060页(蒙大拿州,2008年);州政府诉罗兹案,载《西北地区判例汇编》(第2辑第445卷),第624—625页(内布拉斯加州,1989年);州政府诉戈麦斯案,载《太平洋判例汇编》(第2辑第930卷),第705页(内华达州,1996年);威灵顿诉新罕布什尔州通信部,载《大西洋案例汇编》(第2辑第666卷),第970页(新罕布什尔州,1995年);州政府诉霍奇案,载《太平洋案例汇编》(第2辑第882卷),第3页(新墨西哥州,1994年);检察官诉希克斯案,载《纽约判例补编》(第2辑第608卷),第543—544页(纽约上诉法院,1994年);州政府诉麦克卢尔,载《东南地区判例汇编》(第2辑第185卷),第696—697页(北卡罗来纳州,1972年);联邦政府诉阿布卡拉案,载《北方海事判例汇编》(第2卷),第316—319页(1991年);州政府诉帕吉特案.《东北地区判例汇编》(第2辑第586卷),第1197—1198页(俄亥俄州上诉法庭,1990年);奥坎波诉州政府案,载《太平洋案例汇编》(第2辑第778卷),第923页(俄克拉荷马州刑事上诉法庭,1989年);参见州政府青少年部诉韦尔奇案,载《太平洋判例汇编》(第2辑第501卷),第995页(俄勒冈州上诉法庭,1972年);联邦政府诉弗吕哈特,载《大西洋判例汇编》(第2辑第632卷),第315—316页(宾夕法尼亚州高级法院,1993年);州政府诉方登,载《大西洋判例汇编》(第2辑第559卷),第624页(罗德岛州,1989年);盖恩斯诉州政府案,载《东南地区判例汇编》(第2辑第517卷),第440—441页(南卡罗来纳州,1999年);州政府诉恩格尔曼案,载《西北地区判例汇编》(第2辑第541卷),第101页(南达科他州,1995年);州政府诉威廉姆斯案,载《西南地区判例汇编》(第2辑第851卷),第830页(田纳西州刑事上诉案,1992年);约翰逊诉州政府案,载《西南地区判例汇编》(第2辑第478卷),第955页(德克萨斯州刑事上诉判例,1972年);州政府诉斯蒂林案,载《太平洋判例汇编》(第2辑第856卷),第671页(犹他州上诉法庭,1993年);州政府诉菲斯克案,载《大西洋判例汇编》(第2辑第682卷),第938页(佛蒙特州,1996年);佩里诉联邦政府案,载《东南地区判例汇编》(第2辑第533卷),第652页(弗吉尼亚州上诉法庭,2000年);州政府诉奥斯本案,载《太平洋判例汇编》(第2辑第684卷),第687页(华盛顿州,1984年);肯尼迪诉弗雷泽案,载《东南地区判例汇编》(第2辑第357卷),第45页(西弗吉尼亚州,1987年);州政府诉加西亚案,载《西北地区判例汇编》(第2辑第532卷),第115—117页(威斯康星州,1995年);约翰斯通诉州政府案,载《太平洋判例汇编》(第2辑第829卷),第1181页(怀俄明州,1992年);检察官诉布斯案,载《西北地区判例汇编》(第2辑第324卷),第748页(密歇根州,1982年);州政府诉贝茨案,载《西北地区判例汇编》(第2辑第726卷),第589页(北达科他州,2007年)。

这些统计数据来自哈洛的文章。参见卡洛琳·沃尔夫·哈洛:《刑事案件中的辩护律师》,美国司法统计局特别发言人,2000年11月第8页图表17,载http://bjs.ojp.usdoj.gov/content/pub/pdf/dccc.pdf(图表的统计数据显示了1997年联邦监狱和州监狱犯人所采用的辩护类型)。

超过了外行人对真相、被告人是否犯罪以及受害人从犯罪中解脱的关心。外行人偶尔会发出他们自己的声音,但是他们对于终结一个已经行之有效的法律实践并没有什么影响力。

2. 对无辜者错判的风险

对"有罪但不认罪"辩护具有代表性的反对意见是:对无辜的人定罪是不对的。无论你相信与否,许多学者都倾向于给无辜者比较简单的有罪辩护的途径。弗兰克·伊斯坦布鲁克、约什·鲍尔斯和其他人认为无辜的被告人可能会被案件困住,所以无辜的被告人可能会理性地选择有罪辩护从而摆脱轻罪名的指控。甚至阿尔伯特·阿尔舒勒,作为对控辩交易的主要批评家,亦不情愿地认可对无辜的被告人采用奥尔福德式辩护。他说只要无辜者在面对辩护的压力时,他们就应当开放性地选择有吸引力的控辩交易而不是在法庭上撒谎。⑨伊斯特布鲁克、鲍尔斯和其他人认为刑事程序的目标是自由选择的最大化,即程序中的每个成员都是功利化市场的买家,都为了自我利益而在进行交易。

此以"市场"比喻法庭中的审判,是错误地把无辜被告人看做是消息灵通的、自主的、理性的角色。正如第二章论述的那样,因为律师承受的案件负担和律师制度让他们把被告人推向有罪辩护的局面,并且许多被告人案件缠身且能力参差不齐,同时从指派律师中获得不良建议,再加之刑事案件的披露范围远远窄于民事案件,这些因素都阻碍了被告人对他们案件发展前景的准确判断。

---

⑨ 乔西·鲍尔斯:《惩罚无辜清白者》,载《宾夕法尼亚大学法律评论》(第156期),2008年,第1117页;弗兰克·H.伊斯特布鲁克:《市场化的刑事程序》,载《法学研究》(第12期),1983年,第320页;斯蒂文·E.威尔伯:《军方是否应采用类似阿尔法特式有罪辩护?》,载《空军法律评论》(第44期),1998年,第143—144、160—161页;柯蒂斯·J.希普利:《奥尔福德式辩护:刑事被告人必要但无法预测的工具》,载《爱荷华大学法律评论》(第72期),1987年,第1073、1089页;阿尔伯特·W.阿尔舒勒:《因小失大:评毕贝斯教授的选择性道德》,载《康奈尔大学法律评论》,2003年1422—1424页;艾伯特·W.阿尔舒勒:《诉辩交易中辩护律师的角色》,载《耶鲁法律杂志》(第84期),1975年,第1296—1298页。

因此,选择奥尔福德式辩护或不抗辩辩护的无辜被告人,都会过重地估计他们被证明有罪的风险。因为庭审压力或者错误的信息,无辜被告人可能会进行有罪辩护,因此,这些被告人的辩护显得不那么聪明且不情愿。⑩ 被告人可能满足了案件负担重的指定律师的需求,而那些思维不甚敏捷的被告人是最可能进行有罪辩护的。这一结果可能因财富、心智和教育程度的不同而不同。刑事司法并不是一个充满了精英、理性、消息灵通的人的"市场"。

对于伊斯特布鲁克的功利主义论点进行更深刻的道德层面的反驳是:一个人应为无辜者被定罪而恐惧。比这更严重的问题是:把为无辜者定罪的风险看做是一种有利条件。并非所有的伦理道德都会在法院权衡后的审理结果和最大化的当事人选择中体现出来。故意地促使非正义比无意地允许非正义发生更让人苦恼。我们的司法体制要阻止无辜的被告人进行有罪辩护,并且要坚定他们在案件中证明自己无辜的决心。⑪

上述道德层面的反驳体现了伊斯特布鲁克把刑事司法比做市场这一理论的重大缺陷。在一个自由市场,唯一受影响的人就是买家和卖家。一个零售商卖一堆土豆对第三方没有任何伤害或者其他影响,他也对其他人不用负责任,因为市场的核心就是满足交易双方的选择。

---

⑩ 对无辜的被告人在庭审中过高地估计自己被定罪的风险的分析,参见斯蒂芬·J.斯库尔霍菲尔:《作为监管制度的刑事司法自由裁量权分析》,载《法学研究杂志》(第17期),1988年,第78—79页;斯蒂芬·J.舒尔霍夫:《控辩交易是一场灾难》,载《耶鲁法律杂志》(101期),第1981—1982页。有关虚假陈述和压力下的辩护,参见艾伯特·W.阿尔舒勒:《诉辩交易中辩护律师的作用》,载《耶鲁法律杂志》(第84期),1975年,第1191—1198、1287—1289页(该文分析了与阿尔舒勒交谈过的被告人律师,是怎样运用谎言、虚假陈述、讯问、诱骗及心理压力,强制性地使被告人供认罪行并且做有罪辩护的)。

⑪ 对无辜者起诉应该引起我们的重视。我们同情那些无辜的被告人,因为他们仅为了获得更有利的控辩交易就进行有罪答辩。但是,鼓励这些有罪答辩掩盖了惩罚无辜被告人的潜在问题。我们必须努力减少对无辜被告人的起诉,这可以通过付钱请更好的辩护律师、让目击证人指认和检举人的程序、私人调查者、DNA检测和其他手段而实现。

但是,刑事司法是一个政府面向公众的制度,而不是一个私有市场。刑事司法不是给予被告人他们想要的,而是给他们所应得的。刑事司法并不是最大化地实现运行体制的从业人员的选择,而是实现正义并且满足外行人员对正义的要求。公平正义限制的不仅仅是案件的实质结果,还有保护被告人的程序以及满足公众和被害人的合理要求。普遍存在的代理费用,使司法从业人员轻易地滥用市场选择权来满足自己的欲望而不是他的代理人的利益诉求。当然,刑事司法有时存在艰难的权衡,有时公诉人员必须和小人物进行令人厌恶的控辩交易才能获得他们对犯罪头目指控的作证。通常情况下,公诉人员必须在指控上做出削减,从而减轻案件负担。但是这些交易对我们造成的影响远超过对公诉人员自身。公诉人员是必要的惩治罪犯的人,但是市场比喻却把他们称之为商品。

司法系统不仅仅需要考虑当事人的需求,还要考虑公众对于准确、公平判决的需求。公众要求的是正义的刑罚。允许无辜的人进行有罪抗辩会产生极大的负面影响,因为社会有很强的欲望去保障刑事定罪的公正或至少被认为的公正。一些无辜的被告人进行有罪辩护时,甚至不采用"有罪但不认罪"的方式,但是这些辩护使得更多的人这样做。"有罪但不认罪"辩护传递出复杂的信息,使公众对刑事司法系统不确信和怀疑,并且导致其对刑事司法系统尊重的缺失。司法体制应当通过禁止存在不公平以及公众质疑的法律实践,从而提前阻止犬儒主义的产生。正如最高法院在温希普案中所解释的那样,法律在减少错误定罪的风险上还有很长的路要走。定罪准确的实现需要来自公众的尊重和信心。非常重要的是,刑法中道德的力量不能被证据标准所稀释,否则会让公众怀疑无辜者有可能遭受谴责。⑫

公众对司法体制的信心和信任,对实现法律的民主、合法性及

---

⑫ 有关对外部影响的分析,参见斯蒂芬·J. 舒尔霍夫:《控辩交易是一场灾难》,载《耶鲁法律杂志》(101期),1992年,第1985页;关于准确引证的认识,来自In re Winship案,397 U.S. 358, 364 (1970);持相同观点的还有斯蒂芬·J. 舒尔霍夫:《控辩交易是一场灾难》,载《耶鲁法律杂志》(101期),1992年,第1985—1986页。

道德性是至关重要的。当公民了解到,无辜的被告人因拒绝承认有罪和为保护自己的清白而进行辩护被施加刑罚时,他们可能会怀疑司法体制的强迫性和不公正。公众可能会很惊讶于无辜被告人在明知后果的情况下进行有罪辩护。比如说,被告人律师可能很坏或被告人惧怕死刑。公民也可能会总结认为我们的体制并没有对证明无辜被告人的清白倾注足够的关心。有的人会认为被告人是有罪的,只是被告人拒绝认罪而已;而其他人会怀疑被告人是否真的有罪并且责备司法体制的麻木不仁。一个不把效率看得过重的体制,可能会放缓进度从而检视案件。但效率低的庭审措施可能会使案件变得不公正;反过来,我们所采用的高效且自治的措施,却使我们的司法体制对公正和民众对公正看法的重要性不予重视。这在一定程度上解释了为什么只有 1/4 的美国民众对刑事司法表示有信心,以及为什么 2/3 的民众认为控辩交易存在问题。[13] 证明特定辩护方法与司法体制的声誉之间的因果关系几乎

---

[13] 关于不正当定罪的著述,分析了许多案例中作有罪辩护的被告人(有些是因为惧怕死刑,有些是因为心理上的阻碍或者因其他原因),但他们最后都被免罪。参见卡罗尔诉州政府案,载《东南地区判例汇编》(第 2 辑第 474 卷),第 738—740 页(加利福尼亚州上诉法院,1996 年)(被告人基于有过失的交通事故,以交通肇事致人死亡和致人重伤作有罪辩。后来一位交通事故现场重现专家发现,在该案件中没有被告人超速的证据,因此,该专家的结论是:新的人行道和下降的护栏应当为此次事故承担责任);州政府诉加德纳案,载《太平洋判例汇编》(第 2 辑第 885 卷),第 1147、1149—1150、1152 页(爱达荷州上诉法院,1994 年)(一位对案件没有印象的被告人,以交通肇事致人死亡作了有罪答辩。但一位匿名的目击证人在陈述中认为,不是驾驶员导致案件的发生,导致案件发生的原因是车胎爆了);雨果·亚当·贝道、麦克·L. 拉得勒特:《论潜在死刑案中的正义流产》,载《斯坦福桥大学法律评论》(第 40 期),1987 年,第 92、96、97、111—112、116、119、127、139、141、146、150 页(该文详述了 21 个虚假的有罪辩护);《清白无辜者工程——了解案件》,载 http://www.innocenceproject.org/know/Browse-Profi les.php 访问时间:2011 年 5 月 12 日(该文简要分析拉里·博斯迪克、马塞拉斯·布拉德福德、基思·布朗、约翰·迪克森、安东尼·格雷、尤金·亨顿、克里斯多夫·奥乔亚、詹姆斯·奥乔亚、杰里·弗兰克·汤森、大卫·瓦斯克斯和亚瑟·李·特菲尔德等人的虚假有罪答辩)。

对有关公众意见的分析,参见卢娜·B. 梅尔斯:《让罪犯就范:刑事法庭的观点》,载蒂莫西·J. 弗拉纳根、丹尼斯·R. 罗格玛尔等编:《美国人对犯罪与司法的看法:一项全国性的民意调查》,1996 年,第 54—55 页的表格 4.2(67% 的美国人反对控辩交易);劳伦斯·W. 谢尔曼:《刑事司法中的信任和信心》,载《国家司法研究期刊》,2002 年 3 月第 23 页图表 1(其分析了公众对司法系统普遍缺乏信心)。

是不可能的，但是审慎的律师会在案件中如履薄冰，并且不采用"有罪但不认罪"的辩护。

3. 假反驳的代价和坦白的价值

更严重的问题不是无辜的被告人而是有罪的被告人。正如前文所述，大部分采用"有罪但不认罪"的被告人是有罪的，尽管他们反驳且逃避此事。即使我们能使这些辩护变得特别准确并且充分告知，从而使其不会对无辜被告人设置圈套，但他们仍然会削减实质刑法所含的重要价值。模棱两可的有罪辩护会干扰被告人的悔罪、被教育及改过自新，因为它阻碍了罪犯的情感发泄，使被告人不能澄清嫌疑，并且模糊了他应当为自身行为所承担的责任。当然，传统的有罪辩护，通过不情愿地承认有罪来获得庭审中的有利地位，亦侵蚀了这些重要价值，但是模棱两可的有罪辩护更糟。不同于认罪可以使犯罪行为人谦恭并且维护受害人，模棱两可的有罪辩护显然具有虚假战术策略的意味。

刑罚有很多功能。刑罚尝试通过使犯罪可能产生的痛苦超过犯罪可能产生的利益来预防犯罪。但是这在道德上还远远不够。用康德的话说：这是一个极强的在道德上应受谴责的"标志"，即不仅对罪犯有效还可以让其他人引以为戒。刑罚让犯罪行为人和其他人明白犯罪是被禁止的，因为犯罪在道德上和法律上都是错误的。刑罚也是一个让麻木的罪犯清醒的强大工具。如 C.S. 路易斯所说，刑罚使我们的幻想破灭，并且在反叛社会的灵魂壁垒中插入了真理的旗帜。刑罚通过激发和提升罪犯的罪恶感来达到教育目的，使其否定自己过去的犯罪行为并且拒绝再犯。相似的是，刑罚应当作为一种长期的赎罪措施，即一种使犯罪行为人和被害人和解并且使其重新融入社会的措施。在犯罪行为人能够赎罪和和解之前，无论怎样他们都必须承担法律责任、吸取教训，并且改善自己的行为。⑭我们希望刑罚带来的外部痛苦能够转化为罪犯内心的忏悔、自我改造。当然,一些罪犯只会吸取一部分教训,而有些人甚至不会吸取教训。但无论怎样,法律尝试教导罪犯行为的不端之处,并且增加罪犯忏悔并改变所为的机会。

无论犯罪行为人是否吸取教训并悔过,对他们的惩罚都对其他人有道德价值。比如,犯罪使受害人被漠视甚至践踏受害人的道德价值。惩罚犯罪行为人就是维护受害人的利益并且使罪犯明白他们没有权利去侵犯他人利益。此时,刑罚具有疏导受害人的功能,并使他们最终从犯罪阴影中解脱。如果犯罪行为人认罪并且更好地悔过以及向受害人道歉,受害人就会更愿意原谅罪犯,不再憎恨,回归安宁。刑罚蕴含的这种象征性的道德意义能从受害人身上延伸到全社会。刑罚谴责犯罪并且强调德育。由此,我们的刑事程序要让社会宣泄不满,通过被害人情绪的宣泄并使其从

---

⑭ 《以马内利·康德写给 J. B. 艾哈德的信(1972 年 12 月 21 日)》,载康德:《哲学信札(1795 年—1799 年)》,阿努尔夫·茨威格译,1967 年,第 199 页;吉恩·汉普顿:《刑罚道德教育论》,载杰弗里·墨菲 & 吉·汉普顿编:《原谅和同情》,1988 年,第 115—117、120—121 页;C. S. 路易斯:《痛苦研究》,载杰弗里·墨菲、吉·汉普顿编:《原谅和同情》,1962 年,第 93—95、120—122 页;也可参见尼古拉·维力米诺维奇:《奥赫里德的序幕》,玛利亚译,1985 年(该书认为,当一个人的精神和良心变得迟钝时,对他的爱要求惩罚他的身体,从而使他的精神和良知从沉睡中苏醒过来)。

对悔意和忏悔的分析,请参见 R. A. 达夫:《庭审和刑罚》,1986 年,第 254—262 页;也可参见托马斯·霍布斯:《利维坦》(第 35 卷),迈克尔·奥克肖特编辑,巴赛尔·布莱克威尔,1660 年(该书把复仇定义为渴望通过伤害他人从而使他人对自己造成的事实进行谴责)。

对有关赎罪的论述,参见斯蒂芬·P. 加维:《刑罚是一种赎罪》,载《加利福尼亚大学洛杉矶分校法律评论》(第 46 期),1999 年 1804—1805 页;事实上,赎罪这一单词来源于"一致",赎罪让犯罪行为人和受害人以及全社会保持一致。《牛津英语字典》(第二版),1989 年,第 754 页。相似地,悔意包含了"行为人极为懊悔地为自己的犯罪行为承担责任"、"否定"让自己做坏事的品质并决心改变它,"而且决心为自己的所作所为进行补偿"。参见杰弗里·G. 莫菲:《悔恨、刑罚及宽恕》,载阿米塔伊·艾奇奥尼、大卫·E. 卡尼等编:《悔恨:一种比较性视角》,1997 年,第 147 页。

第三章　刑事司法机器视域下的反驳、悔恨、道歉和原谅　　**125**

他人罪行的后果中解脱是与公众的正义感相一致的。⑮

　　为了实现刑罚的这些目标,刑法通过降低行为人的地位引导他们忏悔,从而实施道德惩罚,并最终使他们回归社会。犯罪行为人在承认自己的行为之前不会承担刑事责任并且悔过。向自己和他人承认自己的犯罪行为并不容易,尤其是当很多罪犯都在反驳指控的时候。共识的扭曲和对行为的反驳阻碍了对犯罪的处理。一个人承认自己的错误是改过的第一步。举例来说,在12步治疗项目中(如匿名戒酒互助社),承认自己存在某方面问题是恢复的至关重要的一步。坦诚的犯罪行为人不会再陷入自己是个好人的幻想中。此外,承认犯罪强迫犯罪行为人叙述自己的犯罪细节,这也是治疗专家在研究犯罪者反应时所必需的。对指控进行反驳使治疗专家不能检验认知是否扭曲、不能查明警示信号,也不能使受害人产生同情。因此,针对大部分性犯罪人的改过项目拒绝接受不承认性行为的犯罪行为人。简单地说,反驳指控就是妨碍改过,

---

　　⑮　有关对保护受害人利益的分析,参见吉恩·汉普顿:《报应论》,载杰弗里·G.莫菲、吉恩·汉普顿编:《原谅和同情》,1988年,第124—132、154页(该文认为:刑罚的目的是为了消除犯罪行为人的优越感,并且确认受害人的真正价值。行为人的悔意为受害人原谅和情绪疏导提供了前提);杰弗里·G.莫菲:《原谅与宽恕》,载同上书,第24—26页;斯蒂芬·P.加维:《刑罚是一种赎罪》,载《加利福尼亚大学洛杉矶分校法律评论》(第46期),1999年,第1827—1829页(当犯罪行为人后悔甚至道歉的时候,这能使受害人原谅、放下仇恨,并且与行为人进行和解)。
　　关于对社会谴责的表达的分析,参见乔尔·芬伯格:《刑罚的表达功能分析》,载《犯罪和惩罚:责任论文集》(第95卷),1970年,第101—105页;罗伯特·诺奇克:《哲学解释》,1981年,第370—374页;詹姆斯·芬兹詹姆斯·斯蒂芬《英格兰刑法史》(第2版),伦敦:麦克米伦出版社有限公司,1996年,第80—82页(法律判决是公众对任何引起公众愤怒的侵权行为的道德评价。法律判决把短暂的情绪转变为一种永恒的判决);吉恩·汉普顿:《报应表达论》,载卫斯理·克莱格所编:《报应主义及其批判》(第1卷),1992年,第20—22页;亨利·M.哈特:《刑法的目的》,载《法律与时代》,1958年,第404—405页;丹·卡汗:《替代性制裁措施是什么》,载《芝加哥大学法律评论》(第63期),1996年,第597—601页;也可参见埃米尔·涂尔干:《社会劳动分工》(第1版平装本),W.D.霍尔斯译,自由出版社1997年版,第63页(刑法真正的功能就是通过公开谴责犯罪来加强社会凝聚力,从而重新确立被侵犯的社会规范)。

这会在极大程度上增加再犯的风险。⑯

---

⑯ 有关对承认犯罪行为的必要性的分析,参见麦肯诉莉莉一案,《美国联邦判例汇编》(第536卷),2002年,第33—34页(肯尼迪大法官的判决意见,也是多数派的判决意见);正如第九巡回法庭所指出,显而易见,改造侵权人的第一步是侵权人自己认识到自己所为是错误的,参见戈拉诉美国政府案,载《联邦判例汇编》(第2辑第419卷),第530页(第九巡回法庭,1969年)(如果被告人拒绝认罪之后被证明有罪,预审法庭可以给被告人施加更严厉的刑罚)。

对有关十二步治疗项目的分析,参见匿名戒酒互助社:《十二步骤治疗法及传统》,1981年,第21—24页(在第一步中,酗酒者必须使自己谦卑并且完全的诚实,这是改变的必经之路);同上书,第56—63页(在第五步中,酗酒者必须向他人坦诚自己的缺点,从而使自己谦恭,并且打破自欺欺人的、找各种理由为自己辩护的痴心妄想);参见罗伯特·A.摩尔、托马斯·C.墨菲:《否认酗酒是康复的障碍》,载《酒类研究季刊》,1961年,第597页。

对坦白细节对治疗的重要性的分析,参见霍华德·E.巴巴里:《性侵者的"否认"和最小化危害:评估和治疗效果》,载《矫正研究论坛》(第3期第4卷),1991年,第30、32页的tbl.1("治疗专家依靠性侵者对案件事实的诚实供述,从而决定在治疗的过程中应以哪一个行为作为治疗目标");戴安·D.希尔德布兰、威廉·D.佩尔斯:《防止再犯:应用和结果》,载威廉姆·奥多诺霍、詹姆斯·H.格尔编:《儿童性虐待临床问题研究》,1992年,第367—375页;威廉姆·奥多诺霍、伊丽莎白·莱图尔诺:《修正对儿童性虐待否认的短期群体治疗:结果和后续措施》,载《儿童性虐待及其忽视》(第17期),1993年,第300页。

关于对"否认"是如何掩饰认知扭曲、警示信号及阻碍同情的产生的分析,参见斯蒂芬·J.派德菲尔德:《评价、自证其罪和责任承担:监狱性犯罪治疗项目研究》,载《肯塔基大学法律评论》(第49期),2001年,第498页。

对"否认"不利于对性侵者改造治疗的相关论述,参见兰迪·格林:《对性侵者进行全面治疗分析》,载联邦司法局:《治疗被监禁男性性侵者的实践指南》,1988年,第72—73页;转载于《性侵者:改正、治疗和法律实践》(第1卷),1995年,10—1、10—14("大部分治疗项目仅仅只是针对那些承认了自己犯罪的侵权人……侵权者必须能够公开承认自己的罪行。这种承认是真正参与治疗的基本要求……侵权人不仅必须承认自己的罪行,而且还必须接受由此所产生的责任。");巴巴拉·E.史密斯等:《美国律师协会:对儿童性侵者适用缓刑是如何运行的?》,1990年,第8页("接受采访的治疗专家表示,他们不同意在项目中存在任何完全否认与儿童性接触的人。大部分专家相信,否认性侵的人并不能听从治疗安排");威廉姆·奥多诺霍、伊丽莎白·莱图尔诺:《修正对儿童性虐待否认的短期群体治疗:结果和后续措施》,载《儿童性虐待及其忽视》(第17期),1993年,第300页。根据笔者的访谈,密苏里州监狱对性侵者的治疗项目把承认犯罪看做是治疗的必要条件。因此,密苏里的法官不会同意性犯罪者采用奥尔福德式辩护。

有关对否认和再犯关系的分析,参见麦肯案,载《美国联邦判例汇编》(第536卷),第33页(肯尼迪大法官等人持此多数派观点)(未经治疗的犯罪行为人比那些经过治疗的行为人的再犯率要高出5倍,即80%:15%,并且否认在极大程度上增加了行为人治疗失败的概率。引自巴里·M.马莱斯基、凯文·B.麦戈文:《治疗性侵者》,1991年,第253—255页);联邦司法局:《治疗被监禁男性性侵者的实践指南》,1988年,第13页);露西·伯利那:《性犯罪者:政策和实践》,载《西北大学法律评论》(第92期),1998年,第1209—1210页(该文分析了两个随机的对照研究,从中发现,未经治疗的性侵罪者具有更高的再犯率。在其中一个研究中,接近3/4的未经治疗的性侵者再犯了,而只有1/8的经过治疗的性侵者再犯)。

当犯罪行为人不承认应承担刑事责任时,许多治疗专家认为使罪犯面对犯罪事实的方法有助于使其进一步认识自己的行为。坚定地对抗罪犯的反驳和认知扭曲是让罪犯认罪的十分有效的方法。治疗专家必须积极面对此类情况并且质疑性侵者,因为辅助性、消极的治疗方法经常失效。这些质疑可以是直接的也可以是间接的。无论是治疗专家还是犯罪行为人的亲人都会主导上述挑战的发生,他们可以在挑战罪犯时充满同情。这些挑战包括向罪犯要求解释行为和事实细节,对于前后不一致的地方发问,或者鼓励犯罪行为人想自己希望提出的问题。通过和犯罪行为人谈论宽恕事由和合理性,治疗专家可以触发行为人内心的负罪感,并且利用这种负罪感来使罪犯产生转变。甚至是外部压力,比如监禁的威胁,都能让犯罪行为人放弃对指控的反驳。⑰

---

⑰ 有关对治疗效果的论述,参见 W. L. 马绍尔:《对被监禁的否认和最小化责任的性犯罪者改造治疗的效果研究》,载《行为研究与治疗》(第 32 期),1994 年,第 559、562 页;参见安娜·C. 萨尔特:《治疗儿童性侵者和受害人的实用指南》,1988 年,第 88—95 页。

对积极质证的需要和消极方法的失败的分析,参见威廉姆·E. 普伦德加斯特:《在矫正中心和门诊诊所治疗性犯罪者:临床实践指南》,1991 年,第 105—108、111—112 页。

对于可能存在的多样性挑战,参见同上书,第 107 页(作者分析了各种解释和细节,并建议对性犯罪者的故事断然回绝);参见巴卜里·M. 马莱斯基、凯文·B. 麦戈文:《治疗性侵者》,1991 年,第 156—158、160—161 页(作者讨论了团体对抗和角色扮演);安娜·C. 萨尔特:《治疗儿童性侵者和受害人的实用指南》,1988 年,第 112—117 页(讨论了对抗性的团体治疗);同上书,第 124—126 页(讨论了认知重建的内容);霍华德·E. 巴巴里:《性侵者的"否认"和最小化责任:评估和治疗效果》,载《矫正研究论坛》(第 4 卷第 3 期),1991 年,第 32 页(作者支持群体治疗从而挑战矛盾);贾德·祖德那、露丝·穆勒:《内疚的作用及其在治疗罪犯中的影响》,载《犯罪学中性侵者的治疗及比较》,1987 年,第 74 页(该文指出,群体治疗包括重复、控制及同伴压力使其不能寻找借口);迈克·J. 道夫:《对性侵者的临床诊断》,载联邦司法局:《治疗被监禁男性性侵者的实践指南》,1988 年,第 79 页(作者认为性教育、群体治疗及行为认知技巧,有助于解决认知障碍问题);W. L. 马绍尔:《对被监禁的否认和最小化责任的性犯罪者改造治疗的效果研究》,载《行为研究与治疗》(第 32 期),1994 年,第 561—562 页(该文建议群体治疗采用支持但坚定挑战的策略检验精确性和矛盾性);约翰·F. 乌尔里希:《儿童性虐待的"否认"修正:团体法律系统中认罪和反驳指控所起的作用与治疗中的承认和反驳的作用相类似。在公开审理的案件中认罪,即使是因为外部原因,也会对行为人的指控反驳产生不利影响。如果承认犯罪的行为人尝试在治疗时撤回口供述,那么治疗专家就会让罪犯重新面对他们最初所供述的犯罪细节。作为对比,法律体系中随处可见的未受到质疑的对指控反驳使得犯罪行为人对于反驳指控产生了惯性思维,并使其后的治疗过程更加艰难。因此,采用奥尔福德式辩护和不抗辩辩护的行为人可能会抵制有效的改造治疗,他们也更有可能再犯。比如,通过在明尼苏达州所做的一个小调查发现,7/8 的性侵者在采用不抗辩辩护后,于刑满释放的 5 年内再次犯罪。这一数字比性侵者总体的再犯率高 2—5 倍。[⑱]

治疗和个人治疗比较—以案例为视角》,安德鲁大学博士论文,1996 年,第 309—310 页,存档于安德鲁大学詹姆斯·怀特图书馆(作者指出,当行为人在群体治疗中看到其他人认罪时,这会鼓励行为人认罪)。

对有关外部压力作用的分析,参见贾德·祖德那、露丝·穆勒:《内疚的作用及其在治疗罪犯中的影响》,载《犯罪学中性侵者的治疗及比较》,1987 年,第 73—74 页;也可参见威廉姆·奥多诺霍、伊丽莎白·莱图尔诺:《修正对儿童性虐待否认的短期群体治疗:结果和后续措施》,载《儿童性虐待及其忽视》(第 17 期),1993 年,第 303 页。

⑱ 有关当庭认罪的作用,参见唐纳德·J. 纽曼:《定罪中无需审判而决定罪与非罪的决定性因素》,1966 年,第 221—223 页;也可参见伊丽莎白·梅尔兹、金伯利·A. 朗威:《否认的力量:儿童性虐待问题的个人和文化构建》,载《西北大学法律评论》,1998 年,1457—1458 页(通过在对抗制诉讼体制内直面"否认",法律系统能够帮助我们发现虚假的否认,并且展现让人不愉快的真相);威廉·库玛:《新世纪的判决》,载《康涅狄格大学法律评论》(春季卷),2000 年,第 5 页(一旦被告人在辩护听证会上承认了自己有罪,法官就可以援引该答辩的细节,从而使自己在对被告人的行为定罪量刑时,能更有力地面对被告人)。

未受质疑的否认使犯罪人变得很难对付且让他们的治疗过程更艰难,对此的论述,参见 W. L. 马绍尔:《对被监禁的否认和最小化责任的性犯罪者改造治疗的效果研究》,载《行为研究与治疗》(第 32 期),1994 年,第 562 页(当辩护律师和治疗专家在性侵者否认他们的行为时没质疑他们,或者甚至鼓励他们开拓罪责,犯罪行为人会把这样的回应看做是一种肯定,从而会使他们变得越来越难被治疗);明尼苏达矫正部:性犯罪者监管培训,载《缓刑官手册》,第 4 页,第三章,被斯蒂芬诺斯·毕贝斯引用:《刑事实体法与刑事程序法的统一:阿尔法特式和无罪抗辩》,载两个法官在和笔者交谈时指出,被告人在法庭上的陈述影响他们自己和其他人对其是否有罪的看法。一个长期在职的法官说,他过去经常允许被告人做不抗辩辩护。他发现被告人会在法庭上一言不发,但是在判决前与缓刑监督官的会面中,被告人往往会反驳有罪。同时,被告人会告诉他的家人他是无辜的,是律师强迫他进行有罪辩护。上述做法的结果是,被告人的亲属会向法官写一份份愤怒的信件,以此来表达给无辜者定罪的不满,认为这是对公正的扭曲。被告人的亲属可能会说,遭到强奸的被害人是个流浪者,她同意与被告人发生性关系。在量刑时,被告人及其亲属仍然会反驳有罪,至少会含蓄地把犯罪行为归结到被害人身上。因此,受害人在提出量刑意见时产生的挫败感就显而易见了。受害人会觉得他们是在证明自己的正义。一旦法官不再允许大多数的不抗辩辩护,辩护律师就会让他们的客户进行有罪辩护,而大部分罪犯就不会坚持庭审了。被告人及其亲属不会在量刑及其后的程序中承认有罪,来自于被告人亲属的信件也会停滞。同时,被告人会少一些挑衅,多一些忏悔,并且不再像以前一样充满敌意和怨气。受害人会认为自己得到保护,在提出量刑意见时的挫败感被正常的愤怒情绪所取代。最终,听了详细的辩护意见的法官会更好地向被告人提出案件细节和被告人行为的违法之处。[19]与笔者会谈的另一位法官证明了这些结论。他认为一些被告人会在认罪时情绪激动且互相推诿,但他们会在被告人知庭审是他的唯一选择时采取有罪辩护。这些被告人在有罪辩护后的量刑陈述时会变得

《康奈尔大学法律评论》(第 88 期),2003 年,第 1397 页[作者分析了诺嘉德抗辩(Norgaard plea),即明尼苏达州失忆犯人或醉酒犯人所采用的无争议抗辩];也可参见埃里克·S.加纳斯、保罗·E.梅尔:《犯罪者认罪程序中对预测危害性的法律标准的评估分析》,载《心理和公共政策与法律》,1997 年,第 51—59 页(该文收集了有关性侵者累犯的数据,这个比率大约在 20%—45% 之间);霍丽达·维克菲尔德、拉尔夫·安德韦杰:《性犯罪者中暴力累犯评估》,载《儿童被性侵指控问题研究》(第 10 期),1998 年,第 93 页(该文分析认为,性侵者作案后 4—5 年中存在 13% 的再犯率,而 25 年中存在 39%—52% 的再犯率)。

[19] 参见威廉·库玛:《新世纪的判决》,载《康涅狄格大学法律评论》(春季卷),2000 年,第 5 页(该文描述了相似的经历)。

更冷静且更容易接受刑事责任,并且在庭审后宣称自己无辜且抗议庭审不公的情况更少。

一种类似的方式或许会在处理精神病人案例中起到作用。对案件的某些研究显示,某些因精神病而免责的被告人拒绝谈论他们的想法、感受和行为。他们反而会表现出对于刑事责任的感受。这些被告人会毫无忏悔地说"法官判我是清白的"或者"我从没实施犯罪行为"。与其相对的是,有精神疾病而认罪的被告人会表现得更积极。社会对他们的有罪判决会加深他们的反省、对刑事责任的接受和对刑罚的预期。简单来说,当司法系统认为被告人应受处罚时,即使被告人有精神疾病,他们也更容易在认罪后承担刑事责任。这也有助于帮助罪犯改造。[20]

当然,上述结论的证据主要来自于心理学有关性侵者、药物滥用者和有精神疾病的被告人。无论怎样,在对待其他种类犯罪的行为人时,罪过、心理学的阻碍以及认罪看起来发挥着类似的作用。或许把我的会谈结果看成社会常态很危险。人们可能会推断采用奥尔福德式辩护或不抗辩辩护,或者不承认有罪的其他类型的罪犯采用上述做法的部分原因是他们面对着类似的心理阻碍。这一想法直观感觉很有说服力。不愿承认犯罪的行为人直接采用有罪辩护以及坦白承认犯罪从而增加获得更大程度的量刑减免。与此相对的是,那些有心理障碍且对自己和他人不承认犯罪的人是奥尔福德和不抗辩辩护的最初的使用人[21],他们大概也是反驳指

---

[20] 罗伯特·A.费恩:《精神病赦免是如何阻碍治疗分析》,载大卫·B.韦克斯勒等编:《治疗法理学:法律是一种治疗手段》,1990年,第52—59页;在这种逻辑下,每个人都想把被告人标注为有罪且患有心理疾病,而不是因为精神病而无罪,即使制裁方式是精神健康治疗而不是在传统的监狱中服刑。

[21] 对于"否认"是如何在一般程度上影响行为人的决定,参见贾德·祖德那、露丝·穆勒:《内疚的作用及其在治疗罪犯中的影响》,载《犯罪学中性侵者的治疗及比较》,1987年,第72—76页(该文从一般角度讨论了行为人认罪的需要,认罪是治疗的前提,以及罪过在改过中所起到的重要作用,还从非法入侵住宅到持枪抢劫及故意谋杀等不同犯罪的行为人的临床表现)。

对感觉需要奥尔福德式辩护的被告人类型的分析,参见艾伯特·W.阿尔舒勒:《诉辩交易中辩护律师的作用》,载《耶鲁法律杂志》(第84期),1975年,第1304页。

第三章 刑事司法机器视域下的反驳、悔恨、道歉和原谅

控最激烈的人,并且最需要恢复清白。

一些被告人愿意认罪并做有罪辩护。阿尔舒勒对此表述得十分恰当,其认为大部分有罪辩护并不是真心悔罪的结果。与此相反,被告人假装悔罪来换取量刑从轻。但是即使是假装的或是被引诱的悔过都可以让行为人吸取教训。在公开审判时有罪辩护且认罪提升了被告人对于受害人受到伤害、所触犯法律以及社会谴责的认识。事实上,即使最初因非正当原因而进行的假装悔过,有时也会发展成真心的悔过。[22]

这一观点对于那些在打了兄弟姐妹或偷了玩具时,被父母告知应当道歉的人来说再清楚不过。尽管孩子起初不愿意道歉,但长此以往,道歉的行为告诉孩子打人和偷东西是不对的,并且应当以这些行为为耻。认知心理学讲述了相同的观点。根据内心冲突理论,人们在位于自身不相信的处境时,很可能改变自身态度,从而使自己与公众的评论更加符合。[23]因此,被告人公开承认犯罪时,即使并不真诚,相比于那些不认罪的人,他们也更有可能把刑责内化于心。

对于很多人来说,认罪很难,因为认罪要求承认自己的不体面行为,不再找借口,并且为自己的行为承担责任。正如我的会谈所表现的,被告人律师经常要在被告人最前面和他一起工作。承认犯罪的艰难以及悔过会让被告人认识到自己的过错以及所犯之罪的严重性。无论多么虚假的认罪,被告人都放弃了反驳指控,而是

(作者把奥尔福德式辩护当做一种"寄托",这种"寄托"对于一小部分有明显罪过却在心理上不愿意承认罪过的被告人来说是非常需要的)。

[22] 阿尔伯特·W.阿尔舒勒:《不断变换的控辩交易争鸣分析》,载《加州大学法律评论》(第69期),1981年,第661—663页;斯蒂芬·P.加维:《刑罚是一种赎罪》,载《加利福尼亚大学洛杉矶分校法律评论》(第46期),1999年,第1850页(该文认为,一个人应当时刻用法律和好的行为来约束自己,虽然这并非为了自己的利益,但这却是出于长远的利益,即好的行为本身就会带来好处)。参见爱·伊普斯坦等编:《塔木德法典》(第4卷),1938年,第245页。

[23] 肯尼·S.伯顿斯、欧文·A.霍洛维茨:《社会心理学》(第2版),2002年,第248页。

开始了改过自新,给社会一个交代。㉔

也许很多人是傲慢地认罪,他们认罪时并没有认识到罪名的严肃性。但是这种论述对于那些不愿意进行有罪辩护的被告人是不准确的,也就是那些想采用奥尔福德式抗辩和不抗辩辩护的人以及那些对认罪不作正面答复的人。这些被告人对指控反驳最强并且最不愿意承认犯罪。被告人越不承认犯罪,犯罪行为人最终认罪时的突破就越大。事实上,这是一种发泄或是净化,也就是为什么我们经常把认罪说成是一种解脱。

4. 道德在审判中的价值

无论这些罪犯有什么其他问题,控辩交易都引诱有罪的被告人自承其罪并且忏悔所为。无论怎样,仍然有部分罪犯都不承认有罪。对于这些有罪的被告人和其他无辜的被告人,法律采用了陪审团审理制度。庭审不仅仅寻求公正、效率、准确,还要实现刑法上的道德目的和标准。陪审团作为社会的良心,在面对犯罪时运用并强化了社会的道德。证人在法庭上出庭以及对罪行的庄严宣判使罪犯最终不得不面对自己的犯罪行为。起诉、证据以及定罪等复杂的司法程序会突破被告人对指控的反驳,使人们详细地看到犯罪行为的不法性。这些道德因素保证了有罪被告人改过自新的希望并且使社会恢复原状。正如我们在第一章所看到的,殖民地的美国人把庭审赞美成改造罪犯、鼓励悔过以及是犯人重新

㉔ 参见杰拉德·V.布拉德利:《控辩交易和刑事被告人作有罪辩护的义务》,载《德克萨斯州大学法律评论》(第 40 期),1999 年,第 71 页(作有罪辩护的被告人把自己放到道德改造的位置上。通过承认应当为自己的行为负责任,该被告人明确地认识到行为触犯法律及该行为应受处罚的界限);威廉·库玛:《新世纪的判决》,载《康涅狄格大学法律评论》(春季卷),2000 年,第 5 页(文中论述认为,法官注意到当他拒绝许可无争议抗辩时,被告人及其家人发生了转变);也可参见米歇尔·福柯:《规训与惩罚:监狱的诞生》(第 2 版),安南·谢丽丹译,1995 年,第 37—38 页(文中指出,当罪犯自己认罪时,社会会感到很满意);威廉·伯罕姆:《杜斯托夫斯基的〈犯罪和刑罚〉的法律背景及贡献》,载《密歇根州立大学法学评论》(第 100 期),2002 年,第 1236 页(作者分析了杜斯托夫斯基的理论,即认罪对于灵魂赎罪来说是有好处的)。

融入社会的方式。司法体制外的人仍然相信殖民时期的庭审神话,并寄希望于道德的作用。

对于那些拒绝认罪和悔过的犯罪行为人,庭审仍然是受害人和全社会的宣泄渠道。正如某法官曾说:"陪审团审判在释放社会压力和激情上有历史意义。比如茶壶上的孔放出了水蒸气,刑事案件中的陪审团审判允许社会平和地表达对专制政府和恶性犯罪的愤怒。"庭审表达了对法律的尊重,传递了主流价值,公正地实施刑罚并且鼓励犯罪行为人审视自己的行为。此外,给被告人定罪,即通过公开谴责行为人的犯罪行为并且重申道德规范,使得受害人和社会得到保护。在这一机制中,犯罪行为人的回应并不在考虑范畴。与之相反,庭审时的无罪释放,维护了无辜被告人和相应的道德规范。比如,美国殖民时期对约翰·彼得·曾格的(煽动)诽谤政府罪指控。陪审团宣布当庭释放的著名决定向所有人宣告了曾格享有批评政府的权利。㉕

奥尔福德式辩护和不抗辩辩护破坏了明确的庭审判决传递出的道德信息。奥尔福德式辩护,在较小的程度上对指控不争辩并且对是否有罪不作正面辩护,使得辩护目的本身模糊。"有罪但又无罪辩护"通过暗示法律并没有对被告人坚持无罪、诚实的决议与判决加以足够关心,使得庭审传递的道德信息蒙尘。真相、公正和对他人的尊重排在程序的效率和被告人的选择自由之后。由于不对不实地反驳罪过的行为人进行挑战,刑事程序逐渐破坏了刑法

㉕ 宣泄社会压力的引用,来自于联邦政府诉路易斯案,《联邦判例补编》,638 F. Supp. 573,580(W. D. Mich. 1986)。正如最高法院所指出的,公开审判有着重要的社会治疗价值,并且有助于对社会的疏导。里奇蒙ըն报业有限公司诉弗吉尼亚州政府,《美国联邦判例汇编》,448 U. S. 555,570—571(1980)。

有关曾格案例的讨论,参见劳伦斯·M. 弗里德曼:《美国历史上的犯罪和惩罚》,1993 年,第 54—55 页。

这一观点在更大程度上支持用陪审团审理来取代有罪辩护。然而,笔者亦理所当然地认为,美国政府并不打算在近期废除控辩交易,即使在可以预见的将来,仍然存在大量的控辩交易。因此我们至少应减少辩诉交易的最受反对且最致命的特性,这包括模糊的有罪辩护及指控交易。

的基本标准——一个人应当诚实地为他的行为承担责任。犯罪行为人已经滥用了他的自治权,他不再遵守法律并且牺牲了受害人的利益。刑罚就是在寻求"阻止被告人意愿实现""把被告人身份放低"的方法。[26] 陪审团审判和明确的有罪辩护可以行使这一职能,但是迅速的"有罪但不认罪"辩护使刑事程序不能很好地行使职能,并且让被告人反驳指控。换句话说,与道德无关的程序使其与本应实现的目标渐行渐远。

一些学者支持奥尔福德式辩护和不抗辩辩护缓和了被告人和辩护律师之间的关系。辩护律师可以通过选择奥尔福德式辩护而非要求委托人认罪,来避免反驳指控时和客户的意见分歧。[27] 这一观点和律师就是搞小动作的人这一主流看法相同,即辩护律师的工作就是妨碍定罪、将刑罚最小化并且尽力实现委托人的意愿。

至少在被告人反驳指控的情况下,律师做小动作的模式会被误导。律师的主流观点是忽视辩护律师在教育和改变被告人的错误认知及实现短期目标中所起的助益。与之相反,主流观点把被告人(甚至是经受心理疾病困扰的被告人)的短期目标看成是律师教给他们的,而律师却忽略了被告人的长期利益。律师可以认识到滥用药物、心理疾病以及心理上的误区和逆反或者单纯的目光短浅,都能损害委托人的理性。更重要的是,上述问题如果不加以抑制,可以促使委托人犯下更多的犯罪并受到更多刑罚。前文曾引用的心理学著作中说,被告人可以让他的委托人面对不容置疑的证据并且使被告人不再反驳指控。此外,律师能够像法律顾问一样提供道德帮助,即告知委托人承认犯罪、向受害人道歉并勇

---

[26] 关于犯罪行为人滥用他们自治权的分析,参见赫伯特·莫里斯:《人类和刑罚》,载《一元论》(第52期),1968年,第477—479页;关于对谦和的被告人的分析,参见杰弗里·墨菲:《仇恨:一种正当化的抗辩事由》,载杰弗里·G.莫菲和吉恩·汉普顿:《原谅和仁慈》,1988年,第89页;赫伯特·芬格莱特:《刑罚与痛苦》,载《美国哲学协会程序及演说》(第50期),1977年,第510页。

[27] 艾伯特·W.阿尔舒勒:《诉辩交易中辩护律师的作用》,载《耶鲁法律杂志》(第84期),1975年,第1287—1290页;斯蒂文·E.威尔伯:《军方是否应采用类似阿尔法特式有罪辩护?》,载《空军法律评论》(第44期),1998年,第143页。

第三章 刑事司法机器视域下的反驳、悔恨、道歉和原谅 135

于面对是正确的做法。[28]

有的人争辩说律师确实向他的委托人发出了挑战。其他律师认为:"是的,你是无辜的,但是陪审团可能会在庭审中给你定罪。所以我们要选择奥尔福德或者不抗辩辩护。"正如一个心理学家所说,辩护律师不向反驳指控的委托人进行挑战加剧了问题。对法

---

[28] 关于对客户短期需求的分析,参见大卫·鲁本:《论家长主义和法律职业》,载《威斯康星州立大学法律评论》,1981年,第472—474页(文中指出,当客户的需求与客户的价值或者利益相冲突时,律师应该忽视客户的临时需求);与之相对的分析参见威廉·H.西蒙:《正义的实现:律师道德论》,1998年,138—169页(本书反对律师应当为他们的客户的利益而服务这一主流观点。作者认为律师应当实施以下行为,即:考虑具体案例的重要因素。这些行为看起来才像是促进正义实现)。

与辩护律师相对的是,监护人经常获得把被监视人的长期利益置于其短期利益之上的权利。参见弗朗西斯·高尔·希尔:《儿童监护纠纷中的临床教育和最佳利益代表:律师和教育界的挑战和机会》,载《印第安纳州立大学法律评论》(第73期),1998年,第617—624页(该文阐述了那些被指定参与诉讼的监护人的需要,他们要把未成年人的利益放到未成年人实际表达出的利益之上,因为未成年人缺乏认知能力,他们并不成熟也缺乏判断能力,甚至未成年人的决定会伤到自己)。职业行为示范规则通过在一定程度上证明律师应当把无行为能力的客户同其他客户同等对待,从而把监护人和律师的作用区别出来。2002年《职业行为师范规则》第1.14(a)规定,无论如何,在一些环境下,被监护的未成年人需要监护人为他们作出决定,或者至少引导他们作出决定。参见《职业行为示范规则》第1.14(b)。

有关辩护律师如何帮助其客户来应对困难,参见劳伦斯·M.弗里德曼诉公共安全通信部门案,《西北地区案例汇编》(第2辑第473卷),第828页,第834—835页(明尼苏达,1991年)(介绍了律师在醉酒驾驶案件中,引导醉酒者接受治疗的重要作用);阿斯特里德·比尔根:《应对顽固的刑事被告人:以心理学策略进行有效的法律咨询》,载《刑法公报》(第38期),2002年,第227—229、238—242页;大卫·B.韦克斯勒:《反思治疗法理学和刑法实践》,载《刑法公报》(第38期),2002年,第206—208页(该文介绍了一个刑辩律师,向习惯性醉酒的司机客户施压,使司法接受自己的刑事责任,并对自己潜在的酗酒问题进行治疗。这种做法可以减轻刑罚,并且对客户的长远利益有好处。作为对比,文中列举了另一位律师,介绍了他采取时下流行的完全否认罪过的辩护方法时所付出的代价);布鲁斯·J.温尼可:《重新定义刑事律师在控辩交易及量刑中的作用:以治疗法理学为视角》,载《心理学、公共政策 & 法律》(第5期),1999年,第1066—1076页。

有关辩护律师提供的道德性建议,参见2002年《职业行为示范规则》第2.1(在提出意见时,律师可能不仅仅会依照法律,也可能会有其他方面的考量,比如与客户处境有关的道德、经济、社会和政治因素)。

律顾问的以客户为中心的流行观点并不赞赏痛苦地认罪。事实上,一些辩护律师有目的地避免接受所有有关罪行的事实,这样就可以自由地对未查清的事实进行违反,并且作出抗辩。这种"看不到邪恶"的方法不仅仅保留了被告人的幻想和对指控的反驳,而且还使其更为复杂。被告人把不对反驳进行质疑看作是一种法律的认可,并且在改造治疗时越来越不愿意对自己进行反思。[29] 刑事案件委托人可能会对自身感到同情,而不是忏悔所为且好好生活。他们会把精力集中到对自己的定罪上而不是改过自新。刑事程序应当关注的是教育犯罪人以及让他们在监狱中了解外面的世界。让辩护律师有更轻松的办法处理案件,实际上阻碍了刑事程序的教育过程并且危害了委托人的长期利益。法官和公诉人员应当对犯罪后的恢复、教育以及证明无辜上投入更多精力,而不是把目标放到短视的自利上——清空自己的案件负担。

即使"有罪但不认罪"的辩护并不能损害犯罪行为人的教育和改过自新,这些辩护也伤害了被害人即社会。因为此类辩护阻碍了对受害人的维护。受害人没有接收到被告人的任何认罪和道歉,他们在法庭上度日如年,他们失去了发泄伤痛和寻求公平的机会。比如,性骚扰的受害人在法庭接受犯罪行为人的反驳时会承

---

[29] 这是一名心理学家对质疑被告人"否认"的失败是如何强化被告人否认自己的罪责的分析。

这种抵抗质证的趋势被屡次加剧,因为被告的律师也可能是无意中鼓励被告人对自己的侵害行为作无罪辩护。律师的这种鼓励以及司法专业人员质证的失败,让被告人认为是对他辩护请求的认可。当然,这也使得被告人更抵触质证。因此,基于事实支撑的质证以及重复的事实披露是很有必要的。

W. L. 马绍尔:《对被监禁的否认和最小化责任的性犯罪者改造治疗的效果研究》,载《行为研究与治疗》(第32期),1994年,第562页。对于批评时下以客户为中心的律师服务,参见罗伯特·F. 柯克伦:《犯罪、认罪和法律顾问:从陀思妥耶夫斯基案中吸取的教训》,载《休斯敦大学法律评论》(第35期),1998年,第381—383页(文中反对了以客户为中心的律师服务,认为该服务把重点放到避免认罪的惨痛后果上,并且建议律师应当把客户看成是朋友,为他们提供道德上的建议,或者鼓励客户去承认犯罪行为,从而获得受害人的谅解以及双方和解)。关于辩护律师"看不到邪恶"的辩护方法,参见肯尼思·曼恩:《为白领犯罪辩护:工作中律师的自画像》,1995年,第103—104页。

受更大的伤害。因为这一司法决定看起来像是在说被害人是骗子一样。[30] 寻求公道的有心理创伤的被害人,可能会更不愿意提出索赔的要求。因此,社会不能借权势来维护自身规则并且惩罚犯罪。社会把刑罚看成可以交易的商品而不是一种基于应得惩罚的公开谴责,这损害了刑罚的道德权威。当然,许多抗辩并不是公开做出,但是在某种程度上,被害人和公众都了解"有罪但又无罪"抗辩,他们受到了错误信息的影响。简单讲,这些抗辩损害了全社会宣泄愤怒的渠道,减弱了社会对犯罪的谴责以及对社会规则的维护。

二、悔过、道歉和原谅

"有罪但不认罪"辩护深刻表明刑事程序缺乏对社会重要价值及公众渴望道德因素发挥作用的需求的关注。笔者最终把注意力放到这些辩护身上,是因为他们是有瑕疵的司法系统中最差的层

---

[30] 参见凯莉·J.彼得鲁奇:《刑事司法中的道歉:论道歉是法律体系中附加元素》,载《社会行为与法律》(第20期),2002年,第351—352页(文中分析了道歉解决了受害人的自责,减少了被害人侵犯他人的冲动和愤怒,有助于受害人从犯罪中走出来并赋予受害人权力)。对受害人保护的缺乏,解释了为什么受害人有时会尝试劝阻公诉人员接受奥尔福德式辩护和无争议抗辩。参见约翰·M.布罗德:《悄然结案:四个前共生解放军成员就谋杀指控作有罪辩护》,载《时代周刊》,2002年11月8日A18版(文中阐述了受害人的家庭在每名被告人公开承认他们导致被害人死亡中所扮演的角色的前提下,同意了四名被告人的控辩交易);罗伯特·阿罗尔德:《前任牧师对性犯罪作有罪辩护》,载《奥克兰论坛报》,2002年12月7日(该文报道了一名受害人坚持认为猥亵儿童的罪犯应该作有罪辩护而不是无争议抗辩,该受害人称:"这无关被告人服刑的时间,而是他应当承认自己的罪行")。
在一些存在被害人权利法的州中,被害人可以在量刑时向法庭递交手写的陈述,或者在公开的法庭中作出口头陈述。参见《缅因州年度法律评论》(2009年),17A,§1174。无论如何,在庭审中听受害人做口头陈述或者在有罪辩护听证中被害人认罪,相比于仅仅提交一份手写的陈述,更能维护受害人的利益。
有关与猥亵罪受害人有关的证据分析,参见威廉姆·奥多诺霍、伊丽莎白·莱图尔诺:《修正对儿童性虐待否认的短期群体治疗:结果和后续措施》,载《儿童性虐待及其忽视》(第17期),1993年,第299—300页(该文否定会对被虐待的儿童造成更大的伤害,无论是公开的或者是私下里。因为受害的儿童被认定为是一个骗子,并且不被许多人相信)。

面之一，这类辩护是不诚实的缩影。但是反驳指控并不是刑事司法中的唯一盲点。作为控辩交易的一部分，刑事被告人至少敷衍地承认有罪。犯罪行为人、受害人和公众想要的更多，他们想听到被告人表达忏悔、进行道歉、受害人给予原谅，但是刑事司法体制为了防止再犯以最小的代价让案件快速进行。刑事司法体制强调的是解决案件的数量，而不是被告人悔过、道歉，受害人原谅这些对社会更有助益的目标。

1. 当代刑事司法中悔过与道歉的式微

至少在量刑前，刑事司法并不关心行为人的悔过、道歉和受害人是否原谅。其中最有代表性是譬如破坏公私财产的人、低级别的毒品商或小偷一样的行为人。从被逮捕到量刑，刑事程序并不关心犯罪行为人对行为后悔的表述。律师很快接受案件，并且经常就指控、辩护和量刑进行谈判。在某些需要庭审的案件中，公诉人和律师调查案件、商讨庭审前和庭审时的策略，并且处理动议、庭审日期和其他相关内容。在任何情况下，大部分的谈判都是非正式的，只发生在公诉人员和律师之间，而没有被告人和受害人的参与。司法体制从业人员至多不关心是否有被告人和受害人的参与，最坏的情况是他们会为被告人及受害人的参与而生气。公诉人员和辩护律师在对抗制诉讼中寻求平衡及高效、准确地处理案件和维护自身权利。他们并不强调受害人忏悔、道歉所能实现的价值。

在整个程序中，被告人没有太多机会和辩护律师以外的人交流。在被告人和辩护律师的第一次会面中，他就被告知不能向除律师以外的任何人说任何事。被告人和律师接下来的会面都是在讨论案情和纠结法律细节。直到判决前的调查报告时，被告人才会在律师的要求下对其他人作出悔罪的表述，在少数情况下还是在公诉人员的要求之下。被告人律师和公诉人员总是把这些表达看成是被告人想要对抗、辩护或者与他们合作的一种方式。真正悔罪的被告人经常没有简便的方式向受害人道歉并作出补偿。事实上，从被捕到庭审（如果案件发展到庭审的话）和量刑，受害人几乎不可能见到被告人。[31]

程序上来说,被告人的忏悔和道歉在量刑中起重要作用。即使如此,许多悔过和道歉很大程度上都是敷衍了事。在许多案件中,量刑时对被告人的询问禁止故意表达悔罪和道歉。在量刑时,刑事程序并没有尽力去鼓励悔罪、向被告人道歉或者减轻被告人罪过。对于采用"有罪但不认罪"辩护或者在庭审中反驳指控的被告人,认知上的错误以及持续的反驳使得表达悔过与道歉更加艰难。[32]

已经承认有罪并且作有罪辩护的被告人也面临着严峻的心理压力和其他问题。法庭是公共场所,被告人的家属和朋友要在此出席。刑事被告人会感到尴尬和羞愧也是可以理解的。量刑前对被告人的询问存在问题,其被严格限定时间,要快速完成,并且经常由一名从未参与被告人有罪答辩审理的法官主持进行。对于大部分被告人来说,这是他们第一次真正可以为犯罪行为向受害人及社会道歉的机会。当量刑时被告人表示歉意,他们经常显得不自然,仿佛被迫道歉并且程度不够也显得可以理解。许多被告人仅仅是照着一张纸读来表达自己的歉意。[33]

---

[31] 希瑟·斯特朗、劳伦斯·W. 谢尔曼:《弥补伤害:受害者和恢复性司法》,载《犹太法律评论》(第15期),2003年,第23页(根据法庭系统中占主导地位的对抗制诉讼,关于道歉的讨论是多余的。这也使得受害人和侵权人之间进行直接交易是不可能的)。

[32] 肯尼·S.伯顿斯、欧文·A.霍洛维茨:《社会心理学》(第2版),2002年(作者分析了认知不一致的心理)。

[33] 参见希瑟·斯特朗、劳伦斯·W. 谢尔曼:《弥补伤害:受害者和恢复性司法》,载《犹太法律评论》(第15期),2003年,第29页(真挚的道歉对受害人来说,是在法庭中几乎不可能听到的东西);也可参见如联邦政府诉宝切斯案,《联邦判例汇编》(第3辑107卷),第1269页(第七巡回法庭,1997年)(本案确立了地区法庭可以以被告人的道歉并不是真诚忏悔的充分证据为理由,否定减少量刑的判决);格雷戈里·D.基思:《因谋杀朋友而被判刑的嫌疑犯》,载《波特兰新闻报》,2003年11月6日1B版(报道了受害人认为被告人的道歉不够充分);约翰·P.马丁:《理发师被告知偿还57000美元》,载《明星纪事报》,2003年10月23日,第13页(描述了被告人在因挪用公款罪判决时,从一张纸上读自己的道歉信);蒙特·莫林:《筹款者得到了最大的刑罚:8年徒刑附加赔偿》,载《洛杉矶时报》,2002年6月25日B5版(报道了检察官拒绝被告人在公开庭审上道歉的想法,因为他认为被告人不够真诚)。

无论怎样,法官关心被告人的悔过和道歉,并且在量刑时对这些行为给予相当程度的考虑。正如利文撒尔法官所说:"当侵权者承认他的责任时,我认为应当存在一个自然的、合理的方法来调整对于侵权者的惩罚。我敢说很多法官,很可能是绝大多数法官,都会以这种方式应对被告人。"被告人表达忏悔可以减轻 1/3 以上的徒刑,并且能明显减轻陪审团判死刑的几率,尤其是对于那些恶行较轻的谋杀案件。但是法官可能会把被告人的悔过看成衡量被告人主观恶性的标准,如果被告人悔过,法官会认为其并不是无可救药,甚至认为其可以变好。法官会谈论表达忏悔的被告人的品行、对于悔罪的态度、是否顽固以及他应得的惩罚。尽管法律条款是不同的,但是论证方式是一样的:那些知道自己犯罪并且真诚忏悔的人将在未来约束自己不再犯罪。㉞ 正如第五章将要讨论刑事程

㉞ 有关道歉对法官判决的影响,参见斯科特诉美国政府案,《联邦判例汇编》(第 2 辑第 419 卷),第 282 页(利文撒尔大法官持相同态度);参见斯坦顿·惠勒:《旁听审判:白领犯罪量刑》,1988 年,第 115 页(在白领犯人的庭前量刑指导中与法官会面,并且发现对法官来说十分重要的是,被告人意识到自己侵权行为的严重性、接受因自己的行为而产生的责任,并且表达悔意);美国政府诉巴塞拉,《联邦判例汇编》(第 2 辑第 967 卷),第 256 页(第七巡回法庭,1992 年);参见美国政府诉布雷克案,《联邦判例补编》(第 2 辑第 89 卷),第 352 页(被告人认识到她的罪过时已经产生悔意,她为自己的所为而忏悔。她也争取机会为自己的犯罪行为道歉,无论是向社会道歉还是向受害人道歉。这种对自己的反思和内省,是她改过自新的一个缩影);科勒姆诉美国联邦政府案,《东北地区案例汇编》(第 2 辑第 779 卷),第 90 页(印第安纳州上诉法庭,2002 年)(法院认为庭审法官没有考虑被告的真诚悔意以及其他能够表明被告人真实品格的证据,还有被告人作有罪辩护,在进行量刑时也没有作为减轻情节予以被考虑);州政府诉布朗案,1986 WL 13263,at * 2(田纳西州上诉的刑事案件,1986 年 11 月 26 日)(本案把被告人的刑罚从 20 年的期限降到 6 年的期限,因为被告人表达了对自己行为的忏悔,这保证了对侵权行为的处理是最妥当的);三个人因强奸一名弱智的孩子而被送到少年看守所中改过,载《芝加哥法庭判例汇编》,1993 年 4 月 24 日,第 10 页(引用了量刑法官的意见,在道歉的问题上有两种意见:一种是"这些被告人并不是坚定的道歉的犯罪人",另一种是"这些道歉并不是没有补救价值")。

以《联邦量刑指南》的建议为例,第二或者第三级的认罪减免,加上在同一量刑幅度的较低档进行量刑,减少了被告人高达 35% 的量刑幅度。《联邦量刑指南手册》(2010 年),第 3E1.1;朱莉·R. 奥沙利文:为《联邦量刑指南》对实际侵权行为的修正而辩护,载《西北大学法律评论》(第 91 期),1997 年,第 1415 页。

序的重点是被告人的恶性以及将来犯罪的可能性,司法系统从业人员将以此给被告人提供可以计量的利益。

  甚至到了量刑阶段,尽管此时刑法给被告人提供了一个程序上的悔过和道歉的机会,但是法律整个集中于刑事被告人和被告人的危险性。量刑谈判经常是被告人第一次向受害人就犯罪行为道歉的机会。尽管如此,这个机会通常情况下仅停留于理论,而不会在实践中出现。虽然被害人的权利最近有了显著提高,但受害人仍然在量刑中起着最微小的作用。量刑前对被告人的询问是在被告人和宣判人(通常是法官)之间发生的。在许多例子中,受害人并不出现在法庭中,当他们出现时,被告人也不和受害人见面。甚至是那些悔过并且希望向受害人道歉的被告人,量刑前的询问也是在被告人和法官之间展开的。当法官在评判被告人的话语和行为时,受害

有关悔意在死刑量刑中的作用,参见西多·艾森伯格等:《被告人真有歉意?死刑量刑中悔意的作用》,载《康奈尔大学法律评论》(第83期),1998年,第1633—1635页(在一个多元化的经验主义研究中,衡量了死刑陪审团对被告人悔意的相信程度与判决结果之间的关系)。也可参见利金斯诉内华达州政府案,《美国联邦判例汇编》(第503卷),1992年,第144页(肯尼迪大法官持相同观点)(在死刑量刑过程中,对被告人人格和悔意的评估,可能会对案件结果产生重要影响,甚至会决定侵权人的生死);西多·艾森伯格等:《被告人真有歉意?死刑量刑中悔意的作用》,载《康奈尔大学法律评论》(第83期),1998年,第1632—1633页(他们发现,在死刑案件中,陪审员之间对被告人悔意的相信程度不同,会对案件结果有重要的影响。结果是,如果陪审员相信被告人真心为其所作所为而悔过,他们就会判决被告人监禁刑而非死刑);斯蒂芬·P.加维:《死刑案的加重情节和减轻情节:陪审员怎么想?》,载《哥伦比亚大学法律评论》(第98期),1998年,第1559—1561页(该文的结论是一致的)。斯科特·E.松德比:《死刑陪审团和赦免:庭审策略、悔意和死刑的互相影响分析》,载《康奈尔大学法律评论》(第83期),1998年,第1560页。正如艾森伯格和他的共同作者所指出的那样,悔意的出现与否并不总是能够对死刑判决的陪审团起重要的作用。参见西多·艾森伯格等:《被告人真有歉意?死刑量刑中悔意的作用》,载《康奈尔大学法律评论》(第83期),1998年,第1600页。"他们发现,在特别恶性的案件中,被告人的悔意或许并不能够挽救他;但是在恶性较低的案件中却可以,在这样的案件中,被告人是否有悔意可以让案件变得不同。"参见同上书,第1636页。关于总结死刑案件中被告人的悔意在一个州的成文法中如何适应的问题,参见同上书,第1604—1607页。

人通常安静地和其他公众坐在受害人的后面。㉟ 在现代司法体制中，并不存在受害人和侵权人之间的对话，也没有任何机会给侵权人进行道歉和表达忏悔，更不用说受害人给予侵权人原谅了。

被告人同样没有很多机会来表达自己的悲伤以及向社会致歉。刑法中社会变化的一个显著标志就是陪审团经常在量刑中没有话语权，除了死刑审判。庭审法官经常主导量刑过程。此外，有罪辩护的盛行意味着在判决之前，大部分被告人都没有看到陪审团。于是他们忽视了传统上的具有社会价值的裁决人，而这一类人恰恰是在过去鼓励被告人悔过和道歉的。对于那些进行庭审或者给予陪审员权力量刑的案件，被告人把陪审团称作是社会的公德心。即使这样陪审员扮演的角色也并非互动式的，比如陪审员不能向被告人发问，并且被告人很少直接同陪审员对话。㊱ 决定表达忏悔和歉意的被告人或许只能借助新闻媒体，从而避开刑事程序要求其沉默的阻碍。

㉟ 事实上，为了直接向他的受害人道歉，被告人在大多数案件中不得不在法官判决时背对量刑法官。达雷尔·L.布鲁克斯在他备受瞩目的纵火案中那样做了，他点燃了一个巴尔的摩房屋，造成了两位家长和他们的五位孩子的死亡。参见盖尔·吉布森、劳里·威利斯：《道森死刑案中被告人的泪水和悔意优于无期徒刑：纵火犯、受害人的家庭告诉法官他们的痛苦》，载《贝尔特太阳报》，2003年8月28日第1A版（该文分析了布鲁克斯如何道歉，他背对法官然后说出了他对受害人家属的情感以及面对坐满人的法庭的感受。数分钟里，他一直在表达自己的忏悔）。但在审判室中，受害人可能会坐在旁听席上，直接面对法官和被告人。

㊱ 有关非死刑案件量刑中陪审团的孤立，参见莫里斯·B.霍夫曼：《陪审团量刑的案件》，载《杜克大学法律期刊》（第52期），2003年，第953页；詹妮亚·埃切娃：《庭审量刑是一种民主实践》，载《弗吉尼亚州立大学法律评论》（第89期），2003年，第314页；阿德里安·兰尼：《非死刑案件中陪审团量刑：谁起主导作用？》，载《耶鲁大学法律评论》（第108期），1999年，第1790页。无论怎样，美国有六个州保持了在非死刑案件中由陪审团负责量刑的习惯。参见南希·J.金、罗斯福·L.诺贝尔：《实践中的重罪陪审团量刑——以三个州的实践为研究对象》，载《范德堡大学法律评论》（第57期），2004年，第886页。

尽管最高法院已经开始授权陪审员参与量刑，但是陪审员并不能在任何时候快速地主宰这一进程。同样，在林诉亚利桑那州案中，要求陪审团而不是法官对案件事实排除一切合理怀疑从而确定判决被告人死刑的合理性，载《美国联邦判例汇编》（第536卷），2002年，第609页。布莱克利诉华盛顿州案中确实授权陪审团寻找所有能够提高最高刑罚的案件事实，载《美国联邦判例汇编》（第542卷），2004

本应该是严肃的恢复创伤的方式却变成了媒体追求轰动的手段甚至是儿戏。

如果被告人沉默，受害人也会变得安静。受害人缺乏实质的机会与被告人直接交流，不能发泄自身的不满，不能理解被告人经历过什么，也不能获得被告人的道歉。如果受害人在量刑时有话语权，那么他们最多可能会简略地阅读写给法官的受害人影响报告，而不是被告人的报告。但更常见的是，受害人在量刑前把手写的报告提交给法官，而法官却很少仔细阅读。㊾由于司法体制并不给予被告人后悔和道歉太多支持，许多受害人不能原谅被告人，并且一定不会有机会向被告人传递原谅。因此，许多被告人不愿意表达忏悔和道歉，而受害人则永远都不想见到或者和侵权人说话。但是对于那些愿意这样做的人，又没有足够的机会和得到足够支持。

简单来说，司法体制和程序阻碍了刑法以量刑为基础进行的宣示功能的发挥。这一情况使刑法处于艰难的困境中，即对被告人的审判要基于法庭进行翔实的调查才能做出。这同样否定了受害人、被告人和他们的亲属从这些宣示功能中获得实质的社会化的、心理层面以及道德层面的利益。他们因司法体制而所受挫折，因被程序而被疏远，从而抹杀了他们缓解伤痛以及从中恢复的可能性。

年，第 303—305 页。但是美国政府诉布克案并没有把陪审团拉入量刑系统，而是在《联邦量刑指南》的指导下寻找案件事实，从而解决布莱克利案中的问题。但是通过使整个系统的成员都成为量刑的顾问，法官可以继续寻找案件事实，并且依照自己的意见量刑，载《美国联邦判例汇编》(第 543 卷)，2005 年，第 258—265 页(纠正了多数派的判决意见)。司法管辖区能够轻松地依照案件审判，可以放松《量刑指南》并且提高最高刑罚，从而使法官在作出某项量刑决定前，不必去找到特定的案件事实。

有关陪审团体现社会良心的分析，参见威瑟斯庞诉伊利诺伊州政府案，载《美国联邦判例汇编》(第 391 卷)，1968 年，第 519 页；参见第一章第一、2 部分的相关论述；有关陪审团角色的被动性，参见乔治·P.弗莱彻：《为了正义：受害人在刑事审判中的权利》，1995 年，第 236 页；约翰·H.朗本：《对抗性刑事审判的起源》，2003 年，第 319—321 页(作者对 18 世纪陪审团的沉默进行了分析)。

㊾ 参见佩吉·M.托波罗斯基：《犯罪受害者的权利和补救措施》，2001 年，第 81—86、92—98 页。

2. 犯罪概念的相对性

简而言之,除了当局内人在考虑被告人的恶性和危险性的时候之外,往往会忽视被告人的忏悔和道歉。由于忽视了被告人的忏悔和道歉,局内人忽视了犯罪的更大层面的影响。犯罪和刑罚不仅仅是控制犯罪行为人,受害人可能会说犯罪也破坏了行为人、受害人和社会之间的身份关系。如果你遭到了抢劫或者你的车被打破,那么你感到痛苦则不仅仅因为你丢失去了钱财或者必须更换车。你可能会觉得被犯罪者及其行为侵犯或者被轻视。同样,犯罪打击了社会的其他成员也不仅仅是因为受害人害怕财产的损失。行为人借犯罪行为传递了一个象征性的信息,那就是他本人凌驾于被害人以及和被害人类似的人之上。

换句话说,犯罪和刑罚不仅与社会规范、社会影响、人与人之间的关系有关,而且亦和个人责任与政府责任有关。对于犯罪,丹·卡汗支持这样一个相似且有力的观点:"犯罪行为独特的地方是其损害了一些重要的价值,比如受害人的道德价值。"在卡汗的观点中,盗窃与竞争不同,在某种程度上是因为盗窃对抗了社会规则,表现出对于受害人财产的不尊重,然而竞争(至少是一般程度的竞争)并没有这样。同时,吉恩·汉普顿关于惩罚的深刻的理论集中在犯罪行为和刑罚传递给受害人、行为人以及全社会的信息。汉普顿认为,犯罪行为传递了一个错误的讯息,那就是受害人的价值要低于行为人。犯罪就是在宣布受害人并不值得尊重,并且行为人可以把受害人作为一种工具来使用。[38]

---

[38] 丹·卡汗:《替代性制裁措施是什么?》,载《芝加哥大学法律评论》(第63期),1996年,第597—598页,也可参见上书,第598页(实际上,小偷的行为告诉受害人:"你对我来说并不重要,我可以在没有你同意的情况下拿到你的财产");吉恩·汉普顿:《报应表达论》,载卫斯理·克莱格编:《报应主义及其批判》,1992年,第1、8、12页;吉恩·汉普顿:《调整伤害和改正错误:刑罚的目的分析》,载《加州大学洛杉矶分校法律评论》(第39期),1992年,第1677—1678页;参见简·汉普顿:《原谅、宽恕和仇恨》,载杰弗里·G.莫菲、吉恩·汉普顿:《原谅和仁慈》1988年,第44页("当有些人对他人实施了犯罪行为时,行为人并不把受害人看成是跟她具有同等的且需要更好对待的人")。杰弗里·墨菲持同样的观点,参见杰弗里·墨菲:《原谅与宽恕》,载杰弗里·G.莫菲、吉恩·汉普顿:《原谅和仁慈》,1988年,第25页。

社会心理学家,尤其是公平理论者强调犯罪行为的相关方面。公平理论者在讨论刑事和民事违法行为时,强调违法行为就是在行为人和受害人之间建立一个道德上的不平等。这种不平等会从特定的受害人身上延伸到整个社会,而这个社会的规则被行为人所轻视。通过犯罪,行为人把自己脱离于社会之外,并且向受害人及社会宣布:他不再是群体的一员,也并不需要遵守社会规则。根据公平理论,刑罚是通过修复由犯罪行为人造成的缺陷以及重申社会规则来重新设置平衡。大量新兴的经验证据都支持这一理论上的解释。证据显示刑事或者民事案件的陪审员、诉讼当事人、受害人甚至犯罪行为人认为违法行为的相关方面是极为重要的。㊴ 就像犯罪远远不仅影响个人的行为一样,表达忏悔和道歉也不仅仅被用来预测被告人的危险性并且决定公正刑罚。的确,类似悔过和道歉的表述可能会使人透视犯罪行为人的道德观,这也是个人恶性的核心。但是上述表述也是疗伤、治愈、调解、道德教育和重新整合的重要社会机制。

㊴ 有关公平理论,参见詹妮弗·K.罗本诺特等:《民事裁判中的象征意义和不可同比性:决定做出者是目标的管理者》,载《布鲁克林学院法律评论》(第68期),2003年,第1139—1144页(该文讨论了刑事惩罚和民事惩罚通过重新确立受害人的价值和社会规范来恢复道德平衡,并且修复被告人应受惩罚的行为造成的社会缺陷);参见阿兰·佩奇·菲斯克、菲利普·E.泰特劳克:《禁止的交易:对公正边界的侵犯》,载《政治心理学》(第18期),1997年,第286页(作者解释了犯罪是如何对被认为理所当然的行为产生怀疑,刑罚是重塑道德规范、减少罪犯在认识和情感方面不足的必需品);吉恩·汉普顿:《调整伤害和改正错误:刑罚的目的分析》,载《加州大学洛杉矶分校法律评论》(第39期),1992年,第1677—1682页。也可参见赫伯特·莫里斯:《人类和刑罚》,载《一元论》(第52期),1968年,第477—478页(书中认为,犯罪包含了获取相对于遵守法律的民不公平的优势,因此,刑罚应当通过剥夺犯罪行为人所获取的东西来平衡利益和负担)。

关于对犯罪行为相关方面重要性的分析,参见米歇尔·切尔尼科夫、安德森、罗伯特·J.麦肯:《陪审员补偿性和惩罚性赔偿评估中的目标冲突分析》,载《法律和人类》(第23期),1999年,326—327页;乔纳森·巴伦、伊拉娜·雷托夫:《侵权法中惩罚与补偿的目的分析》,载《风险和不确定性》(第7期),1993年,第25—26页;戈登·贝兹摩、马克·安布雷特:《反思青少年法庭的惩罚功能:青少年犯罪是应惩罚还是恢复》,载《犯罪和违法行为杂志》(第41期),1995年,第296页;E.阿兰·林德等人:《以旁观者视角分析:民法体系下侵权诉讼当事人对其经历的评价》,载《法律与社会评论》(第24期),1990年,第953页。

道歉、表达悔过以及其他应该承担的责任是长久以来的补救方式。他们都通过重新确立社会规范以及维护受害人的利益从而实现教育和调解的目的。同样的,他们关注的也不仅仅是个体的处理而是整个道德社会的成员资格。用尼古拉斯·塔乌奇斯的话说,道歉是一种典型的社会化、与其他事情相关的象征性表现,经常发生在复杂的人际交往领域。就自己的行为表达忏悔并道歉就是去赎罪并作出补偿。道歉和忏悔即是要求公开地并且发自内心地服从统治集团确定从属关系并决定群体成员的规定。换句话说,真诚的道歉和悔过使人从他过去的犯罪行为中分离,并恳求和解。这两者息息相关。传统的刑法学者并没有认识到个人恶性模型,他们经常忽略了忏悔与道歉在人际关系中的作用。⑩

---

⑩ 有关道歉是理性行为的论述,参见尼古拉斯·塔吉吉斯:《我道歉:道歉与和解的社会学分析》,1991年,第13—14页(书中指出:"真正的道歉可能会被看作是对世俗的补救性的措施象征。这种世俗的补救措施可以重新唤起在犯罪中被侵犯过的规则的信仰和遵守。");有关道歉是对社会价值的重塑的论述,参见埃里克·露娜:《刑罚理论、整体论和恢复性司法的程序概念》,载《犹他大学法律评论》,2003年,第294页(真正的悔意,标志着犯罪行为人认同法律规范,和想要成为法治社会一员的愿望);唐娜·L.帕弗利克:《道歉与调解:21世纪的马车》,载《俄亥俄州冲突处理杂志》(第18期),2003年,第842—845页(该文认为悔意和歉意不仅显示对受害人的重视,能保护受害人的利益,还强调了道德社会的基础成员身份)。

有关道歉是犯罪行为与和解请求的分离,参见李·塔夫脱:《被颠覆的道歉:道歉的商品化》,载《耶鲁大学法律评论》(第109期),2000年,第1140页(该文解释了道歉的犯罪行为人是如何在接受因自己的行为获得的惩罚时,也让自己表达了悔意);藤原浩·瓦戛塔苏玛·亚瑟·罗塞特:《道歉的影响:日本和美国的法律及文化》,载《法律和社会评论》(第20期),1986年,第475页(道歉表达了态度上的转变,当行为人表达对过去行为造成伤害的歉意时,他同时也在表达对未来善意行为和补偿因伤害行为而损害的法律关系的决心。一个正在道歉的行为人把他自己分成两部分,一部分对过去侵权行为负有罪过,另一部分从侵犯行为中分离出来,并且确定对他所侵犯的规则进行遵守)。

许多著名的刑法学者对这些更深远的价值默不作声,参见迈克尔·摩尔:《谴责的施加:刑法一般理论》,1997年(书的索引仅仅显示两个被害人的参考资料,而他们中的任何一个都没有得到侵权人的悔意和道歉);安德鲁·冯·赫希:《实现正义:刑罚的选择》,1976年(书的目录显示没有关于后悔、歉意或者受害人的讨论);安德鲁·冯·赫希:《过去和未来的犯罪:罪犯量刑中的应受惩罚性和危险性》,

与此相对的是,社会学家和社会心理学家探索忏悔和道歉是如何在建立社会规则、教育他人、还有修复犯罪行为所带来的人际关系及社会创伤。如今塔吉吉斯的观点得到广泛认同:忏悔和道歉的表达,从根本上说是相关的,任何道歉的话语都必须是二元的,能反映侵权人和受害人之间最根本的相互关系。换句话说,表达忏悔的行为人并不仅仅是就事情本身道歉,他们还对受害人、朋友、亲属以及周围的人道歉。只有这样,后悔的行为人才能重新确立曾被他违反的社会价值,并且重申他是道德社会中的一员。[41]也只有这样,受害人才能从犯罪中解脱。

人进行有效的忏悔和道歉是非常重要的环节。亲自交流、肢体语言和面部表情在交流时的细微差别都会把犯罪与伤害连接起来。当一个真实的受害人在他面前讲述因行为人的行为所受到的身体和情感上的伤害时,犯罪行为人必须要付出更多,才能把他所

1985 年(索引并没有提及后悔或者道歉,并且除了加害行为外没有提及受害人)。

一些更近代的学者,例如达瑞尔·布朗、丹·卡恩和尼尔·凯泰,抓住了与犯罪相关的事物本质、和犯罪互起作用的社会规范和社会影响。参见达瑞尔·K. 布朗:《论街头犯罪、单位犯罪和刑事责任的偶然性》,载《宾夕法尼亚大学法律评论》(第 149 期),2001 年,第 1299—1301 页;达瑞尔·K. 布朗:《论刑法中的第三方利益》,载《德克萨斯州立大学法律评论》(第 80 期),2002 年,第 1395—1396、1400 页;丹·卡汗:《替代性制裁措施是什么?》,载《芝加哥大学法律评论》(第 63 期),1996 年,第 591、593、597—601 页;丹·卡汗:《刑罚的社会影响、社会意义和威慑》,载《弗吉尼亚州立大学法律评论》(第 83 期),1997 年,第 352—361 页;尼尔·库马尔·凯泰:《共谋理论分析》,载《耶鲁大学法律评论》(第 112 期),2003 年,第 1316 页(书中预测了后来的很有影响力的心理学调查,即关注群体成员资格是怎样改变个人的个性,从而产生一个新的社会身份的)。

[41] 有关道歉对他人的影响,参见尼古拉斯·塔吉吉斯:《我道歉:道歉与和解的社会学分析》,1991 年,第 46—47 页(道歉是一种相对的概念,实践道歉需要个人或者团体去证明自己);李·塔夫脱:《被颠覆的道歉:道歉的商品化》,载《耶鲁大学法律评论》(第 109 期),2000 年,第 1142—1143 页(道歉并不是单独存在,它更像是一种强大的关系程序,不像承诺那样,可以在没有承诺人和被承诺人时能被单独理解)。

关于道歉会重新确立社会价值和社会成员资格的相关论述,参见 R. A. 达夫:《刑罚、交流和社会》,2001 年,第 114 页;唐娜·L. 帕弗斯克:《道歉与调解:21 世纪的马车》,载《俄亥俄州冲突处理杂志》(第 18 期),2003 年,第 836 页。

犯的罪归为轻罪或者危害不大。通过教化犯罪行为的恶性及其结果,面对面的交谈可以使傲慢、恐惧、痛苦、焦虑及其他阻碍承担责任的因素消除,并且为真诚的悔过做准备。犯罪行为人能够看到他的行为给真实世界带来的后果,并且受害人想知道,也需要知道为什么犯罪能发生。同时,受害人还可以明白犯罪的发生并不是他的错,这也是受害人迫切想要知道的一点。由此,受害人可以不再憎恨,并且把犯罪行为人看成可以挽救的人。受害人的邻居也可以作为受害人一方参与进来,他们可以发泄自己对贩毒者的不满,并且起诉那些伤害他邻居的人。整个过程可以作为原谅和重新整合的开端。㊷

㊷ 关于当面道歉的影响,参见艾琳·安·奥哈拉、道格拉斯·雅恩:《论道歉和共识》,载《华盛顿大学法律评论》(第77期),2002年,第1134—1135页;凯莉·J.彼得鲁奇:《刑事司法中的道歉:论道歉是法律体系中附加元素》,载《社会行为与法律》(第20期),2002年,第343页;希瑟·斯特朗、劳伦斯·W.谢尔曼:《弥补伤害:受害者和恢复性司法》,载《犹太法律评论》(第15期),2003年,第28页;参见凯西·埃尔顿、米歇尔·M.罗伊鲍尔:《论修复正义》,载《犹他大学法律评论》,2003年,第54页;马克·威廉·贝克:《修复错误及调解矛盾:以刑事司法系统的调解为视角》,载《北卡罗来纳州立大学法律评论》(第72期),1994年,第1483—1490页。文中的引用参见埃里克·路娜:《刑罚理论、整体论和恢复性司法的程序概念》,载《犹他大学法律评论》,2003年,第300页;参见斯蒂芬·P.加维:《恢复性司法:刑罚和赎罪》,载《犹他大学法律评论》,2003年,第314—315页(该文解释了在被害人及行为人会面时进行道歉,能够让行为人理解和注意自己行为在物质上和道德上所造成的伤害。这也会使行为人更容易放弃抗辩和否认自己行为的罪责。并且能告诉行为人什么是其必须做的,如何让行为人修复自己的行为并被社会重新接纳。这也会使行为人获得道德教育。因此,行为人悔改的第一步就是赎罪);李·塔夫脱:《被颠覆的道歉:道歉的商品化》,载《耶鲁大学法律评论》(第109期),2000年,第1142页。

关于道歉为原谅做好铺垫的分析,参见斯蒂芬·P.加维:《恢复性司法:刑罚和赎罪》,载《犹他大学法律评论》,2003年,第1840页(一旦犯罪行为人能尽可能地为他的所作所为赎罪,负担就转移给了受害人,因为他要原谅行为人);埃里克·露娜:《刑罚理论、整体论和恢复性司法的程序概念》,载《犹他大学法律评论》(第2003期),第300页(犯罪行为人在面对面的会议中,向受害人真心表达悔意,使得受害人开始把行为人当做一个能够感受积极情绪和为自己的行为承担责任的人来看待)。唐娜·L.帕弗利克:《道歉与调解:21世纪的马车》,载《俄亥俄州冲突处理杂志》(第18期),2003年,第845页(作者认为道歉消除了受害人被忽略的感知,并且保护了受害人的利益);凯莉·J.彼得鲁奇:《刑事司法中的道歉:论道歉是法律体系中的附加元素》,载《社会行为与法律》(第20期),2002年,第343页(面对当犯罪行为人真诚地向那些他伤害过的人表达忏悔时,效果十分显著。新闻媒体和大众传媒有太多此类会面产生变革效果的例子。经验主义的研究和来自恢复性司法项目的传闻证据证实:当面表达后悔和道歉对于行为人和受害人十分重要。围绕550名犯罪行为人的4个经验主义研究发现:74%的行为人在恢复性司法会议中如果被给予机会,他们就会道歉。与此相反,如果不是在法庭上,只有29%的行为人在没有机会的时候会选择道歉。根据这些研究,在道歉的人数中,参与恢复性司法会议的犯罪行为人是那些进行庭审的行为人的6.9倍;而受害人原谅的人数中,参加恢复性司法会议被原谅的人是进行庭审而被原谅的人的2.6倍。㊸

犯罪行为人在有机会同受害人会面时经常会向受害人道歉,

面的会面,使受害人不再觉得羞愧,因为受害人看到犯罪行为人为自己的伤害行为承担责任,而不是受害人自己承担责任);彼得·H.雷曼、丹尼斯·R.贝蒂:《道歉的法律后果分析》,载《冲突与冲突解决》,1996年,第116页(真诚的道歉能够使受害人不再蒙羞并且利于原谅);李·塔夫脱:《被颠覆的道歉:道歉的商品化》,载《耶鲁大学法律评论》(第109期),2000年,第1142页(作者认为道歉在情感上给被告人传递寻求原谅的信息)。

㊸ 关于表达悔意影响的论述,参见乔纳森·R.科恩:《论建议客户道歉》,载《南加州大学法律评论》(第72期),1999年,第1044页("许多参与人都称,道歉经常起到神奇的作用,甚至导致奇迹发生。并且道歉经常能够引起接受道歉的人做出行动,此外,即使有人高度怀疑道歉的作用,但是道歉仍然起着巨大作用");斯蒂芬·P.加维:《耻辱刑是否具有教育作用?》,载《芝加哥大学法律评论》(第65期),1998年,第792页("该文分析了真诚道歉的神奇作用");唐娜·L.帕弗利克:《道歉与调解:21世纪的马车》,载《俄亥俄州冲突处理杂志》(第18期),2003年,第846页(该文分析了当"道歉发生在人身上时,会起到神奇般的作用")。

关于实证主义研究的论述,参见巴顿·鲍尔森:《第三个声音:评析恢复性司法心理学结果的实证主义研究》,载《犹他大学法律评论》,2003年,第189—191页的图表7(在4次研究中,恢复性司法对诉讼参与人所起的效果十分不同,并且在数据上的表现上也体现的很明显)。尽管在4次试验中,有3次并没有采用随机分配的方法,但是在第4次实验中,也就是最大样本数的试验中,运用了这一方法。同上书,第169—176、190—191页。第4次实验,即堪培拉实验,发现142名犯罪行为人中有67%的罪犯在恢复性司法中道歉。但是在法院系统中,132人中只有39%的犯罪行为人道歉,这在数据上的差距很悬殊。同上书,第190页的图表7。通过一些随机试验发现,在296名受害人中,有43%的受害人在恢复性司法中原谅了犯罪行为人;但在法院系统的186名受害人中,只有22%的受害人原谅了行为人,这同样存在悬殊的数据差。

即使他们最初发誓不这样做。相应的是,许多受害人会接受这样的道歉并且原谅行为人。许多研究表明大多数受害人想要同那些伤害他的人会面。这些研究认为受害人把情感上的恢复看得比经济上的补偿更重。根据某一项研究,受害人情绪上越是因犯罪低落,他们就越希望同行为人会面。㊹

行为人表达忏悔和道歉为受害人原谅他们提供了前提。在受害人原谅罪犯之前,他们要隐藏自己的痛苦、耻辱甚至怒火。正如杰弗里·墨菲认为:"在很多情况下,憎恨的感觉可以掏空一个人的全部。因此把憎恨从脑海中消除可以看成是上天的赐予或者甚至是神的恩典。"由于这个原因,原谅可以使做出原谅的人像被原谅的人一样得到祝福。㊺ 原谅意味着放手,使行为人和犯罪分离,并且表明犯罪已经是过去,现在是从犯罪中走出来的时候了。换句话说,原谅包括了宣泄,其消除了怒火与憎恨。同时,原谅还伴随着理解,这亦会使受害人对行为人少一些恐惧。

同样,原谅也会让行为人受益。如果受害人可以原谅行为人,那么法官和陪审团可能量刑较轻。但是如果受害人仍然很愤怒,那么法官和陪审团就会量刑较重。假释和赦免委员会同样需要并考虑受害人的意见。受害人的原谅也会抵消犯罪的恶性,让罪犯的朋友、邻居和雇主不再躲避他,让他重新回到社会生活中。此外

㊹ 关于道歉在当事人双方中产生的相互影响,参见戴安·怀特利:《受害人和刑罚正义》,载《犯罪、司法、道德》(夏秋版),1998 年,第 51 页。关于受害人情感恢复的重要性的相关论述,参见希瑟·斯特朗、劳伦斯·W. 谢尔曼:《弥补伤害:受害者和恢复性司法》,载《犹太法律评论》(第 15 期),2003 年,第 17—23 页。
关于受害人想见到犯罪行为人的相关论述,参见乔安娜·马丁森、卡特里奥娜·米尔利斯:《内政部调查第 200 号:对犯罪和刑事司法的态度——1998 年英国犯罪调查研究(43)》,2000 年,载 http://www.homeoffice.gov.uk/rds/pdfs/hors200.pdf;也可参见黛博拉·L. 利瓦伊:《道歉在调解中的作用》,载《纽约大学法律评论》(第 72 期),1997 年,第 1199 页(已经证明,道歉在主要的犯罪调解中十分有效,而在此类犯罪中,受害人所受伤害往往特别巨大。而在商业合同纠纷中,道歉所起的作用并没有前者那么明显,可能是因为伤害在此类纠纷中较小)。
㊺ 杰弗里·墨菲:仇恨:《正当的抗辩事由》,载杰弗里·G. 莫菲和吉恩·汉普顿:《原谅和仁慈》,1988 年,第 105—106 页。

原谅对行为人还有精神上的益处,它会减轻行为人心理上的负罪感并且使他能够更加轻松地生活。[46] 最后,希望受害人原谅他的想法能够使得行为人不再对指控进行反驳。正如前文所提到的,在12步治疗项目中(如匿名戒酒互助社)强调承认罪过是改过自新的重要一步。换句话说,受害人原谅以及行为人获得原谅的想法可以促使事情的良好转变。

在受害人、行为人和社区成员的会面中,如果行为人进行道歉,那么三方都会感到极大地满足和解脱。比如与笔者交谈过的犯罪行为人曾说:"很高兴,觉得所有的不良情绪都没有了。"行为人喜欢"能够向受害人道歉"以及"让受害人知道他本身并不坏"。犯罪行为人认为解释自己的行为、道歉、减轻他们的负罪感,并且告诉受害人他的犯罪并不是针对受害人本身,这亦十分重要。同样,受害人看重和

---

[46] 关于受害人对量刑的态度,参见苏珊·W.希伦布兰德、巴巴拉·E.史密斯:《受害人权利法:对刑事司法参与人员和受害人的影响评估》,1989年,第71页的图表5-9(美国律师协会:量刑、受害人和证人项目)(报告表明,47%的量刑法官发现,受害人的量刑观点非常有用或者与他们的想法特别接近;89%的量刑法官发现,有关犯罪对心理影响的信息对受害人有用甚至非常有用);谋杀案受害人的家庭寻求和解,并不是以我们的名义:谋杀案受害人的亲属声称不应该判处被告人死刑,载http://www.mvfr.org/PDF/NIONbook.pdf(讲述了受害人家属成功反对杀害他们所爱的亲属的行为人的死刑)。参见朱利安、罗伯茨:《受害人影响陈述和量刑过程:最新发展和研究》,载《刑法季刊》(第47期),2003年,第381—385页(作者举出了实证性证据,表明在澳大利亚和加拿大,受害人的影响陈述并不能使法官加重量刑,反而会使法官从轻量刑)。

汉娜·阿伦特明确表示"原谅"对原谅人的重要意义:"如果没被原谅,没有从我们的所作所为中解脱出来,我们的行为就会被限制在一个孤立的点上,而且永远不能恢复。我们会让受害人永远记住他们受到的伤害,就像巫师的徒弟缺乏足够的天分去拼读咒语一样。"汉娜·阿伦特:《人类的处境》(第2版),1998年,第237页;也可参见诺瓦·莫里斯:《监禁的未来》,1974年,第55—57页(作者认为,公诉人应当让受害人在控辩交易中发挥作用,因为被告人可能会在受害人的原谅中受益)。

尽管表达原谅可能会减少负罪感,但是,没有刑罚还是不够的。因此,犯罪行为人应当为自己的行为承担责任。所以,犯罪行为人应当在从受害人的原谅带来的好处之外获得一些刑罚。参见斯蒂芬·P.加维:《恢复性司法:刑罚和赎罪》,载《犹他大学法律评论》,2003年,第1842—1844页(作者认为恢复性司法不能对犯罪行为人起作用,因为其并不惩罚犯罪人,也就是没有为行为人提供赎罪的机会)。

行为人交流、重新建立人际关系、恢复创伤,并且克服失落感。[47]

尽管最初的研究很振奋人心,但是还不能确定当事人会面的机会如何在长期影响再犯率。然而经验主义对恢复性司法项目的研究表明,这些会面对于控制犯罪至少做得和传统刑事司法一样好。[48] 并且,会面还能够帮助维护受害人利益,使他们从犯罪中恢复,并且促进受害人和行为人之间的和解,重塑社会规则以及在道德上教育行为人和其他公民。尽管刑事程序经常忽略这些价值,但是他们仍然对刑法非常重要。

当然,行为人的忏悔、道歉和受害人的原谅,并不是解决犯罪控制问题和悲伤、痛苦、人际关系被破坏等犯罪影响的万能药方。行为人表达忏悔和道歉对他自身来说非常困难,同样受害人也因各种理由而很难原谅行为人。道歉可能是非常折磨人的,道歉也会出现问题。并不是所有的犯罪行为人都会忏悔或者真心悔改,而且并不是所有的受害人和社区成员都愿意听行为人的道歉或者和他见面并考虑原谅他。在很多案件中,正如笔者将讨论的,受害人并不把行为人的道歉看成是刑罚的替代措施。一些道歉和原谅并不是发自内心的。此外,当受害人和行为人会面时,有的人总会在离开时感到不高兴。无论怎样,行为人的后悔和道歉的价值,远远大于单纯对行为人的品行和危险性的证据,也大于量刑的减少和创造性的刑罚。理想化地说,行为人的后悔和道歉应该是刑事程序的组成部分,起着重要作用并且不仅是用来防止再犯和惩罚的。事实上,即使

---

[47] 引用来自于马克·S.安布雷特等:《受害人与加害人会面:恢复性司法和调解的效果》,1994年,第104页。有关犯罪行为人想要解释和道歉的愿望,参见卡伦·L.福莱顿:《受害人和加害人调解:在青少年犯罪中的适用分析》,载伯特·加拉维、乔·哈德森等人编:《恢复性司法:国际化视角》,1996年,第396页;卢茨·奈特兹、托马斯·川奇科:《恢复性司法参与性分析:理论、法律、经验和调查》,第256页。

[48] 斯特朗和谢尔曼认为:"比如现有证据大量调查得出的一个结论——正义总是能够实现,或者在某些持续侵犯的指控中效果会更好。作者深刻认识到,到目前为止,所有的证据都反驳了恢复性程序可能促使更多犯罪的担心。"参见希瑟·斯特朗、劳伦斯·W.谢尔曼:《弥补伤害:受害者和恢复性司法》,载《犹太法律评论》(第15期),2003年,第41页。

是虚假的表达后悔和道歉也可以起到许多上述作用,第六章笔者将继续论述这一问题。法官和学者通过个人的恶性来思考悔过和道歉,所以他们进展的特别慢以至于不能进一步实现刑法的核心目的。

3. 非刑事法语境的启示:民事调解

不同于刑罚,其他领域的法律已经开始把行为人的悔过、道歉,有时亦把受害人的原谅加入到当事人的和解中。尽管案件负担让民事司法和刑事司法一样都倾向于不通过庭审解决案件,但民事调解制度更好地把传统的庭审价值融入到不通过庭审处理的案件中。民事调解制度的学者认为表达后悔和道歉是解决纠纷的关键途径。民事领域的学者和评论家强调:促进后悔、道歉及原谅产生社会的及相关的积极效果,需要法律一致的变革。比如证据规则可能需要排除一些与道歉相关的陈述,并且在法律教育中应当在成功的调解案件中训练法学学生和律师。[49]

---

[49] 关于民事调解学者对悔意和道歉的认识,参见斯蒂芬·B.戈德堡等:《纠纷解决:谈判、调解和其他途径》(第3版),1999年,第159—160页(书中阐述道:"当我们还是孩子的时候,学会的解决纠纷的第一课就是道歉。"书中还写道:道歉能够在修复因纠纷而损伤的关系中起到作用。大多数调解员都会有这样的经历,即道歉是促进调解达成的重要手段);唐娜·L.帕弗利克:《道歉与调解:21世纪的马车》,载《俄亥俄州冲突处理杂志》(第18期),2003年;黛博拉·L.利瓦伊:《道歉在调解中的作用》,载《纽约大学法律评论》(第72期),1997年,第1199页。
关于调解理论学者的改革建议,参见凯瑟琳·M.斯坎隆:《调解员的教科书》,1998年,第68页(书中论述认为:"把行为人道歉作为调解人员解决纠纷的手段,并提高其可适用性");艾琳·安·奥哈拉、道格拉斯·雅恩:《论道歉和共识》,载《华盛顿大学法律评论》(第77期),2002年,第1169—1183页(作者支持在大量证据支持下的改革,从而更好地实现诉讼中道歉的作用)。马绍尔·H.塔尼克、特蕾莎·J.艾琳:《道歉是纠纷解决的替代方式:通过说对不起定分止争分析》,载《亨内平法》,1996年,第22页(该文支持主动在调解中采用道歉这一做法)。也可参见乔纳森·R.科恩:《论建议客户道歉》,载《南加州大学法律评论》(第72期),1999年,第1032—1036、1061—1064页。根据这些研究,一些州已经修改了他们的《证据法》,从而为道歉引入法律提供了可能。参见乔纳森·R.科恩:《医疗事故后的坦白:第一部道歉法》,载《哈佛大学健康政策评论》(春季版),2004年,第21—22页;阿维娃·奥佛斯坦:《被期待的道歉:把女权主义分析融入到最不期望的证据策略中》,载《西南大学法律评论》(第28期),1999年,第247—248页;伊丽莎白·拉蒂夫:《道歉的正义:被要求的道歉作为法律解决纠纷方法的评估手段》,载《波士顿大学法律评论》(第81期),2001年,第301页。

经验主义研究的发现证实了这一方法的实用性。如前文所述,受害人经常把悲伤和后悔的表达看得比经济补偿更重,他们在很多时候会放弃经济补偿。比如一篇在《美国医学协会期刊》上发表的研究表明,接近1/4的家庭在刑事损害之后起诉他们的医生,因为他们的医生并没有于已经发生的事情上实话实说。被告人反驳指控,并且不道歉,使得受害人很难从犯罪中解脱出来并且原谅行为人。类似地,研究人员一经发现,大部分性侵受害人提起民事诉讼是为了治疗伤痛而不是经济赔偿。受害人认为被倾听、被授权、在公开场合肯定他们遭受的痛苦并且接受道歉是很重要的。许多以诽谤、造谣罪名起诉的原告,更关心被告是否道歉而不是经济赔偿。有一部分原因是道歉可以消除原告名誉上所受的损害,但在某种程度上也是因为被告拒绝道歉使得原被告双方相互对立并且阻碍了原告原谅被告。许多人只是在行为人拒绝撤回其说的话并且拒绝道歉时,才采用起诉的方法来维护自己的权益。㊿

调解实践的发展反映了道歉发展的趋势。悔过和道歉越来越被看成是成功调解的重要组成部分。法庭把重点聚焦在当事人的利益上而不是法律权利。让所有的涉案人员表达他们的需求、讲述他们的故事,诉说他们的感情。设计调解制度的初衷就是提供讨论道德和人际关系义务以及法律义务的机会。调解给了当事人各方面对面交流的机会,而不是仅仅处于相互对抗的状态。因此,当事人可以面对双方关系中的核心价值,并且有机会道歉和原谅。

㊿ 杰拉尔德·B.希克森等:《家庭在产前损伤后提出医疗事故索赔的原因分析》,载《美国医学会期刊》(第267期),1992年,第1361页;娜塔莉·德斯·罗齐尔斯等:《性侵犯的法律补偿:治疗和司法系统处理结果分析》,载《心理公共政策学和法律》(第4期),1998年,第437、442—443页;兰德尔·P.贝泽森等:《诽谤法和媒体:神话还是现实》,1987年,第79—93、159—168、172、228—233页(作者发现,许多诽谤诉讼的原告最初都会对被告的道歉感到满意,但是在被告拒绝道歉时,许多原告都通过诉讼来维护权利和惩罚诽谤人);也可参见同上书,第159—168、172、228—233页(作者发现,如果可以调解,那么许多原告都会考虑放弃诉讼。而他们选择诉讼的原因就是他们缺少可以替代的法律救济方式);同上书,第232页(作者建议,被告律师不宜直接支持调解,因为这样会损失律师的经济利益)。

第三章 刑事司法机器视域下的反驳、悔恨、道歉和原谅

换句话说,调解鼓励当事人在情感上和道德上表达自己。这种激励在现代对抗式诉讼中是不存在的,它对于克服心理障碍,让违法的人承担法律和道德的责任以及给予受害人所需要的道德上的赔偿有很重要的作用。[51]

民事调解和刑事诉讼的对比非常明显。显而易见的是,这两个领域有极大的不同,并且二者都并不完美。但无论怎样,民事调解目前的发展方向和刑事司法完全不同。后者把重点放在犯罪行为人身上,并且关注排除实体性问题的程序价值。因为日常的案件中很少设计个人责任、恢复以及程序权利,所以民法比刑法更轻易地包含了忏悔、道歉和原谅等社会实质价值。

---

[51] 参见克雷格·A.麦克尤恩、理查德·J.梅曼:《小额赔偿在法院中的调解:合意程序及其结果》,载肯尼·克赛尔等人编:《调解研究:第三方干预的程序和效率》,1989年,第59—60页;艾琳·安·奥哈拉、道格拉斯·雅恩:《论道歉和共识》,载《华盛顿大学法律评论》(第77期),2002年,第1126页;唐娜·L.帕弗利克:《道歉与调解:21世纪的马车》,载《俄亥俄州冲突处理杂志》(第18期),2003年,第857—858页;德怀特·格兰:《法律纠纷的调解:写给律师和调解人员的有效策略》,1996年,第188页;斯蒂芬·B.戈德堡等:《纠纷解决:谈判、调解和其他途径》(第3版),1999年,第159—162页;黛博拉·L.利瓦伊:《道歉在调解中的作用》,载《纽约大学法律评论》(第72期),1997年,第1171页。

第四章　刑事司法体现谁之利益

正如我们所见,被害人、被告人和公众经常欲求承认罪行,表达悔恨、歉意和宽恕。然而,冰冷的国家法律机制对个人利益和需求并无多大兴趣。其将现实中的人视为"使旨在以最小的付出换取最长效地对危险源失去能力危害社会的制度无效的令人讨厌的罪魁祸首"。因而,"在与犯罪的战争中,罪犯和被害人如同是无关紧要的令人讨厌的对象,是庞大的国家风险管理机器中的沙粒。"①而现实人希望从刑事司法中获得更多东西,包括洗刷冤屈、控告有罪、愈合创伤及恢复人际关系等。他们需要情感信息与对话,而非仅需要发展迅速的官僚体制或判决多年入狱。他们能从刑事司法之证实无罪和治愈创伤的动态可能性中受益。

国家对刑事司法的垄断主要表现在有效地排除了人类情感对形式司法的影响。尽管国家有很好理由限制复仇和不平等,但这种垄断却忽视被害人、被告人和公众参与的正当欲求。我们总把刑事司法误当做国家的专有的排他性特权,或当做超道德的社会控制方式。而实然是司法应让更多的与案件有重大利害关系者,如被害人、被告人和公众等参与其中发挥作用。

迫于此种呼吁的压力,司法改革对此进行了回应。特别是最近三次改革运动,即被害人权利运动、恢复性司法运动、治疗式司法运动,对国家冰冷的垄断司法进行了挑战。虽然每次运动都不完善和失衡,但每次运动都对冷酷僵化的以国家为中心的刑事司法造成巨大冲击。

---

① 马库斯·杜博:《与犯罪作战中的被害人——被害人权利的行使与滥用》,2002年,第26页。

一、政府对刑事司法的垄断

在上一章中,笔者提到刑事诉讼可以借鉴民事调解的优点,即把重点放到当事人悔过和道歉上。但是有人会质疑:难道民法和刑法没有本质的不同?在合同纠纷和侵权诉讼中,原告个人总是为自己所遭受的侵权行为寻求金钱赔偿。因为该类侵权行为完全针对的是个人,所以证据规则与程序规则无论怎样也不会导致不公平的事情发生。比如"优势证据"标准让拥有更强证明力证据的一方获得庭审优势。当事人各方可以在政府部门的极少干预下,按照个人意愿选择相互妥协或和解达成协议从而解决个人争议。

然而大家对于刑事司法却有着不同的理解。今天实施刑罚的权力专属于国家而非被害人。犯罪行为触犯的是国家用来维护公共秩序和社会凝聚力的法律和利益。公诉人员以人民的名义对刑事案件提起公诉,由法官而非被害人作出判决。证据要排除合理怀疑,其他刑事程序使庭审更侧重于保护被告人免受国家强制的危害。国家囚禁罪犯甚至对他们实施死刑,而不是让他们采用恢复原状或者处以罚金的责任形式弥补过错。国家要求正义得到及时、客观地伸张,且使罪犯不能再犯。所有一切程序显示,对国家重要的是自由刑的最低年限,从某种程度上分析,就是有罪判决的准确度。[2]

---

[2] 以律师主导的政府垄断减少了被假定为无辜的被害人、受到偏见的犯罪行为人及其与案件无利害关系的亲属所起的作用。譬如诸多法庭排除受害人及其亲属可能影响量刑的证言。参见林恩诉雷恩斯坦案,载《太平洋案例汇编》(第3辑第68卷),2003年,第412页;《亚利桑那州判例汇编》,第414—417页(拒绝接生还者认为被告人应当被处终身监禁而非死刑的意见);韦恩·A.洛根:《论死刑:死刑审判中证人证言对量刑的作用》,载《波士顿法律评论》(第41期),2000年,第517、519、528—533页(诸多法院不愿意采纳受害人亲属对死刑的意见,但基层法院在某些案件中会采纳受害人亲属意见,但实践中并未达成一致);布莱恩·L.范德波尔:《论死刑量刑中采信被害人宽恕意见的重要性与和解》,载《爱荷华法律评论》(第88期),2003年,第722、777—779页(法庭经常在死刑量刑中对犯罪幸存者的怜悯意见不予采纳)。

从国家层面上看,在判断被告人恶性时并没有充足的理由去考虑犯罪行为人忏悔、道歉以及受害人的宽恕等因素。对具有懊悔和歉意的违法者或许施加较轻的刑罚就可以阻止其再犯,但这样就不能保证证据在庭审中发挥决定作用。[3] 此外,判决如果因罪犯的道歉或受害人宽恕而低于法定刑,那么这就会降低对潜在犯罪行为的人的威慑力。因为潜在犯罪人会认为即使自己被抓到,也可以通过忏悔或者歉意来减轻判决甚至得到宽恕。

以国家为中心的报应主义亦陷入了类似问题的泥沼之中。在传统的报应主义思想下,给予罪犯的刑罚是由犯罪行为的客观危害和行为人的主观可谴责性决定的,而非行为人事后的懊悔、道歉或受害人的宽恕决定。在大多数案件中,这些表达不仅不能降低犯罪行为的不法性,也不能减少受害者在身体或者经济上所受的伤害。因此,许多报应主义论者认为对罪犯仁慈是不可行的,因为这样会造成对类似犯罪行为及违法者的不同对待。一些报应主义论者强调重视犯罪行为人的品性,但是即使这样行为人的懊悔与致歉对判决的影响也是不明确的。一方面,悔恨且充满歉意的违法者看起来表现出了较好的品质;但另一方面,其通过自身的悔恨表现出了原本不应该犯罪的道德天性。一个知道行为危害性的违法者比一个思维简单的暴徒更可恶,其亦一定比一个经受精神错乱折磨或者其他精神疾病的人(缺乏忏悔心就是一种比较明显的症状)恶性更大。诚然,以精神错乱或者弱化的行为能力为内容的抗辩反映了这样的直觉判断:那些不能完全清楚自己犯罪行为不法性的违法者,很少能够表达忏悔和歉意,因此,相对于清楚犯罪行为不法性的人,该类犯罪人应当受到更

---

[3] 参见凯莉·J.彼得鲁奇:《刑事司法中的道歉:论道歉是法律体系中附加元素》,载《社会行为与法律》(第20期),2002年,第359—360页。

少的谴责。④ 从国家角度审视,行为人的忏悔、道歉甚至被害人的宽恕与国家机构的控制并无关联。

国家中心模式认为刑事裁判必须由冷静的理性来决定而非由人的情感来决定。但是,政府垄断下的司法将被害人排除于司法活动外,其行为逻辑上与许多人的道德直觉是相违背的。为何刑罚权专属于国家?争议不仅仅在于政府惩罚具有危险性的犯罪人时能否始终维护公正。国家垄断刑罚权对受害人和国家都是不公正的。犯罪有一个人类的面相,该人类的面相决定了各方当事人都应在审判中有一席之位和话语权。被害人或其代理人至少应享有部分回击犯罪人的权利:"对于被害人而言,把犯罪定义为侵犯社会的行为,从而使社会成为受害方的理论是很荒谬的且对被害人有侮辱性。这会使被害人觉得自己是被无视的,没有报仇雪恨,亦未得到政府保护。"被害人权利非常受到重视,是因为许多参与

---

④ 关于懊悔与应受惩罚无关联的论述,参见杰弗里·墨菲:《后悔、惩罚和怜悯》,载弗里·墨菲&吉恩·汉普顿编:《原谅和同情》,1962年,第149页(一般而言,犯罪行为的恶性不受犯罪后行为人的懊悔所影响。笔者通常不愿意原谅那些罪犯,因为即使罪犯现在对笔者进行忏悔,但他们曾经确实伤害过笔者。此外,罪犯进行伤害行为时的罪过,也不会因他们事后的后悔而消失)。

有关报应论者认为对罪犯怜悯会违反平等性原则的观点,参见马克尔:《怜悯否定论;关于因精神障碍而致忏悔缺失的论证》,参见美国精神病研究协会:《心理疾病诊断与统计手册》(第4版),第301条第7款,1994年,第650页(其中列举了七个反社会人格障碍,忏悔缺失就是其中之一。忏悔缺失的症状是对伤害、虐待或偷窃等行为的漠视或认为其合理化的心理)。

关于把精神错乱和行为能力减弱作为抗辩事由,参见《美国模范刑法典》§210.3 cmt., 1980年,第71页(责任能力减小……使刑事责任和道德恶性的联系性更紧密,因为道德谴责必须基于,至少部分的基于行为人的认识能力控制能力);赫伯特·莫里斯:《性、羞耻及相关问题》,载《昆尼匹亚克法律评论》(第22期),2003年,第131页(对因精神疾病而刑事责任能力减少的人,应进行治疗而非刑罚)。克里斯多夫·斯洛博金:《刑事案件中精神疾病问题的解决路径:大脑障碍作用的重新定位》,载《弗吉尼亚法律评论》(第86期),2000年,第1202页(把行为人的精神疾病作为抗辩事由,是为了区分出应受谴责的行为人和不应受谴责的人)。在刑法规定中,亦蕴藏该种相同的价值判断,即一般情况下,刑法把轻率当做是比纯粹的疏忽更严重的主观心理,参见《美国模范刑法典》§2.02(2)(c)—(d)(1980)。

立法投票的人认为被害人应当在关涉自己的案件中扮演更多的角色。经验主义证据证实了这种直觉:当被问及对具体的犯罪该如何惩罚时,许多人认为应当重视被害人的态度及意愿,特别是当犯罪行为侵犯财产权或者造成人身损害时,更应该关注被害人的态度和意愿。⑤ 对此,民主政治应当做更多努力把这些广为接受的非法律专业人士对司法正义直觉观点纳入考量中。

聚焦于被害人利益的自然应与吉恩·汉普顿的刑罚是作为打击犯罪和保护被害人报应论十分契合。行为人通过实施犯罪行为使被害人蒙受屈辱,并借此满足自己的私利。通过犯罪行为,行为人表达出他们相对于被害者的优势地位,并以此践踏被害者的权利。换句话说,犯罪行为传递了可以对被害人进行侮辱、攻击、践踏和无视的错误社会信息。刑事司法必须通过打击犯罪行为或者取消犯罪人不当的优势地位来恢复社会均衡。通过使罪犯遭受损失,法律不仅实现了打击犯罪的目的,而且亦维护了被害人的利益。⑥ 汉普顿理论的中心是通过惩罚罪犯来维护受害人的利益,而不是赋予被害人权利。但如果把她的论点进行延展,就会容易得出如下结论:最好的保护被害人的方式是授予他们权利,使被害人能够在自己所涉及的刑事案件中扮演更多的角色。

如果不是出于邪恶与捣乱,争议是当事双方及亲属重要的解释、表达、争辩、倾听与学习的机会。正如尼尔斯·克里斯蒂的著名论断——争议对于非法律专业参与人各方非常关键。双方当事人亲身经历了整个事件,并且是纠纷的核心。而其朋友、亲属或社会公众只能看到事情发展或参与其中,但不能接管整个事件。数百年来,在大多数文化背景下,被害人以自己的名义提起诉讼。因

---

⑤ 关于对被害人进行报复的权利的论述,参见威廉姆·伊恩·米勒:《克林特·伊斯特伍德与衡平法:大众文化中的复仇主义》,载奥斯丁·萨拉特、托马斯·R.卡恩斯编:《文化领域中的法律》,1998 年,第 167 页。

所引用的关于"对受害者来说奇怪的是有人把社会认为是犯罪的真正受害者",来自于温迪·卡米尔:《愤怒:犯罪与文化》,1995 年,第 75 页。

⑥ 吉恩·汉普顿:《报应论》,载杰弗里·G.莫菲和吉恩·汉普顿编:《原谅和同情》,1988 年,第 111、124—143 页。

此,以往的刑法类似于被害人可以自己提起诉讼、和解或放弃其享有的索赔权的私法。⑦

专业化进程把争议从当事人各方中"窃取"走,虽缓解了利益冲突,但同时亦削弱了当事人在案件中的作用。把争议从双方当事人中窃走而使其解决专业化,不仅仅剥夺了非法律工作者相关的权利和积极参与的机会,而且亦使得他们处于无助的状态。同时亦如涂尔干说的那样:"这亦使社会丧失了借争议解决宣传社会规范或促进社会稳定的机会。"⑧律师们通过各种方式让不同意见相互妥协而小消解分歧,而不是让公众比较把毒品卖给青少年的毒贩和酒后闹事的人谁更应该进监狱。如果犯罪行为人侵害的被害者是陌生人,那么被害者及其亲属就不会有机会去了解行为人,他们只能保持对行为人的愤怒,并且在庭审中总是无话可说。如果行为人是被害者的朋友、亲戚、工友或者邻居,律师就会变本加厉,他们会让被害人及其亲属与行为人疏远,并且阻止他们之间的交流。犯罪行为人有自己犯罪理由,事后亦可能想表达对被害人的歉意,但是却不能向原告直接诉说。在审查起诉、审判和量刑阶

---

⑦ 尼尔斯·克里斯蒂:《财产权冲突》,载《英国犯罪学杂志》(第17卷),1977年,第7—9页。即使当殖民者以国家的名义提起诉讼,他们依然是与案件有利害关系的当事人,因此像检察官一样起诉,像被告人一样为自己辩护。威廉·E.尼尔森:《革命时代现代刑法的新兴理念:以历史发展为分析视角》,载《纽约法律评论》,1967年,第468页。在殖民时代,布莱克斯托恩注意到每个犯罪都是由对社会的侵犯和对受害人个体的侵犯组成。因此,大约直到1900年,大多数法院都把受害人视为刑事诉讼的当事方,享有从证据排除规则中豁免的权利。参见道格拉斯·E.比鲁夫、保罗·G.卡塞尔:《犯罪受害者参加审判的权利:应重新占优势的全国共识》,载《路易斯克拉克法律评论》(第9期),2005年,第491—493页。

关于个体受害人对对刑法的历史控制的论述,参见 J. H. 贝克:《英国法律史导论》(第4版),2002年,第500—501页;弗雷德里克·波洛克、弗雷德里克·威廉姆斯·马特兰德:《爱德华一世前的英国法史》(第2版),1959年,第448—451页(该书阐述了12世纪当刑法和侵权法没有分离时,受害人从财政支付中接受的伤害赔偿金及从罪犯处获得的赎罪赔偿金)。

⑧ 尼尔斯·克里斯蒂:《财产权冲突》,载《英国犯罪学杂志》(第17卷),1977年,第3—5页;埃米尔·涂尔干:《社会劳动分工》(第1版)(平装本),W. D. 霍尔斯译,自由出版社1997年版,第62—64页。

段,律师们起草的被告人陈述,只在极小的范围内会被采信而成为合法的抗辩事由。通过使当事人沉默,草拟文本并且排除他们对案件的参与,律师们剥夺了当事人原本渴求的情感和道德上的交流和创伤恢复的机会。

法律将其对刑事司法的垄断做出让步,从而再次为当事人的利益和话语权留出空间。打破政府的垄断并不意味着把这种权力交给受害者,因为公诉人员必须处于主导地位,从而保障刑事司法对被害人、被告人以及公众进行准确判决、量刑均衡,且实现司法平等及正义。被害人应当享有话语权,但并不是不受约束,也不是凌驾于其他人之上。同样,被告人也应当在庭审或调解过程中被赋予更多的机会陈述。法官和陪审团必须作为独立的旁观者,不能受被害人观点影响。一方面,法官和陪审团必须重视并同情和认同被害人和被告人的情感和苦衷,从而使道德判断含有人性的维度。另一方面,法官和陪审团必须深思熟虑,并与当事人所受的不幸和自利性的报复情绪保持必要的距离。⑨ 这个必要的距离可以防止不理性被害人不理性的报复行为发生,并且保证被害人不对被告人进行伤害。

即使政府专有刑罚的实施权,亦应当考虑受害人和被告人的利益,即重视犯罪行为人的懊悔、道歉以及原告方的谅解。基于同情的宽大处理与报应有同样的价值,而且同时倡导仁慈与报应的世界要好于严酷且毫无怜悯的世界。第一,被告人的懊悔、道歉及原告的谅解,为宽大处理提供了基础。原告的谅解可以减少其提出的进行惩罚的诉讼请求,而政府应当注重与案件最有利害关系的当事人的诉请。第二,被告人表达出的懊悔和歉意能帮助他减轻罪过,吸取教训。第三,正如汉普顿论述的那样,刑罚的重要功

---

⑨ 这是玛莎·努斯鲍姆读亚当·史密斯的《道德情操论》后的体会,然而史密斯对总体的"关键距离"并没有努斯鲍姆了解。该论点请对比玛莎·努斯鲍姆《裁判语言中的情感》,载《圣约翰大学法学评论》(第70期),1996年,第26—28页;亚当·史密斯:《道德情操论》(第6版),都柏林:J. 贝蒂 & C. 杰克逊出版社1777年版,第14—25页。

能就是保护被害人。犯罪行为人牺牲受害人的利益从而满足自己,并且侵犯了被害人的自主权。刑罚采用打击罪犯,使其接受教训的方法让双方恢复平衡。这样的做法抚平了被害人的心理创伤和其他影响。被害人接受行为人的道歉并且宽恕,表达了被害人已经从创伤中走出来,而不需要过度的保护。在这一过程中,犯罪行为人的懊悔和歉意在某种程度上替代了刑罚,对其所触犯的法律进行了补偿。第四,被害人不仅有表达自身情感的心理需求,也同样有被倾听的需求。给予被害人谅解和宽恕的权利,就是把被害人的地位置于犯罪行为人之上,这至少在一定程度上赋予了原来不具影响力的被害人以权利,并且缓解了权利配置的不平衡。⑩从上述观点可以看出,行为人的忏悔、歉意和被害人的宽恕,对消除犯罪有所帮助。因此,即使政府独自享有刑罚的实施权,亦应当在某种程度上重视被害人的意愿。

因此,排除被害人在刑事司法中的权利,在被害人想要原谅行为人时尤其显得令人困惑。政府专有刑罚实施权,可能是为了防止被害人在行使报复权利时超过必要限度。但是,政府对被害人

---

⑩ 参见吉恩·汉普顿:《报应论》,载杰弗里·G.莫菲、吉·汉普顿:《原谅和仁慈》,1988 年,第 124—132 页;埃德那·埃雷兹:《谁害怕强大的恶意受害人? 被害人受影响的情感对刑事司法的影响和促进》,载《克莱姆森法律评论》,1999 年,第 545、550—553 页(通过适当的保障措施,授予被害人权力会产生积极效果;赋予被害人话语权和对某些程序的控制权,会比审判结果更能让他们满意。通过对被害人授权,使他们能够与犯罪行为人交流,亦表达了法律体制对受害人有足够的关心,并且在采取措施帮助受害人从伤害中回复)。

经验主义证据证实:允许被害人作证,通过使他们的经历有效和赋予他们权力,从而帮助被害人。尽管这同时也存在强迫他们作证,可能会使某些被害人承受心理创伤。杰米·沃康奈尔:《与灵魂一搏——起诉侵犯人权者安慰被害人吗?》,载《哈佛法律评论》(第 1 期),2005 年,第 328—339 页。

值得注意的是:怜悯是一个多义词。有时人们使用该词比较随意,具体是指根据具体犯罪中的被告人的犯罪严重程度、犯罪记录等类似情况,使用衡平自由裁量权调整被告人的刑事责任和刑罚幅度。此种意义下的怜悯应理解为报应。此处及本书的其他地方,更多使用的怜悯一词要从广义上去理解,其涵盖基于同情的仁慈,但不包括因偏见、任性或者腐败所产生的同情。有关怜悯的种类,参见丹·马克尔:《反对怜悯》,载《明尼苏达州大学法学评论》(第 88 期),2004 年,第 1436 页。

宽恕犯罪行为人施加限制没有充分的理由。只要施加的刑罚能够恰当地防止犯罪,且能达到教育的目的,那么政府的利益就得到了满足。超过上述目的而多加的刑罚就可以赋予被害人进行宽恕。应严肃思考犯罪人如同债务人,即亏欠社会亦亏欠个人这样的比喻。被害人是因遭受了直接的损失而持有债务人的债权,其可以选择赔偿其所持有的债权或放弃其持有的债权。⑪

论述至此,本书根本的主题是:即使政府主导司法程序,但人的情感也应当在其中占有一席之地。情感并不是原始的、盲目的、与理性完全相反的。在某种程度上,情感是可以认知的、评估的,并且是可以培养的。最近,学界已经深刻地论证了在实体刑法中理性地赋予情感一定地位的重要性。⑫ 情感是人之所以为人,以及我们理解和评估同伴行为的重要组成部分。犯罪行为激起了人们恐惧、愤怒、悲伤以及宽恕等情感,所以被害人需要我们的支持。虽然犯罪行为人应当承受我们的愤怒,但是我们亦应弄清他们的苦衷和违法原因。上述不同的情感是我们理解并维护当事人利益的关键。但如果当事人存在情感上的利益,就不能因自己的原因作为裁判者。中立的裁判者必须对相互矛盾的感性的诉讼请求,进行思考并从中提炼出实质的正义。现在是时候把同样的情绪逻辑放到刑事程序中。外行人关心刑事司法是否对情感敏感,或者是否完全熟视无睹,同时他们亦会以此来考虑法律的合理性。笔者接下来将对被害人权利和恢复性司法进行论述,然而太多的律师将情感性的陈述作用于特别的政治目的。

简言之,刑事案件诉讼与民事案件不同。政府的利益在于实现公正、保障平等和遏制犯罪。但政府对刑事司法的垄断屏蔽了

---

⑪ 参见杰弗里·G.莫菲:《宽恕和法律正义》,载杰弗里·G.莫菲、吉恩·汉普顿:《原谅和仁慈》,1988年,第175—176页(宽恕在私法的范式下更容易实现公正,比如《威尼斯商人》中权利的所有者可以放弃自己对于某项债务的诉讼请求)。

⑫ 例如这些论述可参见丹·M.卡汗、玛莎·努斯鲍姆:《刑法中的两个情感概念》,载《哥伦比亚法律评论》(第96期),1996年,第278—301、350—372页;苏珊·A.班德斯主编:《法律的感情》,1999年,第63—214页;萨缪尔·H.皮尔斯伯里:《道德化刑罚的感情》,载《康奈尔大学法律评论》,1989年,第655页。

当事人的合法利益以及受害人、犯罪行为人和其他利害关系人的真实情感。一个更人性的、以人为核心的刑事司法体系,会留出更多的空间向情感起作用的民事调解学习。政府对个人利益的冷淡,反映了局内人忽视局外人表达自己及和解的需求的机械思维模式。

二、国家机器的不完全替代选择

学者和政策呼吁者越来越多地认识到,与道德无关的、由国家控制的刑事司法机器损害了被害人、违法者以及公众的情感需求。最近几年,被害人权利、恢复性司法以及治疗性司法的倡导者,提出要改革没有人情味的、由法律人控制的刑事司法机器,并要寻找替代性措施。被害人权利倡导者希望给予被害人更多的信息和发言权(在他们自己的案件中),建立公平的竞争机制。恢复性司法力图用法庭外调解和赔偿替换刑事惩罚。而治疗性司法则试图用法院程序作为治疗违反者疾病——比如吸毒成瘾的心理疗法。这些方法中的每一种方法,都更加直接地设法解决拒绝认罪、悔意和道歉的问题。

遗憾的是,这些方法中的每一种方法经常是不平衡的,并且仅仅抓取了局外人所渴望的道德剧的一部分。在美国,被害人权利运动由于许多倡导者想要越来越多的刑罚而误入歧途,而且这种运动缺乏目标,忘记了目的在于和解或赎罪。恢复性司法运动由于忘记了和解或赎罪需要一些刑罚而走上歧途。治疗性司法,特别是解决问题的法庭,有时忘记大多数违法者是应当受到惩罚的有责任的主体,而不只是需要治疗的患病主体,所以其也面临同样的问题。我们应该从各种方法中撷取长处,同时摈弃其过度之处。

1. 被害人的权利

一个重要的发展是被害人权利运动。正如笔者在第一章中提到的那样,在18、19世纪,公共检察官逐步取代了被害人。这种转变反映了贝卡利亚的(以及边沁的)启蒙运动对理性威慑、不受个人感情影响的平等以及使社会的功利最大化的强调。检察官由此获得了控辩建议以及决定量刑的权力,而被害人则丧失了他们的发言权乃至获知检察官正在做什么的权利。甚至当审判确实发生的时候,被害人不再是诉讼当事人而只不过是证人——其经常被排除在法庭之外以避免影响他们的证词。[13] 为了制衡国家的巨大权力,沃伦法院在 20 世纪 50 年代和 60 年代扩大了刑事被告人的诉讼权利。被告人获得了免费指定律师、米兰达警告、排除非法取得证据及广泛的人身保护令对挑战刑事定罪以及诸如此类的权利。刑事司法中的其他趋势——包括自由假释政策以及对改造而不是严厉处罚的强调,使公平竞争机制更加倾斜于被告人。

美国的被害人权利倡导者,把这些改革看作是对违法者太过于宽容而对被害人的需求充耳不闻的表现。他们抱怨认为被害人和证人完全没有获得被告人所享有的特殊权利和关怀。因此,自 20 世纪 70 年代以来,被害人团体致力呼吁平衡竞争机制。他们的许多建议是:给被害人提供建议和指导、鼓励他们在法庭上作证、提供社会服务以及补偿被害人所受的伤害。通过这些方式从而给被害人提供支持。一些改革保护被害人的隐私,比如在强奸案审讯中,限制使用被害人性行为历史。还有一些措施是给被害人提供关于即将进行的诉讼程序、所提出的指控与处置以及法庭裁决的通知和信息。一些法律赋予被害人更大的权利来与检察官协商

---

[13] 例如贝卡利亚认为,犯罪不是针对私人的个人错误行为,而是针对国家所犯的公共不法行为,所以刑事审判只意味着执行和保护社会契约。正如其所说:"犯罪是通过对社会造成的危害进行判断的。"参见贝卡利亚:载《犯罪与刑罚》,爱德华·D.英格拉厄姆译,1819 年,第 43、33 页。

受害者在审判程序中被排除的分析,参见道格拉斯·E.比鲁夫、保罗·G.卡塞尔:《犯罪受害者参加审判的权利:重新占优势的全国共识》,载《路易斯克拉克法律评论》(第 9 期),2005 年,第 498—503 页(该文分析了 1975 年到 1982 年之间,受害人在审判中出席率处于最低点,《联邦证据规则》第 615 条和行政规章效仿这一规则,要求受害者被隔离,除非有证据能够证明他们的出席在起诉过程中是必不可少的)。

以及跟法庭对话——以口头或者书面的形式。但很少有法律赋予被害人否决权;检察官和法庭可以决定被害人的意见应该受到多大程度的重视。此外按照推测,其他一些法律以保护被害人的名义限制控辩交易、提高判刑,以及废除假释和证据排除规则。⑭

根深蒂固的检察文化与思想倾向即使不把被害人看做无关紧要的麻烦事,也把被害人看做是次要的,但这些法律却与这种检察文化和思想倾向相冲突。尽管联邦政府和每个州都有保护被害人权利的写在纸上的法律,但是这些法律执行情况非常不均衡。除了逮捕和审讯之外,许多被害人在几乎每一个阶段都没能收到通知。如果被害人不首先了解诉讼程序,其无法参与程序中,所以被害人很少行使他们的权利。⑮ 也就是说,被害人的权利经常存在于纸上,而没有很好地成为刑事诉讼实践的一部分。

---

⑭ 关于20世纪刑事司法对受害人不重要的分析,参见迈克尔·阿什:《论证人:对刑事法庭程序的批判》,载《巴黎圣母院法律评论》(第48期),1972年,第386、399—407页[该文分析了对证人"视而不见和忽视",沃伦法院创设的新的被告人权利规则使这种现象进一步恶化。该文还提供了另外一种解释:"即使给'局内人'(法官、律师和书记员等)造成的是轻微不便,也会被与给局外人(证人、陪审员等)造成的重大不便进行平衡。同时,这种平衡是局内人士来执行的,故这些局内人的利益不可避免地会占据优势"];威廉·F.麦克当纳:《刑事审判的两百年的变革:被害人的回归》,载《美国刑法评论》(第13期),1976年,第649、662页;斯提芬·F.斯库尔霍菲尔:《审判的困境:我们的困境》,载《耶鲁大学法律杂志》(第105期),1995年,第825、825页(书评)。

一项对受害人各种权利措施的调查,参见道格拉斯·E.贝卢夫、保罗·G.卡塞尔、史蒂夫·J.特威斯特:《刑事诉讼中的受害人》(第2期),2006年,第127—691页。如《加利福尼亚宪法》第1条,§28(f)(2)(2008)(其规定,作为受害人权利的一部分,受害人和其他所有加利福尼亚公民有"通过证据获得真相"的权利。该规定旨在把非法证据排除规则从优先权和传闻规则中分离出来);《1982年犯罪被害人"总统特别工作组"最终报告》(24—31)(该报告提议通过立法废除《第四修正案》的证据排除规则、假释条款和量刑中的司法自由裁量权)(其论述了加利福尼亚拟制定禁止控辩交易的法律);珍妮佛·E.沃尔什:《论三振出局法》,2007年,第35—44、50页(其论述了倡导受害人权利的作用、引起加利福尼亚州和华盛顿通过"三振出局法"的被害人的故事)。

⑮ 迪安·G.基尔帕特里克等:《刑事被害人的权利——法律保护是否具有效果?》,载《国家司法研究院:研究简报》,1998年10月,第4页,例1、例6和例3(NCJ 173839),载 http://ncjrs.org/pdffiles/173839.pdf。

被害人权利运动希望恢复该体制已经丧失的对人的许多关注。被害人权利运动不仅把刑事诉讼程序看做是抽象权利或者控辩交易的筹码，而且将其视为维护并治愈被害人的重要方式。这也能恢复被害人因以国家名义起诉带来的、由律师控制的刑事诉讼程序中失去的重要作用。许多更加次要的措施是没有争议的。很少有人会对为心理受到创伤的强奸罪的被害人提供建议、为受虐待的妇女提供庇护所、为伤害罪的被害人提供赔偿，或者通知被害人、被告人被保释或定罪等。正因为这些措施无论如何都不会威胁到国家的垄断，而且是感觉良好的刑罚工厂的辅助措施，所以这些措施没有引起争议。这些措施可以使我们及被害人自我感觉更好，但是与将被害人纳入其中并赋予其权利相比，还相去甚远。

赋予被害人发言权非常具有争议，因为它介入了国家与被告人之间完全对立的竞争。许多学者抨击对量刑会产生影响的被害人陈述，因为他们担心被害人将会用情感蒙蔽正义，并且引起裁判者的个人偏见。其他人抱怨认为，赋予被害人咨询权会扭曲检察官对正义的中立评价。罗伯特·莫斯特勒甚至抱怨说，被害人仅仅出席审讯就可能会用情绪化表现对陪审团产生影响。但引人关注的是，罗伯特·莫斯特勒反对把被害人的情绪看做是陪审团审判中的不合法因素，因为如果把被害人的情绪看做是非法的，则失去了作为道德剧的公开的陪审团审判的最初意义。这些批评使对审判最有兴趣的且承受委屈的被害人的作用降低了。尽管许多哲学家将其嘲笑为道德运气，但是对被害人造成的伤害不可否认地对民众的直觉正义是极为重要的。测量对一个独特的具体个人的伤害，而不是测试对一个没有个性的抽象的个体的伤害，需要证明具体的被害人是如何遭受痛苦的证据。一个被害人所表达的情感和愿望是他所遭受或者已经从中恢复过来的心理伤害的强有力证据。正如本章前面所讨论的，非法律人士的直觉正义把被害人的愿望看得极为重要，这也隐含地承认被害人拥有一部分惩罚的权利。并且如果被害人分享惩罚的权利，那么法官和陪审团就应该听取他们关于违法者是否希望得到完全的惩罚或者宽恕的意见。

如果被害人想要参加审判,或者由于太害怕而无法进行法庭审理,那么检察官和法官就应该倾听他们的想法。只要他们愿意第一个作证并且不会用情感爆发破坏审判程序,想要观看他们的审判的被害人就应该拥有前排座位。⑯ 正如笔者将在第六章第三节中讨论的,被害人不应该得到不受限制的权力去介入他们自己的诉讼或者否决控辩交易,否则他们将可以恣意地这样做。然而,检察官应该公开地解释为什么他们不顾被害人的反对撤销指控或者达成控辩交易的原因。不仅被告人在公平审判中有着重大的利害关系,而且被害人也希望在审判中被认真倾听和认真对待,这也是被害人希望获得的个人利益。

与人们可能的期望相反,被害人并不是条件反射性地就要求对被告人进行惩罚。实证研究发现,被害人的参与不会导致更严厉的判决。⑰ 因此,在这个过程中赋予被害人以发言权,特别是因

---

⑯ 学者们担心情感和偏见的影响,其相关论述参见苏珊.班德斯:《同情、叙事和受害人影响性陈述》,载《芝加哥大学法律评论》(第63期),1996年,第361、395—410页;唐纳·J.霍尔:《刑事法庭的受害人声音:约束的必要性》,载《美国刑法评论》(第28期),1991年,第233、255—260页;琳妮·N.亨德森:《论受害人权利的不正当》,载《斯坦福法律评论》(第37期),1985年937、994—999页。

由于担心受害人把情感带入到刑事审判中去,参见罗伯特·P.莫斯特勒:《受害人权利和美国宪法:一场对刑事诉讼重塑的战争》,载《乔治城法律期刊》(第85期),1997年,第1691、1702—1704页。

关于道德的侥幸性论述:被告人或许构成攻击、殴打、因导致严重身体伤害而构成加重的殴打罪或谋杀罪,但这取决于受害人的情况:是否躲过殴打、是否马上拨打911得到急救、受害人身体状况是否良好、是否能经受并恢复受到的伤害。在侵权法中,当被告人发现受害人就送走他/她,并且如果其受害人有特殊的很脆弱的骨骼,可能比其他受害人遭受更多的痛苦,其要承担责任。被告人能预见他们的行为可能造成伤害范围,并且应对合理的可预见的伤害负责。同样,受害人通常心理反应幅度也与被告人受到的惩罚有关。当法官或者陪审团决定适度刑罚时,需要安抚受害人极端的或反常的反应——如当杀人狂或偏执狂。

受害人出庭作证的权利,参见道格拉斯·E.比鲁夫、保罗·G.卡塞尔:《犯罪受害者参加审判的权利:重新占优势的全国共识》,载《路易斯克拉克法律评论》(第9期),2005年,第534—546页。

⑰ 莱斯利·塞巴:《第三方:受害人和刑事司法制度》,1996年,第218页;萨拉·N.威林:《辩诉交易中的被害人参与》,载《华盛顿大学法律季刊》(第65期),1987年,第301、311页。

为大量的保障措施仍然存在的情况下,并不意味着必然普遍产生不同的结果。中立的法官或陪审团将不得不批准任何定罪或惩罚,而且将把被害人的投入同被告人的投入以及所有其他的证据相权衡。检察官仍然能够否定被害人的复仇、自私或者在其他方面不平衡的要求。

人们可能担心法官和陪审团会偏向有魅力的、白种的、年轻的女性被害人,这种担心是比较合理的。但是美国《量刑指南》、证据规则以及对陪审团进行的非常谨慎的指示可以限制这种歧视。然而尽管这些规则已经实施了数十年,学者们仍然可以发现,基于被害人的种族、性别以及社会经济地位,量刑是有很大差异的。[18] 富有的、有势力的被害人能找到影响检察官并使他们自己的声音被听到的方法;贫困的被害人需要正式的参与以取得平等地位。而且,同样情况同样对待的努力,比如委托收费和最低量刑,最终却是相同情况不同对待。这就是笔者在第二章中论及的教训:对于确保实质平等的十分重要的规则,经常变成控辩交易的筹码。而且这些作为辩诉交易的筹码取决于局内人的利益,而非应受谴责性或者危害。于是,为了支持被害人参与的其他价值,暂缓我们对完全平等的无结果追求可能是值得的。

的确,本地的被害人和公众的参与已被证明比自上而下的裁判规则能更好地促进平等。地方的民主能缓解第二章中分析的局内人与局外人之间的紧张关系,在局内人暗地里不一致地想削减这些量刑时,不会驱使局外人要求提高量刑。这就是斯顿茨从其对镀金时代的刑事司法政策研究中得出的教训:"使刑事司法更加具

---

[18] 参见大卫·C.鲍尔达斯等:《公正司法和死刑:法律和实证分析》,1900年,第149—158页(其分析了受害人的种族、性别和社会地位都会对被告人是否判处死刑有重大影响);大卫·C.鲍尔达斯、乔治·伍德沃斯:《死刑实施中的种族歧视:以1990年后的实证证据为视角》,载《刑法学公报》(第39期),2003年,第194页(该文总结了十多年以来,受害人的种族在判处死刑的案件中的影响的有力证据);爱德华·格莱泽、布鲁斯·萨克多特:《杀人罪中的量刑及复仇的作用》,载《法律研究期刊》(第32期),2003年,第363、372页的表2和第373页(该文认为受害者为白人及女性时,实际上所受到的刑期更长)。

有地方性的民主,那么司法将会更加宽和适中、更加平等。"最近在好几个地区,州长、立法机关和委员会努力争取更多地实现法官没有实现的刑事司法平等。这方面的例子包括对高速公路休息站中种族定性的强烈抵制、死刑中的种族差异,以及强效纯可卡因对粉状可卡因的量刑差异。[19] 也就是说,法官未能对警察和检察官进行约束,使警察和检察官保证平等的压力太小。对选民的平等呼应作出回应,政治行动者们就会认为已经获得了更多的成功。因此,一种使结果平等的更好的方式,可能是使得尤为关注结果平等的受害人、被告人以及公众广为参与。

对被害人的权利进行批评的人同样也忽略了检察官的缺陷。正如笔者在第二章中所讨论的,检察官距离成为公众和被告人利益的完美守护者还很远。他们有大量的代理成本和自身利益,这会使他们在某些案件中太严厉而在其他案件中又太宽大。其他法律领域通过创设私人权利和公益代位诉讼来抵消政府的不作为,如此一来,私人当事方就可以追究民事不法行为。虽然经常让政府律师占据上风,但是这些诉讼可以限制惰性和代理成本。[20] 被害人对检察官进行制约的替代选择,实际上是完全不受制约的。检

---

[19] 威廉·J. 斯顿茨:《不平等的正义》,载《哈佛法律评论》(第121期),2008年,第1969、1974页;参见弗兰西斯·X. 克莱尼斯:《马里兰州中止死刑适用》,载《纽约时报》,2003年5月10日A20版(该文报道了马里兰州政府由于担心造成不公平和种族歧视而决定中止死刑的适用);卡丽·约翰逊:《法案旨在为粉末可卡因制定量刑规则》,载《华盛顿邮报》,2009年10月16日A9;卡丽·约翰逊:《等价在可卡因量刑中取得巨大进展》,载《华盛顿邮报》,2009年7月25日A2(该文注意到在竞选总统时,奥巴马总统和副总统拜登都支持为打击吸食可卡因采取平等化的量刑,司法部长霍尔德和国会委员会也致力于推动平等的惩罚法案);大卫·科兹涅夫斯基:《重大新闻:麦格瑞维签署了具有种族性歧视的法案》,载《纽约时报》,2003年3月15日B5;新泽西州黑人和拉丁美洲人核心会议:《新泽西州警察局对州内歧视性行为的报告》,载《塞顿霍尔大学法律期刊》(第26期),2002年,第27页。

[20] 参见31 U.S.C. § 3730(b)(1),(c)(2006)[其规定法院和政府批准驳回(从而解决)分享的诉讼,并赋予政府干预和接管分享的诉讼或告知原告享有听证机会后,驳回分享的诉讼的权力];33 U.S.C. § 1365(b),(c)(2)(2006)(根据《清洁水法》,赋予公民起诉的权利,但是又规定要通知联邦政府并赋予联邦政府通过发布民事或行政决定来干预和替代公民诉讼的权力)。

察官能够制约被害人的过激行为,但是同样地我们也应让被害人制约检察官的极端行为。

不幸的是,虽然被害人权利运动可以教导我们很多事情,但是却被法律与秩序的说辞搞混淆了。在欧洲,被害人权利运动经常强调支持被害人。而美国的学术支持者则经常集中关注于被害人的获得信息和参与的诉讼权利。但是尤其是在美国,政治家们使用被害人说辞来粉饰严厉打击犯罪的措施。换句话说,政治家们已经劫持了局外人,从而推进局内人的无关痛痒的计划。例如,"三振出局法"和对假释以及证据排除规则的抨击,就是以被害人的名义进行的,且受到大家的吹捧。这些措施利用了选民对被害人担心和同情,而且他们把被告人作为一个阶级。很多这样的法律是局内人愤世嫉俗的政治手段,只是披着对局外人的关心的外衣。例如多里斯·泰特犯罪被害人办事处(Doris Tate Crime Victims' Bureau),是加利福尼亚州"三振出局法"的主要倡导者,然而这个组织是监狱看守的喉舌:超过3/4的资金是来自该州监狱看守的工会。[21] 其工作的真正兴趣不是关注被害人,而是局内人在为他们

---

[21] 关于欧洲受害人权利运动的分析,参见希瑟·斯特朗:《犯罪受害人运动:市民社会的力量》,载希瑟·斯特朗、约翰·布雷思韦特编:《恢复性司法和市民社会》,2001年,第69、70—76页。

美国学术界支持赋予受害人诉讼权利,其详细分析参见道格拉斯·E. 比鲁夫、保罗·G. 卡塞尔:《犯罪受害者参加审判的权利:重新占优势的全国共识》,载《路易斯克拉克法律评论》(第9期),2005年,第498—503页(该文认为受害人在刑事诉讼中的权利属于程序性权利,如获取信息权、参与权,但不包括证据排除规则、刑期增长和假释限制)。

在美国,受害者权利论是作为严厉打击犯罪的托词,相关论述参见戴维·加兰:《文化控制:当代社会的犯罪和社会秩序》(143—144),2001年;安德鲁·阿什沃斯:《受害人权利、被告人权利和刑事诉讼程序》,载亚当·克劳福德、乔·古迪编:《以受害人为视角论刑事司法:国际性讨论》,2000年,第185、186页(该文将该现象界定为"受害人服务于刑罚的严厉性");同样可参见乔纳森·西蒙:《通过犯罪进行统治:针对犯罪的战争如何改造美国的民和如何创造出恐惧的文化》,2007年。

关于对多里斯.泰特刑事受害人局(Doris Tate Crime Victims' Bureau)的论述,参见凯瑟琳·贝克特、希欧多尔·萨松:《不公正的政治学:美国的犯罪和刑罚》(第2版),2003年,148页。

自己创造更多的就业机会。

经常的情况是,检察官是操纵被害人权利有罪过的局内人。例如,《PROTECT法案》菲尼修正案(the Feeney Amendment to the PROTECT Act),作为保护受性虐待儿童的法案的一部分,旨在控制检察官和法官。实际上,PROTECT是"用检察官救济措施及其他手段结束目前对儿童的剥削(Prosecutorial Remedies and Other Tools to End the Exploitation of Children Today)"的首字母的缩写。然而事实上,美国司法部是该法案的幕后推动力量,法案的目的是为了约束宽容的法官和检察官。因此,尽管该法案极大地限制了大多数下向的量刑偏离,但是却创设了检察官批准的与证人合作、快速通道计划及承认承担责任的量刑偏离的例外情况。远离控制检察官从而保护被害人,该法案的中心旨意在于通过控制法官和检察官,同时也给总检察官留下了太多的回旋余地。[22]

回顾笔者在第二章中提到的另一个例子,即1982年加利福尼亚州的8号提案,其题名为"被害人权利法案",是主张严厉打击犯罪的保守派政治家的杰作。该法案包含了一大筐提议,其中很多和被害人毫不相干。例如,该法案限制证据排除规则和青少年犯罪管辖权,并且允许适用更多的被告人前科的证据。该法案被视为针对控辩交易的禁令,其目的在于保护被害人,从而被贩卖给公众。然而,检察官们阻止了该法案的较早的版本,而这个早期的版本才可以真正地禁止控辩交易。检察官和选民所认可的那个版本只是禁止在控诉之后进行控辩交易。于是在现实中,该措施通过在控诉或者证据开示之前对被告人施压让其更快地承认有罪,通过此种方式为检察官利用。[23]通过禁止控辩交易保护作为局外人

---

[22] 《保护法案》,Pub. L. No. 108—121, 117 Stat. 650 (2003);斯蒂芬诺斯·毕贝斯:《〈菲尼修正案〉和在控辩交易中检察权的崛起》,载《刑法与犯罪学杂志》(第94期),2004年,第296—301页;丹尼尔·里奇曼:《2007年联邦的量刑:最高法院和中心的两种立场》,载《耶鲁法律期刊》(第117期),2008年,第1388—1390页。

[23] 坎迪·斯麦考尼:《政治与辩诉交易:加利福尼亚州受害人的权利》,1993年,第23—31、37—40、156—161页。

的被害人的说辞,掩盖了为作为局内人的检察官创设的新的控辩交易。被害人是检察官口技表演者所使用的假人。

　　这些法律推测被害人真正想要的和需要的,更多的定罪和比以往更严厉的惩罚,所以根据这种观点,刑事司法是一种"零和游戏",仿佛使被害人更快乐的唯一办法是更加严厉地惩罚被告人。创造公平的竞争环境这一隐喻恰当地表明,被告人的权利已经变成法律游戏而不是道德剧。该场景是这样的:两个敌对的足球流氓群体,各自为自己支持的球队喝彩,不是和对方球队的支持者争吵,就是嘘声起哄。然而,纠正方法并不是简单地朝相反方向倾斜。刑事案件中当然存在大量的权衡,而且被害人和被告人所希望得到的结果可能大相径庭。

　　但是,将之完全简化为惩罚数量的"零和竞争",就会忽视刑事司法的积极治愈能力。㉔ 较之于以被害人权利为说辞进行的措施,悔意、道歉、宽恕以及重新融入社会,有更多的理由保持乐观。适

　　㉔ 对零和思维的论述,参见托马斯.魏根特:《对受害人/证人帮助项目遇到的问题的分析》,载《国际受害人心理学期刊》(第 8 期),1983 年,第 91、98 页(该文认为"刑事司法零和博弈的事实是:没有人能获胜除非其他人失败")。
　　确实,与被告人获得最大惩罚相比,受害人更关注公平、被尊重的对待以及获得道歉。让被害人有话语权、倾听他们表达诉求、认真地对待他们并且尊重他们的诉求。相关论述参见巴拉特・B.达斯:《刑事司法中的受害人》,1997 年,第 127—127、131 页;莱斯利・塞巴:《第三方:受害人和刑事司法制度》,1996 年,第 218、116—119 页;安妮・M.韦默:《刑事司法体系中的受害者》,1996 年,第 77—78、207—208 页;卡洛琳・霍伊尔、露西娅:《受害人、伤害和刑事司法》,载麦克・马奎尔等编:《牛津犯罪学手册》(第 4 版),2007 年,第 461、481—482 页(该文认为:"通过受害人调查,基本显示受害人并不比公众倾向于对被告人施加惩罚,许多人更愿意直接通过调解,或者从侵害人那里获得补偿……这清楚的表示对恢复性司法的偏向");乔安娜・沙普兰:《受害人和刑事司法体制》,载埃扎特・A.法塔赫编:《从刑事政策到受害人政策:司法系统的调整》,1986 年,第 210、213—214 页。正如前面提到,有时候受害人想要表达宽容和原谅,但是被司法体制所扼杀。参见林恩诉雷恩斯坦案,载《太平洋案例汇编》(第 3 辑第 68 卷),2003 年,第 412 页;《亚利桑那州判例汇编》,第 414—417 页;韦恩・A.洛根:《论死刑:死刑审判中证人证言对量刑的作用》,载《波士顿法律评论》(第 41 期),2000 年,第 517、519、528—533 页;布莱恩・L.范德波尔:《论死刑量刑中采信被害人宽恕意见的重要性与和解》,载《爱荷华法律评论》(第 88 期),2003 年,第 722、777—779 页。

当的程序可以有助于被害人和被告人的状况变得更好。

当然,针对这种偏袒被害人的保守主义,很多学者反射性地敌视被害人权利。这种敌意经常是从政治自由主义或者进步主义的观点出发,而后转变为被告人的权利。例如许多自由派学者通常赞成通过讲故事的方式来详细说明自己所遭受的具体而复杂的伤害,从而促进心通意会的理解。保罗·葛维兹指责他们在反对被害人影响的陈述中的不一致性,因为它们选择性地赞成讲故事:只有当讲故事有助于较轻量刑的时候才赞成。研究情感在法律中作用的领先学者苏珊·班德斯,对此进行了回应并欣然接受葛维兹对伪善的指责。她承认讲故事仅仅是推进自由主义,实现偏袒被告人的目标的一种手段。㉕ 可悲的是,这种动机把深刻的人类情感贬低成被粗暴地踢来踢去的足球,并且使各方当事人沦为政治棋子。如果情感对于认同并理解各方当事人的冲突和不满是极为重要的,那么它同时属于两方当事人。被害人信息可以帮助被告人、法官和陪审团与被害人产生情感共鸣,正如被告人信息可以帮助他们与被告人产生情感共鸣一样。不幸的是,保守派的被害人权利动机激起了自由主义的反应,并掩盖了这种优点。双方都接受零和方式,把刑事司法看做是一场游戏,而不是看作使所有各方当事人和解并愈合的机会。

2. 恢复性司法

恢复性司法是一场更加雄心勃勃的改革运动,很多人希望其能取代以国家为中心的刑事司法。尽管它的许多支持者支持不同的形式,但是大多数力图改变刑事司法的实体目标和程序目标。

㉕ 保罗·葛维兹:《受害人和偷窥者:刑事审判中的两种叙事问题》,载彼得·布鲁克斯和保罗·格维茨编:《法律的故事:法律中的叙事和修辞》,1996年,第135、142—143页;苏珊·班德斯:《同情、叙事和受害人影响性陈述》,载《芝加哥大学法律评论》(第63期),1996年,第409页;也可参见罗伯特·P. 莫斯特勒:《受害人权利和美国宪法:一场对刑事诉讼重塑的战争》,载《乔治城法律期刊》(第85期),1997年,第1712—1713页(将受害人的权利等同于严厉的判决而不是对被告人施予怜悯)。

实质上,大多数恢复性司法学者排斥报应,因为报应是残酷落后的表达愤怒的方式。领先的恢复性司法论者约翰·布雷思韦特公然抨击认为"报应同贪婪和暴食一样",是一种"侵蚀人类健康、腐蚀人际关系"的恶习。对于大多数恢复性司法学术研究者而言,报应是纯粹的报复性,以怨报怨,仅仅增大了犯罪的损害。认为刑事司法集中关注于谁应当负刑事责任以及应该受到怎样的惩罚的观点是错误的,因为责备会使责备者不能把注意力集中于修补损害并预防再次发生类似行为。对于许多恢复性司法论者来说,布雷思韦特梦想着"在未来惩罚会被边缘化"。在这些学者的理想世界中,惩罚至多是一种最后的手段,仅仅被保守地用于预防未然之罪,而不能被用于对违法行为进行报复。㉖

由于这个原因,刑事司法的目的不应该是报应,而应该在于恢复。犯罪主要不是针对国家的冒犯,而是针对具体被害人个人和社区的违法行为。犯罪损害了特定被害人的身体、财产、精神以及人际关系,违法者和被害人通常一开始都是亲人或朋友,但是犯罪使违法者跟他们的被害人以及社区疏远了。作为回应,恢复性司法力图治愈而不是伤害。恢复性司法论者主张,被害人不会在损害违法者的情况下从惩罚中获益,但是会从获得赔偿、悔意与道歉

㉖ 约翰·布雷思韦特:《恢复性司法:乐观和悲观的评估》,载迈克尔·托尔尼编:《犯罪和司法:研究综述》(第25期),1999年,第1、7页;约翰·布雷斯韦特:《恢复性司法和回应性规制》,2002年,第129页;苏珊·M.奥尔森、艾伯特·W.祖尔:《恢复性司法中的职业角色重塑》,载《犹他州法律评论》,2003年,第57和77页;约翰·布雷斯韦特:《刑罚被边缘化的未来:现实还是乌托邦?》,载《加州洛杉矶分校法学评论》(第46期),1999年,第1727页。约翰·布雷思韦特、希瑟·斯特朗:《理论联系实践》,载希瑟·斯特朗、约翰·布雷思韦特编:《恢复性司法:从理论到实践》,2000年,第203、210—211页的图12.1(该文提出了金字塔理论,其中恢复性司法是基石,并假定其是对犯罪做出回应;当恢复性司法不断失败时就适用威慑,且只有当威慑失败时,才适用金字塔顶端的剥夺行为能力)。即使当布雷斯韦特可以选择惩罚,他仍然会拒绝使用刑罚。在最近的研究中,布雷思韦特承认:"当对罪犯不采取补偿性惩罚—或者至少公众谴责此类犯罪,需要确保道德站在受害人一边。"约翰·布雷斯韦特:《整体论、正义和赎罪》,载《犹他州法律评论》(2003期),2009年,第389、404页。注意他的用词。即使这样的让步表明,该州可以简单地将顽固不化的罪犯定罪,也不需要用这些理由支持判决。

的表达中受益。大多数恢复性司法论者认为监狱是毫无意义的,因为想避开监狱,并且试图建设性地使用羞耻等方法。这样做的目的不是使违法者蒙受耻辱,而是对犯罪行为进行谴责,使违法者与之断绝关系,并且使违法者重新融入社会。用布雷思韦特的话来说,这种方法促进重新融合性的耻辱,同时抵制分解性的耻辱。㉗

  这种实质性的恢复远景是和与众不同的程序携手并进的。由于犯罪是对个人而不是对国家的损害,所以恢复性司法论者抵制深奥难懂的、没有人情味的、由法律人士运行的程序和对形式平等的需求。反之,他们青睐于由外行人运行的替代程序,比如"被害人—违法者"刑事和解、社区修复委员会、家庭团体会议以及量刑圆桌会议等方式。然而运行这些程序的不是法律人士,几乎是非专业人员在运行这些程序。这些成员通常属于职业性的、受过训练的调解人骨干,其协调并促进恢复性对话。虽然每种模式稍有不同,但各种模式都允许被害人说明犯罪是如何影响他们的、提出问题、制定赔偿计划、寻求道歉、公开表达他们的悲痛,当然也包括表示原谅。反过来,违法者了解被害人所蒙受的苦难,进行道歉并承诺赔偿损失,并且治愈他们内心深感内疚的良心。非正式的、灵活的程序可以使各方当事人能够发表自己的意见,并且使补偿措施适应具体个体的需求和具体情况。"被害人—违法者"刑事和解经常被局限于各方当事人自己。然而,其他恢复性司法程序同样将被害人和违法者的家人和朋友纳入其中,以提供支持、鼓励,并监督违法者承诺的实现。被害人能够更容易地向他们身边心爱的人表达自己的痛苦与愤怒。违法者擅长于拒绝认罪或使自己的犯罪减轻至最低限度,但是他们父母或兄弟姐妹的眼泪可能刺穿这

  ㉗ 参见约翰·布雷思韦特:《犯罪、羞耻和重返社会》,1989,第54—61页。犯罪本质上并不一定具有不正当性的犯罪(法定犯)和真正无受害人的犯罪,并不能适用该种观点。但是,这些犯罪类型不是恢复性司法所讨论的重点,也不是本书讨论重点。但是,许多看起来是无受害人的犯罪,如毒品交易,经常带有溢出效应并影响到周围的人,故应该归入恢复性司法的范围之内且也是笔者关注的焦点。

些否认,并且使他们深刻认识到回家改变的必要性。㉘

恢复性司法看起来是按照人们所希望的那样运作。结果使选择参与恢复性司法的被害人和违法者通常感到更满意。关于七项实证研究的回顾发现,平均来分析,恢复性司法比传统的刑事司法在研究的所有维度上表现得更好:被害人和违法者更有可能认同这个系统、他们的法官或调解者以及最终的结果是公平的。他们更有可能对他们案件的处理和结果感到满意,更有可能相信他们能够讲述自己的故事,而且他们的意见已经得到了充分的考虑,更有可能相信违法者已经被追究责任,更有可能更加尊重对方当事人的行为,而且更有可能作出道歉或者表示原谅。而且被害人不太可能继续对犯罪感到烦心并且害怕再次受伤害。㉙

恢复性司法的许多议程非常符合笔者的观点。实质上,恢复性司法试图超越检察官和辩护律师之间单维的零和竞争,这种观点是正确的。犯罪远远不只是针对非人格化国家的抽象冒犯行为,同时还伤害了人际关系和人类情感。在可能的情况下,刑事诉讼程序应该帮助修复这些受损的关系和情感。因此,比起处理具体的违法者以及解决具体的被害人及其家人和邻里所受的伤害,抽象的平等显得没那么重要。恢复性司法确实有助于使违法者的故事得到倾听,有助于理解他们为何违反法律,以及有助于考虑增大或减轻其罪责的因素。对被害人的金钱损失进行赔偿同样是富有建设性的措施,对于诸如故意毁坏和入店行窃的轻微犯罪而言,

---

㉘ 不同模式的恢复性司法程序,参见戈登·贝兹摩、马克·昂布里特:《四种恢复性司法会议模式的比较》,载《少年司法公告》,2001年2月,第2—6页。不同当事人的角色和他们的朋友及亲属的参与,参见约翰·布雷思韦特:《整体论、正义和赎罪》,载《犹他州法律评论》(2003期),2009年,第47—48页。

㉙ 参见巴顿·波尔森:《第三个声音:对恢复性司法的心理结果实证研究的评论》,载《犹他大学法律评论》,2003年,第177—198页(同时该文认为,除了受害人的意见和罪犯对结果的满意度外,所有恢复性司法的优势在统计上十分显著)。然而有一点必须注意,从7份研究中可以看出,其中5个关注的是青少年犯罪,6个关注的是轻罪或次重罪,除了轻微的伤害罪外,没有涉及暴力犯罪,也没有关注成年人的严重犯罪。

这些措施可能足以偿还违法者对被害人以及其他人所负的金钱债务和道德债务。青少年是特别有希望的候选人，因为他们可能不那么应受谴责，而且更有可能被他们父母的愤怒和羞耻所矫正。倾听被害人的心声、道歉以及赔偿损失这些特殊的程序可能具有足够的刺痛来谴责轻微犯罪和给予教训。也就是说，甚至主张报应主义者也可能同意，通过恢复性司法能够使轻微犯罪遭受足够的报应。重新融入性耻辱以使违法者看得见的方式偿还其债务然后回归社区，而不是继续保持疏远状态。因此，这是一种非常明智的方法。

程序上，恢复性司法重新授权给被害人、违法者以及他们的家人和朋友，这同样也是适当的。由于犯罪会伤害他们的人际关系和精神，所以如果他们愿意参与的话就经常需要积极修补这些损害的机会。违法者可能积极地承认自己的错误、作出道歉并且设法修补自己造成的损害，而不是被动地、默默地接受惩罚。然后，被害人和邻居可以选择通过宽恕作为报答。这些程序逻辑通过非专业的当事人纳入其中，支持修复他们的实体目标。反之，其对于降低法律人士的重要性以及抛弃那些制止非专业人员发表意见的技术性法律术语和程序，同样是有意义的。简而言之，较少的程序和证据技术性细则，能够更加有效地传递道德信息。最后，恢复性司法能极为成功地使刑事诉讼法跟刑事实体法的目标重新结合起来，有意识地使程序适服务于实体目标。

但遗憾的是，很多恢复性司法的倡导者走得太远了。实质上，大多数恢复性司法学术研究者，没有给报应留下空间。正如被害人权利可能成为右派用于严厉打击犯罪的一种工具，恢复性司法也可能成为左派用于逐渐削弱惩罚和罪责的工具。大多数人把报应嘲笑为以怨报怨，因此不必要地使痛苦大大增加，而布雷思韦特和斯特朗将威慑和使丧失能力贬低为至多也就是偶尔对报应的这种结果的一种回退。但是恢复性司法论者对人性太过乐观，而且太快地把违法者和他的犯罪以及罪责分离开来。如今，恢复性司法最常被应用于轻微犯罪中，特别是那些由未成年人实施的轻微犯罪。由于低风险和较少的应受谴责性，沿着这个方向，恢复性司法能制止犯罪和施加报应。

但是许多恢复性司法论者做得太过头了，他们试图在更加严重的案件中取代传统的刑事司法。对于中等严重性的犯罪，特别是那些由成年人实施的中等严重程度的犯罪，修复不会取代惩罚。在使危险的违反者丧失能力面前，恢复性司法是无能为力的。恢复性司法的宽和削弱了对那些更加严重犯罪的威慑力，尤其是当所处刑罚仅仅是偿还所取得的金钱并且赔礼道歉的时候。而且，恢复性司法牺牲了能加强公众的道德直觉以及对正义得到伸张之渴望的报应。被害人和公众通常是愤怒的，并且希望得到某些超越金钱的偿付，这是无可非议的。他们没有必要要求剥下违法者的头皮，但他们确实希望看到违法者或多或少地遭受一些痛苦。违法者经常以羞辱并且剥夺被害人的权利为代价来提升自己。为了扭转局势，刑事司法应该赋予被害人以权利，并且在修复违法者之前，至少应暂时性地使其蒙受屈辱。当恢复性司法会议取得成功时，公众愿意接受较轻的刑罚。然而研究发现，在公众眼中，恢复性司法还远远不是惩罚中等严重性犯罪和严重犯罪的完全替代品。但是经典的恢复性司法，遗漏了违法者的威风，经常太快地跳跃到授予廉价的恩典的层面。主动地给予金钱赔偿甚至罚金，不能明确地谴责犯罪及其造成的危害，反而会造成对犯罪及其危害的轻视。这种方式传递了违法者可以简单地收买被害人的错误信息，违法者、被害人及社会可能把没有进行惩罚错误地解读成轻视犯罪并且听任违法者继续实施犯罪行为。我们需要用惩罚的痛苦和耻辱来纠正失去平衡的天平，而且它们的刺痛突出强调了社会对犯罪的谴责。正如斯蒂芬·加维所肯地指出的，恢复性司法缩短了这个过程：

"恢复性司法论者的议题中缺少的……是作为道德谴责的惩罚的理念……如果恢复性司法主义拒绝通过惩罚维护被害人的价值，那么它就无法实现被害人的修复。恢复性司法也无法修复违法者，如果违法者愿意接受惩罚，只能是他自己

弥补自己的错误行为。而且如果被害人和违法者都没有得到修复,那么他们作为其中一部分的社区也无法得到修复。"㉚

修复是一个值得赞赏的目标,但是如同笔者在第一章中认识到的一样,其应该是道德的产物。谴责和惩罚有他们自己的时间和地点,通常其必须先于宽恕和重新融入社会。在对违法者进行了谴责和惩罚之后,邻居、朋友和社会才会看到违法者已经偿还了他对社会和被害人所负的债务。只有到那时,他们才愿意对违法者表示原谅并使其重新融入社会。在宽恕之前进行谴责和惩罚的必要性"被'恢复性司法'倡导者们漏掉了,他们想要我们集中关注于危害及其修复,而不是错误行为及其惩罚,或者希望我们考虑'冲突'而不是'犯罪'。"㉛悔意、道歉和赔偿可以减轻惩罚并且加快这一过程,但是对于那些中等严重性的犯罪,则无法完全取代它。

而且恢复性司法的梦想在违法者和被害人方面,可能是"难辞

㉚ 保罗·H. 罗宾逊:《论恢复性程序的美德及恢复性司法之恶》,载《犹他法律评论》,2003年,第384—385页。

㉛ 有关赔偿和罚款的送达,参见丹·卡汗:《替代性制裁措施是什么?》,载《芝加哥大学法律评论》(第63期),1996年,第619—624页;斯蒂芬·P. 加维:《刑罚是一种赎罪》,载《加利福尼亚大学洛杉矶分校法律评论》(第46期),1999年,第1844页;安东尼·达夫:《恢复性措施和惩罚性措施》,载安德鲁·冯·赫希等编:《恢复性司法和刑事诉讼:对抗或调和的范式?》,2003年,第43、44页(该文认为恢复性措施应结合报复性惩罚)。

显而易见,初步调查结果显示,对中度严重犯罪而言,恢复性措施并不能替代惩罚性措施。但是从心理学研究而非现实角度来看,恢复性措施可以作为轻微犯罪的惩罚性措施。以上来自于对受过犯罪影响的受害人、被告人和其他公民的采访。德娜·M. 格罗梅、约翰 M. 达利:《恢复性措施和惩罚性措施:惩罚性措施的要素如何影响恢复性司法程序的可接受性》,载《社会公正研究》(第19期),2006年,第395、406页的表1,第409—411页图5、第420—423页;参见德娜·M. 格罗梅、约翰·M. 达利:《惩罚和超越:满足多元目标实现正义》,载《法律与社会评论》(第43期),2009年,第1、23—25页(该文调查发现,当调查对象看到严重的犯罪情节,并被告知要关注罪犯时,他们更倾向于对其采用惩罚性措施;但是,当他们关注受害人或者公关利益时,他们愿意选择较轻的惩罚,而且更倾向采取能恢复和受害人的关系和公共利益的措施)。

其咎地感情用事的、危险地天真的"。一些违法者可能批判性地反省自己的行为,从感情上认识到自己的不道德行为,发誓改变并且运用足够的自律来补偿过失或改变自己的习惯,但是很多违法者无法或者不愿这样做。一些青少年可能更有可塑性,但成年人通常是顽固不化的。

很多人是受感情驱使的、以自我为中心的、不守纪律的,而且他们对其他人的需要的预见能力和同感能力受到了损害。的确,犯罪学家把这些特性视为违法者的特征。有时候,在对人们的改造方面,恢复性司法、道歉以及宽恕可能产生神奇的效果。尽管伪善有时是显而易见的,但是欺骗的危险是巨大的。即使当违法者真诚地流下泪水并且发誓洗心革面重新开始,他们习惯性的缺乏自律,这使得他们很有可能堕落倒退。毒品和酒精进一步削弱了自我控制能力和作出改变的决心。㉒ 冒险将恢复性司法应用于其罪行不是十分严重的第一次违法者或第二次违法者可能是值得的,但是在处理累犯的时候,天真的希望一定不会战胜经验。

恢复性司法对于被害人同样可能是感情用事的。虽然被害人并不像我们经常假设的那样残忍或者复仇心重,但是许多恢复性司法论者倾斜到了另一个极端。他们希望被害人宽恕违法者并且通过宣泄性会议、道歉和赔偿得到治愈。正如笔者之前所言,如果各方当事人愿意的话,悔意、道歉和宽恕具有显著的治愈能力。但有时他们并非如此,这可能是因为被害人处于恐惧和愤怒之下——这是可以理解的。恢复性司法的极其软弱性有时可能增加恐惧感,比如当被害人意识到暴力型违法者不会被安全地关押在监狱之中时。同时,其还可能轻视、忽视被害人和公众合乎情理的愤怒,并视其为不符合理性。在恢复性司法会议中,当一个入户盗窃犯罪中的被害人,认为入户盗窃者所言的是"废话"来表达自己

㉒ R.A.达夫:《犯罪之果:刑法中的责任和义务》,2007年,第88页;参见《传道书》3:1,3,5(金·詹姆斯版)("天堂之下,世间万物皆有自己的季节,做任何事情也有一个恰当的时机……杀戮有时,医治有时……拥抱有时,逃避拥抱亦有时……")。

的狂怒,认为应该"让那个混混了解"自己是"多么的愤怒"时,违法者和调解者就应进行干预以阻止这些愤怒的话语。调解者说他们需要另外10分钟来提出解决方案,那么调解者就隐式地站在违法者那边,并且制止被害人说话。调解者打断并且想扭转愤怒和道德义愤的表达,通过这样做,他们隐式地把被害人的情感爆发谴责为侵略性,并视为是无礼的。也就是说,调解者保护违法者的尊严免受言语的谴责。许多被害人在他们能够表示宽恕之前渴望这种言语上的宣泄,并看做是自己的权利。虽然情感是极为重要的,但是愤怒和主观判断性的情感最好应暂时性克制,否则导致最坏的不受限制的情况出现。在他们希望在不冒犯违法者的情况下进行修复的热诚中,调解者可能迫使被害人抑制他们的怨恨和愤怒,而不是将之发泄出来。③

正如前面的例子所显示的那样,在非专业的参与者可能转向于报应的情况下,恢复性司法的专业人员有时会倾斜他们的程序。他们拒绝法律专业人员,只是用一个不同的具有自己议程的专业精英团队取代了他们。举例言之,在恢复性司法会议中,年轻违法者的母亲与被害人一致同意,她的儿子应该身穿一件写有"我是小偷"字样的T恤以受到教训。约翰·布雷思韦特开始公开指责那

---

③ 该引文源自安娜丽丝·艾科恩:《强制性同情:以对恢复性司法的批判为视角》(19)(2004年)。关于对犯罪的典型特征的分析,参见迈克尔·R.戈特弗雷德森、特拉维斯·赫希:《犯罪学一般原理》,1990年,第85—111页(作者考察了较差的自制力,这种较差的自制力包括冲动的满足,其是犯罪性的标志);詹姆斯·Q.威尔逊、理查德·J.赫恩斯坦:《犯罪和人性:犯罪原因研究》,1985年,第204—205页(作者分析了冲动和犯罪的关系)。精神变态者表现出没有同情心,即使被抓住,也不后悔做任何事情;参见赫维·克莱克利:《理智的面具:重新诠释变态人格》,1941年,第241—243、258页;罗伯特·D.黑尔:《良知的缺失:精神变态者受干扰的世界》,1999年,第40—45、58—60页。

甚至悔过的违法者也存在再度堕落的风险。例如,一个轻度虐待妻子的人可能真心悔悟,但是,下一次当他想喝酒的时候他又可能再度施暴。事实上,这种循环的暴力和悔悟是暴力犯罪者的一般特征,而不仅仅限于酗酒者。参见丽诺尔·E.沃克:《被虐待的妇女》,1990年,第55—70页(作者记录周期的虐待、道歉与和解);丽诺尔·E.沃克:《受虐妇女综合征》(第3版),2009年,第91—96、98—105页(作者认为临床证据证实了沃克的暴力周期理论)。

种结果为残忍的、有辱人格的。然而,这个回应与恢复性司法论者对特定参与者的需求,以及从他们的讨论中产生的一致意见相冲突。布雷思韦特没有参加这个恢复性司法会议,因此无法得知该 T 恤惩罚是否可能给这个特定的违法者有价值的教训。在他避免给这个违法者造成任何污名的热诚中,布雷思韦特实际上使对该惩罚取得一致意见的这位母亲和被害人蒙上了污名。㉞ 也就是说,许多恢复性司法论者针对报应的实质性偏见,削弱了取得道德共识和让犯罪和违法者受到特殊惩罚的程序性权力。尽管所有的讨论都要求尊重被害人和社区,但是当他们与反惩罚议程发生冲突的时候,其可能忽视他们的道德直觉。

恢复性司法存在的另一个问题在于:有时候,如此集中关注于有直接关系的各方当事人,以至于其可能排除公众的合理关注。例如私人的恢复性司法会议,其本身有点类似于控辩交易,但会绕开审讯中的公开的道德剧的部分,其使公众既看不到被害人得到维护,也看不到正义得到伸张。缺乏公开性这一问题,在被害人—违法者刑事和解的情况下,因其不需要把朋友、家人、邻居以及社区代表包括在内,就显得尤为严重。同样,恢复性司法有效地否认认为国家在秉行公正中没有任何利害关系。通过鼓励被害人,把

㉞ 以下轶事和引文来源马克・S. 昂布里特:《刑事和解手册:重要的实践和研究指南》,2001 年,第 88—89 页。作为恢复性司法的主要学者,昂布里特支持调解人偏向受害人的诉求:"调解人的观点确证了入户盗窃的小偷的担心:其在被抛售。调解人和小偷之间的互动也明显对受害人有积极的影响。由此可以看出,受害人和小偷之间的交流更少情绪化,并且被害人的身体语言也开始慢慢放松。"参见马克・S. 昂布里特:《刑事和解手册:重要的实践和研究指南》,2001 年,第 89 页。

调解人的责任是干预和转移受害者的愤怒,参见托马斯・J. 雪夫:《应对社区会议中的羞愧和愤怒》,载布鲁斯・J. 温尼克、大卫・B. 韦克斯勒编:《治疗的关键:治疗法理学和法院》,2003 年,第 231、240—250 页(作者认为,恢复性司法和治疗法律学是一个运动的两个向度。根据对澳大利亚三个城市中会议的第一手观察,讨论了社区会议的恢复性司法程序)。

关于对恢复性司法与惩罚之间的敌对和功效之间的冲突的分析,参见丹・卡汗:《替代性制裁措施指的是什么?》,载《芝加哥大学法律评论》(第 63 期),1996 年,第 2094 页(作者注意到,反对惩罚性措施的恢复性司法主义狂热者可能压抑受害人的愤怒,并因此损害恢复性司法的表达功能和公众支持)。

案件作为完全私人的事情进行解决,并且完全排除实质性惩罚,忽略了潜在的被害人和公众在看到正义得到伸张时的利害关系。同样的问题困扰着无被害人犯罪的恢复性司法。虽然恢复性司法论者有时替换了其他酒后驾车事故的警察和被害人,但是在许多酒后驾车、毒品交易或者创设其他风险的案件中,不存在真正的被害人面对违法者。

但值得庆幸的是,一些恢复性司法论者开始拒绝报应与修复之间错误的二分法。例如,霍华德·哲瀚弗虽然曾经帮助推广这种二分法,但现在已经承认自己在反对这两者上是错误的。在这方面,恢复性司法的实践经常比它的学术支持者所信奉的要好得多。许多恢复性程序在修复各方当事人和社区的过程中,也施予应得的惩罚。在实践中,恢复性司法会议包含许多报应的要素,比如对违法者进行谴责——这可能是和解的先决条件。上述情况同样适用于恢复性司法所利用的本土性惩罚实践,比如仪式性的用杆刃刺人以及其他的身体报复(滑稽的是,一些恢复性司学者把这些措施进行了扭曲,否认这种公然的暴力涉及报应)。正如一些恢复性司法论者所承认的,如果公众在其中没有看到报应,他们不大可能接受恢复性司法。㉟

除去对惩罚的反射性敌意,恢复性程序有很多东西可以提供给刑事司法。恢复性司法能弥补刑事司法的不足,但在需要进行刑罚惩罚的严重犯罪中,不能替代刑事司法。例如,美国威斯康星大学法学院已经开始的恢复性司法项目,该项目在监狱中安排违法者和被害人或者他们的亲属之间的调解。在调解会议期间,谋杀未遂的凶手愿意承担责任、情不自禁地哭了起来,并且拥抱被害

㉟ 对恢复性司法专业人员和非专业人员的不同日常工作的论述,参见苏珊·M.奥尔森、艾伯特·W.祖尔:《恢复性司法中的职业角色重塑》,载《犹他州法律评论》,2003年,第77页("'报复性''惩罚性'和'以犯罪人为基础'的观点,被视为是和恢复性相冲突,故恢复性司法专业人员的职责就是更正和修改此类观点")。此例的详细内容参见:约翰·布雷思韦特:《整体论、正义和赎罪》,载《犹他州法律评论》(2003期),2009年,第160页的表格5.3。

人,被害人反过来原谅了他。在另一个调解会议中,被强奸刺伤的被害人的母亲要求会见强奸者,该强奸者在审讯期间和之后坚决声称自己无罪。在监狱调解中,强奸者无法抑制自己的感情并且承认了自己的罪行。同样的,爱荷华州和明尼苏达州惩治局已经开始实行以监狱为基础的被害人—违法者刑事和解、支持和责任圈、家庭团体会议以及为被监禁违法者开设的影响被害人的学习班。被害人可以询问违法者为什么会发生该犯罪、表达他们所受的伤害,并且治愈自己的心理。只要各方当事人能自由地决定参与或不参与,就完全有足够的理由在审判或答辩之前或之后,更广泛地提供这种类型的恢复性程序。而且司法可以很容易地为恢复性程序设定界限,对严厉惩罚和宽容范围进行限制。同样的,恢复性程序可以紧随大规模暴行之后对国家进行治愈,尤其是当它们不取代惩罚的时候。㊱

这些都说明,左派的恢复性司法论者和右派的被害人权利倡导者,从根本上来说对于刑事司法都提出相同的抱怨:我们的现行制度太不透明了,而且被法律局内人所控制。结果是,刑事司法机器把曾经是而且现在应该再次成为当事人的局外人的合理需求和表达权排除出去。恢复性司法论者一致认为,法律术语、程序上的技术性以及不受约束的幕后交易,应该为更加透明的参与式程序所替代。这种政治上的趋同性表明,除去恢复性司法的过极化,更广泛的公众将会支持这一改革。

㊱ 霍华德·哲瀚弗:书评,载《英国犯罪学期刊》(第43期),2003年,第653、654页(该文评价的是迈克尔·L.哈德利编辑的书:《审视恢复性司法的精神根源》,2001年)。例如在恢复性司法中发现存在报应性成分,参见凯瑟琳·戴利:《重新审视报应性司法和恢复性司法的关系》,载希瑟·斯特朗、约翰·布雷斯韦特编:《恢复性司法:从理论到实践》,2000年,第33、45页。关于恢复性司法对报应性要素的忽视,参见查尔斯·巴顿:《刑事司法中的授权和报应》,载同上书,第55、61—64页(引自多个作者的论述。这些作者否认澳大利亚原住民用杆刃刺人的仪式是一种报应性措施,即使这种仪式通常导致违法者的死亡或严重伤害)。

3. 治疗性司法体系和问题解决型法院

第三个刑事司法改革运动不是试图给刑事司法增加新的话语权的声音,而是试图使既有话语权者以一种不同的语气说话。治疗性司法是过去 20 年由大卫·韦克斯勒和布鲁斯·温尼可领导的无定形的运动。虽然治疗性司法和恢复性司法有着共同的主题,而且有时候与恢复性司法相混淆,但是治疗性司法起源于心理健康法并且远远延伸至恢复性司法之外。治疗性司法集中关注于法律制度如何能够促进或阻碍它所影响的那些人,比如被害人和被告人的心理健康。治疗性司法是前瞻性的,使用社会科学来评估和改革法律规则。[37] 治疗性司法也是整体性的,着眼于个体的全

---

[37] 威斯康星州的项目在弗兰克·J. 雷明顿的文章《恢复性司法项目》中有提及,载 http://www.law.wisc.edu/fjr/clinicals/rjp.html,最后访问时间 2011 年 5 月 5 日。本文的例子来源于塔·艾弗斯:《和平使者的祝福》,依斯玛斯(麦迪逊,威斯康星),1998 年 4 月,第 9 页。

对爱荷华州和明尼苏达州实践的分析,是源自于笔者对布鲁斯·基特尔的电话采访。布鲁斯·基特尔是被害人与犯罪人调解和牧师协会的董事会成员,也是爱荷华州矫正服务部门的成员(2004 年 2 月 27 日);爱荷华州矫正部:受害者和恢复性司法程序的历史,载 http://www.doc.state.ia.us/VictimHistory.asp(最后访问时间 2011 年 5 月 5 日);明尼苏达州矫正部:恢复性司法:交流体验中的受害人和侵害人,载 http://www.doc.state.mn.us/rj/Options.htm,最后访问时间 2011 年 5 月 5 日。

例如在官方调解模式下,调解人可以提供建议、支持一方或当调解失败时做出判决。参见克里斯多夫·W. 摩尔:《调解程序:解决冲突的实践策略》(第 3 版),2003 年,第 44—55 页。虽然大多数官方调解的例子源于民事调解方面,但是,也可以在刑事恢复性程序中采用。

卢旺达和南非作为对大规模暴力采取两种截然不同的恢复性司法方式。在 1994 年,胡图族部落成员在卢旺达屠杀了近 100 万图西族人与中立派的胡图族人。因为卢旺达国际刑事法庭只能起诉少数最严重的罪犯,所以让加卡卡法庭受审剩下的犯罪。加卡卡法庭进行了公开审判,在法庭中,受害人和村民面对被告人。被告人可以为他们的犯罪辩护或者坦白,如果能供出其他参与者还可以换取较轻的刑罚。有一点特别重要,那就是加卡卡法庭不允许通过向受害人忏悔或者道歉来代替应得的刑罚,而仅仅是作为补偿。刑罚是广义上的和解程序的一部分,而非和解程序的替代品。事实上,加卡卡法庭已经因受理成千的案子而不堪重负,以致一些人批评其缺乏足够的安全保障。然而,加卡卡法庭融合报应性和恢复性措施的努力是值得肯定的。并且不像国内采用代替或遵循判决的恢复性司法程序,加卡卡法庭

方位需求,而不仅仅是个体的得到狭窄的法律判决之愿望。

重要的是,治疗性司法不仅着眼于实体法律规则,而且关注法律程序、法律说理以及法官和律师的角色。例如,治疗性司法的倡导者们批评实体性精神病法把精神病作为无罪判决的理由。他们辩称,"无罪"这个标签会鼓励违法者相信自己没有做任何错事并且不需要治疗。其他的倡导者则批评美国《联邦量刑指南》奖励告密者并且使用没有被指控的、被驳回的或者被判无罪的犯罪来提高其他被证明有罪的犯罪的判刑。这些措施可以说与大众的道德

让受害人和村名来决定是否有罪。如此,他们更接近殖民时期的道德审判。参见马克·A. 克拉姆:《暴行、惩罚及国际法》,2007 年,第 85—99 页;加卡卡国家司法服务中心:加卡卡法庭采用的量刑,载 http://www.inkiko-gacaca.gov.rw/En/EnSentence.htm,访问时间 2011 年 5 月 5 日;达旺·马哈拉杰:《人民法院审判种族灭绝》,卢旺达种族灭绝的八年之后,不堪重负的法院系统逐渐依靠村名,包括受幸存者进行判决,载《洛杉矶时报》,2002 年 5 月 29 日 A1 版;安德鲁·梅尔德伦:《一百万卢旺达人在乡村法庭面临死刑指控》,载《伦敦卫报》,2005 年 1 月 15 日,第 16 页。

另一方面,南非对仅仅用讲故事的方法替代司法显得十分谨慎。在废除种族隔离制度之后,南非不能公开、起诉并证明在该体制导致的无数的侵犯人权的行为。为了将种族隔离的行为曝光,南非真相及和解委员会为政治犯提供特赦以换取完全的信息公开。希望将这些犯罪曝光和公开,能提供治疗和愈合的措施。参见《南非真相及和解委员会报告》,1998 年,第 49—134 页。作为回应,虽然只有小部分人受到大赦,但有成千上万的违法者出来作证。真相和解委员会:《特赦听证及判决—对大赦决定的总结》,2000 年 11 月 1 日,载 www.doj.gov.za/trc/amn-trans/index.htm,访问时间 2011 年 5 月 5 日。不幸的是,许多种族隔离的受害人,质疑真相和解委员会,认为其没有做到公正,所以不能调和黑人和白人之间的矛盾。和解并非是司法的替代,相反,许多受害者认为正义是和解的先决条件,参见杰伊·A. 沃拉、艾丽卡·沃拉:《论南非真相及和解委员会的效力:以科萨人、阿非利卡人和英裔南非人为视角》,载《黑人学生期刊》(第 34 期),2004 年,第 301、309—310 页的表 1,第 314—319 页;暴力及和解研究中心和 Khulumani 支援组织:《幸存者对真相与和解委员会的看法和对最终报告的建议》。载 http://www.csvr.org.za/index.php?option=com_content&view=article&id=1705%3Asubmission-to-the-truth-and-reconciliationcommission-survivors-perceptions-of-the-truth-and-reconciliation-commission-and-suggestions-for-the-final-report&Itemid=2,访问时间:2011 年 10 月 1 日。鉴于数年来起诉无数犯罪困难的事实,也许最好的途径就是公布事实。但是,如果没有公正,受害人更难愈合且更难做出谅解。

观相抵触,并因此可能破坏合法性和人们对法律的尊重。㊳

  程序上,法律应该使各方当事人感觉到法律已经倾听了他们的表达并且公正地对待他们。诉讼程序应该尊重各方当事人的情感并且给予他们表达出自己心声的空间。例如,诉讼程序可以让被害人讲述他们的故事,并且可以鼓励被告人在认罪答辩听证会上和量刑的时候承担责任并作出道歉。在向委托人提出建议的时候,在治疗上有经验的律师应该把他们委托人的长期心理需求考虑在内。例如,一个醉酒驾车的司机的律师,可以对抗其委托人的拒绝认罪,并且鼓励其认罪和参加匿名戒酒互助社。这样做有助于委托人戒除自己的酒瘾,并且使委托人在避免将来进行伤害和犯罪中获得长期利益。然后,律师可以使用这种建设性的改变证据来达成有利的认罪协议。㊴

  法官可以同样地使他们的说理适应他们听众的需要。法官可

 ㊳ 克里斯多夫·斯洛博金:《治疗法理学:对五个难题的思考》,载《心理学、公共政策与法律》(第1期),1995年,第193、196页;布鲁斯·J.温尼克:《治疗法理学的法理》,载大卫·B.韦克斯勒、布鲁斯·J.温尼克编:《重点治疗中的法律:治疗法理学的发展》,1996年,第645、647—652页;参见约翰·布雷思韦特:《恢复性司法和治疗法理学》,载《刑法学公报》(第38期),2002年,第244页(笔者描绘了移情和整体论两种方法,虽然有共同感之处,但在某项因素方面形成鲜明对比,比如治疗法理学对家长主义容忍度比较高)。参见鲁斯·J.温尼克、大卫·B.韦克斯勒编:《治疗的关键:治疗法理学和法院》,2003年,第231、240—250页;丹尼斯·P.施托勒等编:《治疗法理学实践:法律作为帮助性手段》,2000年;大卫·B.韦克斯勒、布鲁斯·J.温尼克编:《治疗法理学论文集》(1991年)。

 ㊴ 关于对精神病的裁决,参见罗伯特·A.费恩:《对精神病的赦免是如何阻碍治疗》,载大卫·B.韦克斯勒等人编:《治疗法理学:法律是一种治疗手段》,1990年,第52—57页(这种观点是以作者在州立精神病院经历的几个临床案例为基础的,这些病人因患有精神并而被判无罪)。这种观点是有争议的,并且可能只能支持小部分精神病患者无罪。其他的精神病患者,特别是那些患有重性抑郁障碍患者,可能对他们自己过于自责,其承担责任并不需要压力。

关于对《联邦量刑指南》的分析,参见凯莉·A.古尔德:《〈联邦量刑指南〉对未受指控的、撤回的或无罪释放的犯罪没有作为:其是否提高了对法律的尊重?》,载大卫·B.韦克斯勒、布鲁斯·J.温尼克编:《重点治疗中的法律:治疗法理学的发展》,1996年,第171页;参见凯文·R.赖茨:《量刑的事实:真实犯罪中量刑的误区》,载《斯坦福法律评论》(第45期),1993年,第523页。

以煞费苦心地解码他们使用的法律术语,例如,量刑法官可以坦率地谈论案件中的错误行为以及所造成的危害,而不是退回到精确的《量刑指南》的官样文章。而且,上诉法院可以用几句话解释其所听到的上诉人的辩论,所以裁定初审法官没有滥用自由裁量权,而不是仅仅使用"被证实"这个简单的词。⑩

虽然治疗性司法没有产生解决问题的法庭,但是很欢迎这种用治疗性司法理念解决问题的法庭的最近发展。这些法庭中最常见最普遍的是毒品法庭,其和其他解决问题的法庭一样,避开传统法庭生硬刻板的对抗性语言和程序。案件和记录不太严重的被告人,通常在审判之前被大批地转移给专门法庭。字面意义和象征意义上,毒品法庭的法官从他们的法官席上走下来,担任高级缓刑监督官,而且检察官和辩护律师应该成为治疗团队的成员而不是敌对者。法官经常作为法律顾问和拉拉队队长,代表他们的"委托人"说话,而不是集中关注刑事责任的归属。例如通过检测毒品呈阳性,他们对违反方案规则的委托人发出警告。反复违反规则可能导致短期监禁或者最终导致传统的监禁。相反,最终成功戒毒并且寻找到工作,则可能导致刑事案件的撤回。法官举行毕业典礼并且抒发感情,甚至拥抱他们的委托人以庆祝成功。该全部过

---

⑩ 关于对量刑中的责任和道歉的接受,参见理查德・P.韦伯:《心理健康对刑事被害人权利的影响》,载大卫・B.韦克斯勒、布鲁斯・J.温尼克编:《重点治疗中的法律:治疗法理学的发展》,1996年,第213、227页(作者指出,受害人证言的可采性及受到受害人影响的判决,或许可以在心理上帮助受害人治愈);参见凯莉・J.彼得鲁奇:《论刑事司法中的道歉:把道歉作为法律系统中的附加元素》,载《社会行为与法律》(第20期),2002年,第354—358页(道歉);参见艾米・D.拉特纳:《陀思妥耶夫斯基和治疗法理学学说》,载《约翰・马歇尔法律评论》(第40期),2006年,第41、47—57、109、111页(笔者论述了辩护律师在聆听和引导委托人表达和坦白中的作用)。

关于辩护律师为酒后驾车的委托人咨询的分析,参见大卫.B.韦克斯勒:《对刑法治疗学的理论和实践的反思》,载《刑法公报》(第38期),2002年,第206—207页(作者分析了约翰・V.麦克沙恩2000年的文章《治疗法理学在刑事辩护中的作用和原因》,该文章没有公开发表,只是在2000年3月12日在路易斯安那的新奥尔良召开的美国法律心理学协会会议上提交。韦克斯勒的文章分析了麦克沙恩在个人执业过程中处理这些案例的情况)。

程是作为"治疗剧"进行的。特别是,毒品法庭引发了极大的争议。批评者指责毒品法庭扩大了毒品逮捕的范围,惩罚吸毒成瘾者的同时释放了那些没有成瘾的人,而且通过非法途径有效地使毒品去罪化。㊶我们应集中关注那些会对被害人的犯罪产生影响的常见的治疗性司法问题,而不是猛烈抨击这些特定毒品问题。

治疗性司法的好几个主题和笔者的方法产生了强烈的共鸣。最为显著的是,治疗性司法强调法律程序和法律说理传递的信息和影响,这是正确的。律师太过于频繁地只把注意力集中于法庭将会施加的罚金和监禁刑期,使其只着眼于经济效益的数字。实体法应该更多地关注程序,尤其是程序所传递的意义。例如,治疗性司法和笔者在第三章中对程序如何能够促进治愈性道歉,或者与相反地坚定被告人的拒绝认罪从而阻碍改革之关注不谋而合。其也与汤姆·泰勒关于公正的程序如何能够增进信任并且使各方当事人更愿意尊重法律结果的研究成果恰好相吻合。㊷无论结果如何,倾听所有当事人的心声,并且尊敬地对待他们,就能加强法律的道德可信性。甚至那些简单的步骤,比如把法律术语转

㊶ 艾米·D.拉特、布鲁斯·J.温尼克:《反治疗法理学的确证》,参见布鲁斯·J.温尼克、大卫·B.韦克斯勒编:《治疗的关键:治疗法理学和法院》,2003年,第316、319页。

㊷ 关于对治疗法理学和解决问题法院之间关系的分析,参见布鲁斯·J.温尼克、大卫·B.韦克斯勒:《毒品法院:治疗法理学的运用》,载《杜鲁大学法律评论》(第18期),2002年,第479、480页(专门治疗法庭包括毒品法院,都与法律治疗学紧密联系,但与其并非同一概念。这些法庭可以看做是治疗法理学的应用)。

对专门毒品法庭的论述,请参见佩吉·富尔顿、奥拉等:《治疗法理学和毒品治疗法院运动:针对美国毒品泛滥和毒品犯罪的刑事司法体系改革》,载《巴黎圣母院法律评论》(第74期),1999年,第439页;布鲁斯·J.温尼克:《治疗法理学和专门法院的关系》,载《福特汉姆大学法律期刊》(第30期),2003年,第1055页。

关于对"治疗剧场"的论述,参见小詹姆斯·J.诺兰:《司法重塑:美国毒品法院运动》,2001年,第5—11、71—73、75—89、100—102页;理查德·C.博尔特:《毒品法院戒毒运动中的对抗制和律师作用》,载小詹姆斯·J.诺兰编:《毒品法院的理论和实践》,2002年,第115、119—120页;菲利普·比恩:《论毒品法院、法官和恢复理念》,载同上书,第235、236—238页;詹姆斯·J.克里斯:《毒品法院戒毒运动:隐性假设分析》,载同上书,第89、198—200页;小詹姆斯·J.诺兰:《与非普通法国家的区别:英国和美国的毒品法院》,载同上书,第89、103、105—106页;萨拉·斯蒂恩:

化为简明语言,也可以有助于使法律裁决被理解并且得到尊重。这些措施不是零和的折中,而是使所有当事人感到更满意的方式。

治疗性司法的另一方面的价值是:对律师和法官的角色重要性的关注。律师不应该仅仅关注于他们跟其他局内人的相互作用,对于他们应该服务于作为局外人的非专业人员,通过这些局外的非专业人员,律师的建议和行动会在现实世界中转化成结果。太狭隘地关注于赢得特定的案件,可能忽略被害人或被告人较长期的需求和利益。例如,简单地使拒绝认罪的酗酒者或性犯罪者的惩罚最小化,可能使潜在的问题不断恶化并且变得越发严重。律师应该不仅关注于赢得一个刑事案件,而且在适当的情况下,应关注于给他的委托人安排职业培训、戒毒以及教育、医疗和咨询服务。的确,即使在狭义的法律条款中,这些社会服务都经常在组织审前分流、控辩交易、监禁判决、缓刑以及假释中具有重要意义。[43] 和恢复性司法一样,治疗性司法是一种使实体法、程序法在实践中一体化的方法,是服务于共同目标的有益努力。治疗性司法从该体制退回到追问法律应该服务于哪些更广泛的目的和人类需求。

《西海岸毒品法院:刑事司法过程中对罪犯的道德考量》,载同上书,第51、58—65页;伊莱恩·M.沃尔夫:《对东北部毒品法院执行的系统性限制》,载同上书,第27、40—44页。

对问题解决型法院的批判,参见莫里斯·B.霍夫曼:《治疗法理学、新改造主义和司法集体主义:风险性最小的学科转变为风险性最高的学科》,载《福特汉姆大学法律期刊》(第29期),2002年,第2063页;小詹姆斯·J.诺兰:《从新界定刑事法院:问题解决型法院及司法的含义》,载《美国刑法评论》(第40期),2003年,第1541、1554—1563页(作者对解决问题型法学院的用语含蓄、放弃正义以及仅仅使用治疗性措施代替公正的报应进行了批判)。

[43] 如参见汤姆·R.泰勒:《司法程序的心理后果:民事听证的影响》,载布鲁斯·J.温尼克、大卫·B.韦克斯勒编:《治疗的关键:治疗法理学和法院》,2003年,第3、15页(除了不清楚这些程序是否导致积极的后果之外,作者注意到民事听证程序对民众的信任、脆弱性和自尊带来重要的心理影响)。

和恢复性司法一样,治疗性司法同样质疑现有刑事司法体制使结果均衡化的极端强调,这种质疑是正确的。平等,作为成功的少数可量化的衡量标准之一,被现有刑事司法体制过分强调了。其结果就是强求一致执行《联邦量刑指南》和强制性的最小化刑罚。但是这些措施从未按照局外人所希望的那样起作用;正如本书第二章所解释的那样,作为局内人的检察官把它们当作控辩交易的筹码,不是以正义为基础而是基于案件处理效率进行运作。即使当它们被始终如一地应用的时候,广泛的强制性规则也造成对不同情况相同地对待。而且对完美的形式平等的这种毫无意义的追求,几乎没有消除美国刑事司法中的种族、财富和性别歧视。虽然我们不应该放弃目标上的平等,但是我们应该放松其狭窄性,并且使程序和结果更加适应于被害人个人、被告人和社区的特殊需要。遗憾的是,一些恢复性司法和治疗性司法的狂热者朝着另一个方向走得太远了,甚至抛弃了均衡化措施的幌子。[44]

最后,治疗性司法设法尊重情感在刑事司法中的地位。正如第二章所指出的,巨大的分歧把局内人的观点和局外人的观点分离开来。但法律通常给人的印象是在逻辑上是冷酷的、严厉的、不近人情的,律师典型地是侵略性的、以权利为方向的,并且仅仅关注经济效益的结果,比如美元和美分或者监禁刑期。他们总是不善于倾听并真正了解他们的委托人及其需求。律师应该作出更多努力来培养他们的情感智力,以便他们能够理解并服务于他们的委托人的需要。如果委托人知道他们的辩护律师已经倾听了他们的心声、与他们产生了情感共鸣并且设法提供帮助,那么委托人可

---

[44] 大卫·B.韦克斯勒:《治疗法理学中的刑事律师:治疗法理学和刑法实践》,载马乔里·A.西尔弗编:《律师的情感援助:把法律作为治疗性专业》,2007年,第367、379—398页。

能会感觉更好,而不论结果如何。⑮

不幸的是,治疗性司法在几个方面存在缺陷。比如其太迷恋专家了。法官没有受过治疗专业的训练,但是他们被期望对待被告人仿佛对待病人一样,并对这种病人进行诊断和治疗。专家的统治地位削弱了治疗性司法对程序正当性的强调,但是正如第二章所讨论的,我们的制度存在的问题并不是缺乏专业人员,而在于专业人员过多,并把陪审团和社区的情感排挤出去。因此,法律太容易渐渐疏远公众的正义感,并且朝向专业精英的议程滑去。

这种专家崇拜在实践中提高了对家长式统治的合理关注。虽然理论家否认它,而且许多人拒绝承认它,但是一些法官坦率地承认他们通过额外的惩罚或者其他的威胁方式,非常冷酷无情地对他们的委托人,并对他们的委托人施加压力。当然,国家可以正当地对犯罪以惩罚相威胁,但是当国家对没有在控辩交易中进行合作的行为简单地以额外的惩罚相威胁的时候,那么这将是非常令人不安的。但是当法官把自己看作是一个仁慈的治疗专家时,没有比例限制阻止其运用更多的压力来迫使其委托人自我改进。一个批评者指出,治疗性司法在实践中是新式的修复主义。因此,其缺乏应受惩罚的均衡性。治疗专家甚至可以把正义重新定义为满足患病的委托人所必要的任何东西,专业人员对委托人所需要的是什么不明白,并且经常明显背离委托人的

---

⑮ 实现个案正义的需要以及放弃过于宽泛的抽象规则,是本次法律中讲故事运动的重大启发。参见托尼·M.马萨罗:《同情、法律叙事和法治:新视角还是旧伤痕?》,载《密歇根法律评论》(第87期),1989年,第2099、2101、2106—2120页(尽管笔者批判本次讲故事运动是由潜在的政治改革所推动,因此有选择性的强调少数民族和其没有权利的团体的事迹,但同时笔者承认这种驱动力)。

关于解决问题型法院极力反对平等的论述,参见小詹姆斯·J.诺兰:《司法重塑:美国毒品法院运动》,2001年,第103—104页(在转述情况时,刻意掩饰毒品法院法官的公开的对关于平等和努力保持一致的质询的敌对)。

意愿。㊻

专业知识存在的另一个问题是：与大众道德判断脱离。治疗学具有冷静客观的说辞，尤其是在解决问题的法庭中，其用心理学的词汇进行表达，而这种词汇可能退化成心理学行话。尤其是法官谈到他们的指控时，不是将其作为罪犯，也不是作为被告人，甚至不是作为违法者，而是当做委托人。㊼治疗所使用的言语表明，犯罪不是关于屈从于意志的邪恶或软弱，而是一种需要治疗或校

㊻ 本文关于对律师品德的论述，参见苏珊·戴科夫：《论律师品德和纷繁复杂的律师业的关系》，载马乔里·A. 西尔弗编：《律师的情感援助：把法律作为治疗性专业》，2007年，第79、81—94页。

该文强调，倾听和同情能补充女性对冷酷的、有成见倾向的男性支持的采取追诉手段的批评，琳达·G. 米尔斯：《论温情的法律职业：律师和委托人关系中的情感因素》，载丹尼斯·P. 施托勒等编：《治疗法理学实践：法律作为帮助性手段》，2000年，第419、426、432页；马乔里·A. 西尔弗：《爱、恨和其他情感因素对律师和委托人关系的影响》，载同上书，第357、358页；布鲁斯·J. 温尼克：《重新界定辩诉交易和量刑中刑辩律师的角色：治疗法理学/预防法律模式》，载同上书，第245、293—298页；布鲁斯·J. 温尼克：《治疗法理学和律师在诉讼中的作用》，载同上书，第309、321—322页。

㊼ 例如对治疗法理学的家长主义的研究，可比较温尼克、韦克斯勒和诺兰的分析，参见布鲁斯·J. 温尼克、大卫·B. 韦克斯勒：《毒品法院：治疗法理学的运用》，载《杜鲁大学法律评论》（第18期），2002年，第483页（提醒毒品法院需要防止采取强迫措施）；参见小詹姆斯·J. 诺兰：《司法重塑：美国毒品法院运动》，2001年，第200页。（作者提到，一位法官警告委托人雇律师花费太高，并且告诉他，如果他不选择毒品法院就可能要进监狱。这位法官承认："我可能就此问题对他逼得太紧了"）；同时参见布鲁斯·J. 温尼克：《治疗法理学和专门法院的关系》，载《福特汉姆大学法律期刊》（第30期），2003年，第1071—1078页（作者认为法官享有自治权，并应避开家长主义。但是，其又赞同"仁慈的胁迫"，并同时主张使用法律手段来施压比使用辩诉交易要好）。

关于治疗法理学对比例原则的威胁的分析，参见莫里斯·B. 霍夫曼：《治疗法理学、新改造主义和司法集体主义：风险性最小的学科转变为风险性最高的学科》，载《福特汉姆大学法律期刊》（第29期），2002年，第2078—2083页。正如詹姆斯·诺兰敏锐地指出，这种新治疗法理学思想和传统的恢复性司法不一样。恢复性司法体系是通过自我否定的道德教育，使违法者适应社会生活，就像对他们进行疾病诊断一样。相反，治疗法理学强调的是"自我实现"，从压抑的导致犯罪的社会原因中释放真实的自我。因此，毒品法院强调建立被告人的自尊，并避免罪恶感。参见小詹姆斯·J. 诺兰：《司法重塑：美国毒品法院运动》，2001年，第38—143、179—180

正的疾病。疾病这种说辞冒着削弱委托人的责任、自由意志以及对于努力改变自己之需要的风险。治疗性司法正确地认为说辞是十分重要的,但是它对于特定的说辞选择有点不尽如人意。

当解决问题的法庭的法官不是像治疗专家一样说话时,他们有时类似于谈话节目主持人。这种行为在许多毒品法庭中最为明显和极端。解决问题的法官从权力产生形式距离和高度上走下来,并跟他们的委托人融合、产生情感共鸣、拥抱和庆祝。这种极端的非正式性破坏了法官的权威、庄重以及中立司法的外观。感情移入本身不是问题,正如笔者之前所言,这是道德判断的重要组成部分。问题在于,解决问题的法庭可能沉浸于感情主义,即沉浸在没有道德意义的心理感情之中。一些人将报应和羞耻作为"不适当的法学理论"而加以拒绝,责备和自由意志与疾病模型并不一致。因此,许多案件在没有进行任何答辩和有罪裁定之前,被转移到解决问题的法庭。[48]对于那些不应该受到道德谴责并因此根本不应该成为犯罪的行为,即便在最好的情况下,避开犯罪问题也是会引起争议的。但是即使一个人想要使毒品去犯罪化,他当然也无法将这种与道德无关的方式延伸至本质上是罪恶的犯罪(自然犯)。尤其是对于那些涉及针对人身或财产的暴力和欺骗犯罪,谈话节目不能取代道德剧。

这和恢复性司法一样,不愿意论及道德使治疗性司法显得非常不完整。犯罪主要不是疾病和病理性问题,而是自由意志和错误乃至邪恶选择问题。中等严重性的犯罪在赎罪、宽恕和治愈之前需要谴责和惩罚。法庭需要庄严的仪式来强调犯罪的严重性并

页。简而言之,治疗法理学思想已经远离通过普适的道德来判断罪恶和责任了。

治疗法理学专家重新定义了正义,认为正义包括治疗手段。参见小詹姆斯·J.诺兰:《司法重塑:美国毒品法院运动》,2001年,第191—201页。关于专家对委托人的分歧,参见约翰·彼得里拉:《治疗法理学中的家长主义和不切实际的承诺》,载布鲁斯·J.温尼克、大卫·B.韦克斯勒编:《治疗的关键:治疗法理学和法院》,2003年,第685、701页。

[48] 小詹姆斯·J.诺兰:《司法重塑:美国毒品法院运动》,2001年,第75页。

传递道德信息。我们国家已经有了大量的谈话节目主持人,因此另外需要权威人物来充当不同的、不受时间影响的角色。⑭ 刑事判决中必须弥漫全部情感语言,包括愤怒、愤慨、悲伤、悔意、感情移入和同情。遗憾的是,治疗性司法虽然有许多值得称赞的地方,但是它没有强调道德的作用,其使用的心理学术语可能使道德指责和谴责变得模糊不清。治疗性剧院是和脱口秀节目剧类似,而不是道德剧。

*　　　*　　　*　　　*　　　*

最后但还不是最重要的是,治疗性司法经常牺牲固定于道德剧之中的最基本的保护措施。通过褪去他们的法袍并且从他们的法官席上走下来,法官实实在在地废黜了正义。这种象征的褪去反映了一个真实的转向,尤其是在解决问题的法庭中,法官可能抛开中立和公正的要求而变成拉拉队队长。通过接受他们的作为高级缓刑监督官的新角色,法官放弃了正当法律程序的基本要求。中立性和公正性保证富裕和贫穷的、黑种和白种的、受过良好教育和没有受过教育的被告人和被害人全都享受法律面前人人平等。退一步说,就算控辩交易已经把中立的法官和陪审团从这个画面

---

⑭ 对于一些解决问题型法院拒绝采取报应和谴责性措施的行为的分析,参见佩吉·富尔顿、奥拉等:《治疗法理学和毒品治疗法院运动:针对美国毒品泛滥和毒品犯罪的刑事司法体系改革》,载《巴黎圣母院法律评论》(第 74 期),1999 年,第 520 页;同样参见小詹姆斯·J. 诺兰:《司法重塑:美国毒品法院运动》,2001 年,第 144—150 页;小詹姆斯·J. 诺兰:《从新界定刑事法院:问题解决型法院及司法的含义》,载《美国刑法评论》(第 40 期),2003 年,第 1548 页(作者引用治疗法理学的共同创始人布鲁斯·温尼克的评论。布鲁斯·温尼克批评恢复性司法会导致"重新融合耻辱",但却没有足够重视对罪犯的改造。平心而论,笔者应该将注意力放到其他地方,一些治疗法学者认为谴责有时候同样是治疗性手段)。参见罗伯特·A. 费恩:《对精神病的赦免是如何阻碍治疗》,载大卫·B. 韦克斯勒等编:《治疗法理学:法律是一种治疗手段》(1990 年)及所附文本(作者分析了反治疗法理学的可能后果,如将不能归罪的患有精神病的被告人贴上标签)。即使如此,将谴责归为治疗法理学的唯一目的是很不合适的;真正的谴责缺乏道德力量。

对解决问题法院在做出任何裁决之前转换案件的论述,参见小詹姆斯·J. 诺兰:《司法重塑:美国毒品法院运动》,2001 年,第 141 页。

中剔除出去，但那几乎不能作为延伸并赞美这种令人担忧的趋势的理由。法官和陪审团应该在审判中运用他们的情感，但是考虑周到地运用情感完全不同于牺牲中立性。治疗一定不能取代公正的司法。的确，通过道德剧伸张正义是被害人、被告人以及他们的社区所渴望的那种治愈疗法。

虽然这三个改革运动都是有缺陷的，但是它们都具有许多有价值的智慧。这三者都拒绝"零和"的理念——刑事司法只有以被告人为代价才能使被害人感到高兴，反之亦然。这三者都认识到，装配线式的刑事司法已经变得太没有人情味了，而且对非专业人员的利益和需求漠不关心。这三者都感觉到，装配线式的说辞是非常不令人满意的，而且也是不充分的。所有这三者都强调特定当事人的需求，并且贬低抽象的、形式上的结果平等的重要性。这三者都设法倾听各方当事人的心声、尊重他们的人类情感，并且让他们拥有发言权。律师用法律术语表达并且掩盖真相或者使真相变得模糊不清，这也使这三者都对作为受雇解决棘手问题的律师感到相当大的失望。这三者都对检察官和各种说辞如何影响当事人对结果的满意度持认真对待态度。而且这三种方法都跨越政治范畴，表明适当的改革将获得广泛的公众支持。吸收每种方法的精华，同时去除每种方法的特有的过时想法的改革时机现在已经成熟了。

第五章　普适道德论与机械有效论的对弈

现代社会,刑事程序力图排除其他价值标准,从而使其成为廉价快捷的惩罚流水线。这种惩罚流水线可以将效率最大化,但律师们很少停下来思考注重效率的真正意图所在。他们强调惩罚的数量而很少顾及质量,他们夸大程序和被告人的个人权利,但排除局外人的社会和道德需求。他们对正义和仁慈的言论充耳不闻,有时将这些言论仅仅当做空泛的言辞和不重要的观念而抛诸脑后。

该章旨在表明刑事审判已误入歧途,因为其将效率标准教条地作为避免普适道德评判的方法。效率主义的思维模式关心可计量的标准、程序、权利,并把其作为避免争端的中立方法。至少有四个因素导致了这一倾向。第一,法学院人为地将刑事实体法和程序法割裂开来;第二,刑事审判的官僚机构有自己的动机和成功的可量化措施,就像其有自己所谓的平等管理理念一样;第三,中立主义。学者们惧怕道德评判的恣意和不宽容;第四,精英主义。精英主义导致一些学者和律师畏惧易怒的大众所持有的普适道德话语。

所有这些针对普适道德话语的阻碍都是不公正的。首先,法学院的课程只是历史的偶然安排,这种偶然安排需要进行修正。其次,刑事审判官僚机构被局内人所控制,他们按照自己的意愿决定刑事审判程序的发展方向,而缺少与其名义上所代表的选民的沟通。这些人应当减少与选民的隔绝,不应再醉心于依靠规则来推动平等。再次,学者们和局内人不应该把道德评判视为恣意妄为和不具有包容性,尤其是在刑事审判的领域内不应持这种观点。对侵犯他人权利和伤害他人者进行谴责并不是审判。相反,人们的直觉在判断刑事实体性惩罚和刑事程序是否公正上会达成惊人的一致。将这些问题呈现出来会减少分歧,促进刑事审判程序的合法化而不是惧怕怀疑论者。最后,在一个民主的政体里,精英主义并不是刑事审判政策的正当理论基础。政治理论的关键就在于只有普适道德话语才能保证政治体制的民主合法化。刑事审判不应当割裂正义与怜悯,因为这二者对于审判体制来说都是不可或缺的。

一、效率对道德评判的取缔

当法官和学者评估刑事程序时,他们总是趋向于关注效率。刑事审判效率主义在判决的准确性和程序公正的约束之下,旨在最大化审判的速度和数量以及使成本最小化。恰恰是那些中立的、无关道德的标准事关重大,但它们又是不完整的。在所有这些标准里,速度是首要的。《美国宪法第六修正案》保证被告人应尽快受审的权利;《迅速审判法》进一步规定审判应当在嫌疑人被正式控诉之后70天内开始。① 古谚"迟到的正义并非正义"一语道出了审判速度的重要性。审判的速度对各方来说都意义非凡:被告

---

① 圣多贝罗诉纽约州案,404 U.S. 257, 260—261 (1971年)(控辩交易是"受到鼓励的",因为这种方式处理案件很迅速且具有终局性。而且,"如果每一项刑事控告都要受到全面审判,那么各州政府以及联邦政府将需要多次倍增法官和法院设施");首席大法官沃伦·E.伯格:《司法的状态》,56 A.B.A. J. 929, 929, 931(1970年)(对"不仅允许拖延而且经常鼓励拖延的过时的、僵硬的诉讼程序"进行了批评,并且转而赞成控辩交易作为一种现代、高效、务实的技术);

米尔顿·休曼:《控辩交易:检察官、法官以及辩护律师的经历》,1978年,第148页(以对法官的采访为基础,指出司法文化与训练的价值在于"如何处理案件",并且"有效地推动司法事务的进展"。即使当案件压力并没有迫使他们如此的时候,他们亦是如此进行);加里·S.贝克尔:《犯罪与惩罚:一种经济学方法》,载《政治经济学杂志》(第76期),1968年(引证了那些根据效率来评估刑事司法的法律学者和经济学学者的观点;亦可参见阿普伦蒂诉新泽西州案,550 U.S. 466, 555 (2000)(布雷耶大法官持不同意见)("现实世界……无法实现陪审团审判的理想。其只能在程序上妥协的帮助之下运行")。

有关迅速审判,规定在《美国宪法第六修正案》中:18 U.S.C. §3161(c)(2006)(迅速审判的有关规定)。

人意图洗清罪名或者使自己的案子尽快过去;被害人和公众想看到正义尽快得以实现;法庭则赶在证人忘记或死掉之前知道证据是怎样的;更快速的定罪在理论上增加刑罚对犯罪的威慑。快速的审判为更多的人进入审判系统腾出了空间。

与速度相关的是案件的数量。再多的警察不能调查所有的嫌疑案件,再多的检察官也难以控诉所有的嫌疑案件,但理想的情况是他们能够尽可能多的处理这类案件。对办案数量的统计与被告人被逮捕、控告、认罪和科刑的数量相符。逮捕、认罪和科刑数量的增加会威慑潜在嫌疑人并使更多的犯罪人受到惩罚。像快速审判一样,案件数量也是评判审判是否成功中立的、可以计量的方式之一。

案件的数量和成本之间相互依存。警察、检察官以及法官已经确定了时间、人力和财力的投入预算。在这些预算的限制下,如果最大化逮捕、定罪和科刑,就会很有压力。为了最大化这些指标,他们力图压低每个案件的成本,控诉以尽可能快和便宜的方式做出。这就是机械性大量处理案件背后的经济学逻辑。

程序上的两类价值约束着审判的速度、案件数量和成本。其一是程序的准确性。准确的刑事程序可以保证惩罚罪犯的同时保护无辜者。如此一来,司法系统就要尽可能考虑到相关证据,摒除无关干扰,同时谨慎衡量可采信的证据。

另一个重要的约束价值是程序公正。对于大多数律师来讲,程序公正(又称程序正当)是一个相对狭窄的观念。首先,它意味着公权力应当平衡游戏场域,给予被告人在不利的战斗中自我辩解的机会。在将被告人收监之前,必须为被告人指派律师,提醒他被提起刑事控告以及可以使其脱身的有利证据,以及在中立审判的基础上排除合理怀疑之后才能被证实有罪。律师将这些要求视为被告人的正当程序权利以对抗公权力。其次,程序公正的另一要素是平等。公权力应当忍受相同案件同等对待,而勿论其种族、性别、财富和其他的相关因素。

这些标准与赫伯特·帕克教授的经典论断相一致,即刑事程序是呈两极对立的模式。过去半个世纪中的学术争论也例证了这一经典论断。在刑事诉讼程序的一端,犯罪控制是刑事诉讼的压倒一切的目标,刑事诉讼程序在给定的刑事诉讼预算前提下,应尽可能地阻止犯罪。在这一端,刑事诉讼程序致力于最大化审判速度、数量以及定罪,但却尽力最小化成本。为了追求效率,刑事诉讼程序必须程式化并精简化。"诉讼过程不能被可有可无的会导致审判程序停滞不前的仪式所充斥。"相反,整个程序应当像机器一样运转,以最快的速度对大量的案件定罪。②

在刑事诉讼程序的另一端,正当程序模式强调在限定效率的前提下的程序公正和被告人可感知的公正。其将刑事审判视为跨越障碍的训练场,追诉的过程就是清除障碍的过程。这两种模式都注重审判的准确性,然而正当程序模式对错误的容忍程度更小,并且更偏爱于对警察和检察官的事实判断进行事后评判。这种模式也力图限制公权力的滥用,即使是以释放一些事实上有罪的被告人为代价。因此,在司法管辖权以外的地方,或者在已超过诉讼时效以及违反禁止双重危险原则的情形下,即使合法的司法权的行使也会遭到否决。这种程序支持排除非法获得的证据以制止警察和检察官的不当行为。其强调案件结果的同等性,即便贫穷和少数民族的被告人也不会因此而遭受不利。其怀疑政府是否恰当适用其权力,贫穷的被告人是否应当遭受刑罚,这使得刑罚道德主义和刑罚效率主义者倍感紧张。③

两种模式很明显地表现出重大的不同,但却亦共同享有一些重要的假设。尽管犯罪控制模式倾向于警察和检察官,正当程序模式倾向于被告人律师,但两者都视刑事司法为专业人士之间的对抗较量,两种模式都将权力授予刑事诉讼的专业人才,两者都反映了局内人所关注的底线而忽视了局外人更广泛的道德利益。

两种模式都狭隘地关注效率。审判的速度、案件数量、成本、准确性以及公正,都是一些并非直接体现在刑罚实体目标中的程

---

② 赫伯特·帕克:《刑事制裁的限制》,1968 年,第 159 页。
③ 同上书,第 163—171 页。

序价值。犯罪控制模式依赖于最小化犯罪的实体性目标。审判的速度、案件数量以及准确性都是最大化剥夺资格和实现威慑的方法。但这几点流水线式的目标是机械的、不完整的。没有一种模式表现出对惩罚本身的关注,没有一种模式关心刑法的信息传递作用,即通过指控犯罪行为,从而使受害人的自身权利得到维护,且实现对公众的教育目的。没有一种模式视威慑为加强社会规则和维持政治合法性的手段,没有一种模式强调对被告人的教育和改造,也没有一种模式试图允许局外人进入法庭,更没有一种模式寻求治愈遭到破坏的社会关系或者使社区重归于好。

尤其应当强调最后一点,这两种模式都认为刑事诉讼是一种零和冲突,而不是要面对不同方的道德观的游戏。两种模式都置身于两极,使具体的被告人要面对抽象的、统一的公权力。从方法论上来说,两者都是个人主义的。正当程序模式强调被告人对抗国家的法律权利,倾向于同情以及质疑被告人所遭受的一切。其通常质疑刑事诉讼并且缺乏对好的刑事诉讼应当完成什么样的目标坚定的认识。其话语体系是法律权利而非道德或者对受损关系的恢复。

相反,犯罪控制模式将刑罚简单地视为国家为了非个人利益而阻止犯罪的一种手段。这种模式更注重整个国家而非某一个社区。因此,它对刑事被告人充满敌意,强调对每个行为都应当处以某种惩罚。换句话说,这两种模式在个人违法的范围内斗争:对特定的被告人应施加多少刑罚?

正如本书第三章中所分析的,过分关注个体被告人的权利和行为不端,就会排除刑事诉讼的社会的、亲属的以及道德的目标。公众所期待的刑事诉讼应当是还无辜者以清白、给受害人以慰藉和予以犯罪者刑罚。然而,刑事司法机器运转的速度,已经超过了在面对犯罪时用以加强社会团结的重要的公开的仪式。这种刑事司法机器在产生不良后果方面颇有效率,但从长远利益看来,这是在消解刑事司法制度的民主合法性和公众对法律的尊重。并且其浪费了罪犯修复其与受害人和社区之间关系的宝贵机会。罪犯仍旧被他人所疏远，受害人仍心有余悸，当社区其他成员没有看到正义被实现或者参与到实现正义的过程中，他们之间就会相互破裂和害怕。

除帕克教授的两种模式之外，本书倾向于道德参与模式。就像其他两种模式一样，它同样是一种理想的模式，模式的一端在实践中也会同另外一端妥协。基于此，刑事司法从理想状况分析，不应当成为一种机器，也不应该是跨越障碍的过程，而是教育公众的剧场。为了避免走向两个极端，刑事司法应该尊重和包含范围相当广的参与者：犯罪嫌疑人、受害人、他们的亲属、邻里以及范围更广的公众。不应当对局外人保持沉默并将他们排除在外，相反应当充分给予他们谈论和聆听的机会。为了避免隔离各方参与人，刑事司法应当关注鼓励面对面的沟通和治愈受损的关系。为了避免刑事司法沦为不具有道德性，其应该公开地参与对所谓犯罪的公众、公共的道德评判中去。不应该仅仅沉迷于底线的争论，刑事司法应当努力让参与各方感觉到被尊重和被善待。刑事司法不是为了满足机械主义的威慑和剥夺资格，其更强调法律的教育能力、谴责和治愈功能。刑事司法不是单调的和功能主义的，其应该探索刑事司法自身的庄严的仪式和传统。简言之，与将局外人视为令人厌恶的无效率的干扰因素相反，道德模式更能代表参与各方的人性需求和道德需要。

道德模式在看待法律规则的作用和刑事程序对于民主自治的重要性时，其视野更宽广。刑事司法要求既要统一适用规则，更要求适用这些规则时充满智慧并注意规则适用的语境。法律规则应当包含道德性和政策性的判断在内。然而，在每一个案件中，法官和陪审团并不能任意地衡量道德和政策，而是必须通过智慧地具体地适用规则，并在全新的和相似的案件当中做出判决。法官和陪审员不仅仅看到"平常情况下的平常人"，而且要看到"被告席上的犯罪人……在令人生畏的法庭前的被告席上。"并且在审理个案时，道德可以重申、提炼或者拷问众多规则的正当性。陪审员要监督大量的立法、过度热心的检察官和疲惫不堪的法官。更进一步分析,在刑事司法过程中,参与其中的所有局外人,都必须积极地扮演好自治的角色。托克维尔曾认为,局外人的参与性能"教育人类追求公平;让每个人学习判断他的邻居,正如他自己也会被邻居判断一样。"因此,托克维尔把陪审团赞美为:"常年开设的免费公立学校,在这里,每一个陪审员都了解自己的权利,并且尤其熟知法律。"托克维尔认为:"将这类公民性责任委托于局外人,能够祛除腐蚀整个社会的利己之心。"④道德参与并不是那种能够处理所有案件的方法,而是通过独一无二的人类来实现正义。并且其通过授权公民自己实现正义的方式,教会公民何为正义。总之,刑事程序就应当具有丰富的道德和政治目标。

二、实体道德目标沦陷之因

为什么刑事程序只强调狭隘的效率而非追求广泛的道德目标?法学家大致给出了四种原因,比如学术研究、官僚主义、中立主义和种族主义的原因。第一,学者们将刑事程序法和刑事实体法视为两个截然分离的领域。在法学院中,研究刑法的一年级学生,是在普通法案例和《模范刑法典》为语境的前提下,学习刑罚和各种正当辩护事由。与之相似,许多刑事实体刑法学者,会为刑罚提供道德解释。相反,选择学习刑事程序法的高年级学生,会学习《美国宪法》和《被告人权利法》。⑤ 这两种课程分离甚远。刑事程

---

④ 文本段落中的第一处引文来自于彻斯特顿。参见 G. K. 彻斯特顿:《〈巨大的琐事〉中的〈12 怒汉〉》,1909 年,第 86 页。关于陪审员监督职能的讨论,参见瑞秋·E. 巴克:《再控告陪审团:刑事陪审团在强制性量刑时代中的宪法作用》,载《宾夕法尼亚大学法律评论》(第 152 期),2003 年,第 33、48—54 页。托克维尔的引文来自于《托克维尔》(第 1 卷),参见亚力克西德·托克维尔:《论美国民主》,1835 年,第 284—285 页。

⑤ 参见斯蒂法诺思·毕贝斯:《刑事诉讼程序中的真实世界转变》,载《刑法与犯罪学杂志》(第 93 期),2003 年,第 789、795—804 页[对罗纳德·杰伊·艾伦等著的《刑事诉讼程序全书》(2001 年)及马克·L. 米勒、罗纳德·F. 怀特著的《刑事诉讼程序:案例、法规与执行材料》(1998 年)这两本书进行了评论]。

序法课程和学者们鲜有回到刑事实体法上来为刑罚寻找正当化事由。学者们通常倾向于在一个领域或另一个领域内从事研究,而不是将这两个领域结合起来。

法学院里流传的双关语可能会帮助我们解释为什么这两个领域之间不进行交流对话,但这种解释并不能说明两个领域断裂的真正原因。学术研究对被告人个人权利的强调并非历史的,而且被最近的学术研究削弱。正如阿卡希尔·艾马尔所提到的,《人权法案》最主要的并不是用以对抗多数人的一系列的个人权利,而是作为自治的保障。这些权利大多体现的是平民主义和多数派主义。例如《第六修正案》保证了公民接受公开的、本地的陪审团审判,这种审判更能保证当地社区居民可以参加到审判的道德评判中,并且看见正义的实现。本地的、公开的陪审团,运用常识监督专断的法律以使其符合公共良知。⑥ 在适用刑事实体法时,刑事程序应当通过恰当的道德路径,并为刑法获得公众认同的合法性和信任。程序法和实体法之间的这种紧密关系已经存在几个世纪了,但这种可靠的关系却已经一去不复返了。然而,这至少对让我们了解公民期望什么以及什么是可能的非常重要。

回顾历史背景,现代学术将这两个领域人为割裂的做法是专断的。程序法是为了实现刑法的实体性目标而存在的,正如曾经两个领域的融合,这两个领域需要携手合作。

第二,官僚机构的压力推动着局内人最大化效率和案件的数量。这使局外人的做法变得容易理解,许多律师选择进行"控辩交易来减轻其繁重的工作量",用他们可以想得到的方法来处理案件。法官有时会基于同样的理由,接受甚至是鼓励控辩交易。即使是在工作量不大的情况下,律师们也选择高效的方式来处理。

---

⑥ 阿马关于《人权法案》民粹主义者、多数派主义特征的讨论,参见阿希尔·里德·阿马:《作为宪法文件的〈人权法案〉分析》,载《耶鲁法律杂志》(第 100 期),1991 年,第 1131、1132—1133 页。关于作为共同体良知的陪审团的讨论,参见威瑟斯彭诉伊利诺伊州案,391 U.S. 510, 519 & n.15(1968);阿卡希尔·里德·阿马尔:《宪法与刑事诉讼法:最重要原则研究》,1997 年,第 122—124 页。

检察官所考虑的是他们自己如何快速的处理手头的案子,以及多少个被告人会被定罪。检察官参与(再次)选举的竞选议题远离案件审理速度、积压案件数量、定罪率以及整体上的量刑问题。警方关注的是立案、逮捕和提起控诉。官僚机构会以令人心动的报酬、升迁和晋级来回报警方和检察官们可量化的业绩。⑦

即使法官也通过案件统计来评估他们自己,即使法官拥有具有保障性的工作,法官们也会因处理法院业务和悬而未决的案件的速度,而责备或者赞颂他们自己及其同事。首席法官和行政管理人员会轮流总结每个法官手中滞留的和已经解决掉的案件数量,如此一来,法官们就会在独自处理案件时感受到同侪压力。就算在只有少批量待处理案件的法院中,法官们也会觉得只有少量案件值得进行充分准备并进行审判。结果是,法官们通过有罪答辩,即审判前承认有罪责许诺以较低刑期,而如果被告人坚持要进行审判则施加较高的刑期的做法来提高审判效率,从而使案件尽

---

⑦ 关于工作量是如何促使控辩交易的讨论,参见乔治·费希尔:《控辩交易的胜利:控辩交易在美国的历史》,2003年,第13页;该观点和乔治·费希尔在《控辩交易的胜利:控辩交易在美国的历史》的观点一致,斯蒂芬诺斯·毕贝斯:《法庭审判外的控辩交易》,载《哈佛法律评论》(第117期),2004年,第2479—2480页。

关于检察官选举的研究,参见罗纳德·F. 怀特:《检察官选举怎样使我们失望》,载《俄亥俄州刑事法律期刊》(第6期),2009年,第581、600—601页的表格3(在一项覆盖了67场选举活动的新闻报刊之实证研究中,其研究结果认为,其中39场选举活动提到了案件积压或处理案件的时间不足,其中27场选举活动提到了定罪率,23场选举提到了加重判刑的严厉性)。

关于警察效能之度量标准,参见杰罗姆·H. 斯科尔尼克、詹姆斯·J. 法伊夫:《凌驾于法律之上:警察与过度使用武力》,1993年,第125页;芭芭拉·E. 阿马考斯特:《组织文化与警务人员的不端行为分析》,载《乔治·华盛顿法律评论》(第72期),2004年,第453、519页。

关于对可量化的成功的官僚政治奖励的分析,参见杰弗里·P. 阿尔珀特、马克·H. 摩尔:《在新的治安范式中衡量警察绩效》,载《刑事司法系统的绩效衡量方法》,NCJ 143505,1993年,第109、129页;埃里克·路娜:《过度犯罪化现象》,载《美国大学法律评论》(第54期),2005年,第703、723页。

快了结。⑧ 效率更高意味着诉讼参与各方在法庭上的时间和其发言的机会越少。

换句话说,刑事司法机器有其自身的特征。正如本书第二章所讨论的,局内人具有不同的预期和动机,关注官僚机构特定的评估方法,以数量和结果界定效率,即以美元、定罪率及被判几年监禁来界定效率。这些因素都被隔离于局外人的监督,对局外人而言是隐藏的。因此,局内人很少在乎局外人广义上的道德观。刑事司法机器僵硬地强调效率,损害了刑法在更广泛意义上的道德目标。案件进展的效率和犯罪的减少,都是重要的目标,但并不是刑法所关涉的唯一目标。局内人对于案件数量的着迷,使得他们无法看到局外人所注重的质量。

虽然质量并不总是胜于数量,然而,在今天看来,情形却恰恰相反,数量要求会自动地超越质量要求,甚至都无需在二者之间进行权衡,这几乎是不要争论的事实。这样做的更为充分的理由在于数量是具体的、直观的、不需要再行评估的。但这在逻辑上却是混乱的,经济及其效率的观念都是基于其他原则,使他们需要实现的目的最大化的方式和工具。效率说引诱我们将任何可计量的东西都简单视为唯一的目的,其仅仅是因为这一切是我们可以测量的(让我们回顾一个笑话:醉汉只是在街灯柱下而不是掉钥匙的门前找钥匙,因为街灯下的光线是最好的)。程序可以通过金钱和速

---

⑧ 米尔顿·休曼:《控辩交易:检察官、法官以及辩护律师的经历》,1978年,第144—148页。正如一位深思熟虑的法官所观察到的:你要知道,我们都在设法把法院里的事情快速处理完,而且如果你对此细加思索,你就能明白这对于法官而言已经变成了一种恐惧。我们也一定不会因此获得很大的收获。唯一可能受益的是兼职检察官,因为兼职检察官同时还有一家私人律所。而我没有任何理由去快速处理这些事情。不管我是在法庭还是在私人律所那里,我都能获得报酬,而且我有时间处理所有的业务。我完全乐意于每天坐在这里直到五点钟下班,所以快速处理事情的这种想法纯属一种幻想。但是我仍然这样做,我猜想你在一段时间之后就对这些相同的事情感到厌倦,也许这是人类的本性。你知道自己通过这种方式处理案件,便能够更快速地结束案件。但我不能确定。米尔顿·休曼:《控辩交易:检察官、法官以及辩护律师的经历》,1978年,第148页(引自一位匿名的州的法官)。

度进行评价是否具有效率,但是却是反生产力的,因为这种效率背离了公正、合法以及其他道德原则。效率并不等于效力。

道德判断的前提与许多现代行政国家相冲突。在第一章中,笔者讨论了殖民地的道德因素。首先,道德评价是人道的和具体的。每个人都可能是受害人、被告人,受害人或被告人的朋友或邻居,或者代表当地社区坐到道德判断席中来。非法律人是这场"戏剧"的中心,而这场审判的"剧场"是严肃的、公开的和具有参与性的。当事人之间、当事人和公众以正义和怜悯之辞交流。公开审判事关谁做了什么及其应得何种惩罚,很少有详细的法律留给法官和陪审团太多的自由裁量权,基本上是基于社区所共同认同的常识和道德直觉来实现正义。陪审团审判和公开的刑罚带来公开的、戏剧性的结局和和解。

相反,官僚机构的正义理念,依赖于专业知识和规则。官僚机构相信由法律人运作的系统,该系统对于非法律人而言过于复杂而难以运作。该官僚机构说明了诸多规则,这些规则对于外行人来说过于专业而难以理解。官僚机构也认为公开的官僚机构的判决受到公众监督的价值。官僚机构的正义观是中立的、客观的,并且关注规则的底线。官僚机构的正义不再强调特殊正义,相反,其重视平等性和可预见性,所以官僚机构的参与者周而复始地偏好控辩交易。官僚机构受到自由裁量权和宽恕的挑战,因为自由裁量权和宽恕被局内人看作是有损平等的因素。如此一来,正如雷切尔·E.巴尔考所指出的,行政国家正在不断地减少陪审团的自由裁量权和行政赦免权。相反,留下的只有检察官的自由裁量权,部分原因是检察官的自由裁量权不明显,而另一部分原因在于官僚信任检察官并将其视为局内人专家。⑨ 没有预知能力的局外人失去了权利,然而,那些极少负责的人、极少具有代表性的参与者却保留了同以往一样的自由裁量权。在诉讼过程中,局外人被局

---

⑨ 瑞秋·E.巴克:《行政国家的上升和仁慈的终止》,载《哈佛法律评论》(第121期),2008年,第1136—1155页。

内人所排挤,用官僚化的平等主义和专业化替代个体化的普适道德话语。

他们急于追求相同案件同等对待,不会慢下来去追求案件处理的个体化和不同案件不同处理。当他们将重点放在案件可预测的结果方面时,留给宽容的空间就很小了。在局内人质疑局外人时,局内人显得过于自信。在追求规则要求的底线结果方面,局内人忽略局外人的程序价值,比如局外人渴望参与,并看到正义以看得见的方式实现的价值。批量生产的客观的官僚化司法,是取代传统刑事司法的不良替代品。

准确地说,现代社会案件数量的积压和我们所在的多元社会阻碍了理想的村庄司法模式的实现。即使有人硬要将刑事司法塞进现代规则,也应有更好的方法衡量和促进司法成功。例如,定性调查能测量各种维度的数量。这种方式可以询问局外人是否受到局内人的尊敬和公平对待。调查会可以质问局外人是否了解这些案件的进程以及被及时通知。

调查可以衡量局外人如何在不同的观点下更好地表达自己的立场,可以询问局外人是否愿意和另外的人恢复以往的关系,以及相互之间是否愿意和解。调查甚至可以评估被害人的宽恕以及罪犯是否可以重返社会,进一步观察被告人是如何重新融入家庭、邻里和工作单位。更多的措施至少可以减少审判过度依赖把速度、案件数量、定罪率及累犯作为衡量成功的方式。在下一章,笔者将会讨论面对巨大的案件数量的压力,我们应如何在多元的社会中完成积压的案件。

除学术研究和官僚主义的影响外,还有第三种原因解释为什么会损害普适道德话语而支持效率至上的做法,这就是中立主义。许多现代的学者都担心,道德评判从好的角度分析可被认为是可争议的,但从坏的角度分析其具有任意性。例如理查德·波斯纳坚持认为,道德评判缺乏坚实的基础,并且不能很好地解决纠纷。学者们只注意到了道德判断在刑法范畴内的分歧,因此,得出结论认为如果解决纠纷诉诸道德很难达成一致。很多时候,刑事被告人会提出甚至是盛行适用文化上的辩护,认为美国法律与其自己所持的道德价值相冲突。⑩ 该意思就是:对于在一国之内实施和传播的法律,并没有判断其是对还是错的明确标准。

许多学者并不是真正的相对论者,然而其担心道德话语具有离间性和非宽容性。继约翰·罗尔斯之后,自由主义者力图在诸多善的理论争鸣中保持中立。单纯诉诸道德的做法看起来颇为狭隘,不适合多元化的民主。在这里,笔者所意指的自由主义乃是传统意义上重视个人自由和自主权的自由,并非只是限定在政治意义上的自由。许多自由主义者对于政府宣称某些行为违法颇为不安。因此,像戴维·加兰这样的学者都认为:"惩戒的清楚表达……就像文明社会中官方话语的禁忌一样。"虽然政客们能够明确地表达惩罚,但学者们仍然主张修复这种禁忌并反对惩罚的主张。⑪ 换句话说,即使是应得的惩罚,也会对社会中立的平静造成威胁。

相反,效率乃是经济学上的中立概念,而非道德哲学和宗教里的概念。一些自由主义者极力主张追求功利主义,也就是道德理论,这种道德主义极力主张效率最大化和最大化可计量的幸福。而平等主义看起来几乎是没有争议的,几乎是正义的数学性原理。

---

⑩ 关于作为共识基础的道德上的不可靠性的分析,参见理查德·A.波斯纳:《道德理论与法律理论的诸多问题分析》,载《哈佛法律评论》(第111期),1998年,第1637、1638—1642页;理查德·A.波斯纳:《法律"理论"的概念:对罗纳德·德沃金的一个回应》,载《亚利桑那州法律杂志》(第29期),1997年,第377、382—384页;彼得·凯恩:《认真对待法律:哈特与德夫林争论的出发点分析》,载《伦理学杂志》(第10期),2006年,第21、49—50页。

关于对犯罪提出文化辩护之努力的讨论,参见玛丽-克莱尔·弗勒兹、艾莉森·邓迪斯·伦特恩编:《多元文化的法律体系:比较视野中的文化辩护》,2009年;艾莉森·邓迪斯·伦特恩:《文化辩护》,2004年。

⑪ 尼尔·麦考密克、戴维·加兰:《主权国家与复仇受害者:惩罚权问题研究》,载安德鲁·埃什沃斯、马丁·瓦希克编:《量刑理论基本原理》,1998年,第11、14—15页;这些观点与加兰的观点一致,参见海瑟·斯特朗:《犯罪受害人运动:市民社会的力量》,载海瑟·斯特朗、约翰·布雷斯维特编:《恢复性司法和市民社会》,2001年,第9页(作者对"明显的报应话语"的回归感到沉痛,报应话语使用"谴责和惩罚"服务于"象征性的、表达性的、沟通式的"刑法功能,但不是适用"专业性的判断")。关于罗尔斯的中立性思想,参见约翰·罗尔斯:《政治自由主义》,1996年。

并且威慑似乎是机械的而非道德的。威慑精确的算计如何阻止犯罪,而不是计算如何审判和惩罚错误行为。普适道德话语看上去显得过于圆滑和主观,而不像确定的、中立的数学和科学。而中立主义只是受人尊敬的学者们的陈词滥调。如果我们拒绝传统的道德律令,那么就没有自由裁量权、恩典和怜悯存在的基础。继贝卡利亚和边沁之后,一些学者和法官即使不把平等、效率以及犯罪控制视为唯一的方式,也将其视为主要的指导刑事司法的客观原则。⑫

知识分子的怀疑已经为普通大众所知晓。许多美国人极力避免道德话语,唯恐被认为是偏执的和不宽容的。一位社会学家的话语,即"你不可妄加评判"已经成为第十一诫。⑬

在局内人中,一些怀疑主义者已经转变为犬儒主义者。某些主张启动控辩交易机制的律师,通过罪与非罪的抗辩以及晦涩的语言,几乎就不是为了实现正义。在第三章中,笔者采访的许多律师就是这样的态度:刑事司法制度是名不副实的,因为其无关正义。

中立的正当化事由贴上有争议的道德争论。在我们的社会中,许多人争相在关于死刑、枪支控制以及其他热点问题上表明立场。正如丹·卡汗认为的那样,这些威慑言辞都只是表面的、中立的习惯用语而已,这些习惯用语遮蔽了有争议的道德分歧。而恰好是这种道德上的分歧实实在在地主宰着刑事司法政策。以中立术语讨论看起来实际可行,因为中立能在各种道德信念的人中促

---

⑫ 关于刑事司法政策中的中立主义,参见丹·M.卡汗:《威慑的隐秘野心》,载《哈佛法律评论》(第113期),1999年,第413、445—446页。关于将可量化的度量标准视为处于支配地位的(即使不是刑事司法的唯一标准)的学术研究的例子,参见加里·S.贝克尔:《犯罪与惩罚:一种经济学分析方法》,载《政治经济学杂志》(第76期),1968年,第169、207—209页;弗兰克·H.伊斯特布鲁克:《论作为市场制度的刑事诉讼程序》,载《法律要件期刊》(第12期),1983年,第289、290页(对破坏边缘威慑的定罪进行了批判);弗兰克·H.伊斯特布鲁克:《作为妥协的控辩交易》,载《耶鲁法律杂志》(第101期),1992年,第1969、1970、1975页(作者称赞控辩交易为一种有效地出售权利以作为较低判刑之交换的制度);理查德·A.波斯纳:《刑法经济学理论》,载《哥伦比亚法律评论》(第85期),1985年,1193、1193—1195页。

⑬ 艾伦·沃尔夫:《毕竟是一个国家》,1998年,第54页。

进可接受性和合法性。中立的观点尊重那些坚守自己道德信念公民的自治性,社会亦不需要通过公开拒绝他们的看法来藐视这些公民。中立立场假装威慑论为所有问题的解决提供了中立答案,即使中观也不能告诉我们什么是应当被遏制的。比如,阻止一位被戴绿帽子的丈夫杀死自己不忠实的妻子是否重要?其是否比阻止母亲杀死性骚扰自己孩子的人更重要吗?效率、平等以及威慑等措辞隐藏了这些价值选择而提供了真实的中立答案。⑭ 这代表了局内人,比如行使自由裁量权和控制控辩交易的检察官的重要的但隐藏的价值选择。

尽管有学者质疑,但是普适道德话语仍然是刑事司法坚实的基础,甚至可以说,是推动着刑事司法政策变化的驱动力。尽管受访者以威慑为措辞证实他们关于死刑和枪支管制的观点的正当性,但是,支持或反对威慑的新证据都没有动摇他们的答案。他们直觉背后的驱动力量是充满价值的道德判断,威慑论仅仅是表达性的道德判断的表面看起来中立的假象,这种表达的道德判断在中立的假象下沸腾。⑮

从经验立场看,这些道德判断几乎不可能是恣意的或不可预测的。普通民众对各种各样犯罪的不正当性的认识具有极强的一致性。在诸多重要的著述中,有一些学者对美国人和和外国人对各种犯罪行为、防卫行为以及其他加重或减轻的因素进行了调查。这些学者给调查对象提供了有争议的不法行为的细节,并要求被调查者对这些行为分配刑事责任和刑罚。进行调查的学者发现,被调查者对不法行为及与不法行为相关的其他犯罪行为的看法,有着高度惊人的共识。对于针对人身和财产的典型的涉及暴力、

---

⑭ 丹·M.卡汗:威慑的隐秘野心,载《哈佛法律评论》(第113期),1999年,第425—435、477—485页。

⑮ 同上书,第437—445、451—459页;菲比·C.埃尔斯沃斯、李·罗斯:《公众舆论与死刑:对废除主义与保留主义之间的细致考察》,载《犯罪与青少年犯罪》(第29期),1983年,第116、146—149页(使用实证数据表明威慑力不是人们关于死刑之信念的基础)。

盗窃和欺诈的犯罪,不同人的判断在肯德尔系数 W 中显示为 0.95 的高度一致性。换言之,人们对于实践中针对具体被害人的犯罪行为相关的不正当性的判断,与其对纸面上写着的犯罪的不正当性的判断是一样的。

即使提到更有争议的犯罪,例如卖淫、买卖毒品、醉驾、后期堕胎、兽交、约会强奸等,人们的肯德尔系数是 0.55。被调查者对于这些犯罪认识的共识,高于旅游杂志读者对从以色列到纽约再到加拿大八个景区途中可能会有恐怖分子认识的共识。因此,刑事谴责和责任的基本原则几乎不可能是那些可能挑起无限争端的恣意性理论。另外,虽然某些理论还是存在一些分歧,但是在范围很广的主要案件上已达成广泛的共识。当涉及美国刑事司法中的人身和财产犯罪时,具有更大的共识。如果有其他理论的话,那么该理论取代这些达成共识的原则也应该使能让公民之间的认识更加相同。相反,否定和忽视这些原则会使人们更为沮丧和离心。正如埃米尔·涂尔干所观察到的那样:谴责犯罪能重申社会共同认可的规范,并使社会更有凝聚力。⑯

---

⑯ 关于刑事司法上的普适共识之证据,参见彼得·H. 罗西、理查德·A. 伯克:《美国量刑委员会的全国抽样调查:联邦犯罪量刑的公众舆论研究》,1995 年,第 11—12 页("关于犯罪的严重性排序,存在相当大的共识,其中那些涉及针对受害者的实际的或者受到威胁的人身伤害的犯罪,通常被认为是最严重的犯罪");亦可参见索斯藤·塞林、马文·E. 沃尔夫、冈罗伯特·库尔茨等:《正义直觉的一致与冲突分析》,载《明尼苏达法律评论》(第 91 期),2007 年,第 1829、1867—1873、1883—1887 页。

这些论据处于相对的序列之中,而不是绝对的惩罚数量,这些惩罚更加多样化。在第六章中,笔者将提出达成关于绝对惩罚之共识的方式。举例而言,量刑法官或者量刑陪审团,能够考虑被推荐的刑罚指南以及在类似犯罪中所施加的惩罚之频数分布。这将会起到精神锚杆或者衡量基准的作用,引导宣判者以具体犯罪相对于其相同类别犯罪中的平均不法程度为基础进行量刑。需要注意的是,在我们所研究的更具争议的犯罪中,许多犯罪——比如晚期堕胎和人兽性交罪,在实践中很少被起诉,所以人们关于这些犯罪的意见分歧所具有的现实意义是有限的。

许多作者强调剩余意见的分歧而非强调其共识。但是,这种强调不会否定大量的共识领域的存在。参见唐纳德·布拉曼等:《刑罚自然主义中现实主义分析》,载《芝加哥大学法律评论》(第 77 期),2010 年,第 1531、1545 页。

关于涂尔干对于刑法强化社会连带功能的强调,参见埃米尔·涂尔干:《社会劳动分工》(第 1 版)(平装本),W. D. 霍尔斯译,自由出版社 1997 年版,第 62—64 页。

并且普适道德评判与基于威慑或者剥夺资格的狭隘效率观并无瓜葛。当普通人对具体个案分配刑罚时,他们的判断总是主要基于不法行为人的应得报应。一项实证研究表明,普通人在分配刑罚时是基于犯罪的严重程度以及相关减轻因素。相反,他们对侦查可能性、宣传规模及制止将来犯罪的因素不重视。另外一项实证研究探讨了犯罪的各种道德严重性以及罪犯可能在将来实施相似犯罪的几率。人们给犯罪人分配刑罚,是因为实施犯罪行为时的不正当性和引起的道德愤怒,而不是因为将来犯罪的危险。⑰

正如第二章所提到的,大多数针对犯罪和惩罚的显而易见的分歧,只是我们的抽象的、政治化的程序人为制造的。当给定犯罪的细节和具体事实时,人们对于大多数犯罪的刑罚都能达成共识。这就是他们如何像陪审团看待案件事实一样,并且能非常近似地看待案件从而达成共识。但是,对于抽象的事实,例如电视辩论和竞选广告,就需要公众填充巨大的事实空缺。⑱ 政治家及其媒体渴望利用这种抽象事实,煽动人们的恐惧情绪并使人们产生分歧。但是这种抽象的、政治化的分歧掩盖了隐藏在大多数具体案件中的共识。

人们同样也对公平程序较为认同。正如汤姆·泰勒的研究所表明的那样,人们普遍认同那些导致程序公平的因素,但没有把结果纳入考量。人们希望有这样一种权利:他们有提出讨论的能力,并且被聆听,其提出的观点也被接纳。人们希望程序是一致的,希

---

⑰ 凯文·M.卡尔史密斯等:《我们为什么惩罚?刑罚的威慑和该当动机分析》,载《品德与社会心理学期刊》(第83期),2002年,第284、288—297页;约翰·M.达利等:《刑罚剥夺资格和该当惩罚的动机分析》,载《法律与人类行为》(第24期),2000年,第659、661—671页。调查对象对报应关注的唯一例外在于,他们同样也乐意剥夺那些由于脑部肿瘤而实施犯罪的行为人的能力。参见同上书,第671—676页。

⑱ 关于媒体报道是如何影响公众对刑事司法的抽象看法,参见雷切尔·E.巴科夫:《管理犯罪》,载《加州大学洛杉矶分校法学评论》(第52期),2005年;参见约翰·多布尔:《犯罪与刑罚:公众视角》,14、16(1987)(该文认为焦点团体的受访者将重点集中在"近期高度曝光的犯罪"上,特别是一系列儿童谋杀案并夸大暴力犯罪的发生率);参见洛蕾塔·J.萨伦斯:《衡量量刑态度在改变刑罚态度的影响:公众观点》,载朱利安·V.罗伯茨、麦克·霍夫等编:《犯罪与正义》(15卷),2002年。

望当局不偏不倚。这意味着当局者应当没有偏见、诚信并且力求公平。公众希望当局能够考虑他们的权利,礼貌地对待他们。他们还希望当局基于必要的信息做出决策,并能将问题公之于众从而解决问题。[19]

令人惊讶的是,公平的程序比受人赞许的结果更重要,并且程序中的人与人之间的因素比与他们直接相关的结果更重要。[20] 当人们受到忽视时,他们不能按照这种方式如愿以偿,那么就会产生严重的不满。相反,如果司法系统能遵守它们,聆听他们的诉求,让他们在程序中起作用,那么即使不考虑结果,他们也会感到满意的。对犯罪的不正当性程度及程序公正的强烈共识,意味着悲观主义者的担心是有根据的。对刑事司法的公开讨论没有必要将公众陷于痛苦的阵地战中。相反,在大多数领域,公开讨论反而会产生具有更多民主合法性和受尊重的政策。我们不应该担心道德演说的晦涩,而是应该担心无所事事的、有报复心的局外人参与到特殊的道德化中。为了防止这种担心变为现实,刑事司法应该确保参与讨论的团体覆盖面广,并且足够有代表性,从而能真正反映地方社区的共识。笔者将在下一章分析这些深思熟虑的政策可能会是什么。

并且刑事司法中的道德化并不一定是不宽容的或固执的。相反,道德用语在传统意义上是非常宽容的。对于约翰·洛克和其他启蒙思想家来说,宽容意味着不同宗教团体之间不得相互残杀和起诉另一方。这并不意味着那些遭受杀害、殴打和抢劫的公民,应对这种犯罪行为保持中立和不予追究。尊重法律和他人权利的人,不用担心会导致对他人价值的侵害。

刑法只有在行为人做出不当行为时才介入,这些不当行为经

---

[19] 汤姆·R.泰勒:《人们为什么遵守法律》,1990年,第125—130、135—140、163—165页。程序主义和过程控制在诸多文化中,都是非常重要的。在从欧洲到东亚再到美国的研究发现,"一些程序主义的效果显然是可变的,比如美国对对抗式程序的偏爱。但是,就目前为止的研究来看,基本的程序司法过程,很明显是不能跨语境和跨文化进行改变的。"E.阿兰·林德、汤姆·R.泰勒:《程序正义的社会心理学》,1998年,第141—145页。

[20] 汤姆·R.泰勒:《人们为什么遵守法律》,1990年,第137—140页。

常是通过暴力或者欺骗手段侵犯他人人身和财产安全权。即使是密尔这样的自由主义者所秉持的危害原则,也要求必须惩罚那些侵犯他人的人,从而达到教育和警示他人的目的。[21] 这些教育从本质上来说是公民及社会的自我防卫。

美国是建立在个人主义和通过美德使人们更加宽容的个人主义的基础上。托克维尔敏锐的观察到,美国立国的核心信念就是实现个人的权利。而宗教信念和公民美德加强了这种个人主义,用道德传统和习惯调和个人利益。[22] 个人自由和道德生活的说辞是一致的,但却产生了紧张关系。道德教会人们去相互尊重各自的权利,以及在没有法律的情况下维持社会秩序。怀疑主义者和相对主义者声称,要将个人主义者从平衡自由主义的道德中解放出来。自由主义放弃了自我约束,转向肆意谋求个人利益,而这会迫使国家依靠不断地强力执法来维系社会的正常秩序。承认个人权利,意味着刑法中的道德巩固和维护自由。

最后,即使是推定的相对主义者也不相信他们自己的论点。如果没有是非对错,那么就没有反对刑事司法政策的基础了。但

---

[21] 约翰·洛克:《论宽容》,霍德斯费尔德:J.布鲁克,1796年,第6页("呼吁那些以宗教信仰为借口迫害、折磨、摧残并且杀死其他人的人应具有良知")。当然,该问题的讨论留下了很大空白:刑法是否应该延伸至那些涉及对他人伤害的犯罪之外。然而,该讨论是对位于刑法边缘附近的问题的讨论,而不是对位于刑法中心问题的讨论。美国的绝大多数犯罪涉及对他人的明显伤害。参见威廉·J.萨伯尔等:美国司法部,NCJ228417,2008年的被因者,2009年,第37页附表16(报告称,在2006年,50.2%的州囚犯是因暴力犯罪而被监禁,20.9%的州囚犯是因财产犯罪而被监禁,20%的州囚犯是因毒品犯罪而被监禁,只有8.4%的州囚犯是因社会治安犯罪而被监禁)。甚至许多所谓的无受害者犯罪——比如社区毒品交易犯罪,是以对他人产生实质性的暴力与危害的方式被实施的。参见伯纳德·E.哈考特:《危害原则的崩塌》,载《刑法与犯罪学杂志》(第90期),1999年,第109页。下一章将讨论:使刑事司法更加积极地回应当地社区的需要,如何能进一步引导执法朝向对他人造成伤害的犯罪,以及如何避开那些真正无受害者的犯罪。

[22] 亚力克西德·托克维尔:《论美国民主》,1835年,第121—127页(讨论了美国的宗教信仰和道德习惯如何灌输了无私、自我牺牲以及自我约束的思想);参见巴里·施瓦茨:《人性之战:科学、道德与现代生活》,1987年,第19—20页(阐释了托克维尔对个人主义与共享美德之间的生产性紧张关系的看法)。

是大多数推定的怀疑主义者和相对主义者都会强烈地反对种族灭绝、种族歧视、酷刑和贫困。㉓从根本上分析,他们相信道德不是一种怪念头或个人喜好。他们反对这些恶,是因为这些恶是不正当的。他们反对的不是道德本身而是普适化的道德。

那么最根本的问题就不是中立主义而是精英主义。学术精英们反对公共的道德教化,因为他们担心公众的报复、反复无常和盲目。例如迈克尔·托尔尼谴责美国的刑罚政策,认为其在一定程度上是愚昧的、不理智的,部分原因就是愚昧的、感情化的公众和倡议者推动的,而这些公众和倡议者把精英们与民主压力隔绝。詹姆斯·惠特曼对刑法上的平民主义颇为悲观,因为平民主义从更加怜悯的刑法专家手中抢走了权力。戴维·加兰德后悔公众复仇心理、情绪以及平民主义已经取代了专家的判断。对于加兰德而言,那些操持着刑罚流行话语的人都是反民主的和反现代的,因为他们简单粗暴地指责不法行为。同样,英国自由主义精英们担心不受教化的公众感情和情绪。㉔

㉓ 参见戴维·鲁本:《反人道罪研究》,载《耶鲁国际法期刊》(第29期),2004年,第85页、第126页的注释145。

㉔ 参见迈克尔·托尔尼:《西方国家的惩罚政策与惩罚模式》,载迈克尔·汤瑞、理查德·S.弗拉塞编:《西方国家的量刑与制裁》,2001年,第3、15、18页(作者谴责美国的"惩罚性大众主义"及"道德主义",认为它们使美国与其他西方国家产生了隔阂);迈克尔·托尔尼:《刑罚政策的决定因素》,载迈克尔·托尔尼编:《比较视野中的犯罪、惩罚与政策》,2007年,第1、26、33页(作者指责美国没有使自己的刑事司法政策与其他西方国家所采取的"浅薄无知的、善变的、心胸狭隘的"以及"情绪化的"暴民统治方式隔离开来);迈克尔·托尔尼:《反思美国不可思议的惩罚政策》,载《加州大学洛杉矶分校法律评论》(第46期),1998年,第1751、1752—1753、1771、1788—1789页(作者把美国刑事司法政策的责任归咎于由"意识形态、夸大的恐惧及政治机会主义"所驱动的道德恐慌,并且对惩罚政策给予了"公众启迪"的重要性进行了谴责);詹姆斯·Q.惠特曼:《严厉的司法:刑事处罚以及美国和欧洲之间日益扩大的鸿沟》,2003年,第14—15、55页;戴维·加兰:《文化控制:当代社会的犯罪和社会秩序(143—144)》,2001年,第9—10、13、35、142、151、184页;伊恩·洛德:《"柏拉图式守卫者"的失败:自由主义、犯罪学及对英格兰与威尔士犯罪的政治回应》,载《英国犯罪学杂志》(第46期),2006年,第561、568、582页(作者注意到,自由主义精英十分重视刑事司法政策制定者,将之视为柏拉图式的守卫者,并且对他们未能履行那个角色而感到失望)。

这些学者们经常公然否定道德情感,诸如厌恶、蔑视、愤怒和羞辱。因此,许多学者强烈谴责那些提议羞辱不法行为人的行为,公然的羞辱就如同倒退回粗暴的黑暗时代一样。詹姆斯·惠特曼旗帜鲜明地批评了这种羞辱情绪,因为这能挑起善变的、无法无天的民愤。惠特曼分析了公众参与可能带来的最黑暗的景象。同样,玛莎·努斯鲍姆详尽地论述了在法律中不应当有厌恶情感,因为厌恶情感在本质上具有等级性和倒退性。㉕ 对于大多数学者来说,谴责、非难和非正式的社会制裁或压力,例如贝壳流放法,似乎是倒退的和独断的。学者们更加偏爱官僚式刑事司法,因为他们更加相信他们自己的怜悯倾向。道德话语使刑事司法成为大众评议对象。许多美国知识分子更倾向于避免这种普适道德嵌入刑事司法,并转而追随欧洲的脚步,即关注点由刑事政策转向了局内人律师和法官。

学者和律师们同样担心不平等和歧视。我国曾有针对少数民族,尤其是虐待黑人的不光彩的历史。种族主义的陪审员往往因受害人是黑人而不愿定白人的罪,并且种族主义者对黑人被告人进行诬告或是施加暴力。种族差异仍然会导致严重的不正义,从

㉕ 关于羞辱性惩罚的学术谴责,参见玛莎·努斯鲍姆:《躲避人性:厌恶、羞耻与法律》,2004 年,第 71—171、227—250、335—340 页(作者抵制羞辱性惩罚,特别是抵制对同性恋者和其他少数派施加的羞辱性惩罚,因为它们"与等级制度和降格相联系"。但是对于"强有力的组织,比如公司、律师事务所,作者认为应对他们的傲慢与自恋"实施羞辱性惩罚);丹·马克尔:《羞辱性惩罚是否能完美地实现报应目的? 报应主义和替代性惩罚措施的复杂性》,载《凡德法律评论》(第 54 期),2001 年,第 2216—2228 页(作者对羞辱性惩罚表示反对,因为它们太过于有辱人格、太过于狭隘,产生了外溢效应,并且可能导致不可预知的暴民反应);托尼·M. 马塞洛:《羞辱、文化以及美国的刑事法律》,载《密歇根州法律评论》(第 89 期),1991 年,第 1942—1943 页(作者对羞辱性惩罚表示反对,部分原因在于它们贬低了犯罪者的人格尊严);詹姆斯·Q. 惠特曼:《判处羞辱性惩罚是否可行?》载《耶鲁法律杂志》(第 107 期),1998 年,第 1088—1092 页。

要注意的是,笔者并不是采取明确支持羞辱性制裁的立场。更确切地说,笔者是因为这些学者对大众道德话语的反感而批评其采用的修辞与论证。

而困扰现代刑事司法。㉖ 当被问及关于匿名被告人的假设性问题时，公民倾向于赞同其犯罪和刑罚。但是，当在具体案件中给予公民更多的自由裁量的道德角色时，就会产生基于种族、性别和财富而产生的歧视。《美国宪法第十四修正案》的法律平等保护条款，保障公民不受不合理差别对待的权利。因此，在民权运动时代，最高法院为了减少社会歧视，不管多数派的想法，为规制地方刑事司法做了很多努力。

像律师一样受到过专业训练的许多读者，起初可能不会太受到刑事司法精英主义的困扰。他们可能会对局内专业人士大加喝彩，并且更倾向于粉碎局外人愚昧的干预。然而，这种过分简单化的想法，并没有严肃对待局外人的看法和压力。毕竟，美国并非欧洲。

我们缺乏专业化的行政服务，也缺乏顺从那些让反多数派刑事司法政策成为可能的专家的传统。相反，我们对陪审团审判、问题导向式的竞选、倡议、公民投票及罢免的文化回忆，都会为公众带来直接的压力。正如笔者在第二章中所担心的，堵塞较为古老的、健康的表达共鸣心声的出口，已经导致最初的政策遭受巨大的压力。在美国，大众的压力已成为真实的事实，而刑事司法却在最危险的时候忽略了这种压力。

况且，局外人并不像精英们所担心的那样愚昧。对于这一点笔者已在第二章已经进行了解释，当呈现给局外人的是有细节的具体的案件时，公众并不比法官更倾向于进行惩罚，甚至有时会达成一个比立法者更轻惩罚的良好协议。过度的惩罚并不是来自于局外人所依赖的道德直觉，而是来自于扭曲的政治程序。局外人早已不再干涉零星的正义。立法和公民投票选举的整个层面，都扭曲了那些案件是典型犯罪的感觉。太多的谴责不是依赖于局外

㉖ 威廉·J.斯顿茨：《不平等的正义》，载《哈佛法律评论》（第 121 期），2008年，第 1970—1971 页(作者收集的数据表明，黑人占总人口的大约 1/8，但是占监狱人口差不多一半；黑人男性的监禁率差不多是白人男性的 7 倍，而拉美裔男性的监禁率差不多是白人男性的 3 倍；在因吸毒而被指控方面，黑人男性的监禁率几乎是白人的 13 倍，尽管他们只是稍微更有可能使用非法药物)。

人而是局内人,而局内人将局外人排除在外,从而使得局外人无法看清和参与刑事司法的过程。并且在控辩交易中,局内人的自身利益有时会导致反常的重刑(这种情况主要针对那些敢于进入审判程序的被告人)或者刑罚偏轻(这种情况特别针对那些富有的和有权势的能够请到最好律师的被告人)。局外人监督局内人的自身利益和诉累,并且能够减少代理成本。

在如今如此两极分化的刑事司法政治环境中,学者和律师担心的正是局外人的压力导致刑事司法不具有怜悯性。这就是惠特曼所担心的非理性的暴行。学者和律师也担心现代刑事诉讼会将重罪犯流放到社会的下层阶级,从而导致永久的降低他们的品格,没有希望恢复和赎回原有的社会地位。这也是努斯鲍姆们和部分马克尔们所担心的等级的降低人格的刑罚。罪犯仍然是我们的兄弟姐妹,依旧具有我们共有的人性,既应获得应有的谴责,同时也应得到我们的爱。应当赋予刑事司法以怜悯、宽恕和救赎,正如殖民地的美洲人所做的那样,这具有公正的理由根据。当然,这也是当代以信任为本的监狱理念的体现,查尔斯科尔森的监狱团契就是如此。[27] 宗教上下关注宽恕和怜悯着实令人欣慰。

然而,宽和的刑事司法完全不同于抛弃政治说辞和道德正义的原则。不幸的是,许多学术精英们在这方面纠缠过多。许多人喜欢温和的情感,比如同情和怜悯,但更多的是要批评负面的感情,比如暴行、愤怒及厌恶。他们关于尊严的展望太过于平等化,以至于即使只是稍微的贬低、责备和羞辱罪犯,都会使他们不安。正如笔者第四章所指出的,苏珊·班德斯公开承认"讲述事实就是带有政治目的"的、单方面的行为,是司法为了宽恕零和牺牲的一部分。被告人应当能以道德的和感情的语境把事实讲述出来,但是因为苏珊·班德斯更同情被告人,所以苏珊·班德斯认为被害人不应该这样。罗伯特·所罗门谴责流行的对应得刑罚的学术质

---

[27] 参见监狱团契:《监狱团契是什么?》,载 http://www.prisonfellowship.org/why-pf,最后访问时间:2011年6月10日。

疑,这种反对赢得刑罚的学术质疑把应得刑罚看做是"'令人窒息的政治纠正'……即使考虑大众的不合理的观点,也应将自己置身于界外。因此,因这些观点不屑一顾且不知道讨论,我们最终否定了这些具有很大副作用的感情。但这种具有很强副作用的感情事实上能推动大多数人并且帮助他们形成他们的政治观点。"[28]

　　精英们鄙视赞成怜悯,试图将硬币的一面从硬币上分裂下来。除非将正义作为规则,否则将怜悯作为例外存在是没有意义的,因为过多的怜悯将吞噬正义。[29] 善良和同情促使我们对那些滥用我们同情的人表示愤怒和愤慨。无论是受害人还是被告人受到的不应该的谴责,都值得我们同情,就如同对任何应受谴责行为都应该进行指责一样。感情的两面,即正面和负面,都是在对我们应该尊重的作为我们兄弟姐妹的同胞的认同中体现出来。我们会关注那些被诬告或伤害的人,因为他们是我们道德共同体中的一员。他们被以他们不应得的方式对待。

　　至于学术界对永久侮辱和降低人格的刑罚的担心,这种担心是不必要的。恰恰相反,刑罚往往都被推定为暂时的。罗伯特·所罗门巧妙地解开了复仇和因果报应式正义的传统理念基础的四个隐喻。第一,公正的刑罚必须罪刑均衡。圣经里的复仇规定为以眼还眼,意味着刑罚必须同错误行为致使的后果一样。对于犯罪者来说,这实在太过于严厉。第二,不正当行为创设了债务,因此,报应就是让罪犯偿还拖欠社会和受害人的债务。第三,不正当行为打乱了正义天平的平衡,使犯罪人的地位升高而屈辱了被害

---

[28] 苏珊·班德斯:《同情、叙事和受害人影响性陈述》,载《芝加哥大学法律评论》(第63期),1996年,第409页;罗伯特·C.所罗门:《司法与复仇:论法律与情感满足》,载苏珊·A.班德斯主编:《法律的感情》,1999年,第123、125页。

[29] 正如C.S.路易斯所说:"仁慈与正义相分离,就变成了残酷。这是重要的悖论。如同只有在山地土壤中植物才能生长茂盛一样,仁慈看起来似乎只有在正义岩石的裂缝中生长,才能开出鲜花;如果仁慈被移植到人道主义的沼泽地,就会变成吃人的杂草。这将变得更加危险,因为它仍然是以山地的多样化而命名"。参见C.S.路易斯:《论刑罚的人道主义》,载沃尔特·胡珀编:《受审的上帝:神学与伦理学文集》,1970年,第287、294页。

人。吉恩·汉普顿认为,公正的刑罚通过贬抑罪犯和赔偿被害人所受损失,从而恢复原有的平衡。第四,犯罪制造了污秽和原罪,而刑罚则会洗清这些污点。以上四个比喻都说明犯罪只是暂时的和非连续性的干扰,而刑罚却可以在一定程度上消除犯罪、修复社会关系。㉚

换句话说,刑罚不应当是永久性的。刑事司法可以科处适当的、令被害人满意的罚金,恢复打破的平衡,洗清罪犯的污点。实际上,我们惩罚的是行为而不是行为人,我们惩罚一个人是基于其做了什么而非他们是谁。而只有一种犯罪令人发指,才应当科处永久性刑罚,包括可以科处死刑、终身监禁或者驱逐。这些刑罚方式最常用来针对那些我们已经放弃的无可救药的累犯。但是,在某些时候,大多数罪犯都偿还了他们的债务,理想的结果是,他们表达了他们的悔恨和道歉,从而在此过程中被宽恕。毕竟,犯罪人应当获得第二次机会。刑罚的方式可以包括暂时将罪犯从守法的社会中剥离出去,但是,最终应当是让他们能够回归社会,就像殖民者们所做的那样。套用第四章中布雷维斯特的恢复性司法的术语,那就是重新融合而非彻底分裂(反对现代羞辱性刑罚的一个有力论点就是在实践中,这样做使得分裂比重新融合容易得多)。最好的结果是,刑罚应当是治愈和教育的动态机会,而不是零和的被害人和被告人之间的此消彼长。

确实,笔者对这个经常带有讽刺性的刑事司法系统抱有乐观的态度。但是,这样具有讽刺的刑事司法系统并没有理由不向往完美结果,并且正义可以促进刑事司法。诚然,现代美国的控诉和监禁并没有实现这种理念,在下一章的第一部分中,笔者将考虑对上述问题的应对之策。现代刑事司法的失败为刑罚改革提供了契机,而不是为放弃刑事司法提供了契机。关键问题是,暂时的谴责

㉚ 罗伯特·C.所罗门:《司法与复仇:论法律与情感满足》,载苏珊·A.班德斯主编:《法律的感情》,1999年,第140—141页;吉恩·汉普顿:《报应论》,载杰弗里·G.莫菲、吉恩·汉普顿编:《原谅和同情》,1988年,第124—132、154页(讨论了汉普顿的刑罚是还受害者清白的刑罚理论)。

和指责正在通往永久恢复和重返社会的路上。刑罚并不应该创造一种永久的处于下层阶级的重罪犯,因为这种阶级的出现会冒犯精英们平等观。但是,也不应该拒绝暂时的指责和谴责,因为如果没有道德评价和正义,就没有恢复。这也是笔者在第四章中对恢复性司法分析的结论。暂时的谴责、指责、羞愧和丢脸,会为修复和回归尽可能的铺平道路。但是,如果因正义和刑罚,没有人会同情和恢复,任何人也不应该仅仅为实现僵硬的正义而没有同情。正义和怜悯是同一枚硬币的两面,他们可以共存并且在我们国家的历史中确实如此。

同样,即使出于平等考量,也不能使精英主义和排斥局外人的做法正当化。

第一,我们不应当偏重于对跨种族的陌生人犯罪的关注,例如不应偏重于黑人被控强奸了白人妇女这样的犯罪。这些案例虽然意义重大,但很难成为典例。更多的犯罪存在于种族内部、邻里之间甚至是家庭内部。㉛ 而不是将社区从所有的案例中排除,相反,我们可以在少数的跨种族犯罪中解决种族问题。

第二,由局内人主导司法很难保证公平的实现。局内人所主导的现行的刑事司法系统,因种族差异而广受诟病。精英主义的种族跟踪记录在美国难以受到称道。

第三,使刑事司法政策具有整体性和使刑事司法具有零星性之间,具有巨大差异。公众可能会被电视广告上呈现出来的威利·霍顿的凶恶的大头照所吓倒。在具体的案件中,选民们想到的是活生生的掠食者而不是具体案件中的平常罪犯,而选民的这种想象使选民自己误入歧途。电视中的配音和夸张的解说会加重公众的恐慌,从而推动立法和拉动投票。但是,当陪审员近距离的观察被害人和被告人时,程序运作的结果就会改变。因此,好的律

㉛ 参见迈克尔·R.兰德:《美国司法部:2008年犯罪受害人调查(NCJ 227777)》,2009年,第5页(报告称,在2008年,家人、朋友以及熟人应该对差不多3/5的暴力犯罪的实施负有责任)。

师可以教会他的当事人如何表现,从而使得陪审员和其他人看到活生生的人而不是关于种族问题的陈词滥调。当人们看到的是与自己同类的个体而不是种族成员时,种族偏见就会小得多。坦白地面对种族问题会增强自我意识以及减少偏见的影响。㉜

　　第四,在民权运动时期,刑事司法系统经常会遭到来自少数民族团体的压力。这种极端的思维方式已经逐渐趋于过时。正如丹·卡汗以及特蕾西·米尔斯所提到的,现在的少数民族享有更多的政治权力。非民选的法官不能限制他们,相反,应在刑事司法系统中授予其权利。诚然,就像威廉·斯顿茨所说的那样,问题可能在于使局内人过于疏远社区,从而导致审判系统的过度法制化。让刑事司法更加地方化和民主化,可以使其更加平等化。许多白人选举奥巴马为总统,并且感到自豪,那么这些白人非常注重种族平等。但是,法官们没有在最近逐渐涌现的问题中,诸如在死刑、交通违法、毒品政策以及政府选举问题中,处理好种族差异问题。简言之,大众主义并不意味着种族主义。

　　第五,政治理论中的精英主义具有致命缺陷。一般而言,局内人不应当忽视局外人,即使他们可以这样做。美国是典型的民主国家,但是这种典型来自于其立法能够得到被约束公民的普遍认同。公众有权利制定一个刑事司法政策,非民选的精英们不应当进行阻挠。平等保护条款在规制种族歧视方面具有重要意义,但是,我们不应当仅凭此而断定局外人都固执而局内人则不是这样。此外,局外人对于反对种族歧视贡献颇大。刑事司法可以通知、授权、聆听以及安抚局外人,因为局内人并不知道在刑事司法中享有

　　㉜ 参见托马斯·F.佩蒂格鲁、琳达·R.特罗普:《群际接触理论的元分析测试》,载《品质与社会心理学期刊》(第90期),2006年,第751、752、766页(作者引证了多项研究,并且报告了元分析的结果。作者发现"群际接触典型地减少群际偏见");杰弗里·J.赖奇林斯基等:《无意识的种族偏见是否会对初审法官产生影响?》载《圣母大学法律评论》(第84期),2009年,第1195、1221—1225页(作者指出明确地面对种族问题,可能有助于降低种族偏见的影响)。请比较凯斯·R.桑斯坦:《道德启发式教育法研究》,载《行为与脑科学》(第28期),2005年,第531、541—542页(作者指出,外来的、非代表性的、假设的案例的道德推理存在的危险)。

这些权利。局外人也可以监督和调解局内人的自身利益以及他们对于风险的厌恶程度，从而减少代理成本。问题不在于局外人的影响，而在于不健全的政治动态导致了笔者在第二章所提到的严峻的花费浩大的拉锯战。

* * * * *

简言之，刑事司法绝非仅仅是赫伯特·帕克尔所称的流水线或者排除障碍的过程。刑事司法不是简单的作为个体的被告人权利和国家权力之间的博弈，而是一种道德参与。而道德参与就必须通过道德标准进行解释，不仅仅以罚金的多少和刑期的长短进行判断。说服及程序非常重要，并不仅仅是最后的底线问题。学术上把道德从刑事程序中进行分离，这是一次恣意的历史性的失察。官僚主义盲目地将道德从刑事程序中驱逐的做法更显得过于狭隘，从而混淆了方法和结果、混淆民众和统计。中立主义忽略了公众在犯罪和程序公平上达成的道德上的普遍共识。最后，精英们应当注重民主共识，并且重视对正义和怜悯的坚持。

笔者所呼吁的道德关注、大众主义以及参与性的刑事司法系统，只是一种理想模型。怀疑论者将会质问这种刑事司法制度的实用性和关联性。在现实世界中，案积如山，预算紧张，因此对理想模型的勾勒要比在繁杂的实践中实际实施要简单很多。下一章笔者将会涉及上述挑战，并提出能够将局外人及其意见包含在刑事司法中来的具体措施。

第六章　在专业人士驱策的体系中还权于公众

先前的章节可以得出很多结论。律师们（以及他们在立法中的同盟）把外行挡在门外。律师的底线要求、成本收益方式为他们带来了很多无可置疑的优势，这些优势包括案件生效的案件以及对犯罪的掌控。他们这样的确比普通市民具有更多的优势。然而刑事司法的立法初衷并非仅仅服务于此一项目标。刑事司法机器坚定不移地追求机械性的高效，但却忽视了其负面影响：其同时削弱了受害人、被告人和社会大众的权利，把公平正义贬低为可以出售的商品，把正义视为一种可以被任意替换和大量生产的东西。刑事司法机器喜欢法律术语的运用和精确的有固定格式的官样文章，但却避开了道德判断。刑事司法机器隐藏在制度后进行工作，让局外人感到挫败和不信任，放任局内人的私心和特殊偏爱。这使刑事立法的病态政治循环更加恶化，煽动了公民以严重的公投来对此进行回应，然后非常不诚实地推翻民众主义的措施。刑事司法机器忽视自责、道歉、宽恕金和关系的恢复，也忽视社会的团结和犯罪者重新融入社会，创造了一个由囚犯和具有前科的公民组成的非永久性的下层阶级。刑事司法机器漏掉了大量少数民族社区，并且从孩子和妇女身边夺走了数不胜数的父亲与伴侣，这些男性犯人很难返回合法领域，并重新工作生活，也很难再做一个合格的父辈。

该难以置信的制度被定性为合理地反映了公共的意志。笔者在第一章和第二章将围绕人们感到神秘该种领域进行剖析。控辩交易制度被偷工减料地建立起来了，并为制度内部人员的利益服务。民主不再亦步亦趋地跟随每一次民意调查；柏克式代表可以合法地服务公众利益，而非仅仅服务于满足其短期愿望，特别是当一时热情过后带来的长期影响。但是，美国刑事司法实在不能实现外界的需要，并且认为其得到了被统治者的同意因此具有坚实的合法性。责任与惩罚基础，以及实施这些惩罚性判决的过程，应该反映公众对什么是被告人和受害人所应得的的持久感受。正如笔者第二章所分析的，公众并非如专家所假设的那般下意识地具有加强的惩罚意识。实际上，在具体案件的背景下，相比于严厉的法律规定，公众常常倾向于更轻的惩罚。但是，受害人和社会公众无疑都希望参与其中，看到犯罪人受到应有的惩罚，并且得到满意的结果，从而宽恕并继续前进。

我们的现代社会，已远离殖民时代，纵有怀旧之情也已无法回到殖民时期的刑事司法。我们当今的社区十分庞大，我们的社会非常复杂，我们对于应该进行的程序的标准要求过高，以至于不能依赖自愿的守夜人和仅有几分钟的陪审团审判。我们再也不想回到常常在城市广场进行种族主义鞭打的野蛮时代。但是，我们可以从失去的事物中学习其优点，特别是殖民时期刑事司法的公开性、透明性和参与性。专业人士必须继续运行该制度，然而该制度应该让外行人可以看到更多，而且比现在有更多的机会和权利参与其中。我们也应让刑事司法机器，在刑事司法过程中重新发挥更多的道德作用。

一个透明的、可参与的道德剧应该追求两个目标。第一，应该努力减少我们遮遮掩掩的隔离性的程序的副作用。这些副作用包括让局外人产生的不满情绪、受挫感以及对刑事司法不信任和不自信。第二，应追求更好的实体性结果。刑事司法机器应更好地治愈受害者，鼓励更多的受害者走到台前。该方法可以减少代理成本以及逮捕、控告和辩护的成本，同时量刑模式也能更加接近公众的喜好。甚至还能减少单纯地依赖刑罚的政策，如三振出局等。

人们可以在三个层面上尝试改革。首先，从宏观层面出发进行改革，即从国家政府层面进行改革。笔者在本章第一、1部分和

一、2 部分认为,应改变惩罚模式以及定罪的附带后果,以此方式强调犯罪人对公众的责任、工作能力和重返社会。犯罪者必须接受教育、工作培训和强制戒毒,通过工作至少偿还部分他们欠社会、他们的家庭和受害者的债务。非暴力犯人甚至必须在军队服役。犯人的一些工作可以对社会开放,或者至少可以在电视中直播。这样公众可以轻易地看到犯人在以劳动回报社会而不是懒懒地闲逛,而且当犯罪者劳动时,他们可以不受住房和就业限制地获得工作技能,这会保证他们成为守法的公民,成为能够创造生产力的公民。

不幸的是,重大且核心的改变比起现实操作来讲更容易流于梦想化。这些宏观层面的改革将碰撞根深蒂固的体制障碍,例如来自军队、工会和商界的反对。而不同的病症需要的不仅仅是单独的国家制定的法律或最高法院的判决,也不仅仅是一个单一的中央计划改革议程。

在县、镇以及街道的中层,人们希望进行更多的参与。在第二部分,笔者分析了一系列中层改革,以使刑事程序和实体结果更好地反映当地公众的参与及意见。社区治安和社区检察官,无论在实践上是如何,但从理论上讲可更好地将政府政策与当地居民的需求相结合。

针对受害者、被告人、证人以及其他律师进行的满意度调查,比如类似易趣的反馈调查,能促使局内人更加对局外人负责。这种措施会导致在执行上的可喜转变:该种执行能把真正的没有受害人的犯罪转成有直接受害者的犯罪,或对受影响邻居产生效益。在这种制度前,公众有多种方式参与刑事司法程序,例如公众可以来检察官办公室、邻里间的大陪审团、咨询答辩和量刑陪审团进行提议。然而,尤其是在大城市中,笔者对于通过陪审员服务教育大众并不乐观,因为其难以批量生产。

最后,笔者在第三部分中,对微观层面的解决方案进行了评述。微观层面的改革将有利于被害人、被告人个人以及他们的家庭。被害人可以得到更多的信息、支持和咨询,并能发出关于刑罚看法的声音。被告人和他们的家人则有更多的机会发言并道歉，而且并不会因为这样做而受到惩罚。例如，他们的诉求是否得到受理不应该取决于他们是否决定作证，像现在情况这般；他们应该得到完全不予受理或全部受理的对待。与恢复性司法的实质敌意与惩罚相分离的恢复性会议，将会帮助受害者、被告人和他们的家人表达自己、进行和解然后继续他们的生活。

笔者构想了一种制度，其可以使恢复性司法会议与邻里陪审团相结合，这在判处刑罚的决定中将起到决定性的作用。量刑的法律应该根据公众的正义感设定最低和最高刑罚幅度，然后赋予被害人在这一量刑幅度内影响陪审团最后判决的权力。恢复性司法中的陪审团能反映邻里意见，并且能调整刑罚的范围从而适合具体个案。这些改革在小城镇和有凝聚力的社区会运行地更好，并使陪审团服务的好处在公众中扩散。即使是在此种方式不可行的社区，这些措施也至少有助于公众意见对具体个案的影响。

最后，我们一定要充满希望地生活，尽管会面临陷入惯性、愤世嫉俗或是绝望的诱惑。人们在改革一个制度的初期会面临巨大的困难，就如打破我们的刑罚工厂一样。怀疑者会拒绝渐进的、容易执行的改革，认为刑事司法改革如同在泰坦尼克号甲板上安装椅子一样无用。更为雄心勃勃的改革从另一角度遭受打击，会因案件的大量存在、长期的资金限制对司法的阻碍，使刑事司法改革被认为不切实际。有另外一些批评家还会认为，如果公众支持所有可行的改革，政客们便会就将改革推进。因此，公众一定不想或不愿支付改革的代价。

我们一定不能让这些反对者削弱我们改革的力量，一定要抵制那些让我们放弃改革的诱惑。我们既需要满怀希望又需要面对现实，既需要进行小而快的改革，更需要适时进行全面变革。有些改革既简单又经济，例如利用现代科技更好地通知被告人和受害者。让人更富野心的是中等级别的改革，比如让局外人有更多发言的机会，提供反馈信息，对检察官和警察施加影响。然而，更大幅度的改革会更受欢迎，而且更富有经济效益，比如让犯人工作、偿还他们的一些债务,帮助他们戒毒以及学习技能。最后,从长远来看,人们期待重大的结构性变革,包括使犯罪人重新回归社会到组织恢复邻里关系陪审团。这些改革进程不能一蹴而就;一些变革措施可能从来都没有被证明是有效的。但是,我们需要把理想作为目标,即便我们的梦想注定要功亏一篑,但有一些改进总比没有要好。

改革的时机已经成熟。尽管国内的局内人不愿进行自我改革。在我们分权的政府体制中,级别较低的政府进行了较多的实验。社区治安、调解法院、恢复性司法、医用大麻去罪化,以及从别的地方复制而来的以信仰为基础的监狱计划,已经开始实施。这些具有经验的规范的实验单位,已经在宣传他们的成功经验,并且鼓励其他地方效仿这些措施,从而创造出了司法改革的趋势。财政预算紧张也鼓励成本更低的方法替代长期监禁。

此外,不断变化的技术环境使局外人进行和推进改革变得更加容易。信息技术,特别是社交—网络媒体,使得在全球范围内所有的大众都能够自下而上推翻独裁政权。脸谱网、推特以及诸如此类的社交网站,已经使局外人聚集起来把他们的不满融合到改革运动进程中。这种现象可以打破局内人对权力的垄断。现在,局外人可以自下而上的、通过一些具体而有效的实验和改革措施来排解不满。这些媒介可以有效地辅助民主选举流程,提高较低的可见度与检察官选举的低频率。这些媒介可以使警察、检察官、法官的日常工作更为透明。因此,局外人可以更好地监督局内人,迫使其能够在更大程度上代表他们的需求。

总之,是打破局内人与局外人界限的时候了。受害者、公众以及被告人不应排斥局外人。作为利益相关者,局外人应该在刑事司法中跟局内人共同起到积极作用。

一、宏观层面的改革之路

1. 从监禁的闲置到工作、责任与改造

如今,当我们宣告被告人犯有非极端严重的罪行时,我们通常监禁这些罪犯。然而,美国的监狱存在巨大的缺陷。其中的一些缺陷是任何监狱系统所固有的;另一些缺陷是由于监狱工作在实践中形成的。监狱隔断与其应负责任之人之间的联系,隐藏了他们受到的刑罚,但并没有对犯人培训或让他们改过自新。受害者和公众无法看到罪犯被追究责任,偿还他们对社会和受害者所欠的债,以及学会遵守纪律的工作习惯。相反,他们被想象为过着由纳税人负担的闲散懒惰的生活。因此,罪犯并未准备好重新回到社会,而受害者与社会公众相信犯罪人既没有受到应有的惩罚,也没有吸取自身的教训,从而也不情愿让他们重返社会。

绝大多数犯人终日无所事事,没完没了地看电视而只做一点劳动。在他们被捕前一个月,3/4 的因犯是有工作的,获得收入的大部分是合法的。他们中的很多人不仅照顾自己的小孩,而且能够负担房租、食品杂货、实用品和卫生保健费用。但他们一旦入狱,只有少数人受雇于监狱企业。在大萧条时期,工会和小企业反对派扼杀了监狱劳动的州际市场。

少数在监狱洗衣店、餐厅或车牌店工作的因犯,很难培养出外面社会所需要的技能。即使能够工作的因犯,他们的收入也远低于最低工资标准,根本不够养活一个家庭或偿还受害人。没有多少犯人接受过教育和职业培训。正相反,议会已经多次削减监狱教育计划,如佩尔助学金。太少接受药物治疗或其他类似治疗,排队等候治疗的人远远多于所能提供治疗的数量。并非所有的监狱致力于给犯人提供培养良好习惯的教育,比如自我约束或自我生产的能力培养等。相反,监狱鼓励犯人无所事事的过监狱机构的日常生活,这让他们在被释放时,就注定了回归社会的失败。健康的生活习惯,例如监狱改革者设想的有序的工作,在很久以前就被破坏了。[①]

[①] 关于服刑人员在他们被监禁前的就业状况,参见劳伦·E. 格莱兹、劳拉·M. 马鲁沙克:《监狱中的父母以及他们的未成年子女》(第 18 卷),美国司法部,NCJ 222984,2010 年。

监禁还切断了犯人与其家庭、朋友和邻居的联系。作为丈夫和

关于服刑人员在被监禁前对他们家人作出的贡献,参见唐纳德·布拉曼:《在监狱外服刑:美国城市中的监禁与家庭生活》,2004年,第98、109、155—156页。

关于监狱生产商品的市场的扼杀,参见斯蒂芬·P.格尔威:《解放监狱劳动力》,载《斯坦福法律评论》(第50期),1998年,第358—367页;杰里米·特拉维斯等:《从监狱到家庭:服刑人员重新进入社会的维度与结果》(2001年)(报告称,只有7%的因犯参加监狱工厂中工作,而24%的囚犯是完全闲置的);卡米尔·格雷厄姆·坎普编:《2002年矫正年鉴》:对成年人的矫正,2003年,第118页(报告称,在2002年初的时候,联邦和州服刑人员加在一起只有7.8%在监狱的工厂中工作,仅仅3.6%的联邦和州服刑人员在监狱农场工作);斯蒂芬·P.格尔威:《解放监狱劳动力》,载《斯坦福法律评论》(第50期),1998年,第358—367页(分析了监狱犯人劳动的历史)。

关于很少能对服刑人员能培养适合市场的技能的观点,参见艾米·所罗门等编:《从监狱到工作:服刑人员重新进入社会的就业维度》,2004年,第16—17页图表5。在2002年初的时候,联邦和州服刑人员加在一起,只有47%的犯人在监狱中有一些工作任务。卡米尔·格雷厄姆·坎普编:《2002年矫正年鉴》:对成年人的矫正,2003年,第118页。

关于服刑人员被支付极少量津贴,参见唐纳德·布拉曼:《在监狱外服刑:美国城市中的监禁与家庭生活》,2004年,第140—142页;杰里米·特拉维斯等编:《被留在身后的家庭:监禁和重新进入社会的隐性成本》,2005年,第5页("对大多数犯人来说,与家庭共创收入所得已经几乎完全被排除了,即使那些在监狱中有工作的服刑人员,每年也只能赚到350美元");卡米尔·格雷厄姆·坎普编:《2002年矫正年鉴》:对成年人的矫正,2003年,第118页(报告称,在2002年初的时候,联邦和州服刑人员加在一起只有7.8%在监狱的工厂中工作,仅仅3.6%的联邦和州服刑人员在监狱农场工作);斯蒂芬·P.格尔威:《解放监狱劳动力》,载《斯坦福法律评论》(第50期),1998年,第358—367页(分析了监狱犯人劳动的历史)。

关于很少能对服刑人员能培养适合市场的技能的观点,参见艾米·所罗门等编:《从监狱到工作:服刑人员重新进入社会的就业维度》,2004年,第16—17页图表5。在2002年初的时候,联邦和州服刑人员加在一起,只有47%的犯人在监狱中有一些工作任务。卡米尔·格雷厄姆·坎普编:《2002年矫正年鉴》:对成年人的矫正,2003年,第118页。

关于服刑人员被支付极少量津贴,参见唐纳德·布拉曼:《在监狱外服刑:美国城市中的监禁与家庭生活》,2004年,第140—142页;杰里米·特拉维斯等编:《被留在身后的家庭:监禁和重新进入社会的隐性成本》,2005年,第5页("对大多数犯人来说,与家庭共创收入所得已经几乎完全被排除了,即使那些在监狱中有工作的服刑人员,每年也只能赚到350美元");卡米尔·格雷厄姆·坎普编:《2002年矫正年鉴》:对成年人的矫正,2003年,第120页(报告称,在2002年初的时候,在监狱经营的产业中,平均每个服刑人员的工资水平是每天2.63美元到7.64美元,在私人经营的产业中是每天21.43美元到36.50美元,而对于非工业的监狱工作——比如农场工作,则每天的工资在1.14美元到5.99美元;此外,报告还认为,服刑人员的日平均工作时间长达6.7到6.8小时)。

父亲的责任是教育年轻人的关键因素——能驯服年轻人的野性,训练年轻人如何安顿下来。因此,不注重家庭关系的犯人更有可能再次犯罪。细致的实证研究证实:结婚生子有助于抑制罪犯在被释放后重新犯罪。一个纵向调查发现:结婚可以使释放后重新犯罪的比率降低35%。但是,相比于以工作养活自己的家庭和偿付受害人,大多数囚犯被迫无所事事。他们有太多的闲暇时间实践犯罪技能和进行犯罪技术交流,而非学习职业技能。相较于使犯人脱离犯罪环境,监狱将新入狱的犯人和惯犯汇集在一起,反倒滋养了更多的犯罪。一旦犯人能够自由的交谈和交往,监狱就成了拉帮结派的绝佳地点,且与将来潜在的犯罪人有了联系,甚至会

在2002年初的时候,联邦和州服刑人员加在一起只有12.4%参加了全日制的学术或职业培训项目,仅14.5%的联邦和州服刑人员参加了业余时间的项目。卡米尔·格雷厄姆·坎普编:《2002年矫正年鉴:对成年人的矫正》,2003年,第118页。一项1997年进行的针对下一年就将被释放的监犯的研究发现,只有27%的监犯参加了职业培训项目,35%的监犯参加了教育培训项目。杰里米·特拉维斯等:《从监狱到家庭:服刑人员重新进入社会的维度与结果》,2001年,第17页,图表8。

终止佩尔服刑人员助学金的法律是1994年的《暴力犯罪控制与执行法案》,Pub. L. 103—322, § 20411, 108 Stat. 1796(20 U.S.C. § 1070a(b)(8));亦可参见理查德·图克斯伯里、乔恩·马克·泰勒:《废止高等矫正教育项目中的佩尔助学金所产生的后果》,载《联邦缓刑》(第60期),1994年,61页(该文指出,将近1/4的监狱系统随后就废止佩尔助学金,另外在31.6%的监狱系统中,注册学生的人数出现了显著下降);罗伯特·沃思:《论模范监狱》,载《亚特兰大月刊》,1995年11月,第38页、第42页(该文指出,在最近几年中,至少25个州已经削减了他们对于服刑人员的职业技术培训)。

关于监狱中治疗的供应不足,参见特拉维斯等:杰里米·特拉维斯等:《从监狱到家庭:服刑人员重新进入社会的维度与结果》,2001年,第26—27页(该文认为,在进入监狱前一个月吸食毒品并且很快就要被释放的服刑人员中,只有18%的服刑人员曾经在监狱中参加过戒毒治疗);国家毒瘾及药物滥用研究中心:《身陷图圄:药物滥用与美国的监狱人口》,1998年,第10—11页、第111—35页(估计在1996年中,有75%到85%的州服刑人员和31%的联邦服刑人员需要进行药物滥用治疗,而只有13%的在州监狱服刑的犯人、10%的联邦监狱囚犯,以及8%的拘留所服刑人员在接受各种形式的治疗,很少有治疗地区进行集中住宅性项目——最有效的治疗类型)。

关于监狱中有秩序的工作和良好习惯之终止,参见劳伦斯·M. 弗里德曼:《美国历史上的犯罪和惩罚》,1993年,第155—156页。

导致完全误入歧途。②

也许最麻烦的因素在于监禁的隐蔽性。监狱隐没在高墙之后，在人们的视野和想象之外。普通公众很容易遗忘它，忽视监狱中特殊的伤害和强奸，或简单地忽略了更可怕的灵魂毁灭。让更多的人无所事事、饱食终日。因为刑罚是无法看见的，犯人在监狱中的无所事事，所以公众从未见到正义被伸张。选民因而主张更长刑期以表达其对犯罪的愤怒之情。但是，因为公众并未亲眼看到和感受到这种刑罚，他们并不能清晰地感受这种刑罚达到何种程度是合适的，也不知道何时犯罪人才能够偿还其对社会和被害人的负债。在民主政治中，阳光是最好的防腐剂，而监狱却笼罩在

---

② 关于婚姻和父亲身份在驯服犯罪中的作用，参见凯瑟琳·艾丁等：《父亲身份和监禁在不具有专业技能的男人犯罪生涯中的潜在转折点》，载帕提罗等人编：《美国监禁：大规模监禁的社会效果》，2004年，第46、53页；罗伯特·J.桑普森等：《婚姻会减少犯罪吗？个体内在因果效应的反事实路径》，载《犯罪学》（第44期），2006年，第465、498页（在一项长期的纵向研究中发现，婚姻与35%的犯罪减少有联系，并且看起来似乎有因果地抑制犯罪）。

在监狱和刑满释放后维持与家庭的关系的分析，参见邦妮·F.卡尔松、尼尔·塞尔维拉：《服刑人员和他们的家庭：配偶探监、家人联系及家庭功能》，载《刑事司法与行为》（第18期），1991年，第318、320页；科瑞斯·芬尼·海尔斯顿：《监禁期间的家庭关系：对谁重要及原因？》，载《社会学与社会福利杂志》（第18期），1991年，第87、97—98页；科瑞斯·芬尼·海尔斯顿：《监禁期间的家庭关系是否会影响未来的犯罪活动？》，载《联邦缓刑》（第52期），1998年，第48、48—49页；金杰·L.威尔扎克、卡罗尔·A.马克斯托姆：《家长教育对被监禁父亲的控制与满意的父母轨迹的影响》，载《罪犯治疗与比较犯罪学国际期刊》（第43期），2006年，第90、92页（"成功地从监狱中释放的单个最佳预测指标是：该罪犯是否具有可以回归稳固的家庭关系的能力"）。

监狱远不能将违法者从容易产生犯罪的环境中移开，相反，其从人力资本中提取超强的犯罪浓度。将一个易受欺骗的人投入监狱，会冒使他开始犯罪生涯的风险。参见埃德温·J.莱特沙、克里斯多夫·洛文康普：《什么能有效地减少累犯？》，载《圣托马斯大学法律评论》（第3期），2006年，第522页的注释2；克里斯多夫·洛文康普、爱德华·J.莱特沙：《理解风险原则：矫正干预如何以及为何能够伤害低风险的罪犯》，载《社区矫正》，2004年，第3、5页。

阴霾之中。③

根据常理,公众的普遍不满反映了公众下意识的刑罚观念以及对判决加重刑罚的渴望。但是,这一观点并未得到民众的信任。唐纳德·布拉曼坚定不移地声称,公众想要的不是更多的刑罚,而是更严格的责任。防止反社会犯罪的最好办法就是迫使犯罪人亲近社会并负担责任。这意味着(他们要)戒毒、学习技能、找到工作、供养家庭以及支付自己债务和赔偿受害者。

公众不仅关心刑罚的数量,还关注其传递出的消息以及其中所含有的价值。因此,公众重新显示了对羞辱性制裁、强制劳动、赔偿以及补偿受害者的兴趣。民意调查显示,绝大多数人(87%)支持要求囚犯劳动。如果囚犯必须用他们的工资来对被害人和国家进行赔偿,甚至很多监狱劳动的反对者也普遍支持监狱工作。公众对于强制性工作培训和强制扫盲计划的支持率甚至更高,达到了92%。几乎有同样比例的受访者支持药物治疗。有趣的是,支持这些措施的人拥有完全不同的政治背景,从自由主义者到保守派,从民主党到共和党。自由主义者拥护这些改革,希望这些改革措施能使罪犯改过自新并使他们获得社会福利,而保守派成员支持改革则是把这些改革措施作为让犯人承担惩罚性责任的方式。囚犯的家属抱怨说犯人懒懒散散、逃避自己的责任、没有工作养家。④ 无论争议如何,各方一致认同囚犯应该承担相应的

---

③ 参见查尔斯·狄更斯:《美国纪行》(平装本),帕特里夏·英格拉姆编,企鹅经典出版社2000年版,第111—113页("因为监禁的伤害并不是在表面上的,而且其不会通过人类的耳朵能够听到的声音表达出来;作为一种秘密的刑罚,不会唤醒沉睡的人性,因此,笔者更加谴责它。");路易斯·D.布兰代斯:《公开性有何作用》,载《Harper's Weekly》,1913年12月20日,第10页("阳光被称为是最好的消毒剂;电灯光是最好的警察"),转载于《别人的钱》,1914年,第92页。

④ 唐纳德·布拉曼:《惩罚与责任感:理解和改革美国的刑事制裁》,载《加州大学洛杉矶分校法律评论》(第53期),2006年,第1149—1153、1188—1191、1195页,表格A、B(该文总结了来自1995年全国犯罪与司法民意调查的数据),1197页的表格C(发现在每一个政治隶属组织中,至少85%的公民支持强制性的监狱劳动、在社区工作、教育以及职业培训),第1198页(认为受到司法监督的戒毒治疗为超过5∶1的比率)。

责任。

　　监狱必须从游手好闲的犯罪窝点转变为承担社会责任、强制劳动及支持改革的地方。最首要地和最紧迫的是,监狱必须强制每一个身强力壮的犯人工作。这并不意味着以铁链锁住一群做苦工的囚犯。尽管民意调查显示,大量民众支持迫使囚犯做苦工,这一观点非常极端。多数甚至绝大多数公民的支持是不够的。广义上的惩罚性政策需要近乎一致的支持。苦难的奴隶史就像公开鞭打一样,在美国的种族历史上并不光彩。一排黑人男子被铐在一起,并由白人看守的场景,可能会削弱少数族裔社区成员对平等司法所有的脆弱自信心。回到以镣铐的方式强迫其劳动的方式上来,肉刑或者类似奴隶制的标志,会极大地分裂舆论。

　　还有很多其他的方法使罪犯进行劳动而不必效仿奴隶制。政府可以取消对监狱制造商品贸易以及罪犯工资要求的限制,可以依靠竞争性招标来提高工资。低于当下狱外平均工资标准,可以弥补高昂的安保费用和对技能不熟练的囚犯进行的技能培训费用需要,鼓励更多的雇主进入市场。这些非市场工资在本质上仍然高于以小时计费的或是国营工厂或农场的工资。⑤ 外部的监督和检查员会监管工作场地,以防止无所事事的陋习的产生。出于安全原因,处于中等或最高安保监控的囚犯,必须在监狱中工作。但是处于轻度安保措施下的囚犯以及那些刑期将满的囚犯,可以通过在监狱外面工作以适应外面的世界,就像已经有很多犯人在过度教习所工作一样,但受到志愿者的监督。囚犯甚至可以向雇主证明自己的能力,这样他们在刑满释放前就已经找好工作了。

　　我们需要监狱劳动,但同时监狱劳动给囚犯指出了方向,树立了目标和目的,这些是他们现在最缺乏的东西。在《伊凡·杰尼索维奇的一天》这本书中,亚历山大·索尔仁尼琴形象地描述了西伯

---

　　⑤　劳伦·E.格莱兹、劳拉·M.马鲁沙克:《监狱中的父母以及他们的未成年子女》(第18卷),美国司法部,NCJ 222984,2010年。

利亚战俘营的生活。人们或许会对罪犯有所期望,但是由于其受到不公正的关押,因此,他们倾向于推卸和懈怠他们的工作。但是,当分配垒墙任务时,犯人们所做的工作远比他们被要求做的多,完成一些具体的工作使他们欢欣鼓舞。⑥ 工作使囚犯感到自己是人类的成员。工作带给了他们每天生活的意义和目标。劳动给了犯人消耗精力的出口,而不是给他们很多空闲时间去打架和谋划犯罪。在理想的情况下,监狱劳动甚至能够使犯人感受到劳动的感觉和培养出道德的习惯。当然,并不是每一个囚犯都会全身心地投入工作,但监狱工作会往这一方向感化、鼓励很多囚犯。

为了让他们的监狱工作更加贴近社会和负有责任感,犯人们应该至少用他们的工资支付一部分道德性的以及货币性的债务。大概有1/4的工资可以支付政府调查、定罪和禁闭的费用,有1/4的工资可以用来赔偿受害者和负担医疗费,有1/4的工资可以拿回家庭,扶养配偶和孩子。然后,剩下的1/4工资,犯罪者可以自己留下,作为对他们努力工作的奖励。如此一来,罪犯们不再无所事事,也不会对国家的监护造成威胁。相反,他们赔偿受害者和国家债务的同时,还自力更生并赡养了家庭。这些收入也许永远都补偿不了因为严重犯罪而给国家和受害者造成的损失,我们也并不会仅仅因为没有完全地赔偿其所造成的损失而监禁他们更长的时间。⑦ 但是,即使是部分的偿还也将有重大的象征意义。

从理想的角度分析,很多工作都会很明显地被公众需要且令公众满意,因为这些工作让他们看到罪犯因其行为而招致的"虐待"。公众可以控制去观看工作的犯人的道路和监狱旅游,公众能看到没有危险性的犯人出来做清理公路、重铺道路以及类似的工

---

⑥ 亚历山大·索尔仁尼琴:《伊万·杰尼索维奇的一天》,拉尔夫·帕克翻译,2008年,第75—88页。

⑦ 我们不会坚决要求在释放之前全额还款,这样做将会再次造成旧的债务人再次进监狱,是把富裕的犯人释放出来而无限期地关押穷人——仅仅因为穷人太贫穷而无法偿还债务。然而,国家能够在释放之后继续支付工资,从而让犯人履行犯罪对受害者所欠的剩余赔偿。

作。看守应避免让犯人在劳动时穿着囚服和带着锁链,也许会使用电子脚环手环代替锁链。犯人并不会被标记或永远被看做是下层阶级,但在获得重返社会的机会之前需要忍受暂时的委屈。至少新闻和实况电视节目可以播出犯人劳作的画面,而非仅仅播放肥皂剧。这样,作为一种交易,受害者和公众也许会接受犯人更短的刑期。如果能实现这样的目的,更短时间、更高强度工作的监禁,将会减少国家财政支出并减轻犯人的家庭和社区的痛苦。⑧

笔者对于监狱劳动的建议在实践上可能会遇到诸多障碍。第一,大部分犯罪人不具备什么技能,并且目无法纪,因此,这些技能差的劳动力并不能产生额外的效益。第二,许多守法企业和工人将反对与监狱劳工进行竞争,担心这会减少他们的工资,争夺他们的就业机会。尽管这种争议建立在经济谬误之上——工作量是固定不变的,但是,这种观点还是具有不可否认的直觉性和政治性诉求。一些重要的力量可以结合起来推动这项改革。比如:政府减少监狱支出、受害者渴望赔偿、宗教权利对监狱劳动的支持。人们只能寄希望于这些力量有朝一日可以相互抵消,或者能消除反对,尤其是在有组织的劳动力不佳的情况下,这些目的能实现。另一个显著的障碍是,即使犯罪人学习并掌握了工作技能,他们仍然面临出狱后就业难的问题。一些囚犯也许可以向雇主证明自己的能力,一旦他们刑期结束就足以胜任受雇的工作。并且正如下面要

---

⑧ 参见马克·S.弗莱舍、理查德·H.赖森:《美利坚合众国:联邦监狱管理局中的服刑人员工作与交感管理》,载德克·凡·齐尔·斯米特和弗里德·邓克尔编:《监狱劳动:拯救还是奴役?国际视野》,1999年,第281、289页的表格16.4、16.5(该为指出,在联邦监狱工业中工作的服刑人员较少地违反规定);玛里琳·C.摩西斯、辛迪·J.史密斯:《栅栏后面的工厂:监狱"实际工作"项目起作用吗?》,载《国家司法学会期刊》,2007年6月,第32页(该文研究发现,参加监狱工业的服刑人员较少地重新犯罪,在被释放之后更快地找到工作,并且对减少他们的食宿费用作出了贡献);托马斯·W.彼得斯克等:《国家矫正产业协会,识别监狱产业拓展项目服刑人员收入所得的受益者:谁从在监狱产业拓展项目中的服刑人员的工资收入中获益?》,2003年,载 www.nationalcia.org/wp-content/uploads/2008/09/research-fullrpt1.pdf。

讨论的,监狱各部及其附属教堂会认为帮助出狱的犯人找到工作和住所,缓解过度压力是他们的职责。但是不可否认,政治上和实践中的困难足以使这一提议变成长远的希望而非可以短期实现的目标。

而更有争议和更棘手的事情是如何使罪犯进入军队(那些带有严重暴力倾向的和严重残疾的囚犯除外)。纵观历史,在很多社会中,都存在被判有罪的人服役的情况,这给囚犯提供了工作偿债和重获自由的具体方式。然而,目前大多数美国军队的军队服务,禁止以服役代替、避免刑事控诉或者服刑。⑨ 严酷的服兵役十分清晰并且容易想象:新兵训练营中黎明的军号、大声演练的士兵和剧烈的课间操。公众所看到的兵役是严格且苛刻的劳动。然而,这些苛刻的条件是具备生产力和贴近社会的,反复的工作习惯和纪律,是犯罪人所往往缺乏的。

现在,具有两种完全不同政治背景的读者肯定会反对。那些左派人士会抱怨,认为服兵役将会伤害被告人并且降低他们的地位。而那些右派人士则害怕以服兵役的方式作为惩罚,将会贬低那些守法男女选择为国效力的荣誉感。无论是出于荣誉的原因还

---

⑨ 关于历史方面的例子,参见休·F. 兰金:《殖民地时期弗吉尼亚地方议会的刑事审判程序》,1965 年,第 110、171 页(该书记录了殖民地时期弗吉尼亚的两个判决服兵役的例子);彼得·金:《作为司法资源的战争:强征入伍和起诉率(1940—1830 年)》,载《法律、犯罪与英国社会(1660—1830 年)》,2002 年,第 97、106 页(该文讨论了英国在战争期间,对年轻的男性财产犯罪人强制征兵,把其作为刑罚的替代选择,并且得出结论认为:"与米德尔塞克斯司法相比,新闻媒体造就了更好的地方官");伊迪丝·艾博特:《犯罪与战争》,载《美国刑事司法与犯罪学学会期刊》(第 9 期),1918 年,第 32、42 页(该文记录了这样一种观点:在南北战争之后,美国犯罪率上升是因为罪犯之前已经被判决服兵役);汉斯·W. 马蒂克:《第二次世界大战期间军队中的假释犯》,载《联邦缓刑》(第 24 期),1960 年,第 49 页(该文记录了在战时工业中工作的第一次世界大战的假释犯,并且分析了在第二次世界大战期间直接或间接地使服刑人员假释出狱到军队中服役的伊利诺伊项目,该项目在减少累犯和改善行为方面获得了成功)。

关于美国军方目前针对将罪犯征募入伍的禁令,参见约翰·F. 弗拉纳、瑞安·D. 施罗德:《监禁的替代选择措施》,载《司法政策》,2008 年秋季刊,第 8 页(该文指出,除了海军之外,所有军事部门都明确禁止将应征入伍作为起诉或惩罚的替代性措施)。

是出于对管理不守规矩的罪犯的担忧,军方领导人也可能拒绝这种方式。但是,一个恰当设计的制度可以平息这三种担忧。为了消除右派的担忧,可以要求囚犯被迫加入军队,不能自主选择。他们进入军队后与普通入伍士兵相比,享有较低的级别和工资。扣押对受害人的赔偿,会进一步降低其实得的工资,退伍军人法中规定的福利在一段时间内不要落实。在军队中,他们不会享受到他们目前正在享受到免费,更不会享受到纳税人支付的懒散生活。他们可以穿不同的制服,享受比普通士兵和水手更少的特权,例如活动范围被限制在基地。他们必须忍受从事最底层的工作,甚至是清洁厕所,即使最小的违法行为也会遭受体力惩罚或者其他惩罚。换句话说,囚犯无法获得与守法的服役人员平等的权利。鉴于征募入伍人数的稳步下降,而军队却需要更多的人手,囚犯也不会挤掉守法公民的参军名额。

另一方面,那些左翼人士应该会注意到,在美国,军队有着关于种族平等和任人唯才的良好典范。[10] 使少数民族罪犯们假如由少数民族长官管理的军队,那么这与把少数民族犯人投入监狱相比,会受到更少的因种族问题而遭受的攻击。将囚犯整合到军营,还可以减少监狱滋生的性犯罪以及自我封闭。在他们为国家服务,向社会偿债的过程中,面临的任何挑战也将是贴近社会生活的。要求囚犯冒着受伤害的危险为国家服役,将会弥补他们给他人造成的伤害和威胁(当然,我们应限制自愿参加战斗的侵犯的战斗机会)。任何谦卑的工作都具有意义且是暂时的,犯人可以不断证明自己,假以时日,他们可以获得晋级并恢复他们与守法公民和战士完全平等的地位,包括同等职级、薪酬和福利。一段时间过

---

[10] 查尔斯·C.莫斯科斯、约翰·西布利·巴特勒:《我们所能成为的:黑人领导权与种族融合——军队方式》(1—3),1997年,第1—3页;詹尼弗·希克斯·伦德奎斯特:《军队中的种族和性别满意度:精英制度的效果》,载《美国社会学评论》(第73期),2008年,第477、480页;艾琳·O.奎斯特、柯蒂斯·L.吉尔罗伊:《美国志愿役部队中的女性和少数民族》,载《当代经济政策》(第20期),2002年,第111页;史蒂文·A.霍姆斯:《时间与金钱能让军队产生种族和谐》,载《纽约时报》,1995年4月5日A1版。

后,他们的家人可以来跟他们一起住在军事基地,帮助他们重新融入社会。军队传授如何生产以及市场需要的技能,这可以使犯人们在退役后找到工作。雇主会把服兵役看做是有价值的凭证——证明受雇人可靠、有工作纪律。换句话说,通过军队使罪犯重新回归社会的方法远比目前的方案好。

军方领导也许注意到,以服兵役替代刑事惩罚已有很长的历史,而且几乎没有对在囚犯身边服役的守法士兵的荣誉感造成损害。至少如果被选入军队的囚犯出了问题,都是根据纪律被严格管理,并且可能因军队的组织架构、严厉性和目的感等因素而增加管理强度。在第二次世界大战中,由假释的罪犯在军队中服役显现出了良好的效果,相对于其继续被监禁在监狱里而言,种族歧视现象更低,行为举止更为规范。[11] 我们无从得知这样的模式现在是否还会继续获得成功,尤其是在和平年代。但是,这样的理念至少是值得尝试的。

然而,军方一定会反对被要求承担除了作战和防御之外的社会责任。此外,目前美国军队所有的志愿精神可能都会抵制起草的罪犯入伍法案生效。如果这与军方的对立是不可调和的,那么军方至少可以撤销禁令,并且有选择性地承认哪些罪犯是与军队要求最相适应的。或者公民可以尝试创建民间的军队,类似于平民保护军团,穿着制服、分级行列、有严格的纪律和使命。这种军队的任务不仅是修建和重建公共工程,并且要培养罪犯的人格和技能。

除了工作(或许是在工作之前),监狱应该要求教育和职业培训。每一名没有完成高中学业且智力正常的囚犯都应该完成 GED 课程,获得一个高中文凭的同等学力。缺乏技能的罪犯应该接受职业培训,先在课堂里学习,然后可能的话再在工作中实践。强化

---

[11] 参见汉斯·W. 马蒂克:《第二次世界大战期间军队中的假释犯》,载《联邦缓刑》(第 24 期),1960 年,第 49 页。

药物治疗,频繁的尿检,同样可以是强制性的。⑫ 监狱甚至可以考虑结婚和亲子班,尽管并不清楚有多少受教的罪犯。教育不仅可以让囚犯赚钱和支付赔偿,而且还鼓励了他们自力更生,承担责任和照顾家人。

这些项目必须是给规范施加义务,而不是简单地授予某些特殊好处,以免给公众造成不满,认为国家给了罪犯而非守法公民更好的待遇。社会传递出的信息必须是:这是贴近社会的刑罚,是为了使违法者成为好公民。这些项目往往也是代价高昂的,尽管基于信仰的监狱慈善机构可能会捐赠物资和做义务劳动。受限于费用,开展这些培训项目也许无法马上实践,但至少可以作为长远的规划。

我们的期望必须具有现实性。毒贩无法在一夜之间变成模范公民。无论他们得到了多少机会、接受了多少培训,很多囚犯会抵制这些措施或复发。尽管如此,他们还是应该被追究责任、接受工作、学习和训练。笔者也希望这些方案能够减少再犯的可能和节约资金,这些都是附带的好处。教育、工作培训和药物治疗的花费会很高。首要目标是以一种公众看得见的方式向犯罪者问责,试着教授他们经验教训,让他们至少在一定程度上弥补他们的过错。我们最希望的是:一些犯罪者可以充分利用这一机会,承担责任、学习良好的习惯、彻底结束他们的犯罪。

2. 附带性后果与重返社会

让服刑人员戒除毒瘾、学习以及工作,会为他们回归社会做好准备。但是即使在他们按照预想的那样赔偿了被害人和社会之后,我们的法律也不情愿再给他们一次机会。即使刑满释放也将

---

⑫ 有必要对吸食毒品和没有参加教育或培训的行为进行一些制裁。同时,人们不希望对这些违法行为无限期地延长刑罚,因为这相当于在扩张刑法范围。对服刑人员的不合作行为进行惩罚,而不只是惩罚潜在的犯罪本身。不合作会阻止服刑人员获得良好的服刑信誉——这种信誉通常会使他们的刑罚大约减少15%。严重的违反法律规定的行为——比如暴力或毒品交易,将使其受到另外的定罪和判刑。其他软硬兼施政策有监狱特权,比如锻炼和户外活动时间、淋浴、理发、餐后甜点、探访者特权以及电视和电话使用权。

面临一箩筐的法律规制和歧视。甚至有些人因被禁止投票选举、义务陪审以及禁止任公职等方式，被典型地从政治共同体中驱逐。其他对被释放人员的伤害包括明显的限定居所或者工作方式。在被告人被定罪之后会被关押在州的另一端的监狱，从而阻止家人的探访，而这疏远和破坏了家庭关系。有些罪犯如性犯罪者，在刑满释放后，被禁止在学校、日托中心、运动场、教堂以及医院周围的500到2000英尺居住。在一些大城市集中的区域，这些居住经常被限定在城市之外，实际上是在刑满之后才被完全放逐。同样的，限制重刑犯执业的法律，限制其担任警察、教师，还包括了尸体防腐人员以及破旧坦克的清洗人员。这些相关法律涉及的犯罪相当广泛：性犯罪者不仅包括猥亵儿童者，还包括了性犯罪者、在公共场所随地小便者以及少年恋人。⑬ 并且结果经常是诡异的：刑满释放的人员可能不会与那些监视他们的人，如家人和邻里生活在一起。相反，他们不得不步入歧途，挤进同一个汽车旅馆以重新组织犯罪。同样，如果我们否定了重刑犯曾受到过专业训练和工作的权利，我们就会将他们置于失业和犯罪的境地。

并没有证据表明是这些法律使我们更加安全。犯罪人完全可

---

⑬ 关于所谓的刑事定罪的附带后果，通常参见诺拉·V.德姆莱特纳：《防止国内流放：对附带量刑后果进行限制的必要性》，载《斯坦福法律和政策评论》（第11期），1999年，第153、154页；布莱恩·C.卡尔特：《将重罪排除在陪审团服务之外》，载《美国大学法律评论》（第53期），2003年，第65页、第67页注释4和注释5。关于重罪犯就业的限制条件，参见布鲁斯·E.梅：《职业执照法律规定的品德要素：依然是具有前科重罪犯就业机会的障碍》，载《北达科他法律评论》（第71期），1995年，第187、190—191页（该文指出，职业执照法律典型的包括会计人员、酒精类销售员、救护车驾驶员、律师、理发师、台球室雇员、承包商、入殓师、护士、药剂师、内科医师、房地产专业人士、化粪池清洁工以及其他工作人员）。

关于包括性犯罪在内的犯罪范畴，参见《人权观察》（第19卷）的4(G)：《没有简单的答案：美国的性犯罪者法律》（39—40），2007年9月，载 http://www.hrw.org/en/reports/2007/09/11/no-easy-answers（其指出，规定对与性交易相关的成年人犯罪进行登记的有5个州，规定对随地小便登记注册的有13个州，规定对青少年之间自愿发生的性行为登记注册的有29个州，规定对在公共场所露出性器官的行为登记注册的有32个州）；科里·雷伯恩·杨：《刑法对新兴的对性犯罪的战争》，载《哈佛民权与公民自由法律评论》（第45期），2010年，第435、455—456页。

以潜行1至2公里去实施犯罪。相反,居住的限制可能会阻止刑满的人回归家庭,而这些聚集的人们将使我们更加不安。因此,即使是控诉者,也口头上反对限定居住的法律,认为其无效且偏离了预防犯罪的核心任务。[14]

必须对犯罪进行惩罚,但却不能以放弃犯罪的方式进行惩罚。罪犯并不能因自己最糟糕的犯罪行为而无法重返社会。除非对那些极度可憎的累犯,我们应当慢慢放弃对他们的希望,进而彻底地放弃他们。监禁并不意味着流放,服刑人员被公认为应当偿还社会,并且社会应当做好原谅和给他们机会重返社会的准备。这些附带性后果编织成一个网络,这个网络反映的是臆病和贸易保护主义,而不是预防犯罪。因此,拆解这个网络是重要的第一步。就像殖民者所理解的那样,这是既是应该惩罚的时代,也是应该原谅的时代。[15]

这种途径类似于约翰·布雷思韦特所称的整合羞辱。[16] 惩罚的关键并不在于将罪犯彻底流放到下一社会阶层,从而怨恨和引诱他们对流放他们的社会的重新犯罪。关键在于如何恰当地惩

---

[14] 科罗拉多州公共安全部:《科罗拉多州性犯罪者 Mgmt. Bd.:关于对性犯罪者的管理策略的住所限制之使用的白皮书》,2009年6月,第2—4页,载http://dcj.state.co.us/odvsom/sex_off ender/SO_Pdfs/Residence % 20Restrictions. PP. pdf;明尼苏达州矫正局:《明尼苏达州的住所与性犯罪累犯》,2007年4月,第2页,载http://www. nacdl. org/sl_docs. nsf/issues/SexOff ender_attachments/ $ FILE/MN _ Residence. pdf;明尼苏达州矫正局:《针对三个性犯罪者住宅问题》,载《2003年提交给立法机关的报告》,2003年1月,第9—11、19—21页,附录C-1到C-3(该文发现,没有证据表明住宅临近学校或公园会影响再度犯罪,同时还指出,1500英尺的禁区几乎完全会将犯罪者排除在明尼阿波利斯市和圣保罗市每一个居民区之外);爱荷华州律师协会:《关于爱荷华州性犯罪者住宅限制的声明》(2006年12月11日)(该声明得出结论认为,2000英尺的住宅限制不会减少性犯罪或者保护儿童,这种限制的代价太过于高昂而无法实施,并且会伤害到罪犯的家人),载http://www. iowa-icaa. com/ICAA% 20STATEMENTS/Sex% 20Offender% 20Residency% 20Statement% 20Dec% 2011%2006. pdf。

[15] 参阅《传道书》3:1, 5(金·詹姆斯版)。("凡事都有定期,天下万物都有定时;……抛掷石头有时,堆聚石头有时;怀抱有时,不怀抱有时。")

[16] 参见约翰·布雷思韦特:《犯罪、羞耻和重返社会》,1989年,第54—107页。

罚,并使他们重新回归社会。羞辱、窘迫甚至是适度的贬低,只要是暂时的就都是适当的。应当有足够长的时间使得罪犯能够认清自己的错误行为,并且至少通过服刑能够减轻他们道德上的负罪感。公众们应当看到或者至少有映像,一些刑罚、不平等对待以及羞辱,都应当被限定在一定的时间之内。为了避免冷酷对待中的羞辱演变为永久的侮辱,监狱应当避免通告犯人的名字,这一点将在下文中论及。惩罚的关键在于时间的有限性,而不是为行为人永久的贴上犯罪的标签。

原谅和接纳罪犯,尤其是自我懊悔的罪犯,不管在象征意义上还是实际意义上都非常有价值。原谅和接纳的人应持有这样的动机:目的在于让规范改过自新并重新赢得荣誉,但这不能自动实现。原谅和接纳的人应坚信,罪犯有希望在遭受刑罚之苦后,重新振作起来并重新开始。这些方式能构建遵纪守法和受人尊敬的生活方式,从而替代可能会造就更多重复入狱者的由累犯和更多再次被监禁形成的循环。最重要的是,这些方式会展现社会人道的一面,并且通过指责和惩罚,幸得浪子回头。就连强势的温斯顿·丘吉尔都说:"大众对于犯罪和罪犯关心的心情、情结,是检验任何国家文明程度最可靠的方式……(这些文明的态度包括)坚信在每个人的内心深处——只要你能发现,都有一笔巨大的财富。"⑰

无论是左派还是右派,都应当赞成以原谅为结果的恢复性刑罚。实际上,已经有一些与宗教相关的团体,在这个意义上反对这些附带性后果。由查克·科尔森建立的监狱团契,借鉴《圣经》中关于宽恕的言论,试图阐述应减少这些附带性后果。他们声称,政府应当废除所有与定罪和保护公众无关的限制性规定。尽管强大的政治齿轮使得附带性后果越来越多,但是保守性的团体,比如监狱团契,会因政治家们改善这种情况而进行报道。

---

⑰ 英国内政大臣温斯顿·丘吉尔:《下议院演讲》(1910年7月20日),载罗伯特·罗德斯·詹姆斯编:《温斯顿·S.丘吉尔的完整演讲(1897—1963年)》(第2卷),1974年,第1589、1598页。参阅《路加福音》15:11—32(浪子回头的寓言)。

有了这些团体的帮助,通过信心、希望和爱的激励,局外人一定会像他们在殖民地区域那样重新学会谅解。有时候担心是谨慎的,但是有时希望则必须克服担心。就像亚伯拉罕·林肯在其第一次就职演说的结尾提到的那样,我们必须抱有希望去平息人们的怒火,与沮丧的人重归于好,这包含犯罪行为的受害人。即使是被同族相残的战争激怒的人民,"当他们被我们大自然中的守护者所感动时,也会被唤起宽恕之心"⑱。

而现在,宽恕并不是要彻底地忘记。人们可以合乎理性的担心罪犯所表现的懊悔的真诚性,或者担心罪犯是否能够抵制将来的犯罪诱惑。如果有理由让恋童癖者重新成为酒保或者管道工,那么就有理由使其成为小学教师。被定罪的毒贩以及吸毒者,不能很快的重新成为为人们开麻醉药物处方的药剂师。被控诈骗或者侵占的人,不应当很快地成为金融人士或者提供法律服务。恢复性权利要求对罪犯行为的恶劣程度、值得信赖的程度以及所涉问题的敏感程度有一个判断,而这判断非常困难。另外,我们不必担心我们拒绝冒任何风险。选举权、陪审权、在大多数地区生活的权利、从事除少量敏感性职业以外的工作权利,都能恰当地帮助罪犯快速回归社会。保留公职以及从事少数敏感性职业,可能会使重返社会变得更慢。重返社会的时间表取决于职业、对于犯罪的认罪以及罪犯在一定时期内不沾染毒品。那些需要通过药物治疗来控制精神疾病的人,却需要证明他们已经进行了很长一段时期的治疗。

就像笔者所建议的,该领域需要我们对我们愿意进行的投入和机会进行估计,而这种评估是非常艰难的。对一些人来讲,在粗暴的和僵硬的刑罚方面犯错,貌似总是最安全的。最大限度的剥夺其资格的好处是立竿见影的、确定的和具体的,但是,宽恕和怜悯的

---

⑱ 亚伯拉罕·林肯:《第一次就职演说》(1861年3月4日),载《美国历任总统就职演说》,1989年,第133、141页。参阅《哥林多前书》13:13(新的金·詹姆斯译本)(其列举了信任、希望、友爱这三种品质,其中最重要的是友爱)。

兑现期更长、更脆弱并且是不确定的。为了寻求平衡，我们必须决定我们自己要成为什么样的人，我们是否已被担心完全控制，或者我们对希望和人性是否有准确的判断。笔者希望，许多读者能够在最有希望的罪犯身上看到给予其回归社会机会的直观价值。

罪犯登记以及污名化的宣传就需要类似的判断。例如对性犯罪者的登记，一方面，当面对学校、日托中心以及进行特别询问的父母的来访时，就会起到保护和规范的作用。另一方面，登记会不断地扩散并逐渐公开化，这就会招致故意的指责和羞辱。除登记外其他形式的公开，也会面临同样的问题。一旦妓女及嫖客服满刑期，公开其姓名以保护和管理其他人就无从谈起。持续性的公开是刑满之后惩罚的永无结束的继续。从理想化的角度分析，政府应该把登记制度限于适用这些人：即那些需要知道这些信息，但一段时间后能消除污名化宣传的人。在实践中，由于搜索引擎会在网页关闭后仍然保留很长时间，将姓名公布在网上就相当于终身监禁。针对这种问题，政府在决定将那些人的姓名放在首页上时，应进行多方面的限制。他们通过登记、媒体以及类似手段详尽的公布罪犯的姓名、住址等信息时，应当更加谨慎。

政府甚至可以通过公布正面信息，作为对守法行为以及消除刑满释放后污点的奖励。例如，他们可以半年、一年或两年为罪犯颁发远离犯罪以及毒品的奖励证明。对正面影响的证明，会消解刑满释放后在试用期内仍保留犯罪标签所带来的负面影响。在戒毒和戒酒的程序方面，类似于毕业典礼和证明的东西将会起到重要作用。

最后，公众与私人的联合将更有利于罪犯的重新回归。令人遗憾的是，公众性的回归程序仍然是不完善的，许多服刑者在被释放后除了一张公交车票和几美元之外，得不到其他任何支持。相应的，一些私人团体，例如监狱团契的"内部改变自由倡议"管理回归社会项目。

那些来自于当地教堂团体的志愿者，在服刑者临近释放时，会指导和帮助他们整理房屋和安排工作。虽然还要进一步的研究，但是实证证据已经表明，参与帮助服刑人员会大大降低再犯的可能性。事实已经证明,与指导者和宗教团体的经常联系,能够严格要求罪犯在刑满释放后对自己的行为负责,并且按照法律行事。政教分离条款存在着严重的问题,该问题是:其只向那些在宗教程序里登记注册的服刑人员给予优待。但这些问题都是容易解决的:监狱必须对世俗社会的替代性回归程序保持开放,国家财政不得直接资助宗教活动,宗教项目不应当再给予更好的设备和津贴。[19]世俗社会的替代性措施,包括由许多年轻学员组成的"教授美国风"的军团。该军团的学院需要费几年时间和罪犯一起工作,从而为犯人重返社会做好准备。政府应当付出更多的努力,但遗憾的是,公共的回归项目没有足够的资金,也没有足够的准备帮助大量的刚刚被释放的服刑人员。只要不存在宗教的高压,我们应当鼓励所有能够帮助罪犯重返家庭和给予他们帮助、使他们更有负责心以及重返社会的民间方法。

二、公众参与刑事司法的中间层面改革

美国联邦和州政府典型地控制监狱系统、囚犯重返社会以及

---

[19] 关于公众对重新进入社会的支持的严重不足,参见杰里米·特拉维斯等:《从监狱到家庭:服刑人员重新进入社会的维度与结果》,2001年,第19页。关于"内在改变自由行动",参见宗教与公民社会研究中心,拜伦·R.约翰逊、大卫·B.拉尔森:《内在改变自由行动:对以信仰为基础的监狱项目的初步评估》,2003年6月,第16—22、47—50页,载 http://www.prisonfellowship.org/images/pdfs/ifi_study.pdf;布里塔尼·楚斯提和迈克尔·艾森伯格:《内在改变自由行动:德克萨斯州刑事司法部以信仰为基础的监狱项目的初始过程和结果评估》,2003年2月,第25页。毋庸讳言,这样的研究总是容易受到关于选择性偏差和控制组的批评,其能够考验人们得出的结论的可信度。

关于可能的"政教分离条款"问题,参见美国人民政教分离联合会诉监狱团契公司案,509 F.3d 406, 418—419,423—425 (8th Cir. 2007)[其裁定爱荷华州的"内在改变自由行动"项目违反国教条款,理由如下:(1)会计不能确保政府直接的援助不花费在宗教活动上;(2)较之于其他服刑人员所受到的待遇,国家给予该项目中的服刑人员提供了更多隐私的更好的牢房、更多的家人探访机会和更多的计算机使用权;(3)"内在改变自由行动"项目工作人员不适当地被授权训诫服刑人员;(4)服刑人员没有被赋予选择非宗教的替代性措施的机会]。

定罪的附随结果。与此相反,起诉和警务则通常由县和城镇政府负责,并且能够被社区进一步分解。政府的级别越低,将公众纳入政策选择和监督中的希望就越大,这是具有深远意义的。技术也会有所助益:讨论吧、聊天室、脸谱群组以及"推特"交流版,使对刑事司法感兴趣的当地人更容易把自己组织起来。当地居民从而可以合力迫使当地警方和检察官提供更多的信息和公众参与。

1. 提高刑事司法的透明度

在县级层面上改善信息提供具有一些希望。在县级层面,大多数美国人选举他们的地方检察官。选举中的候选人可以完成很多选举人关注的统计数据,在现实状况中,现任的地方检察官简单地吹嘘天文数字般的定罪率或者挑选有趣的轶事。然而,如果政府机关发布更多的有益数据,竞选挑战者就能够对他们竞选宣传中的高控告降低率和判决下降率施加压力。新奥尔良的数据收集与地方检察官选举措辞中的这种变化携手并进,而且那里的选举人已经对此开始关注。[20] 更好的统计数据将有助于竞争对手用统计数据对抗统计数据,从而描绘出一幅更加平衡的画面。然而,预测并不明朗,因为趣闻轶事往往胜过空洞的统计数据。

其他受到更多限制的改革更有可能成功。例如某些类型的控辩交易尤其不透明。正如罗纳德·怀特和马克·米勒所指出的,指控交易和事实交易,比审判、没有控辩交易的有罪答辩以及量刑交易更加不透明、更加不诚实。指控和事实交易就实际发生的犯罪以及围绕该犯罪的事实撒谎,从而滋生了公众的犬儒主义。历史上,检察官阻止的量刑交易多于指控交易,但是这种关注点正在弱化。虽然控辩交易将在可预见的未来继续存在,但是法官和首

---

[20] 参见罗纳德·怀特、马克·米勒:《控辩交易中的诚信和透明度》,载《斯坦福大学法学法学评论》(第55期),2003年,第60—61、113—116页。

席检察官至少可以对指控和事实交易进行压制。举例言之，他们可以要求检察官证明并解释自己为何把一个谋杀罪降至一般杀人罪，从而使选举人和新闻界能够监督指控交易。把指控交易转变为量刑交易或者公开答辩，将使它们更加诚实、更加透明，并且更加容易受到公众监督。[21] 公众可能因此重新获得一些对刑事司法体系的信任，并且将刑事司法系统所传递出的信息，看做是更加合理的、更加值得遵守的信息。

人们可能还考虑公布检察官的控制控辩交易和量刑的程序性政策和实体性政策。一些检察官办公室已经这样做了。经验丰富的辩护律师已经知道特定犯罪的现行率。提供这种信息将为新出道的辩护律师创造公平的竞争环境，帮助公众和纪律检察官获悉情况。人们可能不希望发布关于何时逮捕或者将被拒绝的指控是哪些的政策。举例言之，如果政策使低于40美元的盗窃行为免于逮捕或指控，那么潜在的犯罪人可能会有恃无恐地盗窃低于该临界值数额的财物。但是答辩和量刑政策不会很大程度地怂恿潜在的犯罪人，因为刑罚的确定性与威慑犯罪的严厉性相比，是更为重要的因素。[22] 此外，累犯可能知道正在发生的情况。

---

[21] 罗纳德·莱特、马克·米勒：《控辩交易中的诚信和透明度》，载《斯坦福大学法学评论》(第55期)，2003年，第111—113页。

[22] 关于已经发布的检察政策的例子，参见理查德·H.库赫：《控辩交易：曼哈顿区地方检察署办事指南分析》，载《刑事法律公报》第11期，1975年，第48页（发布了纽约郡地方检察署的关于控辩交易指南的内部备忘录）；理查德·H.库赫：《量刑：曼哈顿区地方检察署办事指南》，载《刑事法律公报》(第11期)，1975年，第62页（发布了纽约郡地方检察署的关于《量刑指南》的内部备忘录）；马里奥·梅洛拉：《论现代检察技术》，载《刑事法律公报》(第16期)，1980年，第232、237—240、251—258页（发布了布朗克斯郡地方检察署办公的部审查和控辩交易程序的一些细节）。

关于经验丰富的辩护律师的知识，参见乔纳森·D.卡斯珀：《美国刑事司法：被告人的视角》，1972年，第108页；米尔顿·休曼：《控辩交易：检察官、法官以及辩护律师的经历》，1978年，第76—78、90页。由于发布检察政策的目的在于提供信息而不是提供法律，所以这些政策不是强制执行的，从而避免了附带诉讼。

关于威慑之确定性和严重性的重要性，参见杰弗里·格罗格：《论刑罚的确定性和严重性》，载《经济探究》(第29期)，1991年，第297、307—308页；安·德莱顿·威特：《用个人数据评估犯罪的经济模式》，载《经济学季刊》(第94期)，1980年，第57、59页。

地方警务同样也需要透明度。更好的、广为人知的数据能够成为加强地方警务监督的重要部分。虽然许多司法管辖区认为停车检查必须这样做,以便暴露种族性的情况,但许多司法管辖区并未保留警察枪击的数据。法律应该规定收集、记录和发布关于从拦截盘查到各种类型的逮捕再到执法的所有事情的数据。然后,公民审查委员会能够公布这些数据,并且迫使犯错误的警察局进行改正。人们可以同样地创建类似的公民审查委员会来监督检察官办公室的工作并公布数据。正如比尔·斯顿茨令人信服地指出,这些听上去乐观的透明的解决方案,和信息披露能够有效减少贷款歧视和污染一样,实际上也很有成效的。更为开放的社区审查委员会,能够恢复公众对警察的信任。对警察询问、搜查和进行录像,和强制性保存记录一样,能够加强监管并提高可信性。和社区分享犯罪地图,能够促进信息、街区守护组织以及诸如此类之间的互惠共享。信息共享也有助于向少数族裔街区解释警察资源分配决策,并且让邻居们关注这些信息和情况。这种透明度的提高可以帮助减轻少数族裔对警察所制定的分配决策存在种族偏见的担忧。[23]

透明度将会从两个方向起作用。透明度不仅会使街区居民了解信息,而且通过引起居民警察决策制定的关注,从而借机向居民阐述警察决策。这种方式被称为社区警务,在理论上受到广泛赞誉,但在实践中的实施却不一致。警察和检察官能够把县和城市区域划分为更小的区域,把他们的努力集中到各个街区的紧迫问题上。政府官员在这些区域能够具有更长期的任务、主动上门并

---

[23] 关于警察收集的有限数据、公民审查委员会的作用,以及通过信息披露进行管理的功效,参见威廉·J. 斯顿茨:《刑事司法的政治性宪法维度》,载《哈佛法律评论》(第 119 期),2006 年,第 780、826—828 页。关于社区审查委员会的作用、录像、强制性记录存档,以及犯罪地图的共享,参见埃里克·路娜:《论透明警务》,载《爱荷华法律评论》(第 85 期),2000 年,第 1107、1167—1170、1177—1178、1192—1193 页。关于对警务文献中这种参与趋势的深思熟虑的评估,通常参见戴维·艾伦·斯克兰斯基:《论警察与民主》,载《密歇根法律评论》(第 103 期),2005 年,第 1699 页。

且在社区会议上倾听居民的发言。在与当地居民的磋商中,协作的、公开的决策可以反映出街区的重点问题并且照顾外地人的关切。对于那些无法出席会议但是想要提供反馈的居民,电子邮件等讨论能够切实补充会议的不足。社区警务强调当地居民对刚开始发生的问题的积极主动回应,而不是等到别人拨打911报警电话之后才做出反应。工资和晋升标准应该把倾听并服务于街区居民们所表达的需求,纳入考核之中,而不是仅仅考虑最大限度的逮捕。而且正如埃里克·路娜所说的,公开的行政规则制定能够发展出引导武力、辅助性执行模式以及其他实践运用的规则或标准。[24]

通过这种方式,当地居民能够就提议的警察策略跟邻里警察进行协商。这些策略包括宵禁、帮派街头滞留法、反滋扰禁令以及秩序维护警务。正如特雷西·米尔斯和丹·卡汗所主张的,当这些方法在与社区成员的磋商中被采用时,更具有民主合法性。这种磋商与合法性可以帮助消除在历史上不信任执法机关的少数群体成员的疑虑。当地居民不愿意让来自街区之外的白人官员对少数族裔邻居强加他们自己的意志,因此,更倾向于选择管理他们自己。这样在某种程度上使警察因歧视少数族裔所受的指控减少,

---

[24] 关于社区居民的警务合作这一主题,参见埃里克·路娜:《种族、犯罪与制度设计》,载《法律与当代问题研究》(第66期),2003年,第183、207—211页。此外,更好的警察招募、训练、业绩标准、监督以及纪律,同样可以帮助抑制那些可能引起敌对与不信任的警察行动。埃里克·路娜:《种族、犯罪与制度设计》,载《法律与当代问题研究》(第66期),2003年,第211—217页。关于社区警务以及它的两个核心原则——社区合作原则和共同解决问题原则之概述,参见美国司法部司法援助局:《理解社区警务:一个行动框架》,NCJ 148457,1994年8月。

关于工资和晋升标准的可能改变,参见斯蒂法诺斯·比巴斯:《论对检察官表现的奖赏》,载《俄亥俄州刑事法律杂志》(第6期),2009年,第441页(建议结合激励工资、晋升和奖励,来激励检察官追求已经提高了的成功标准——该标准反映了公众和同行的绩效评估,而不仅仅是定罪率)。

关于路娜的公众规则制定之建议,参见埃里克·路娜:《刑法典的原则性执行》,载《布法罗刑法评论》(第4期),2000年,第515、598—622页。

同时那些少数族裔事实上可以要求警察整顿他们的街区。㉕ 作为程序问题,让公民阐述他们观点,使居民感觉被公平地对待并且受到重视。此外,在社区的支持下,警察策略更有可能取得成功。当人们感知到法律在程序上是公平的、受人尊敬的,在实体上是公正的时候,他们更有可能跟法律进行合作。

社区会议在解释警察行动、让当地居民表述他们知道的信息和观点中是有价值的。警务会议同样能够使当地群体,比如教堂和家长教师联谊会联合起来。通过建立充满信任的社会网络,警察能够帮助邻里实现自己帮助自己。㉖ 各个团体学会信任其他团体的合作意愿。因此,不同的社区团体可以联合起来,共同促进邻里进行互相监督以及类似的私人方式打击犯罪。他们还可以合作,要求警察和检察官负起责任,并且使警察和检察官了解他们自己的观点。

这为自下而上的政策制定,当然也为自上而下的政策制定留下了很大空间,因此也会对执法优先权产生很大转变。许多逮捕和起诉涉及到所谓的无受害者犯罪,比如毒品犯罪和卖淫,但是并非所有的无受害者犯罪都是一样的。危险的房屋和街角贩毒者滋生了社区暴力和成群的吸毒成瘾者,同时,谨慎的贩卖毒品可能几乎不会对其他人产生外溢效应。拉客妓女会阻碍街角发展并且吸引路边行驶的汽车,而互联网陪护服务对其他人产生的损害则要小得多。虽然社区居民可能不希望使毒品或者卖淫合法化,但是他们将会迫使警察和检察官把注意力集中于那些危害社区的犯罪。这将会使执法从真正无受害者的犯罪转向暴力和财产犯罪,以及那些会对其他人造成伤害的毒品犯罪。当地参与力将会使警察和检察官抵抗去获得容易取得的不道德性犯罪的统计数据之诱

㉕ 参见丹·M.卡汗、特雷西·L.米尔斯:《刑事诉讼程序即将遭遇的危机分析》,载《佐治亚法律期刊》(第 86 期),1998 年,第 1153、1153—1154 页;兰德尔·肯尼迪:《种族、犯罪与法律》,1997 年,第 19 页(作者提出了"非洲裔美国人在刑事案件中所遭受的主要伤害不是执行过度而是执行不足"这一主题)。

㉖ 参见特雷西·L.米尔斯:《为社区警务祈祷》,载《加利福尼亚法律评论》(第 90 期),2002 年,第 1593 页(对芝加哥警察局组织的祈祷守夜——使先前没有联系的牧师和会众团结起来的打击犯罪能力,提供了解释)。

感。其结果是,警察将会以适应当地需求和优先顺序的方式,更加狭窄地执行有关不道德性犯罪的法律。作为回应,不道德性犯罪人将会更加谨慎,并且不大可能会造成妨碍公共利益的行为。

2. 提高公众的参与度

在社区警务和社区检察方案让当地居民获得咨询和表达观点的时候,存在更为系统、直接的方式来将他们纳入司法之中。今天,警察和检察官成为"公共利益"无形的名义上的委托人,且能借助"公共利益"表达他们自己的观点。让当地居民在横截面更加积极地参与,会使局内人的自由受到约束,并把公众的观点注入具体案件中。局内人将不得不设法维护公众的正义感,正如局外人也要理解待处理案件数量和调和局内人的司法折中一样。

公众参与的另一个好处在于其使局内人自由裁量权的运用合法化。学者们担心官员的自由裁量权会没有法律约束以及任意专断的风险。常见的回应是建议用更多的规则来束缚自由裁量权。[27] 但是,正如笔者在第二章中所解释的,对完美规则的追求是注定要失败的。局内人的低能见度决策始终会破坏所谓的强制性规则,并且将这些规则转变为谈判的筹码。局外人变化无常的回应,从而使刑事司法处于危险的螺旋之中。

我们应该使公众参与在引导与调和官员自由裁量权方面发挥更大的作用,而不是寻求完美的规则。来自广泛的利益相关者的聚合的、分散的输入和反馈,能更好地反映公众所共享的正义感,这种方式不会简单地只反映检察官一方的立场。[28] 当然,其实现取决于笔者在下文提出的类似于易趣网站的信誉反馈回路,类似的

---

[27] 参见詹姆斯·范登堡:《论检察权的适当限制》,载《哈佛法律评论》(第94期),1981年,第1521、1567页(赞成通过立法事前限制起诉自由裁量权)。

[28] 参见里奥·雅各布·斯特拉希拉威茨:《论我是如何推动所有人(及所有事)?》,载《纽约大学法律评论》(第81期),2006年,第1699、1760、1764页(作者建议采用分散式的反馈方法以"用市民警务代替国家警务,用规范代替法律,以及在某种程度上用标准代替规则"。其中包括"我的警务如何?"的反馈方案以生成关于坏警察或粗鲁警察的数据)。

反馈亦能够评估和评价警察和公设辩护律师的表现。聚合应该控制离群值并且缩小同样案件的不平等，同时结果也随着非典型的不同案件而不同。

学者们已经提出了各种不同的方式来将当地社区更加彻底地纳入司法程序中，甚至纳入控辩交易的案件中。凯文·沃什博恩建议对每一个邮政编码区域使用社区大陪审团，这样社区居民们将在指控决定中发挥作用。杰森·玛佐尼建议由非专业性的答辩委员会来审查个体性控辩交易的自愿性和公平性。乔西·鲍尔斯建议在指控阶段使用非专业性的委员会。劳拉·阿普尔曼、理查德·比尔施巴赫和笔者赞同组成答辩陪审团，这种方式能把社区的报应观念、态度和公平性注入答辩和量刑的非专业性法庭中。㉙陪审员将会从社区中产生，其作用在于注入社区的价值观念并且制止控辩交易中的过度严厉或者过度宽容。

同样的，公民倡导者也从社区中产生，这种方式能够几个星期交替轮换警察局和检察官办公室的工作一次。他们将会审查执法优先次序、起诉书、辩诉协议以及量刑建议。这些工作者不需要获得否决权，简单地赋予他们发言权就将促使局内人认真对待局外人的观点、需求和愿望。必须阐明判断的理由，即使仅仅是口头地、简略地阐明判断的理由，也将会训导检察官，这和法官不得不写出合理的意见从而会训导法官一样。面对关心的市民，检察官可能发现沉迷于可能的风险规避或者懒惰将会变得更加困难。

理想情况下，这些措施将会帮助教育公众，让公众表达自己的想法，并且帮助选民看到正义的伸张。遗憾的是，这些托克维尔式教育效果很难大量地产生。由于大陪审团和小陪审团是极少的，

㉙ 凯文·K.沃什博恩：《论恢复性大陪审团》，载《福德汉姆法律评论》（第76期），2008年，第2333、2378—2388页；杰森·玛佐尼：论豁免悖论，载《西北大学法律评论》（第97期），2003年，第801、872—878页；乔西·鲍尔斯：《引入衡平自由裁量权论》，2010年8月24日（未出版的手稿，由《哥伦比亚法律评论》备案）；劳拉·I.阿普尔曼：《论答辩陪审团》，载《印第安纳法律期刊》（第85期），2010年，第731、750—768页；参见斯蒂芬诺斯·毕贝斯、理查德·A.比尔施巴赫：《将忏悔和抱歉融入刑事诉讼程序》，载《耶鲁大学法学杂志》（第114期），2004年，第141、144页。

因此很难有效地发挥这种措施的作用。答辩和量刑陪审团很可能被证明太过繁琐而无法在我们刑事司法机器的效率导向型制度中广泛地传播。交替轮换警察局和检察官办公室的公民倡导者,很可能缺乏足够的专业技术和知识来充当有效的代言人。另外还存在这样一种担心:普通的公众参与可能无法有效地抑制局内人,因为非专业人员可能例行公事地听从业内专家的意见。[30] 虽然如此,被选举出的局内人由于担心连任问题,可能对于非专业人员的观点过于谨慎和焦虑,持续的麻木不仁可能会引起公愤。

所以,就陪审团服务的广泛的教育效果而论,笔者对于我们是否能够大规模地恢复这些教育效果,至少在大城市和郊区恢复这些教育效果,是持怀疑的态度。但是,陪审团服务不仅对于广大民众而言是好的,而且对于陪审团所审理的具体案件和当事人来说亦是如此。正如下一节所指出的,人们能够将恢复性司法会议与社区陪审团相融合,这样不仅会让各方当事人表达他们自己的刑罚观并且实现治愈,而且将使当地人因为正义得到伸张而感到满意。

最后,该制度必须积极主动地征求局内人和局外人的反馈信息,以促使局内人服务于他们的当事人的利益。正如易趣网常规性地征求会员的反馈信息来建立信誉值一样,受害者、被告人、辩护律师、法官以及检察官同样能够通过邮件或者自动电话调查留下关于各种局内人的常规性案件反馈信息。一系列观点的汇聚,将会创造更加精细、更为完整的成功的度量标准,从而反映出定性判断以及定量判断,而不是简单地以逮捕或定罪量刑的数量进行判

---

[30] 例如在德国,非专业法官常规性地听从他们与之共同审案的职业法官,所以非专业法官几乎不具有影响力。格哈德·卡斯珀、汉斯·蔡塞尔:《论德国刑事法庭中的非专业法官》,载《法律研究杂志》(第1期),1972年,第135、186—191页(作者指出,在存在意见分歧的案件中,非专业法官只能影响21%的有罪判决和32%的量刑决定;在70%的有罪判决中,非专业法官基本上放弃了他们的立场)。然而,在这一过程中赋予非专业人员以平等的信息和参与,可能改善这个问题。参见珍妮雅·依切娃·特纳:《控辩谈判中的司法参与:一个比较法视角》,载《美国比较法杂志》(第54期),2006年,第199、221页(从非专业法官的未参与抗辩谈判以及没有权力直接接触案件卷宗这两个角度解释了德国非专业法官的顺从)。

断。运算法则能够除去报复性或者非典型的离群值,这些方式将会利用因特网对所有事物进行评价或审查的习惯,而且认真对待这种反馈将会加强那种习惯,从而创造出一种良性循环。反馈信息不仅能够影响检察官的晋升与工资决定,而且还会对地方检察官的连任产生影响。同样的,被告人以及其他人的反馈信息能够评估辩护律师的表现,从而影响他们的晋升和工资。反馈信息将会把局内人的思维模式从坚持认为自己最具权威性转变为解决客户服务,这和成功的私人公司重视客户服务几乎一样。法官甚至也能够从诉讼当事人、律师以及陪审员的反馈中获益,这非常类似于终身教授有时会从他们学生的课程评价中得到教益。认真尽责的公职人员可能注意到评价,这和许多终身教授所做的几乎一样,即使这些评价几乎不会对工资或者晋升产生影响。

　　这些以及其他形式的参与将会帮助训导局内人,其效果比一般公众所能做到的要好得多,至少在具有可识别的受害者的案件中效果会非常好。受害者以及在较小程度上受到影响的当地居民,是一个离散的、可识别的群体,他们已经知道自己所忍受的并且被激发参与其中的犯罪的情况。由于他们的背景知识,他们不需要熟悉新情况,能够作权威性的发言,而且不会习惯性地听从局内人的评价。他们在这些过程和结果中也具有明显的利害关系,这能够抵消局内人自己的利害关系和偏好。正是因为他们不是重复的参与者,所以他们能够抵消中和局内人的疲倦与懒散,以及局内人对于实用主义问题的(过分)强调。同时,受害者和当地居民将会看到一些实用性的限制条件以及事后的加重和减轻因素,能帮助他们更好地理解最终的结果。简言之,局内人将不得不重视局外人的道德观,而局外人则将不得不看到局内人的事后视角和实用主义。虽然他们并不总是意见一致,但是双方的视角可能集中于一点。[31]

---

[31]　如果人们担心受害者以及受到影响的当地居民的复仇心重,那么人们会认为受害者以及受到影响的当地居民是公众的不完美代理人。但是,如果人们相信受害者一般来说并不比其他任何人更具有惩罚性,那么他们可以充当公众正义感的合理代理人。而且,受到影响的当地居民更是如此。

三、微观层面的路径构设

1. 让被害人拥有知情权和获得咨询权

告知受害者他们涉及的案件的信息应该是相当容易的。受害者是警察也是检察官在任何情况下都必须与之接触的离散的可识别群体。虽然大多数州都具有某种形式的写在纸上的受害者权利法律,但是执行情况参差不齐,而且很多受害者无法收到通知。㉜各州应该加倍努力,给受害者提供所有关键阶段——从逮捕到指控再到答辩和宣判的及时的预先通知。一个具有奉献精神的官员,比如受害者/证人协调者,能够帮助加强与受害者的联系并且密切注意案件的进展情况。随着电子邮件的出现,通知受害者和被告人变得更加容易。每当传讯、保释、答辩、审讯或量刑听证会被安排妥当或者被重新安排的时候,地方检察官或者法庭书记员的计算机系统应该给受害者和被告人发自动更新的电子邮件,并且在听证会举行的两天前再次发送电子邮件。对于不使用电子邮箱的受害者或被告人,自动电话提醒系统能够完成同样的工作。这些通讯应该包括法院和法庭的位置信息及联系电话号码,以使受害者和被告人更容易地参加诉讼并且看到正义被伸张。

各个听证会后的电子邮件可以对各个阶段所发生的事情进行总结。互联网接入应允许网上法院日程表的简化访问,总结所发生的事情以及接下来预定将发生的事情。刚才所讨论的绩效反馈回路将给警察和检察官提供更大的激励来始终如一地提供这种信息。这些简单的措施将会增进受害者的信息、满意度以及愈合。

㉜ 佩吉·M.托波罗斯基:《犯罪受害者的权利和补救措施》,2001 年,第 36—39 页;参见斯蒂芬诺斯·毕贝斯、理查德·A.比尔施巴赫:《将忏悔和抱歉融入刑事诉讼程序》,载《耶鲁大学法学杂志》(第 114 期),2004 年,第 137 页。关于受害者的法定权利以及它们在程序规则中的实现之间的差距之讨论,参见保罗·G.卡塞尔:《联邦刑事诉讼规则中的受害者:根据〈犯罪受害者权利法案〉拟议修正案分析》,载《杨百翰大学法律评论》,2005 年,第 835 页。

授予受害者以权利虽然稍微有些困难但仍然是便于管理的。由于受害者不会取代检察官,局内人和受害者之间将会一直存在一些参与上的差距。只要受害者没有处于掌控地位,警察、检察官和法官就将作出一些使受害者不安的决定。但是,即使"受害者的愿望被包括在刑事司法过程之中,他们也没有控制案件结果的愿望"。有趣的是,大多数受害者并不是愤怒且复仇心重的,而且许多受害者并不要求更加严厉的惩罚。简单的参与就能帮助授予受害者以权利并治愈受害者。当参与者对于诉讼过程拥有一定控制权,并且感觉到自己的想法已经得到倾听的时候,无论其观点是否能够影响最终的结果,他们都会把法律看做是更加公平更加合理的。一个参与性角色和受到公平尊敬的对待,将会很大地助益于解决受害者的不满,而不论最终结果如何。[33] 因此,通过更好地通知受害者并将他们包括在内,刑事司法就能使受害者的状况变得更好。上述情况可能同样适用于犯罪的旁观者以及居住在犯罪现场附近的当地居民,虽然从逻辑上说,使他们全都参与其中并且将他们全都包括在内将变得更为困难。

正如笔者在第四章中所说的那样,受害者在刑事司法中应该得到一定的有关利害关系的发言权,当然中立的仲裁者保留最终决定权是前提。国家的垄断太过于冷漠,并且在忽视受害者的利益和愿望方面做得太过分。一些读者将会回避这种说法,从而把刑事司法的目的看做是排除公众的。但是,被说服相信受害者应该得到更多发言权的读者,应该考虑一系列的选择权以增加受害

---

[33] 安妮·M.韦默:《刑事司法体系中的受害者》,1996 年,第 208 页(文本中引用语的来源);希瑟·斯特朗、劳伦斯·W.谢尔曼:《弥补伤害:受害者和恢复性司法》,载《犹太法律评论》(第 15 期),2003 年,第 18、21 页。关于参与和过程控制的重要性,参见 E.阿兰·林德、汤姆·R.泰勒:《程序正义的社会心理学》,1998 年,第 106、206—211、215 页;汤姆·R.泰勒:《人们为什么遵守法律》,1990 年,第 125—134 页;汤姆·R.泰勒等:《发言权对领导满意度的影响:程序控制的意义研究》,载《个性与社会心理学杂志》(第 48 期),1985 年,第 72、75—80 页;乔西·鲍尔斯等:《对非正义的认知:合法性与道德可信性之间共同目标和偶尔冲突分析(4—6)》,载 http://lsr.nellco.org/upenn_wps/365,最后访问时间:2011 年 6 月 24 日。

者的参与程度。

正如第四章的第二、2部分中所解释的,如果双方当事人都愿意参加,恢复性司法调节和会议会使双方当事人的状况变得更好。参加调解的受害者更有可能相信这个体系是公平的,他们的案件得到了令人满意的处理,他们能够讲述自己的故事,最终结果是令人满意的,违法者也被追究了责任。他们也更有可能接受道歉并表示原谅,而且他们不太可能担心再次受到伤害或者继续感到心烦意乱。[34]

此外,受害者也能够以其他方式进行参与。至少,他们可以口头参与量刑,而不是简单地提交敷衍了事而写的受害者影响报告。他们也能够在审讯中以及在答辩听证会和量刑听证会上和被告人及其辩护律师谈话,对他们发问以及作出回应。如果初审法官拒绝让他们发言,他们可以提出上诉以保护自己的参与权。人们甚至可以设想,赋予凶暴重罪受害者以对判决进行上诉以及在诉讼程序中对控辩交易进行上诉的权利,当然应至少得到上诉法院的允许。然而,如果上诉被广泛使用,会使诉讼程序可能变得太过于缺乏效率。而且,虽然量刑上诉能够更加宽泛地审查实体上的合理性,但是答辩上诉将不得不被局限于有限的程序阶段。在检察官关于是否达成控辩交易以及是否就量刑提出上诉的内部决定中,如果赋予受害者以发言权可能更有意义。

最有趣也是最困难的关键问题是:受害者在起诉过程中应该具有什么种类的发言权。检察官可以被要求在撤销指控、进入控辩交易或者作出量刑建议之前跟受害者进行协商,但是有许多不同的方式来进行这种协商。一个极端的例子是,检察官将会简单地通知受害者,在检察官们已经拿定主意之后才赋予受害者一个敷衍了事的发言机会。一项纯粹名义上的协商权,将会给人以冷酷无情、充耳不闻的印象,而不是授予权利的印象。在另一个极端情况下,受害者能够对检察官的决定拥有否决权。这里的危险之

---

[34] 巴顿·鲍尔森:《第三个声音:评析恢复性司法心理学结果的实证主义研究》,载《犹他大学法律评论》,2003年,第178—198页。

处在于:复仇心重或者不理智的受害者能够挟持该制度作为人质,无视公共利益或正义。

使受害者协商变得有意义的诀窍仅仅是在这些极端情况中间找到一些中间道路。公众在遵循社区所共享的正义感中具有一定的利害关系。同时,受害者能够提供关于他们所遭受的具体伤害的重要信息,而且伤害对于违法者应该受到怎样的惩罚之公众直觉判断是极为重要的。此外,正如第四章所讨论的,很多人在判断被告人应该受到多大的惩罚过程中,极为重视受害者所表达的愿望。也就是说,公众希望听到受害者必须要说的话,但同时也想要将那种反应跟他们自己的正义感进行核对。

因此,检察官不应该对受害者负有义务,但是他们也不应该对受害者的恳求充耳不闻。正如上面所讨论的,确保有意义的参与的第一步是提供关于即将到来的决定的及时通知。

第二步,检察官需要积极征求受害者的意见。

第三步,检察官应该在充足的时间内这样做从而对决定产生影响。如果参与在木已成舟之后才出现,那就成了毫无意义的虚假表象。㉟

第四步,检察官应该必须要阐明他们的决定理由,这和法官所做的几乎一样。对于例行决策和次要决策,检察官可以以口头形式或者清单形式给出那些理由。对于重大决策,特别是在重罪案件中检察官与受害者意见不一致的情况下,检察官应该以书面形式证明他们的决策之正当性。

第五步,受害者应该有时间和机会就重大的重罪决定向检察官的监督者提出申诉。申诉无须是正式的,仅仅10分钟的会见机会、电话交谈,或者对意见分歧进行解释的电子邮件就足以确保受害者感觉到自己的想法被倾听了。受害者能够指出检察官的理由

㉟ 参见州诉凯西案,44 P. 3d 756, 766—767(犹他州,2002年)(威尔金斯大法官的意见一致)(受害者没有被及时听证,所以初审法官非正式地重新启动了答辩听证会,声称要考虑受害者所关心的问题,并且概要地重新确认此前已经被接受的答辩;一旦答辩成为既成事实,这种同时发生对迟来的输入的不充分性感到遗憾)。

陈述中的错误或者矛盾之处,检察官的监督者能够审查这些理由和反对意见。这种简易的非正式程序将比检察官决定的司法上诉要切实可行得多。对于出席庭审,检察官的监督者与检察官相比,更不那么厌恶风险。由于他们自己和案件结果没有牵连,所以他们能够惩戒那些太过于轻率地处理案件的检察官。认识到这种申诉权,检察官将会更加尊敬地倾听受害者的意见,并且仔细地证明任何相反决定的正当性。

第六步,受害者应该有渠道知道关于检察和检察官的绩效的反馈信息。正如上面所讨论的,受害者以及其他人的反馈信息,能说明并且核查警察和检察官所作的决定。但是,也应授予受害者权利,并且使受害者感觉到自己的意见被倾听,这种方式能促进受害者的愈合。向受害者征求反馈信息将传递出这样的信息:该系统认真对待受害者并且关注他们的想法。

当然,受害者参与只有在人们能够识别出受害者的情况下才能起作用。只有不到 1/4 的逮捕是关于暴力犯罪,而超过 1/4 的逮捕是关于财产犯罪。在这些案件中,受害者是谁通常是很清楚的。然而,超过 1/3 的逮捕是关于毒品犯罪,1/9 的逮捕是关于公共治安犯罪,比如武器犯罪和与驾驶相关的犯罪。㊱ 不存在明确的受害者的情况下,恢复性司法中的受害者信息、输入以及参与无法起作用。但是,并非所有的毒品犯罪和公共治安犯罪都是真的不侵害他人。有时候,受害者会因为枪支、醉酒或轻率的驾驶员而受到伤害或者受到威胁,一座摇摇欲坠的房子通常会使整个街区遭殃,使居民受到损害并且迫使他们逃离炮火和吸毒成瘾的人。在所谓的无受害者犯罪具有这些外溢效应的情况下,警察和检察官应该作出努力以识别出受害者,并且将这些受害者纳入刑事司

㊱ 参见美国司法统计局:刑事司法统计资料大全在线,载 tbl. 5.51.2006,http://www.albany.edu/sourcebook/pdf/t5512006.pdf,最后访问时间:2011 年 6 月 24 日(报告称,在 2006 年美国人口最多的 75 个县中,大概 23% 的逮捕是暴力犯罪,29% 的逮捕是是财产犯罪,37% 的逮捕是毒品犯罪,以及 11% 的逮捕是公共秩序犯罪)。

法程序之中。如果把这些权利授予给所有受害者是不可能的,那么局内人应该至少作出特别的努力以将暴力犯罪或者其他严重犯罪的直接受害者包括在内。相反地,在间接受害者甚至都不存在的情况下,在这种被害人不存在的特别案件中,应该避免积极严格的执法。

2. 被告人知情权和参与权

正如第二章所提到的,被告人和受害者都感觉到被拒之门外并且被蒙在鼓里。许多被告人感觉到他们没有被通知,没有被倾听,并且只是简单地被告知要快速地作出答辩。和受害者一样,被告人被提供的关于刑事司法体系的信息很少,被提供的信息通常也是不准确的,而且所具有的发言权比人们所可能期望的要少得多。

前述建议的许多适用于受害人信息方面的解决方案,同样可以应用于被告人。自动电子邮件和电话系统能够使他们了解自己案件的进展情况,正如网上法院日程表的简化互联网接入就能够做到的一样。对指控和判决的简明易懂的解释也能够有助于此。

然而,跟辩护律师的一对一交谈是无可替代的。不幸的是,正如管理式医疗迫使初级护理医师倾向 6 分钟会谈和药品推销一样,控辩交易机制也迫使辩护律师倾向认罪推销。这个问题如此严重,以至于首席公设辩护律师不得不颁布一项政策,禁止他的律师建议委托人在传讯的时候承认有罪,直到律师已经提前跟他们的委托人取得了有意义的联系为止。㊲ 被告人不应该一经会见律师就马上被律师施加压力要求认罪,被告人通常是首次出庭前几

㊲ 参见丹·克里斯坦森:《不能再快的认罪交易:公设辩护律师评析分析》,载《每日商业评论》,2005 年 6 月 6 日第 1 页,载 http://www.nlada.org/DMS/Documents/1118065097.48/article.jsp % 3Fid % 3D1117789520360(将该政策描述为"终止了'见面、打招呼和辩护'的传讯之实践");纽约刑事司法代理公司:《刑事司法代理年度报告 2008 年》,at 18 exh. 10, 36 exh. 26(报告称,在布朗克斯区,在每一个严重程度的刑事案件中,大部分是在刑事法庭中的传讯中处理的。还报告说,在全纽约市,实质上很少一部分被告人在最高法院的传讯中承认有罪)。

分钟在临时候审室就被施压要求认罪。要求被告人认罪,也只能在轻微案件中适用。特别是在重罪案件中,被告人应该私下会见他们的律师至少 15 分钟,以在作出任何服罪决定之前讨论指控和辩护事项。重大案件应该要求现场会见,不那么重大的案件可以使用视频会议,这种方式能避免会见被监禁被告人的困难。在被告人决定认罪前,检察官应该展示任何出罪的证据,辩护律师应该转送这些证据,比如显示证明是另外的犯罪嫌疑人可能有罪的目击证人或者物证,而且如同病人在进行大手术之前获得第二意见一样,被告人在重大案件重罪认罪之前应该有权获得第二意见。

很多问题来自于法院指定辩护律师制度所固有的长期资金不足和利益冲突。辩护律师经常没有时间,以至于他们觉得自己除了告诉他们的委托人马上承认有罪之外什么也做不了。一个全面的解决方案是对辩护律师进行更好的培训以及提供更多的资金,但是这些不太可能在短期内实现。但是,即便在现有的资源条件下,我们也能做得更好。一些制度比其他制度更加糟糕。一些指定律师得到固定费用,或者很低的每小时工资率上限,所以如果委托人很快认罪,他们就能赚到更多的钱,而如果参加庭审就会损失金钱。其他的是公设辩护律师,他们得到固定的工资,并因此不会面临资金压力去引诱认罪。公设辩护律师制度是更可取的,因为它们可以减少对被告人施压的诱惑。然而,公设辩护律师也可能感觉到待处理案件压力,从而也会通过鼓励认罪来缩减他们的诉讼时间表。归根结底,贫乏的辩护需要更多的资金投入,以便律师不需要同时处理数以百计的案件(不过,笔者不会屏息沉默地等待那种必需的改革)。

更普遍的情况是,辩护律师需要倾听他们的委托人的故事和目标。毋庸置疑,许多委托人只是想要使他们的惩罚降到最低程度,并且彻底摆脱他们的案件。但是他们经常还希望被尊敬地对待、受到重视、向他们的律师和受害者讲述自己的故事,以及得到在法庭上陈述自己见解的机会。被告人可以合法地拒绝接受将他们作为没有能力实施更严重犯罪的低能者从而免除其责任的认罪协议。而且,当被告人被鼓励去承担责任、寻求毒品治疗和酒精治疗、赔还财物以及表示道歉的时候,被告人可以从中受益。在非常有证明力的证据面前,辩护律师不得不坚定地向被告人的不可信的故事提出反对,从而使被告人诚实面对自己的所作所为。很多违法者已经伤害了他们的朋友和家人,而承担责任是重建自己生活必要步骤,虽然其十分痛苦但却非常重要。

通过这种方式,被告人可以从诉讼过程中学到许多东西,被告人需要更多的机会和鼓励来发表意见。他们可以讲述自己的故事,并且跟他们的辩护律师进行对话。但是他们还需要在法庭上以及在跟受害者、他们的家人和社区居民的会议上陈述自己见解的机会。鼓励发表意见、表示悔意以及作出道歉,应该在刑事诉讼程序启动的时候就开始。警察和检察官可以在运用他们现有的自由裁量权的时候,更多地关注于鼓励违法者表示悔意并且作出道歉。举例言之,对于轻微的财产犯罪,警察可以放弃逮捕或者在偿还和补偿期间延迟逮捕,从而鼓励违法者跟他们的受害者进行面对面的接触。甚至在逮捕之后,如果犯轻罪的违法者表示道歉并且同意恢复原状,检察官也可以拒绝对他们进行起诉(检察官可以使用同样的悔意说辞来鼓励更为严重的违法者跟政府合作,通过使其他的违法者归案受审来部分地抵消自己所造成的危害)。而且通过请父母或者其他权威人物作证,法律可以强化其判决的道德权威以及加强悔意、改过自新以及道歉的必要性。

认罪答辩听证会也需要改变,特别是在更为严重的案件中需要做出改变,从而引出被告人的故事和道歉。这些答辩听证会所能做的,远不止简单地让参与者背诵权利、事实以及辩护律师所写的承认有罪的声明。法官可以运用现有的权力来进行真实的判断。法官们应花时间对被告人进行观察和评价。被告人经常否认自己的行为或贬低其重要性,或者找出各种免责事由。法官可以通过严密地询问被告人、探查他们的各种免责事由。如果被告人矢口否认或者逃避罪责,可拒绝接受其抗辩来使他们诚实。例如法官可以询问被告人关于在案发时的陈述、受害者是如何出现的、所造成的危害以及武力或武器的使用等等这些事情。这些问题能够引出自发式的回答,从而摆脱律师所写的照本宣科的陈述,并且引起公众对受害者所受影响的关注。通过询问被告人是否希望在法庭上对受害者说些什么,法官可以鼓励表示悔意、作出道歉以及进行对话。如果被告人选择表示悔恨或者作出道歉,那么结果就可能实现精神发泄与和解。

被告人应该同样地会发现,在审讯中讲述自己的故事变得更容易了。比如被告人不应该因为作证而受到惩罚,除非他们故意作伪证。现在的规定是,如果被告人不在审讯中作证,他们的犯罪记录通常是不予采纳的,但如果被告人在审讯中作证,他们的犯罪记录可以质疑他们的证词。[38] 这个规则阻碍了被告人讲述自己的故事。相反,刑事犯罪和刑拘记录应该要么是完全不予采纳,要么是完全予以采纳,这样被告人就不会因发表意见而面临惩罚(例如,刑事犯罪和刑拘记录在审讯中可以是完全予以采纳的,除非以前被判的罪行是由于作伪证或者类似于当前的定罪,但是在量刑中还是具有可采性)。接下来提出了受害者和被告人都能够发挥更大的表达意见作用的其他方式。

当然,大多数被告人会很有策略地做出一些行为。许多被告人会言不由衷地表示道歉,这样做只是为了使自己的惩罚减轻至最低程度。但是,正如第三章所指出的,承认有罪和作出道歉的过程,仍然可以胜于拒绝承认、给以教训,甚至可以开始改过自新的过程。我们教自己的孩子说"对不起",甚至在他们并非真心实意表示道歉的时候也可能教自己的孩子说"对不起",因为希望他们将会从中获得教训并且学会感到抱歉。我们应该对被告人抱同样的希望。

3. 恢复性量刑陪审团

这本书已经突出地强调刑事诉讼程序必须调和的一系列相互

---

[38] 参见美国《联邦证据规则》第404条、第609条。

竞争的需求。我们需要创设一些将新旧程序、历史理想与现代现实相融合的诉讼程序;我们需要公平的规则和明智的关联性自由裁量权来调和这些规则;我们需要法律和当地社区的意见来解决如何实施这些法律;我们需要一些方式恢复当地陪审团在控辩交易框架内的权利;我们既需要报应又需要修复,既需要谴责也需要宽恕;我们需要经过公众的正义感调和各私人当事方的看法和希望。

最重要的是,我们需要使非专业人员能够在法庭上陈述自己的见解、表达自己的想法,并且在一个由律师操作的制度内进行调解。律师擅长把案件放入法律的框架内并且有效地处理案件,但是他们所受的法律培训以及重复接触案件,使他们对独立个案的公平性麻木不仁,这非常类似于急诊室医生对他们周围的痛苦和悲伤变得麻木不仁。[39] 律师核对法律规定以确定被告人是否在法律上有罪,但却忽略了被告人在道德上有多大的罪责及被告人和受害者应该得到什么。事务的繁忙以及形式平等的理想会导致律师在同样情况和不同情况下都同样对待,而不是放慢速度以个别处理每一个案件。非专业人员不仅需要公正的实体正义,而且需要公平尊敬的诉讼程序。真正的受害者和被告人需要表达自己的想法并得到倾听,需要表示原谅以及被宽恕。我们需要注入新鲜的非专业人员的声音并赋予他们权利,同时亦需要平衡局内人冷漠僵化的案件处理方式。

我们已经不再能够给予每个受害者和被告人充分全面的陪审团审判。刑事审判已经变得如此代价高昂、如此缺乏效率和如此旷日持久,以至于我们无法聘请20倍之多的律师、法官、法警和法庭书记官。但是,我们应该有办法进行简短得多的陪审团程序,摆脱技术性细则,可以主要通过各方当事人及其社区居民从而提供

---

[39] 乔西·鲍尔斯一针见血地指出了这一点。参见乔西·鲍尔斯:《论法律上有罪、规范上无罪以及衡平法上的不起诉决定》,载《哥伦比亚法律评论》(第110期),2010年,第1655、1689页。

充足的人员。各方当事人可以面对面地进行责备、表示道歉以及达成和解,同时,由他们的社区进行审判。我们所需要的是量刑上的恢复性陪审团,至少在最严重的案件中需要恢复性量刑陪审团,这样将恢复性司法程序中的精华跟传统审判的情感表现和报应相融合。受害者、违法者以及他们的家人和朋友应该通过自己伸张正义来看到正义被伸张。从本质上讲,在量刑上我们将重新创造简短的、容易理解的、不受律师支配的殖民地审判方式。

基本的观点已在第四章中的恢复性司法的讨论中进行了分析。虽然恢复性程序能够提供很多东西,并且能使所有当事人感到满意。但是恢复性司法对于惩罚的实质性敌意,是跟大众的直觉正义大相径庭,这种理念将会把有益的程序跟实质性的反惩罚哲学分离开来。在使当地的非专业人士陪审团判定并施加应有的惩罚过程中,恢复性程序可以使各方当事人能够表达自己的想法并且进行和解。恢复不一定会与报应存在分歧,相反可能补充报应的不足。

第一个挑战是将个体性诉讼当事人的发言权与公众所共享的正义感相融合。一方面,受害者和违法者有他们自己独特的话语权,这种话语权应该受到极大的重视。另一方面,公众有强烈的愿望看到正义得到伸张,这种正义绝对不能被特殊的或者极端的偏好所劫持。陪审团必须足够大、足够多元化,以至于能够代表邻里社区。一个规模大、成员多样化的团体将会反映出多种不同的意见,并且限制走向极端。传统上,小陪审团由12名陪审员组成,这12名陪审员必须全体一致地投票定罪。大陪审团由23名陪审员组成,其中的大多数(12名)必须投票指控被告人。量刑陪审团能够处于这个范围内的某个位置。对于轻罪,量刑陪审团可以由6名陪审员组成,其中的大多数将必须就某一判刑取得一致意见。对于较轻的重罪,陪审员的人数可以是传统的12人。对于更为严重的重罪,量刑陪审团可以更大,并且可以要求其中2/3或者3/4

的陪审员就施加较重的判刑取得一致意见。⑩

多样性将会被建构到陪审团的构成之中。一小部分陪审员——最多1/4,应代表受害者,这些陪审员可能是他们的家庭成员或者亲密朋友,同时相等数量的陪审员将代表被告人。势力均衡——至少陪审团的一半,属于随机范围内的社区邻居,这部分陪审员必须与当事人不相关,而且没有因案件中的犯罪而直接受到伤害。陪审员将发誓慎重思考——不是作为党派追随者而是作为公民,提供一个恭敬的正义话语氛围。调解者和陪审员同事可以彼此提醒谨记自己的誓言。

在陪审员作出自己的惩罚决定之前,应倾听受害者和被告人的陈述以及观看庭外聆讯的录像带。诉讼程序可以是对公众开放的,附近的居民可以收到通知并且在网上提交评论意见。

咨询性的量刑指南——以公众的正义感和类似案件中所施加的判刑为基础将对不同类型的犯罪设置广泛的刑罚范围。这些量刑指南取决于那些会对公众的惩罚直觉产生影响的常识性因素,这样会避免美国《联邦量刑指南》如数学般深奥难懂的官样文章。甚至咨询性的指南可以充当精神锚杆,在一系列案件中帮助达至结果的均衡化,同时把灵活性留给那些真正非同寻常的案件,并且允许上诉审查。在量刑指南的范围内,受害者可以要求较重的判刑,或者表示原谅并且请求较轻的判刑,但是这种要求受制于陪审团的否决权。量刑指南的范围将对各方当事人的愿望设置外部边

---

⑩　关于防止大且多元化团体两极分化的需要的分析,参见凯斯·R.桑斯坦:《协商的麻烦?团体为什么走向极端》,载《耶鲁法律杂志》(第110期),2000年,第71、85—90页。死刑陪审团在他们可能作出死刑判决之前,通常要求全体一致同意。18 U.S.C. § 3593(e) (2006年)(在联邦死刑案件中,要求达成全体一致意见的陪审团作出赞成死刑的建议);拉乌尔·G.坎特罗、罗伯特·M.克莱恩:《死亡是不同的:死刑案件中陪审团全体一致同意的必要性分析》,载《圣托马斯法律评论》(第22期),2009年,第4、10—11页(作者收集的引文表明,在35个保留死刑的州中,有34个州要求陪审团就加重处罚情节的存在取得全体一致同意。有27个州要求达成全体一致意见的陪审团作出赞成死刑的建议)。可以假定,考虑到这种极端的危险性,死刑判决应该非常正式,应像审判一样。但是,即使在死刑案件中,也可能存在更多的空间来由被告人作出道歉,以及由受害者的家人表示原谅。

界,从而确保一定的平等性,并且限制异乎寻常地复仇心重或宽厚仁慈的受害者的影响。最高刑罚和上诉审查也能够制止极端情况的出现。对于受害者在惩罚中的分量,受害者具有实质性的话语权,因为受害者的愿望在许多陪审员那里具有非常重的影响。但是公众的正义感仍然会设置上限和下限,也即公众的正义感应以反映被告人应该受到怎样的惩罚为限度。

重要的是,《量刑指南》和陪审团对具体案件的正义感,都将对局内人产生约束。检察官有时候把指控和最低刑罚综合起来作为控辩交易的筹码,从而极大地惩罚那些出庭受审的被告人。相反,对于那些与之合作的被告人,检察官有时会大幅度地降低刑罚。在某些案件中,检察官可能施加比他们会认为需要的刑罚更重的刑罚,然而,在其他案件中则会默许更轻的刑罚。在检察官指控和追诉那些几乎没有规定精神或道德谴责性的惯犯或行政犯的案件中,这种效果最为极端。检察官仍然能够指控那些犯罪,但是将不得不使陪审团相信,在这个具体的案件中,被告人应该受到这种特定的惩罚。对于那些轻罪,比如120美元的诈骗或者在遇到挫折的时候朝自己的电视屏幕射击,检察官再也不能把累犯关起来几十年。[41] 检察官也不能任意地把一个毒品交易共谋分裂成数百个单独的贩卖行为以提高判刑,或者无视那些贩卖行为以降低判刑。陪审团能够在量刑的时候仔细审查这些指控决定。

检察官也不能使用法定最低刑来对那些不合作的轻微贩毒者

---

[41] 参见拉梅尔诉埃斯特尔案,445 U.S. 263, 265—66, 285(1980年)(一个以前实施过6次不严重的诈骗行为,然后又因诈骗120.75美元而被证明犯有重罪盗窃的被告人,在该案件,其终身监禁确获得了假释的可能性的批准);阿尔蒙德诉美利坚合众国案,854 F. Supp. 439, 445(弗吉尼亚州 W. D. 1994年)(对于一个因在无人居住的建筑物入室盗窃而被判30年监禁的被告人,以及一个因向其岳父的汽车投掷石头并且因强行入侵一家办公室,而且在数十年后用其儿子的枪射击他自己的电视机,从而成为一个持有枪支的重罪犯而被判处25年监禁的被告人,获准15年有期徒刑);保罗·H.罗宾逊:《论非正义的负效用》,载《纽约大学法律评论》(第85期),2010年,第1940、1950页。

处以像主犯一样的惩罚。最低刑将不再是强制性的,不只是检察官,陪审团也将不得不裁定最低限度的惩罚是否与该犯罪相符。相反,检察官将不得不证明陪审团可能视之为甜心交易的正当性。量刑陪审团因此将恢复对我们的制度的检查与平衡,从而对已经变成单方面进行控辩交易的检察权进行制衡。他们将恢复一种理智的常识性措施以抵消过度犯罪化。

现在,政治家们将最低刑作为对姑息犯罪的法官进行控制的必不可少的措施进行推广。但是,在地方陪审团接受更轻判刑的情况下,如果受害者也接受该更轻的判刑的情况会更好,那么这个理由就不能适用。特别是受害者具有道德立场表示原谅并且降低判刑,如果被害人表示轻判,那么这样做不会被指责对受害者所遭受的痛苦麻木不仁。因此,公众可能更愿意把强制性刑罚转变为推定刑或者基准刑。

在量刑陪审团听证会上,各方当事人可以自由地发泄情感、进行讨论、作出道歉以及表示原谅,但是不能被强迫这样做。摆脱了证据规则和程序规则的束缚,陪审团量刑将比审判要简短得多,只需几个小时就足够,而不需要几天或者数周的时间。调解者可以设法引诱各方当事人以及他们的朋友和家人发表意见,但是不能把一个反惩罚议程带到桌面上来。调解者应对陪审团进行最基本的指导,比如关于咨询性量刑指南的应用进行指导,并且提供裁定格式。律师除了以口头形式或以书面形式解释量刑交易或者合作协议为什么应该得到折减之外,将不再发挥任何作用。理想的情况是各方当事人将经常会表达自己的想法,参加恢复性对话并且同意赔偿损失,正如他们在恢复性司法会议中所做的一样。他们将会用通俗易懂的语言进行表达,而不是用法律术语进行表达。陪审团在看到双方当事人明显感到满意之后,可能更加乐意朝着量刑范围的较低端作出量刑。当地民众将在量刑中以及随后的公开工作和公开赔偿中看到正义得到伸张,附近的居民可以被通知并且被邀请出席。违法者将因此清偿他们对社会所欠的债务并且被他们的邻居欢迎回来,尤其是当受害者已经表示对于看到正义被伸张感到满意的时候。

换言之,"恢复"在刑事司法中是一个重要的因素。但是它不会取代谴责和报应的合法作用,正如笔者所主张的,只要恢复不取代传统的报应性司法,恢复就能够有益地补充传统的报应性司法。而且这个程序将是指导性的、慎重的,而不是由暴民统治决定的。调解者将把焦点放在对话上,而且正如下文所讨论的,衡量基准和咨询性量刑指南将对专断进行限制。

赋予陪审团有意义的量刑角色,看起来跟控辩交易相冲突。然而,如果由陪审团进行量刑,检察官和辩护律师如何能够可靠地允诺任何特定结果?相反,如果控辩交易具有效力,陪审团量刑必须是假装的吗?

笔者的恢复性量刑构想与控辩交易操作中的转变密切相关。当前,控辩交易通过强力进行操作。被告人承诺向检察官承认自己的罪行,检察官反过来将谈判的筹码作为不受审查的行政恩惠进行交易。他们不需要对自己的行动作出解释,也找不出任何特别好的理由。

控辩交易应变得不像是权力的行使,而是更像道理解说。控辩交易的不诚实形式,比如指控和事实交易以及奥尔福德式辩护和不抗辩辩护,都必须终止。陪审员也应对避免作正面答复或模棱两可的认罪答辩表示不满,并阻止被告人逃避责任。量刑交易会发生转变,从原始的交换程序转变为说明违法者为什么应该得到惩罚的程序。如果违法者同意服罪,那么检察官可以向量刑陪审团解释说其资源可被用来追诉其他的违法者。(对于仅仅服罪的被告人,建议折减刑期将需要更加标准化的范围,这个范围可能是10%到15%,从而减少社会关系优越的被告人比贫穷的被告人获得更好的交易的担心。)如果违法者迅速服罪,并且完全承认有罪,那么其行为反映出悔意以及接受责任,那么会获得更大的量刑折减。如果违法者突然攻击自己从前的犯罪同伙,并且冒险将他们绳之以法,那么其可能仍然应该得到更多的表扬。然而在每个案件中,检察官不应该单方面地作出这些决定,而应该受到量刑陪审团的审查。作为公众的代理人，检察官通常应该使相关公众相信他们的控辩交易决定是公正的。陪审团将自己决定被告人的悔恨和同情程度，以及被告人应该得到多大程度的量刑折减。对于答辩和对于合作所建议的百分比折减，服务于精神悔改的基准判断，同时让陪审团保留判定各个被告人的悔意、道歉以及治愈的灵活性。

量刑陪审团将阻止检察官和受害者违反规则。也就是说，局外人将会对局内人进行监督，要求局内人用公众可以理解的理由证明自己所作决定的正当性，并且对这些理由进行审查。例如，局外人可以监督检察官可能会过度购买合作证人的证言这种倾向，调查合作证人是否对该特殊案件是必不可少的。这种审查不会发生在理论上，而是伴随有血有肉的受害者和被告人公然反抗卡通式的陈腔滥调而发生的。正如第二章所指出的，较之于选民的事前性，陪审团在事后要繁琐很多，因为陪审员必须面对面地面对复杂的真实的人。检察官将会首先以严厉的指控相威胁，而后许诺放弃这些严厉的指控的方法，从而施加不太具有强制性的影响力。检察官可能因此担心被告人进行合作的动力将会减弱，但是，陪审员将会对有价值的合作进行奖励，这是可以预见的，非常类似于联邦法官对合作进行刑罚折减的奖励。这些奖励可能是不那么铁定的，但是它们却是非常合法的，并且被证明具有更大的合理性。有利的一面是：陪审团将对检察官单方面影响力的滥用进行审查。

剥离控辩交易的不诚实、隐秘性以及强制力，控辩交易将开始和当地居民对话，而不是隐藏并终止和当地居民的对话。局内人将不再把结果口述给局外人，而是将不得不说服或者使局外人信服。当局内人的理由看起来是经过深思熟虑的时候，局外人可以听从局内人的专业知识，但是当局内人看起来不合理地严厉或宽大的时候，局外人可以不听从局内人的专业知识。量刑将再一次成为公众的道德对话以及各方当事人表达自己想法并且进行和解的机会。（在恐怖主义、有组织犯罪以及暴力黑帮案件中，这些诉讼程序可能变得不那么公开，以防止合作证人遭受报复。甚至在其他案件中,保密规则,类似于那些管理大陪审团的规则,可能让陪审团而非观众,听审那些最敏感的证据,比如部分陈述报告。)控辩交易将成为新殖民主义的道德剧的一部分,提供一种对违法者进行惩罚并且使他们重新融入社会的方式。

同样的恢复性陪审团观,能够使从轻发落得到复兴。当前,总统和州长都害怕赦免罪犯或者减轻他们的判刑,唯恐他们自己被指责为对犯罪心慈手软。行政官员们可以通过把从轻发落的决定大规模地授权给恢复性的仁慈陪审团——这种陪审团的结构非常类似于上面所讨论的恢复性量刑陪审团,从而使他们自己不会受到这种纵容犯罪的批判。从轻发落将不仅仅是行政官员的职权,而且还将属于独立行动的陪审团。这些陪审团能够代表公众的正义感并且承担赦免的责任。他们不会削弱恢复性量刑陪审团,相反,他们将补充恢复性量刑陪审团的不足。他们的任务是集中关注那些已经改变了量刑的事实,比如违法者道德上的改造、改过自新、道歉以及受害者和社区的宽恕。特别是在受害者建议或者默许从轻发落的情况下,批评者如果以太过于心慈手软和威胁到党派为由,对抨击陪审团的决定进行抨击将十分困难。人们可以审慎地希望这种措施将会重新启动从轻发落的程序,使之恢复作为公众仁慈心反映的历史角色。

批评者将抱怨说,美国的很多地方不再具有刑事司法能够利用的有意义的社区意识。这个观点太过于悲观,笔者的当地社区构想试图利用共享的文化和经历以及参与式审议。㊷ 社区是动态的不是静态的,而且是可以培养的。陪审团服务和审议能够利用并巩固社区纽带。而且,虽然只有一小部分的美国人居住在小城镇中,但是郊区和城市包含它们自己的邻里社区。即使在最大的城市中,社区居民在社区会议、家长教师联谊会以及诸如此类的

㊷ 理查德·施拉格尔认为,社区的这些解释是深奥的和坚持了二元论立场。参见理查德·C.施拉格尔:《论地方主义的界线》,载《密歇根法律评论》(第100期),2001年,第371、393—403页。

形式中反复地以正式和非正式的方式相互影响。而且经验证据证实，美国人共享的刑事司法直觉远远超越我们的想象。正如第五章所讨论的，汤姆·泰勒以及其他人已经发现大众的刑事司法直觉具有健康的共识。社区居民已经就该当性和公平性的基本直觉知识达成共识，而且能够对这种基本直觉知识进行审慎考虑。

虽然如此，但如果要真正彻底地进行改变，仍然存在严重的实践障碍。恢复性量刑陪审团的成本虽然不会像审判那样高，但是仍然比不经审查就批准的量刑听证会的成本更高。而且还会浪费更多参与者的更多时间，虽然是一些更加分散的非专业的参与者的时间。在每年的上百万个案件中，恢复性量刑陪审团需要数量惊人的调解者、会议室以及检察官。我们可以较小规模地从那些最严重的暴力犯罪和财产犯罪开始，但是这些犯罪也需要数万或者数十万个陪审团。通过起诉更少的（不具有权利受到不法侵害的受害者的）犯罪，可以从中结余出一些资金，但是那些结余资金只能够部分地给恢复性量刑提供资金。这种有远见的改变，要数十年的时间及数十亿美元的资金才能完全实现。但这是一个值得为之努力奋斗的理想，即使我们只能够部分地实现。赋予权利、道歉以及治愈的成本不会低，虽然如此，但这种方式是值得这个代价的。有时候，以一些数量为代价换取质量是很有意义的。最起码，我们需要公开地讨论这些权衡，而不是盲目地以最低的代价处理最大数量的案件。

批评者还会抱怨，授予量刑陪审团自由裁量权以使量刑适应个别需要，将会削弱平等性。强制性量刑的狂热者则担心会破坏刑罚的威慑力，并认为应通过明确的刑罚威慑犯罪。这些担心是可以理解的，但也是能去除的。正如笔者希望的那样，我们的制度存在的最大问题是太多的机械化。我们追求同样案件同样对待，但却毫无结果。而且我们对不同案件也同样对待，并强迫所有案件全都上到普罗克汝斯忒斯之床（Procrustean becl）。结果正如第二章表明的那样，量刑经常不是由道德上相关的因素所驱使，而是由检察官和辩护律师的偏好与行政因素所驱使。机械化几乎没有减少该系统中的种族差异和其他差异,同时在少数族裔社区和非少数族裔社区中都滋生了猜疑与不信任。惩罚机制迫使犯罪进入静态的官僚主义类别,而忽略了诸如悔意、道歉以及宽恕等等诸如此类的动态因素,很多人认为这些动态因素是具有重要意义的。而且过分乐观的被告人总是希望自己成为私下达成控辩交易的人,所以控辩交易的这种表面上的任意性,按其自身的方式削弱了刑罚的威慑力。是尝试新的解决方案的时候了,即应通过兼容并蓄的分散化审议,而不是通过失败的集中式管理追求平等性的方案。正如第四章第二、1部分所指出的(依照比尔·斯顿茨的指引),地方性的刑事司法很可能比我们目前所具有的机制更加温和、更能体现平等。坦率地说,我们没有充分的证据来证明,不判死刑的陪审团量刑比司法量刑表现出更大的种族差异。[43] 衡量基准,比如咨询性量刑指南,能够引导陪审团集中关注犯罪的细节,

---

[43] 关于恢复性司法平等性和确定性的反对意见的有说服力的表达,参见丹·马克尔:《通向替代性制裁之路的错误转弯:对羞辱型惩罚和恢复性司法的未来反思》,载《德克萨斯法律评论》(第85期),2007年,第1385、1407—09页。

迈克尔·奥希尔极为成功地探究了人们可能希望追求的各种不同类型的量刑一致性,以及恢复性司法跟每一种量刑一致性具有多大程度的兼容性。他得出结论认为,恢复性司法可能跟通往一致性的两种静态方法相抵触:(1)使量刑成为可能的违法者所可以预见的愿望,以及在一定程度上(2)仅仅以损害的数量以及违法者的心理状态为基础的传统的报应性判决。但是,他令人信服地指出,恢复性司法补充了强调这些方面的通往一致性的方法之不足:(3)一旦被告人进入刑事司法体系,就使结果成为他们所可以预见的,(4)把惩罚和惩罚的目的或正当化事由联系起来,以及(5)防止被告人受到压制并且赋予他们真正的发表意见的机会。参见迈克尔·M.奥希尔:《恢复性司法是否能于量刑一致性兼容?》,载《马克威特法律评论》(第89期),2005年,第305页。

关于非死刑陪审团量刑的证据之不足,参见南希·J.金、罗斯福·L.诺布尔:《实践中的重罪陪审团量刑:以三个州为研究样本》,载《凡德法律评论》(第57期),2004年,第887页;南希·J.金、罗斯福·L.诺布尔:《非死刑案件中的陪审团量刑:对两个州司法量刑的严重性和可变性进行比较》,载《实证主义法律研究杂志》(第2期),2005年,第331、332、361—362页;阿德里安·兰尼:《非死刑案件中陪审团量刑:谁起主导作用?》载《耶鲁大学法律评论》(第108期),1999年,第1798—1801页。

并且较少地关注于那些不相干的事实,比如种族因素。

  以平等进行反驳的意见之根源是基于这样的假定:较之于担任陪审员的局外人,局内人更加关心、更加擅长于确保平等性。然而,在第五章的末尾部分,笔者对这个普遍的假定进行了反驳。心理学研究表明,法官和其他专业人员并不是不受种族立场以及遍及我们整个社会的那些假定影响的。同样的,研究死刑的学者发现:"白人受害者的差异性主要是由检察官的指控决定,而不是陪审团或司法量刑判决造成的。"㊹消除刑事司法中的种族差异的数十年自上而下的努力,没有解决这个问题。在最近几年里,政治部门已经带头攻击死刑和停车检查中的种族差异,然而,法院在很大程度上是不起作用的。而且,我们有充分的理由认为,从附近居民中产生的地方陪审团,能大致上反映出种族结构。该陪审团对种族问题和阶级问题,至少会像局内人一样敏感。相反,全县范围的(居住在离该县有一定距离的)检察官和法官可能不那么具有代表性,而且对于当地的种族和阶级问题可能不那么敏感。当然,附近居民陪审团并非完美无缺的,但是,我们几乎没有理由怀疑他们会比刑事司法机器内的局内人更加有偏见。而且,细致的对陪审团进行指导,咨询性量刑指南能够帮助引导陪审团,并且使他们仔细考虑自己的思维过程,而且上诉审查能够使极端的判决变得温和。该解决方案并不是要把局外人排除出去,而是要信任他们,特别是当局外人将被告人抬高而视同陪审员而不是听那些唤起刻板印象的新闻报道时,更应该信任局外人。最起码,我们可以试用恢复性的量刑陪审团和监督员,无论他们看起来是否会增加种族差异。

 ㊹ 杰弗里·J.赖奇林斯基等:《无意识的种族偏见是否会对初审法官产生影响?》载《圣母大学法律评论》(第84期),2009年,第1210—1222页(作者指出,网上调查显示,较之于白人被调查者,白人法官——如果有区别,有稍微更强的隐性种族联想。同时,一些黑人法官和陪审员几乎没有隐含的偏见。作者进而得出结论认为:"也许,刑事司法系统中避免头脑中抱有偏见的人之影响的唯一方式是:组成多样化的陪审团");大卫·C.鲍尔达斯、乔治.伍德沃斯:《死刑实施中的种族歧视:以1990年后的实证证据为视角》,载《刑法学公报》(第39期),2003年,第214页(文本中引用语的来源是以对文献和实证研究的评论为基础)。

如果恢复性量刑陪审团被证明是不可能实现的,或者会导致无法忍受的费用、拖延和不一致性,那么以不太有效但也不太激进的方式来调和检察官的单方面权力的方式是:法官可以被允许公开参与控辩交易,并且有权力提供比检察官所提供的那些协议更加温和的交易协议。法官能够在控辩交易以及量刑中征求受害者的意见并且给予它们应有的关注。法官也能够努力使量刑折减更加紧密地符合犯罪的不法性、定罪的可能性及审后量刑。虽然这些措施能够稍微抵制检察官的单方面权力,但是却不会恢复我们已经丢失的局外人视角。这些措施可以改进这个机制,但是不会注入所需要的来自外部的新鲜空气。

*　　　　*　　　　*　　　　*　　　　*

历史理想和刑事司法现实之间的差距达到了前所未有的明显程度。期望高失望就会大。对一个破损如此严重的制度进行改革似乎是注定要失败的,但是我们必须让希望之树常青。正如亚伯拉罕·林肯在葛底斯堡演讲中所说的(这是我们所难忘的),我们必须记得我们的政府应该是一个"民有、民治、民享的政府"。局内人以及他们的代理成本已经使刑事司法远离了道德剧定位,当然有时是有意识地远离,有时是无意识地远离。局内人和专业人员并不是怀有恶意、愚昧无知或者品质低劣的人。笔者曾担任检察官的工作,对很多和笔者一起工作过的法官、辩护律师、检察官和执法人员深怀敬意。但是,检察官的狭窄视野以及他们对公众期望和要求的疏远,只能摧毁依赖于民众的刑事司法体系的合法性与以及民众对它的尊重。

刑事司法的民粹主义、民主愿望表面上看起来不精密、古怪甚至幼稚。在情况最糟糕的时候,民众会偏执得如同暴徒,而这种方式有浪漫化民众的风险。陪审团有时是变幻无常而且有偏见的,受害者有时是复仇心重的,公民有时是无动于衷的。然而现在看来,在其他方面存在更大的危险。精英分子经常藐视社会大众以及他们的报应本能,而不是让社会大众参与对话并且找到共同基础。而且专业人员也经常对他们自己的不足之处视而不见,更不用说他们自己的意见和自身利益也需要审查。局内人需要审查局外人,但是局外人同样也需要审查局内人。

笔者所建议的这些改革仅仅是建议。其中一些改革建议可能看起来太过于温和,另一些建议则可能看起来太过大胆并且不切实际。笔者既不是要埋葬控辩交易也不是要赞美它,而是要重新审视控辩交易,并且重新引入局外人的声音和视角。但是笔者希望笔者的建议能够粉碎我们精神上的眼罩和宿命论。我们的诉讼程序太过于隐秘、太过于狭隘和保守,对于人们所具有的众多需求太过于充耳不闻。诉讼程序和惩罚都需要更加公开、更具有参与性。如今,社交网络技术可以使局外人推动这些变化。笔者只能希望通过参与,局外人可以重新发挥他们作为利益相关者的作用,并且不再继续作为局外人。利益相关者将更好地理解局内人的现实主义,而局内人将更好地理解利益相关者的理想主义。这个过程不会很快也不会很容易就能实现,但是其最终可以通过恢复公众的最佳特性以及救赎性的道德剧,使冷漠的控辩交易机制变得温和。专业人员应做好他们作为公职人员的工作,公众能够再次在自己的地方戏剧中扮演积极的角色,而受害者和被告人——作为精神宣泄的道德剧中的积极参与者,能够以同样的方式再次受到尊敬。

案例目录

阿里森诉州政府,495 So. 2d 739（Ala. Crim. App. 1986）

阿尔维纳斯案,830 P. 2d 747（Cal. 1992）.

美国人民政教分离联合会诉监狱团契公司案,509 F. 3d 406（8th Cir. 2007）.

阿布伦蒂诉新泽西州案,530 U. S. 466（2000）.

阿杰辛格诉汉姆林案,407 U. S. 25（1972）.

贝恩古拉诉泰勒案,541 A. 2d 969（Md. 1988）.

布莱克利诉华盛顿州案,542 U. S. 296（2004）.

博伊金诉加里森案,658 So. 2d 1090（Fla. Dist. Ct. App. 1995）.

布朗诉州政府案,45 S. W. 3d 506（Mo. Ct. App. 2001）.

卡罗尔诉州政府案,474 S. E. 2d 737（Ga. Ct. App. 1996）.

科勒姆诉美国联邦政府案,779 N. E. 2d 84（Ind. Ct. App. 2002）.

科克尔诉佐治亚州案,433 U. S. 584（1977）.

联邦政府诉阿布卡拉案,2 N. Mar. I. 311（1991）.

联邦政府诉科尼案,826 S. W. 2d 319（Ky. 1992）.

联邦政府诉弗吕哈特案,632 A. 2d 312（Pa. Super. Ct. 1993）.

联邦政府诉刘易斯案,506 N. E. 2d 891（Mass. 1987）.

迪尔诉州政府案,527 S. E. 2d 112（S. C. 2000）.

杜伦诉密苏里州案,439 U. S. 357（1979）.

福格尔案,728 A. 2d 668（D. C. 1999）.

劳伦斯·M. 弗里德曼诉公共安全通信委员会案,473 N. W. 2d 828（Minn. 1991）.

弗曼诉佐治亚州案,408 U. S. 232（1972）.

盖恩斯诉州政府案,517 S. E. 2d 439（S. C. 1999）.

吉迪恩诉温赖特案,372 U. S. 335（1963）.

戈拉诉美国政府案,419 F. 2d 520（9th Cir. 1969）.

古德曼诉戴维斯案,287 S. E. 2d 26（Ga. 1982）.

格雷格诉佐治亚州案,428 U.S. 153
  (1976).
哈里斯诉州政府,620 S. W. 2d 289
  (Ark. 1981).
哈里斯诉美国案, 536 U. S. 545
  (2004).
约翰逊诉州政府案,478 S. W. 2d 954
  (Tex. Crim. App. 1972).
约翰逊诉州政府案, 829 P. 2d 1179
  (Wyo. 1992).
琼斯诉巴恩斯案, 463 U. S. 745
  (1983).
肯尼迪诉弗雷泽案,357 S. E. 2d 43
  (W. Va. 1987).
肯尼迪诉路易斯安那州案,554 U.S.
  407 (2008).
基伯诉州政府案,227 S. E. 2d 199
  (S.C. 1976).
林恩诉雷恩斯坦案,68 P. 3d 412
  (Ariz. 2003).
麦肯诉莉莉案, 536 U. S. 24 (2002)
北卡罗来纳州诉奥尔福德案, 400
  U. S. 25 (1970).
奥坎波诉州政府案,778 P. 2d 920
  (Okla. Crim. App. 1989).
检察官诉贝克案, 415 N. E. 2d 404
  (Ill. 1980).
检察官诉布斯案,324 N. W. 2d 741,
  748 (Mich. 1982).
检察官诉卡尼诺案, 508 P. 2d 1273
  (Colo. 1973).
检察官诉希克斯案,608 N. Y. S. 2d
  543 (N.Y. App. Div. 1994).

佩里诉联邦政府案,533 S. E. 2d 651
  (Va. Ct. App. 2000).
鲍威尔诉阿拉巴马州案,287 U. S.
  45, 71 (1932).
地方司法官员、法庭律师协会诉韦恩巡回法院 503 N. W. 2d 885
  (Mich.1993).
雷诺诉州政府案, 521 So. 2d 914
  (Miss. 1988).
里奇蒙德报业有限公司诉弗吉尼亚州政府,448 U. S. 555 (1980).
利金斯诉内华达州政府案,504 U.
  S.127 (1992).
林诉亚利桑那州案 536 U. S. 584
  (2002).
丽塔诉美国政府案,551 U. S. 338
  (2007).
罗宾逊诉州政府案,291 A. 2d 279
  (Del. 1972).
拉梅尔诉埃斯特尔案,445 U. S. 263
  (1980).
圣多贝罗诉纽约州案,404 U. S.
  257, 260—261 (1971).
斯科特诉美国政府案 419 F. 2d 264
  (D. C. Cir. 1969).
香农诉美国案 512 U. S. 573、587
  (1994).
史帕弗诉美国案, 156 U. S. 51
  (1895).
斯巴罗诉州政府案,625 P. 2d 414
  (Idaho 1981).
州政府青少年部诉韦尔奇案,501 P.
  2d 991 (Or. Ct. App. 1972).

麦克杜格尔诉纳斯特罗案 800 P. 2d 974（Ariz. 1990）.

州政府诉阿马里洛案 503 A. 2d 146（Conn. 1986）.

州政府诉贝茨案, 726 N. W. 2d 595（N. D. 2007）.

州政府诉布兰卡德案, 786 So. 2d 701（La. 2001）.

州政府诉布朗案, 1986 WL 13263（Tenn. Crim. App. Nov. 26, 1986）.

州政府诉卡梅隆案, 830 P. 2d 1284（Mont. 1992）

州政府诉迪斯丽案, 188 P. 3d 1057（Mont. 2008）.

州诉凯西案, 44 P. 3d 756, 766—767（Utah, 2002）.

州政府诉狄龙案, 748 P. 2d 856（Kan. 1988）.

州政府诉恩格尔曼案, 541 N. W. 2d 96（S. D. 1995）.

州政府诉菲斯克案, 682 A. 2d 937（Vt. 1996）.

州政府诉方登, 559 A. 2d 622（R. I. 1989）.

州政府诉加西亚案, 532 N. W. 2d 111（Wis. 1995）.

州政府诉加德纳案, 885 P. 2d 1144（Idaho Ct. App. 1994）.

州政府诉戈麦斯案, 930 P. 2d 701（Nev. 1996）.

州政府诉古莱特案, 258 N. W. 2d 758（Minn. 1977）.

州政府诉汉森案, 344 N. W. 2d 725（Iowa App. 1983）.

州政府诉霍德阁案, 882 P. 2d 1（N. M. 1994）.

州政府诉拉弗雷斯特案, 665 A. 2d 1083（N. H. 1995）.

州政府诉马洛案, 577 A. 2d 332（Me. 1990）.

州政府诉麦克卢尔, 185 S. E. 2d 693（N. C. 1972）.

州政府诉慕尼黑案, 338 S. E. 2d 329（S. C. 1985）.

州政府诉奥斯本案, 684 P. 2d 683（Wash. 1984）.

州政府诉帕吉特案. 586 N. E. 2d 1194（Ohio Ct. App. 1990）.

新奥尔良州诉皮尔特案, 621 So. 2d 780（La. 1993）.

州政府诉罗兹案, 445 N. W. 2d 622（Neb. 1989）.

州政府诉史密斯案, 606 P. 2d 86（Haw. 1980）.

州政府诉斯蒂林案, 856 P. 2d 666（Utah Ct. App. 1993）.

州政府诉威廉姆斯案, 851 S. W. 2d 828（Tenn. Crim. App. 1992）.

泰勒诉路易斯安那案, 419 U. S. 522（1975）.

美国联邦政府起诉安耶洛斯案 345F. Supp. 2d 1227（D. Utah. 2004）.

美国政府诉巴塞拉, 967 F. 2d 254（7th Cir. 1992）.

美国政府诉布雷克案 89 F. Supp. 2d

328（E. D. N. Y. 2000）.

美国政府诉布克案 543 U. S. 220（2005）.

美国政府诉刘易斯案，638 F. Supp. 573（W. D. Mich. 1986）.

美国政府诉宝切斯案，107 F. 3d 1261（7th Cir. 1997）.

美国政府诉瑞兹案，536 U. S. 622（2002）.

美国政府诉威尔逊案，350 F. Supp. 2d 910（D. Utah 2005）.

维克斯堡和 M. R. 公司诉帕特南案，118 U. S. 545，553（1886）.

威灵顿诉新罕布什尔州通信部案，666 A. 2d 969（N. H. 1995）.

维克诉州政府，623 P. 2d 356（Alaska Ct. App. 1981）.

威瑟斯彭诉伊利诺伊州案，391 U. S. 510（1968）.

索　引

8号提案（受害者权利法案）　173
C.S.路易斯　123,222
GED项目　242
G.K.彻斯特顿　74,205
O·J.辛普森　66
阿卡希尔·艾马尔　206
阿诺德·瑟曼　1
埃里克·路娜　148,207,252,253
埃米尔·涂尔干　25,124,161,214
保罗·葛维兹　175
保罗·罗宾逊　70,181,271
保密规则　275
北卡罗来纳州　18,77,89,114,118,148
变革　36,149,153,167,230,231
波利·克拉斯　85
布鲁斯·温尼可　187
裁定　52,54,190,196,249,272
查尔斯·科尔森　221
初犯与累犯共同监禁　103
大卫·韦克斯勒　187
逮捕与自由裁量　3,52
戴维·加兰　172,211,218
丹·卡汗　73,92,93,124,144,147,181,184,212,253
丹·马克尔　62,94,163,219

道德价值与　1,33,73,124,144,211
道德作用　228
登记　80,244,248,249
等级　47,61,73,77,219,221,230
蒂莫西·麦克维　66
调解　57,145—151,153—155,162,165,174,177,178,183—187,226,231,261,268,270,272,273,276
东方州立监狱,宾夕法尼亚　43
毒品法庭　190,191,196
独立宣言　31
对陪审团的指示　3,15
对无辜者定罪　120
法官利文撒尔　140
法律平等保护条款　220
法学院　2,104,192,199,205,206
反馈　230,253,255—259,263
犯罪　1—5,7—50,52,53,55,59,61—70,73,74,76,77,80—88,90—93,97,98,103,104,107,110—115,119,121—125,127—134,136—141,143—152,154—167,169,172—174,176—189,191,194—197,200—205,207,208,211—220,222—224,226—229,231,232,234—248,250—

255, 258—260, 263—267, 270—277, 279
犯罪控制模式　202, 203
分类　43, 55
佛蒙特州　68, 69, 116, 118
否定　45, 91, 113, 123, 137, 139, 143, 158, 170, 195, 214, 219, 222, 244
弗吉尼亚州　1, 11, 18, 20, 69, 89, 116, 118, 133, 142, 147, 271
弗兰克·伊斯特布鲁克　119
附带后果　27, 50, 229, 244
概述　4, 47, 87, 253
格雷·戴维斯　50
工作量　39, 47, 60, 78, 102, 206, 207, 239
公众参与原因　75
固定费用及薪酬　100
关系和社会规范　144
关于道德判断　7
国王乔治三世　31
汉娜·阿伦特　151
核桃街监狱，费城　43
赫伯特·帕克尔　226
亨利·奥尔福德　114
红字（霍桑）　9
缓刑　41, 49, 52, 58, 82, 125, 128, 129, 190, 192, 197, 234, 240, 242
恢复性量刑陪审团　267, 269, 275, 276, 279
恢复性司法　6, 64, 65, 69, 71, 111, 138, 139, 146, 148—152, 156, 164, 165, 172, 174—188, 192, 193,

195—197, 211, 223, 224, 230, 231, 257, 260, 261, 263, 269, 272, 277
悔意　22, 103, 123, 124, 140, 141, 146, 148, 149, 153, 165, 176, 181, 182, 197, 266, 267, 273, 274, 277
悔意、道歉、宽恕　174, 227
豁免　161, 256
霍华德·哲瀚弗　185, 186
吉恩·汉普顿　92, 123, 124, 134, 144, 145, 150, 158, 160, 163, 164, 223
吉姆·加里森　84
加州阿拉米达县　42
家庭暴力　78, 79, 84, 88, 90
价值　1, 6, 8, 9, 14, 25, 29, 33, 56, 57, 62, 75, 81, 82, 86, 91, 106, 108, 110, 123, 124, 132—134, 137, 138, 140, 142, 144—147, 152—155, 158, 162, 170, 180, 184, 192, 198—201, 203, 209, 210, 213, 216, 236, 242, 246, 248, 254, 256, 274
假释　46, 51, 52, 58—60, 62, 64, 69—71, 78, 80, 93, 150, 166, 167, 172, 192, 240, 242, 271
假释委员会　51, 52
监狱　2, 10, 22, 24, 26, 31, 32, 34, 43—49, 51, 52, 55, 58, 64, 69, 91, 93, 105, 113, 118, 125, 130, 131, 136, 161, 172, 177, 182, 185, 186, 195, 219, 221, 231—244, 246, 248, 249
监狱制品/监狱劳工　239
检察官的作用　36

检察官自由裁量权 54,88
检控官 99,102,106,107
减少 39,47,78,81,82,89,112,
　　115,120,121,133,137,139,140,
　　145,151,152,157,158,162,199,
　　200,208,209,220,221,225,226,
　　228,234,239
降级与犯罪率 5
绞刑 10,14,18,22—25,46,48
杰弗里·墨菲 123,134,144,
　　150,158
杰里米·边沁 32
杰森·玛佐尼 256
精神病,因精神病而脱罪 130
精英主义 47,199,200,218,220,
　　224,225
警察 4,5,10—12,34,35,58,59,
　　62,63,77—79,81,84,87,89,94,
　　95,98,171,185,201,202,207,
　　230,231,235,244,252—257,259,
　　260,263,266
局内人的观点 193
局内人和局外人博弈 90,108
局外人的观点 193,256
凯文·沃什博恩 256
科伦拜恩校园枪击案 67
控辩交易 2—7,12—14,25,34,
　　38—40,42,51,54,56,58—61,
　　64—67,71—74,77—80,82—85,
　　87—90,95,97,100,102,105,106,
　　108,110,111,113,116,119—122,
　　131—134,137,138,151,167—
　　170,173,174,184,192—194,197,
　　200,206,207,209,212,213,221,
　　227,250,251,256,261,264,268,
　　271—275,277,279,280
宽恕 10,14,15,21,25,27,29,32,
　　51,54,112,113,123,124,127,
　　144,156—159,163,164,168,174,
　　179,181—183,196,209,210,221,
　　223,228,246,247,268,275,277
宽恕的减少 20
宽恕与正义 222
莱恩·拜斯 67
劳拉·阿普尔曼 256
老哈利·康妮克 84
累犯 18,28,63,85,92,129,182,
　　223,234,240,245,246,251,271
累犯犯罪率作为衡量成功的标
　　准 210
李·博伊德·马尔沃 66
理查德·比尔施巴赫 74,256
理查德·波斯纳 210
利益和压力 99
连续指控 14
《联邦量刑指南》 53,83,84,88—
　　90,140,143,188,189,193,270
《联邦宪法第十四修正案》 220
《联邦宪法第五修正案》 31
《联邦宪法第五修正案》,自证其
　　罪 31
脸谱 231,250
量刑陪审团与 214,229,257,269,
　　272—276,278
刘易斯·I.利比 50
卢旺达,恢复性司法 187

颅相学 33
律师与受害者 262
罗伯特·莫斯特勒 168
罗伯特·所罗门 221
罗纳德·怀特 65,80,84,250
马克·米勒 65,80,83,84,250,251
马克·瑞奇 50
马里兰州 13,14,24,26,37,38,116,117,171
马萨诸塞州 8—13,16,23,25,27,28,33,35,38,40,46,116,117
玛莎·努斯鲍姆 162,164,219
迈克尔·托尼 35,69,176,218
盲目乐观和冒险 102
梅根·坎卡 80
美国司法部 52,173,217,224,232,237,253
《美国宪法》 1,4,13,17,31,36,97,169,175,200,205
美国总统奥巴马 171,225
米兰达规则 4
民事调解 153,155,156,165,187
明尼苏达州,受害者罪犯调解 163
《模范刑法典》 205
纳撒尼尔·霍桑 9,23,27
南非 187,188
尼尔斯·克里斯蒂 160,161
尼古拉斯·塔古吉斯 146
匿名戒酒互助社 125,151,189
纽约 4,8,12,13,34,36,42,45,51,70,72,80,81,88,89,95,103—107,113,118,150,153,155,161,171,214,241,251,255,264,271
纽约奥本监狱 44
纽约州 12,18,40,42,44,80,84,89,200
欧洲 18,75,76,172,216,218—220
判决在理论与实际上的差别 78
陪审团的认识 7
佩尔助学金 232,234
频率 47,88,115,116,231
普遍共识 226
歧视/差别对待 47
虔诚的伪证 14,19
强制性量刑 89,205,276
乔西·鲍尔斯 119,256,260,268
切萨雷·贝卡利亚 32
切萨雷·龙勃罗梭 33
青少年 21,85,118,145,151,161,173,178,179,182,213,244
清教徒 8—10,20,25,28
缺乏透明度 93
人权法案 7,17,31,206
肉刑 22,23,46,237
瑞秋·巴克 50
三振出局法 68,70,71,83,85—88,98,167,172
社会规范与 92,124,145—147,161
审判 1,2,4—6,12—21,25,30,31,36—38,42,43,54,58,59,61,64—66,70,72,74,78—83,85,89—93,95,96,98—102,104—109,119,128,131—134,140—143,157,159,161,163,166—169,172,174,175,186—188,190,198—203,206,207,209,210,212,220,221,

225,228,240,250,268,269,272,276

审判速度 14,200,202

十八世纪 7,9,12,14

十九世纪 11—13,15,23

事实交易 82,250,251,273

释放之后的限制 238

受害人权利 151,167,169,172,175

搜查令 3,4

苏珊·班德斯 175,221,222

汤姆·泰勒 191,215,276

唐纳德·布拉曼 26,74,214,233,236

特雷西·米尔斯 253

透明度 65,75,250—252

威利·霍顿 80

威廉·布莱克斯托恩 10,14,29

威廉·尼尔森 33

威廉·斯顿茨 225

威慑 2,3,33,34,73,74,92,108,110,147,158,166,176,179,180,201,203,204,212,213,215,251,276,277

威斯康星大学法学院 185

温斯顿·丘吉尔 246

沃伦法院 4,5,166,167

无争议抗辩 114,116,129,131,137

侮辱,早期美国 8

希瑟·斯特朗 64,71,138,139,148,150,152,172,176,186,260

下调背离 82,84

小城镇的道德 8

新奥尔良 61,80,84,102,190,250

新闻媒体 50,65,142,149,240

新泽西州,假释 28

刑事程序 5,13,33,86,91—93,96,100,105,110,111,116,119,124,128,133,134,136—140,142,152,157,164,199—201,204—206,226,229

性犯罪者 103,125,127—129,136,192,244,245,248

选举产生 63,79

迅速审判法 200

亚伯拉罕·布隆伯格 100

亚伯拉罕·林肯 247,279

亚当·史密斯 162

亚拉伯罕·S.戈尔茨坦 1

亚力克西德·托克维尔 95,205,217

亚历山大·索尔仁尼琴 237,238

伊凡·杰尼索维奇的一天(索尔仁尼琴) 237

伊利诺伊,对量刑的公众认知 69

以马内利·康德 123

易趣(eBay)的反馈调查 229

应当逮捕与不应遗漏的政策 79

影响 3,9,10,16,17,21,27,30,32,46,53,56,57,61—63,65,68,69,71—74,79,85,90,91,94,95,97—100,102,108,112,119—121,127—130,137,140,141,143—152,156—158,162,163,166,168—170,175,177,181,184,186,187,190—192,194,197,198,210,215,222,225—230,234,245,248,

257,258,260—262,267,270,271,274,276,278

有罪但不认罪 111,113—115,119,121,123,134,136,137,139

於恩·霍 94

与参与模式 204

与大规模暴行 186,187

与受害者协商 262

与刑法的分离 83

与治疗性法理 188,190

圆形监狱 32

约翰·彼得·曾格 133

约翰·布雷思韦特 172,176,177,183,185,188,245

约翰·洛克 216,217

约翰·穆罕默德 66

约束 4,15,53,77,83,89,131,140,162,169,171,173,186,200,201,217,225,232,255,271

再次被监禁 246

泽布伦·布罗克韦 45

增加 3,5,6,31,38,41,44,49,65,71,75,77,82,84,100—102,111,124,125,130,179,182,186,201,242,260,278

詹姆斯·惠特曼 218,219

正当程序模式 202,203

正义 1,2,4,7,11,17,25,55,60,62,63,65,68,71,73,83,90,94,111,120—122,124,129,134,143,146,148,150,152,153,157,160,162,164,168,171,176,177,180,181,184,185,188,192—194,196—201,204—206,209—212,214—216,219—224,226,227,230,235,255—260,262,268—272,275

证据开示 3,64,78,82,173

政教分离条款 249

指控交易 39,83,84,87,133,250,251

指引 44,277

种族歧视 170,171,218,225,242,278

朱利安·罗伯茨 68

专业化 4,8,12,34—36,161,210,220

酌定刑罚 77

自动释放 51

自我归罪 197

自由裁量权 8,11,13,20,21,32,41,52—54,60,62,76—79,81,83,84,87,88,91,95,120,163,167,190,209,212,213,255,256,266,268,276

宗教权利 239

醉酒 9,10,24,77,90,129,134,189,263

作为惩罚的监禁 41

参考文献

1. 伊迪丝·艾博特:《犯罪与战争》,载《美国刑事司法与犯罪学学会期刊》(第9期),1918年。
2. 吉恩·G.亚伯等:《性侵者:评估结果和治疗建议》,载马克·H.本阿隆等编:《临床犯罪学:犯罪行为的评价与对待方法》,1985年。
3. 吉恩·G.亚伯等:《成人与儿童之间的性行为:并发症、同意及认知》,载《法律和精神病治疗方法》,1984年。
4. 罗伯特·阿罗尔德:《前任牧师对性犯罪作有罪辩护》,载《奥克兰论坛报》,2002年。
5. 杰弗里·P.阿尔珀特、马克·H.摩尔:《在新的治安范式中衡量警察绩效》,载《刑事司法系统的绩效衡量方法》,1993年。
6. 阿尔伯特·W.阿尔舒勒:《因小失大:评毕贝斯教授的选择性道德》,载《康奈尔大学法律评论》,2003年。
7. 阿尔伯特·W.阿尔舒勒:《不断变换的控辩交易争鸣分析》,载《加州大学法律评论》(第69期),1981年。
8. 阿尔伯特·阿尔舒勒:《控辩交易及其历史》,载《法律和社会评论》(第13期),1979年。
9. 阿尔伯特·W.阿尔舒勒:《诉辩交易中辩护律师的作用》,载《耶鲁法律杂志》(第84期),1975年。
10. 阿尔伯特·W.阿尔舒勒:《检察官在控辩交易中的作用》,载《芝加哥大学法学评论》(第36期),1968年。
11. 阿希尔·里德·阿马:《作为宪法文件的〈人权法案〉分析》,载《耶鲁法律杂志》(第100期),1991年。
12. 米歇尔·切尔尼科夫·安德森、罗伯特·J.麦肯:《陪审员补偿性和惩罚性赔偿评估中的目标冲突分析》,载《法律和人类》(第23期),1999年。
13. 布兰登·K.阿普尔盖特等:《评估公众对"三振出局法"的支持度:普遍态度与特殊态度的比较》。

14. 劳拉·I.阿普尔曼:《论答辩陪审团》,载《印第安纳法律期刊》(第85期),2010年。

15. 彼得·阿雷内拉:《反思刑事诉讼程序的功能:沃伦法院和伯格法院间相互冲突的意识形态》,载《佐治亚法律评论》(第72期),1983年。

16. 芭芭拉·E.阿马考斯特:《组织文化与警务人员的不端行为分析》,载《乔治·华盛顿法律评论》(第72期),2004年。

17. 肯·阿姆斯壮、贾斯汀·梅奥:《抓狂的律师:你根本无法给人们提供帮助》,载《西雅图时报》,2004年。

18. 肯·阿姆斯壮等编:《律师收益和客户量不可兼得》,载《西雅图时报》,2004年。

19. 肯·阿姆斯壮等编:《只有高成本才能换来更优质的辩护》,载《西雅图时报》,2004年。

20. 阿诺德·瑟曼:《作为公共道德符号的刑事审判》,载《当代刑事司法》。

21. 迈克尔·阿什:《论证人:对刑事法庭程序的批判》,载《巴黎圣母院法律评论》(第48期),1972年。

22. 安德鲁·阿什沃斯:《受害人权利、被告人权利和刑事诉讼程序》,载亚当.克劳福德、乔.古迪编:《以受害人为视角论刑事司法:国际性讨论》,2000年。

23. 凯瑟琳·K.贝科:《性、强奸和羞辱》,载《波士顿大学法律评论》(第79期),1999年。

24. 马克·威廉·贝克:《修复错误及调解矛盾:以刑事司法系统的调解为视角》,载《北卡罗来纳州立大学法律评论》(第72期),1994年。

25. 大卫.C.鲍尔达斯、乔治.伍德沃斯:《死刑实施中的种族歧视:以1990年后的实证证据为视角》,载《刑法学公报》(第39期),2003年。

26. 霍华德·E.巴巴里:《性侵者的"否认"和最小化危害:评估和治疗效果》,载《矫正研究论坛》(第3期第4卷),1991年。

27. 苏珊·班德斯:《同情、叙事和受害人影响性陈述》,载《芝加哥大学法律评论》(第63期),1996年。

28. 霍华德·E.巴巴里:《性侵者的"否认"和最小化危害:评估和治疗效果》,载《矫正研究论坛》(第3期第4卷),1991年。

29. 瑞秋·E.巴克:《管理犯罪》,载《加州大学洛杉矶分校法学评论》(第52期),2005年。

30. 瑞秋·E.巴克:《再控告陪审团:刑事陪审团在强制性量刑时代中的宪法作用》,载《宾夕法尼亚大学法律评论》(第152期),2003年。

31. 简·W.巴纳德:《融羞辱性惩罚于单位犯罪量刑》,载《加利福尼亚法律评论》(第72期),1999年。

32. 乔纳森·巴伦、伊拉娜·雷托夫:《侵权法中惩罚与补偿的目的分析》,载《风险和不确定性》(第7期),1993年。

33. 查尔斯·巴顿:《刑事司法中的授权和报应》,载希瑟·斯特朗、约翰·布雷斯韦特编:《恢复性司法:从理论到实践》,2000年。

34. 戈登·贝兹摩、马克·安布雷特:《四种恢复性司法会议模式的比较》,载《少年司法公告》,2001年。

35. 戈登·贝兹摩、马克·安布雷特:《反思青少年法庭的惩罚功能:青少年犯罪是应惩罚还是恢复》,载《犯罪和违法行为杂志》(第41期),1995年。

36. 劳伦斯·M.弗里德曼:《美国历史上的犯罪和惩罚》,1993年。

37. 雨果·亚当·贝道、麦克·L.拉得勒特:《论潜在死刑案中的正义流产》,载《斯坦福桥大学法律评论》(第40期),1987年。

38. 詹姆斯·J.贝亚二世、诺特:《救赎的改革:监狱改革运动的智力起源》,载《纽约大学美国法律调查年刊》(第63期),2008年

39. 道格拉斯·E.比鲁夫、保罗·G.卡塞尔:《犯罪受害者参加审判的权利:应重新占优势的全国共识》,载《路易斯克拉克法律评论》(第9期),2005年。

40. 露西·伯利那:《性犯罪者:政策和实践》,载《西北大学法律评论》(第92期),1998年。

41. 斯蒂法诺斯·毕贝斯:《论对检察官表现的奖赏》,载《俄亥俄州刑事法律杂志》第6期,2009年。

42. 斯蒂芬诺斯·毕贝斯:《规制联邦量刑的地区变数》,载《斯坦福大学法学评论》(第58期),2005年。

43. 斯蒂芬诺斯·毕贝斯:《法庭审判之外的辩诉交易》,载《哈佛大学法律评论》(第117期),2004年。

44. 斯蒂芬诺斯·毕贝斯:《刑事实体法与刑事程序法的统一:阿尔弗特式和无罪抗辩》,载《康奈尔大学法律评论》(第88期),2003年。

45. 斯蒂芬诺斯·毕贝斯:《刑事诉讼程序中的真实世界转变》,载《刑法与犯罪学杂志》(第93期),2003年。

46. 阿斯特里德·比尔根:《应对顽固的刑事被告人:以心理学策略进行

有效的法律咨询》,载《刑法公报》(第38期),2002年。

47. 大卫·波杰克:《罪刑相适应:强制最低刑罚视野下的检察官自由裁量权的作用》,载《法学与经济期刊》(第48期),2005年。

48. 亚伯拉罕·S.布隆伯格:《法律实践是自信的博弈:专业人士有组织的共同选择》,载《法律社会评论》(第1期),1967年。

49. 理查德·C.博尔特:《毒品法院戒毒运动中的对抗制和律师作用》,载小詹姆斯·J.诺兰编:《毒品法院的理论和实践》,2002年。

50. 乔西·鲍尔斯:《论法律上有罪、规范上无罪以及衡平法上的不起诉决定》,载《哥伦比亚法律评论》(第110期),2010年。

51. 乔西·鲍尔斯:《引入衡平自由裁量权论》,2010年。

52. 乔西·鲍尔斯:《惩罚无辜清白者》,载《宾夕法尼亚大学法律评论》(第156期),2008年。

53. 乔西·E.鲍尔斯:《博弈的统一重于一切:"三振出局法"的地理差异问题》,载《纽约大学法学评论》(第76期),2001年。

54. 弗兰克·O.鲍曼三世、迈克尔·海斯:《无声的反抗(II):地区等级数据的联邦毒品犯罪量刑下降之实证分析》,载《爱荷华州大学法学评论》(第87期),2000年。

55. 弗兰克·O.鲍曼三世、迈克尔·海斯:《无声的反抗?近十年联邦毒品量刑下降趋势分析》,载《爱荷华州大学法学评论》(第86期),2001年。

56. 杰拉德·V.布拉德利:《控辩交易和刑事被告人作有罪辩护的义务》,载《德克萨斯州大学法律评论》(第40期),1999年。

57. 约翰·布雷思韦特:《整体论、正义和赎罪》,载《犹他州法律评论》(2003期),2009年。

58. 约翰·布雷思韦特:《恢复性司法和治疗法理学》,载《刑法学公报》(第38期),2002年。

59. 约翰·布雷思韦特:《恢复性司法:乐观和悲观的评估》,载迈克尔·托尔尼编:《犯罪和司法:研究综述》(第25期),1999年。

60. 约翰·布雷思韦特、希瑟·斯特朗:《理论联系实践》,载希瑟·斯特朗、约翰·布雷思韦特编:《恢复性司法:从理论到实践》,2000年。

61. 约翰·布雷思韦特:《刑罚被边缘化的未来:现实还是乌托邦?》,载《加州洛杉矶分校法学评论》(第46期),1999年。

62. 唐纳德·布拉曼:《惩罚与责任感:理解和改革美国的刑事制裁》,载《加州大学洛杉矶分校法律评论》(第53期),2006年。

63. 唐纳德·布拉曼等:《刑罚自然主义中现实主义分析》,载《芝加哥大学法律评论》(第77期),2010年。

64. 约翰·M.布罗德:《悄然结案:四个前共生解放军成员就谋杀指控作有罪辩护》,载《时代周刊》,2002年。

65. 达瑞尔·K.布朗:《论民主与去罪化》,载《德克萨斯法律评论》(第86期),2007年。

66. 达瑞尔·K.布朗:《刑事辩护权利的定量配置:以制度设计为视角进行分析》,载《哥伦比亚大学法律评论》(第104期),2004年。

67. 达瑞尔·K.布朗:《论刑法中的第三方利益》,载《德克萨斯州立大学法律评论》(第80期),2002年。

68. 达瑞尔·K.布朗:《论街头犯罪、单位犯罪和刑事责任的偶然性》,载《宾夕法尼亚大学法律评论》(第149期),2001年。

69. 威廉·伯罕姆:《杜斯托夫斯基的〈犯罪和刑罚〉的法律背景及贡献》,载《密歇根州立大学法学评论》(第100期),2002年。

70. 福克斯·巴特菲尔德:《犯罪率下降,更改数据的压力增大》,载《纽约时报》,1998年。

71. 彼得·凯恩:《认真对待法律:哈特与德夫林争论的出发点分析》,载《伦理学杂志》(第10期),2006年。

72. 拉乌尔·G.坎特罗、罗伯特·M.克莱恩:《死亡是不同的:死刑案件中陪审团全体一致同意的必要性分析》,载《圣托马斯法律评论》(第22期),2009年。

73. 胡安·卡德纳斯:《检察程序中的犯罪受害者分析》,载《哈佛法律与公共政策期刊》(第9期),1986年。

74. 邦妮·F.卡尔松、尼尔·塞尔维拉:《服刑人员和他们的家庭:配偶探监、家人联系及家庭功能》,载《刑事司法与行为》(第18期),1991年。

75. 凯文·M.卡尔史密斯等:《我们为什么惩罚?刑罚的威慑和该当动机分析》,载《品德与社会心理学期刊》(第83期),2002年。

76. 格哈德·卡斯珀、汉斯·蔡塞尔:《论德国刑事法庭中的非专业法官》,载《法律研究杂志》(第1期),1972年。

77. 保罗·G.卡塞尔:《公平对待刑事犯罪受害者:将受害者融入美国联邦刑事诉讼规则》,载《犹他州大学法学评论》,2007年。

78. 保罗·G.卡塞尔:《联邦刑事诉讼规则中的受害者:根据〈犯罪受害者权利法案〉拟议修正案分析》,载《杨百翰大学法律评论》,2005年。

79. G. K. 彻斯特顿:《〈巨大的琐事〉中的〈12 怒汉〉》,1909 年。

80. 詹姆斯·J. 克里斯:《毒品法院戒毒运动:隐性假设分析》,载小詹姆斯·J. 诺兰编:《毒品法院的理论和实践》,2002 年。

81. 丹·克里斯坦森:《不能再快的认罪交易:公设辩护律师评析分析》,载《每日商业评论》,2005 年。

82. 尼尔斯·克里斯蒂:《财产权冲突》,载《英国犯罪学杂志》(第 17 卷),1977 年。

83. 英国内政大臣温斯顿·丘吉尔:《下议院演讲》(1910 年 7 月 20 日)》,载罗伯特·罗德斯·詹姆斯编:《温斯顿·S. 丘吉尔的完整演讲(1897—1963 年)》(第 2 卷),1974 年。

84. 弗兰西斯·X. 克莱尼斯:《马里兰州中止死刑适用》,载《纽约时报》,2003 年。

85. 罗伯特·F. 柯克伦:《犯罪、认罪和法律顾问:从陀思妥耶夫斯基案中吸取的教训》,载《休斯敦大学法律评论》(第 35 期),1998 年。

86. 乔纳森·R. 科恩:《论建议客户道歉》,载《南加州大学法律评论》(第 72 期),1999 年。

87. 安吉拉·科尔斯勒斯:《在家庭暴力案件指控时不可废弃的政策:保障起诉还是危险解决?》,载《福特汉姆法学评论》(第 63 期),1994 年。

88. 安妮·M. 考夫林:《性与罪》,载《弗吉尼亚法律评论》(第 84 期),1998 年。

89. 布莱恩·L. 卡特勒、唐娜·M. 休斯:《评价陪审团服务:法院陪审团检查办公室的结果》,载《行为科学与法律》(第 19 期),2001 年。

90. 贾德·祖德那、露丝·穆勒:《内疚的作用及其在治疗罪犯中的影响》,载《犯罪学中性侵者的治疗及比较》,1987 年。

91. 苏珊·戴科夫:《论律师品德和纷繁复杂的律师业的关系》,载马乔里·A. 西尔弗编:《律师的情感援助:把法律作为治疗性专业》,2007 年。

92. 凯瑟琳·戴利:《重新审视报应性司法和恢复性司法的关系》,载希瑟·斯特朗、约翰·布雷斯韦特编:《恢复性司法:从理论到实践》,2000 年。

93. 约翰·M. 达利等:《刑罚剥夺资格和该当惩罚的动机分析》,载《法律与人类行为》(第 24 期),2000 年。

94. 诺拉·德姆莱特纳:《"附带损害":对于毒品犯罪者不存在重新进入社会》,载《维拉诺瓦法律评论》(第 47 期),2002 年。

95. 诺拉·V. 德姆莱特纳:《防止国内流放:对附带量刑后果进行限制的

必要性》,载《斯坦福法律和政策评论》(第 11 期),1999 年。

96. 达米卡·达玛帕拉等:《立法机关、法官与假释裁决委员会:确定量刑下的自由裁量权之分配》,载《佛罗里达法律评论》(第 62 期),2009 年。

97. 洛蕾塔·J. 萨伦斯、莎丽·塞德曼·戴蒙德:《非法律人士对刑事量刑的评价的形式和变化:误解和不满》,载《法律和人类行为》(第 14 期),1990 年。

98. 安东尼·N. 杜布、朱利安·罗伯茨:《公共惩罚性公众对案件事实的理解:加拿大关于公众对量刑态度的几项调查:对五个国家进行的调查研究》,奈杰尔·沃克与迈克·霍夫等编,1988 年。

99. 安东尼·达夫:《恢复性措施和惩罚性措施》,载安德鲁·冯·赫希等编:《恢复性司法和刑事诉讼:对抗或调和的范式?》,2003 年。

100. 弗兰克·H. 伊斯特布鲁克:《作为妥协的控辩交易》,载《耶鲁法律杂志》(第 101 期),1992 年。

101. 克里斯·苏伦特罗普:《右翼的监狱信仰的转换:保守派如何走向欣然接受监狱改革》,载《纽约时报》,2006 年。

102. 凯瑟琳·艾丁等:《父亲身份和监禁在不具有专业技能的男人犯罪生涯中的潜在转折点》,载帕提罗等编:《美国监禁:大规模监禁的社会效果》,2004 年。

103. 西奥多·艾森伯格、马丁·T. 威尔斯:《致命的混乱:死刑案件中的陪审员》,载《康奈尔大学法学评论》(第 79 期),1993 年。

104. 西多·艾森伯格等:《被告人真有歉意?死刑量刑中悔意的作用》,载《康奈尔大学法律评论》(第 83 期),1998 年。

105. 菲比·C. 埃尔斯沃斯、李·罗斯:《公众舆论与死刑:对废除主义与保留主义之细致考察》,载《犯罪与青少年犯罪》(第 29 期),1983 年。

106. 凯西·埃尔顿、米歇尔·M. 罗伊鲍尔:《论修复正义》,载《犹他大学法律评论》(第 2003 期)。

107. 埃德那·埃雷兹:《谁害怕强大的恶意受害人?被害人受影响的情感对刑事司法的影响和促进》,载《克莱姆森法律评论》,1999 年。

108. 马盖尔·塞缇娜:《联邦刑事法院律师权益的失效:从实证角度研究辩护律师依照〈量刑指南〉进行辩护的角色定位》,载《加利福尼亚法律评论》(第 92 期),2004 年。

109. 马盖尔·塞缇娜:《悔意、责任及遵守规则的辩护让被告人为其律师的罪恶买单》,载《纽约大学法律评论》(第 78 期),2003 年。

110. 塔·艾弗斯:《和平使者的祝福》,依斯玛斯(麦迪逊,威斯康辛),1998年。

111. 伊莱·法伯尔:《清教徒罪犯:十七世纪马萨诸塞州犯罪的经济、社会和智力背景》,载唐纳德·弗莱明编:《美国历史研究的十四个视角》,1978年。

112. 艾伦·萨利、特里西娅·沃尔什:《美国郊区被围攻》,载《财富》1992年。

113. 查尔斯·莱斯特、马尔科姆·M.菲利:《刑事程序的法律复杂性与转化》,载安德烈·古伦等编:*Subjektivierung des justiziellen Beweisverfahrens*,1994年。

114. 罗伯特·A.费恩:《精神病赦免是如何阻碍治疗分析》,载大卫·B.韦克斯勒等编:《治疗法理学:法律是一种治疗手段》,1990年。

115. 乔尔·范伯格:《刑罚的表达功能》,载《犯罪和惩罚:刑事责任论文集》,1970年。

116. 赫伯特·芬格莱特:《刑罚与痛苦》,载《美国哲学协会程序及演说》(第50期),1977年。

117. 富兰克林·E.齐姆林:《严厉的刑法是虚伪的承诺》,载《Fed. Sent'g Rep》年;青少年司法研讨会:《100年的改革》,载《美国刑法评论》(第37期),2000年。

118. 阿兰·佩奇、菲斯克、菲利普·E.泰特劳克:《禁止的交易:此交易反映了对公正边界的侵犯》,载《政治心理学》(第18期),1997年。

119. 卡伦·L.福莱顿:《受害人和加害人调解:在青少年犯罪中的适用分析》,载伯特·加拉维、乔·哈德森等人编:《恢复性司法:国际化视角》,1996年。

120. 马克·S.弗莱舍、理查德·H.赖森:《美利坚合众国:联邦监狱管理局中的服刑人员工作与交感管理》,载德克·凡·齐尔·斯米特和弗里德·邓克尔编:《监狱劳动:拯救还是奴役?国际视野》,1999年。

121. 安德里亚·福特:《辛普森判决:又一控诉失败的典范,使地方检察署的失败名单又增亮点,其亦会让吉尔加塞蒂在明年的大选可能会失败》,载《洛杉矶时报》,1995年10月4日A3版。

122. 约翰·F.弗拉纳、瑞安·D.施罗德:《监禁的替代选择措施》,载《司法政策》,2008年。

123. 布鲁斯·弗兰克尔、丹尼斯·科雄:《"不安分的青春":1992年太多的暴力犯罪》,载《今日美国》,1992 年。

124. 理查德·S. 弗拉塞:《州〈量刑指南〉:多样性、共识与未解决的政策问题》,载《哥伦比亚法律评论》(第 105 期),2005 年。

125. 弗雷德·W. 弗兰德利:《评州法院法官的未来》(西奥多·J. 费特编),1978 年。

126. 斯蒂芬·P. 加维:《恢复性司法:刑罚和赎罪》,载《犹他大学法律评论》(第 2003 期)。

127. 斯蒂芬·P. 加维:《刑罚是一种赎罪》,载《加利福尼亚大学洛杉矶分校法律评论》(第 46 期),1999 年。

128. 斯蒂芬·P. 加维:《死刑案的加重情节和减轻情节:陪审员怎么想?》,载《哥伦比亚大学法律评论》(第 98 期),1998 年。

129. 斯蒂芬·P. 加维:《羞辱性惩罚是否具有教育作用?》,载《芝加哥大学法律评论》(第 65 期),1998 年。

130. 斯蒂芬·P. 加维:《解放服刑人员的劳动》,载《斯坦福法律评论》(第 50 期),1998 年。

131. 亚当·M. 格肖维茨、劳拉·R. 基林格:《州(从不)休息:检察官过度的案件压力是怎样伤害刑事被告人的》,载《西北大学法学评论》(第 105 期),2011 年。

132. 保罗·葛维兹:《受害人和偷窥者:刑事审判中的两种叙事问题》,载彼得·布鲁克斯和保罗·格维兹编:《法律的故事:法律中的叙事和修辞》,1996 年。

133. 盖尔·吉布森、劳里·威利斯:《道森死刑案中被告人的泪水和悔意优于无期徒刑:纵火犯、受害人的家庭告诉法官他们的痛苦》,载《贝尔特太阳报》,2003 年。

134. 爱德华·格莱泽、布鲁斯·萨克多特:《杀人罪中的量刑及复仇的作用》,载《法律研究期刊》(第 32 期),2003 年。

135. 迈耶·C. 高曼:《刑事案件中穷人的公设辩护律师》,载《弗吉尼亚法律评论》(第 26 期),1940 年。

136. 迈耶·C. 高曼:《公设辩护律师的必要性分析》,载《刑法与犯罪学杂志》(第 8 期),1917 年。

137. 亚伯拉罕·S. 戈尔茨坦:《聚合式刑事司法体系:认罪答辩与公共利益》,载《南方卫理公会大学法律评论》第 49 期,1996 年。

138. 洛伦·高登:《如果仅需服刑几日你会在哪犯罪:加利福尼亚"摇摆

法"适用于州的合宪性问题研究》,载《西南大学法学评论》(第33期),2004年。

139. 凯莉·A.古尔德:《〈联邦量刑指南〉对未受指控的、撤回的或无罪释放的犯罪没有作为:其是否提高了对法律的尊重?》,载大卫·B.韦克斯勒、布鲁斯J.温尼克编:《重点治疗中的法律:治疗法理学的发展》,1996年。

140. 兰迪·格林:《对性侵者进行全面治疗分析》,载联邦司法局:《治疗被监禁男性性侵者的实践指南》,1988年。

141. 道格拉斯·格林伯格:《殖民时期美国的犯罪、法律执行和社会控制》,载《美国法律史杂志》(第26期),1982年。

142. 杰弗里·格罗格:《论刑罚的确定性和严重性》,载《经济探究》(第29期),1991年。

143. 德娜·M.格罗梅、约翰·M.达利:《惩罚和超越:满足多元目标实现正义》,载《法律与社会评论》(第43期),2009年。

144. 德娜·M.格罗梅、约翰 M.达利:《恢复性措施和惩罚性措施:惩罚性措施的要素如何影响恢复性司法程序的可接受性》,载《社会公正研究》(第19期),2006年。

145. 科瑞斯·芬尼·海尔斯顿:《监禁期间的家庭关系:对谁重要及原因?》,载《社会学与社会福利杂志》(第18期),1991年。

146. 科瑞斯·芬尼·海尔斯顿:《监禁期间的家庭关系是否会影响未来的犯罪活动?》,载《联邦缓刑》(第52期),1998年。

147. 唐纳德·J.霍尔:《刑事法庭的受害人声音:约束的必要性》,载《美国刑法评论》(第28期),1991年。

148. 吉恩·汉普顿:《刑罚道德教育论》,载杰弗里·G.莫菲&吉恩·汉普顿编:《原谅和同情》,1988年。

149. 吉恩·汉普顿:《报应表达论》,载卫斯理·克莱格编:《报应主义及其批判》,1992年。

150. 吉恩·汉普顿:《调整伤害和改正错误:刑罚的目的分析》,载《加州大学洛杉矶分校法律评论》(第39期),1992年。

151. 吉恩·汉普顿:《报应论》,载杰弗里·G.莫菲和吉恩·汉普顿编:《原谅和同情》,1988年。

152. 谢丽尔·汉娜:《无选择权——授权受害者参与家庭暴力案件的起诉》,载《哈佛法学评论》(第109期),1996年。

153. 理查德·M.哈佩尔、约瑟夫·J.奥夫丽:《性侵者评估:阻断"否认的滥用》,载《美国司法和犯罪心理学期刊》(第2期),1995年。

154. 伯纳德·E.哈考特:《危害原则的崩塌》,载《刑法与犯罪学杂志》(第90期),1999年。

155. 马修·P.哈灵顿:《美国陪审团的法律发现职能》,载《威斯康星法律评论》,1999年。

156. 亨利·M.哈特:《刑法的目的》,载《法律与时代》,1958年。

157. 理查德·凯莉·赫夫特:《立法与复仇:加利福尼亚州的罪犯在第三次违反"三振出局法"后面临终身监禁》,载《独立报》,1995年。

158. 克里森·延森:《美国州的赦免权》,1922年;瑞秋·E.巴克:《行政国家的上升和仁慈的终止》,载《哈佛法律评论》(第121期),2008年。

159. 琳妮·N.亨德森:《论受害人权利的不正当》,载《斯坦福法律评论》(第37期),1985年。

160. 威廉·A.亨利三世:《毒品问题报道:记者是否过量占用出版物和电视新闻?》,载《泰晤士报》,1986年8月6日。

161. 乔纳森·P.希克斯:《如果你想得到稳定的工作:地方检察官是城市中最稳定的职位》,载《纽约时报》2005年。

162. 戴安·D.希尔德布兰、威廉·D.佩尔斯:《防止再犯:应用和结果》,载威廉姆·奥多诺霍、詹姆斯·H.格尔编:《儿童性虐待临床问题研究》,1992年。

163. 弗朗西斯·高尔·希尔:《儿童监护纠纷中的临床教育和最佳利益代表:律师和教育界的挑战和机会》,载《印第安纳州立大学法律评论》(第73期),1998年。

164. 保罗·J.霍飞:《暴力和涉及枪支的毒品走私罪的联邦量刑:最近变化和改善的前景》,载《美国刑法评论》(第37期),2000年。

165. 莫里斯·B.霍夫曼:《陪审团量刑的案件》,载《杜克大学法律期刊》(第52期),2003年。

166. 莫里斯·B.霍夫曼:《治疗法理学、新改造主义和司法集体主义:风险性最小的学科转变为风险性最高的学科》,载《福特汉姆大学法律期刊》(第29期),2002年。

167. 史蒂文·A.霍姆斯:《时间与金钱能让军队产生种族和谐》,载《纽约时报》,1995年

168. 威廉·W.胡德三世:《弗吉尼亚州陪审员理解的"生命"的含义及其对死刑量刑可靠性的影响》,载《弗吉尼亚大学法学评论》(第75期),

1989 年。

169. 佩吉·富尔顿、奥拉等:《治疗法理学和毒品治疗法院运动:针对美国毒品泛滥和毒品犯罪的刑事司法体系改革》,载《巴黎圣母院法律评论》(第74期),1999 年。

170. 卡洛琳·霍伊尔、露西娅:《受害人、伤害和刑事司法》,载麦克.马奎尔等编:《牛津犯罪学手册》(第4版),2007 年。

171. 科龙·惠更斯:《论美德与归责》,载《哈佛法律评论》(第108期),1995 年。

172. 詹妮亚·埃切娃:《庭审量刑是一种民主实践》,载《弗吉尼亚州立大学法律评论》(第89期),2003 年。

173. 埃里克·S.加纳斯、保罗·E.梅尔:《犯罪者认罪程序中对预测危害性的法律标准的评估分析》,载《心理和公共政策与法律》,1997 年。

174. 卡丽·约翰逊:《法案旨在为粉末可卡因制定量刑规则》,载《华盛顿邮报》,2009 年。

175. 卡丽·约翰逊:《等价在可卡因量刑中取得巨大进展》,载《华盛顿邮报》,2009 年。

176. 丹·M.卡汗:《羞辱性刑罚措施的问题何在?》,载《德克萨斯州法律评论》(第84期),2006 年。

177. 丹·M.卡汗:《威慑的秘密野心》,载《哈佛法学评论》(第113期),1999 年。

178. 丹·M.卡汗:《刑罚的社会影响、社会意义和威慑》,载《弗吉尼亚州立大学法律评论》(第83期),1997 年。

179. 丹·M.卡汗:《替代性制裁措施是什么?》,载《芝加哥大学法律评论》(第63期),1996 年。

180. 丹·M.卡汗、特雷西·L.米尔斯:《刑事诉讼程序即将遭遇的危机分析》,载《佐治亚法律期刊》(第86期),1998 年。

181. 丹·M.卡汗、玛莎·努斯鲍姆:《刑法中的两个情感概念》,载《哥伦比亚法律评论》,1996 年。

182. 布莱恩·C.卡尔特:《将重罪排除在陪审团服务之外》,载《美国大学法律评论》(第53期),2003 年。

183. 尼尔·库马尔·凯泰:《共谋理论分析》,载《耶鲁大学法律评论》(第112期),2003 年。

184. 格雷戈里·D.基恩:《因谋杀朋友而被判刑的嫌疑犯》,载《波特兰新闻报》,2003年。

185. 迪安·G.基尔帕特里克等:《刑事被害人的权利——法律保护是否具有效果?》,载《国家司法研究锁:研究简报》(第189期),1998年10月。

186. 南希·让·金:《无价的诉讼:刑事诉讼的不可谈判性》,载《加州大学洛杉矶分校法学评论》(第47期),1999年。

187. 南希·J.金、罗斯福·L.诺布尔:《非死刑案件中的陪审团量刑:对两个州司法量刑的严重性和可变性进行比较》,载《实证主义法律研究杂志》(第2期),2005年。

188. 南希·J.金、罗斯福·L.诺布尔:《实践中的重罪陪审团量刑:以三个州为研究样本》,载《凡德法律评论》(第57期),2004年。

189. 彼得·金:《作为司法资源的战争:强征入伍和起诉率(1940—1830年)》,载《法律、犯罪与英国社会(1660—1830年)》,2002年。

190. 大卫·科兹涅夫斯基:《重大新闻:麦格瑞维签署了具有种族性歧视的法案》,载《纽约时报》,2003年。

191. 理查德肯·克兰:《未穿衣服的基甸皇帝:被告人有权获得律师的有效辩护是虚假承诺》,载《黑斯廷斯宪法季刊》(第13期),1986年。

192. 罗素·科罗布金、克里斯·格思里:《诉讼和解的心理障碍:一种实验方法》,载《密歇根大学法学评论》(第93期),1994年。

193. 罗素·科罗布金、克里斯·格思里:《心理学、经济学与和解——一种看待律师作用的新观点》,载《德克萨斯州大学大学评论》(第76期),1997年。

194. 理查德·H.库赫:《控辩交易:曼哈顿区地方检察署办事指南分析》,载《刑事法律公报》(第11期),1975年。

195. 理查德·H.库赫:《量刑:曼哈顿区地方检察署办事指南》,载《刑事法律公报》(第11期),1975年。

196. 小雅各布·J.拉马尔等:《可卡因药丸:廉价但致命的可卡因是迅速蔓延的威胁》,载《时代》1986年。

197. 米切尔·兰德斯伯格:《分析家认为吉尔加塞蒂的获胜机会微乎其微》,载《洛杉矶时报》,2000年。

198. 约翰·H.朗本:《酷刑与控辩交易》,载《芝加哥大学法律评论》(第46期),1978年。

199. 阿德里安·兰尼:《非死刑案件中陪审团量刑:谁起主导作用?》,载《耶鲁大学法律评论》(第108期),1999年。

200. 埃德温·J.莱特沙、克里斯多夫·洛文康普:《什么能有效地减少累犯?》,载《圣托马斯大学法律评论》(第3期),2006年。

201. 伊丽莎白·莱图尔诺:《道歉正义:评针对法律解决方式量身打造的道歉》,载《波士顿大学法律评论》(第81期),2001年。

202. 丽莎·G.莱尔曼:《论对客户说谎》,载《宾夕法尼亚大学法律评论》(第138期),1990年。

203. 黛博拉·L.利瓦伊:《道歉在调解中的作用》,载《纽约大学法律评论》(第72期),1997年。

204. C.S.路易斯:《论刑罚的人道主义》,载沃尔特·胡珀编:《受审的上帝:神学与伦理学文集》,1970年。

205. 亚伯拉罕·林肯:《第一次就职演说》(1861年3月4日,星期一),载《美国历任总统就职演说》,1989年。

206. E.阿兰·林德等人:《以旁观者视角分析:民法体系下侵权诉讼当事人对其经历的评价》,载《法律与社会评论》(第24期),1990年。

207. 伊恩·洛德:《"柏拉图式守卫者"的失败:自由主义、犯罪学及对英格兰与威尔士犯罪的政治回应》,载《英国犯罪学杂志》(第46期),2006年。

208. 韦恩·A.洛根:《论死刑:死刑审判中证人证言对量刑的作用》,载《波士顿法律评论》,2000年。

209. 克里斯多夫·洛文康普、爱德华·J.莱特沙:《理解风险原则:矫正干预如何以及为何能够伤害低风险的罪犯》,载《社区矫正》,2004年。

210. 丹尼斯·T.劳瑞等:《消除公众恐惧议程:对网络罪案剧的纵向分析报告,公众对犯罪的看法以及美国联邦调查局犯罪统计》,载53 J. Comm. 61,61(2003)。

211. 戴维·鲁本:《反人道罪研究》,载《耶鲁国际法期刊》(第29期),2004年。

212. 戴维·鲁本:《刑事辩护律师是否有差异?》,载《密歇根州法律评论》,1993年。

213. 戴维·鲁本:《论家长主义和法律职业》,载《威斯康星州立大学法律评论》,1981年。

214. 埃里克·路娜:《过度犯罪化现象》,载《美国大学法律评论》(第54期),2005年。

215. 埃里克·路娜:《刑罚理论、整体论和恢复性司法的程序概念》,载《犹他大学法律评论》,2003年。

216. 埃里克·路娜:《种族、犯罪与制度设计》,载《法律与当代问题研究》(第66期),2003年。

217. 埃里克·路娜:《刑法典的原则性执行》,载《布法罗刑法评论》(第4期),2000年。

218. 埃里克·路娜:《透明的警察权的程序》,载《爱荷华州法律评论》(第85期),2000年。

219. 埃里克·路娜:《前言:"三振出局法"概述》,载《托马斯杰弗森法学评论》(第20期),1998年。

220. 詹尼弗·希克斯·伦德奎斯特:《军队中的种族和性别满意度:精英制度的效果》,载《美国社会学评论》(第73期),2008年。

221. 詹姆斯·P.林奇、莫娜·J.E.丹内:《犯罪严重性程度:情景方法的替代路径》,载《定量犯罪学研究杂志》(第9期),1993年。

222. 尼尔·麦考密克、戴维·加兰:《主权国家与复仇受害者:惩罚权问题研究》,载安德鲁·埃什沃斯、马丁·瓦希克编:《量刑理论基本原理》,1998年。

223. 达旺·马哈拉杰:《人民法院审判种族灭绝:卢旺达种族灭绝的八年之后,不堪重负的法院系统逐渐依靠村名,包括受幸存者进行判决》,载《洛杉矶时报》,2002年。

224. 盖尔·萨斯曼·马库斯:《"正义之总体规则的正当执行":纽黑文镇和殖民地的刑事诉讼程序(1638—1658年)》,载大卫·H.霍尔等编:《圣人和革命者:美国早期历史论文集》,1984年。

225. 大卫·马戈利克:《州执行法院的法学教授》,载《纽约时报》1985年。

226. 萨马拉·马里恩:《地理司法,一项关于圣地亚哥自1996年7月到12月三振出局法的判决实践研究》,载《斯坦福法学政治评论》(第11期),1999年。

227. 丹·马克尔:《通向替代性制裁之路的错误转弯:对羞辱型惩罚和恢复性司法的未来反思》,载《德克萨斯法律评论》(第85期),2007年。

228. 丹·马克尔:《反对怜悯》,载《明尼苏达州大学法学评论》(第88期),2004年。

229. 丹·马克尔:《羞辱性惩罚是否能完美地实现报应目的? 报应主义和替代性惩罚措施的复杂性》,载《凡德法律评论》(第54期),2001年。

230. 亚历山德拉·马克:《对罪犯来说,这是一个不准假释的世界》,载

《基督科学箴言报》,2001年。

231. 约书亚·弥迦书·马歇尔:《魂断威尼斯》,新共和,2000年。

232. W. L. 马绍尔:《对被监禁的否认和最小化责任的性犯罪者改造治疗的效果研究》,载《行为研究与治疗》(第32期),1994年。

233. 约翰·P. 马丁:《理发师被告知偿还57000美元》,载《明星纪事报》,2003年。

234. 罗伯特·马丁森:《什么是有效的?关于监狱改革的问题与答案》,载《公共利益》(第35期),1974年。

235. 托尼·M. 马塞洛:《羞辱、文化以及美国的刑事法律》,载《密歇根州法律评论》(第89期),1991年。

236. 托尼·M. 马塞洛:《同情、法律叙事和法治:新视角还是旧伤痕?》,载《密歇根法律评论》(第87期),1989年。

237. 汉斯·W. 马蒂克:《第二次世界大战期间军队中的假释犯》,载《联邦缓刑》(第24期),1960年。

238. 布鲁斯·E. 梅:《职业执照法律规定的品德要素:依然是具有前科重罪犯就业机会的障碍》,载《北达科他法律评论》(第71期),1995年。

239. 杰森·玛佐尼:《论豁免悖论》,载《西北大学法律评论》(第97期),2003年。

240. 迈克尔·麦康维尔、切斯特·L. 米尔斯基:《纽约市穷人的刑事辩护》,载《纽约大学法律评论与社会变革期刊》(第15期),1986—1987年。

241. 迈克尔·麦康维尔、切斯特·米尔斯基:《认罪答辩的出现:1800—1865年的纽约》,载《法律和社会期刊》(第22期),1995年。

242. 威廉·F. 麦克当纳:《刑事审判的两百年的变革:被害人的回归》,载《美国刑法评论》(第13期),1976年。

243. 特雷西·L. 米尔斯:《为社区警务祈祷》,载《加利福尼亚法律评论》(第90期),2002年。

244. 丹尼尔·S. 麦德伟:《热心交易:检察官对定罪后声称无罪的抵抗》,载《波士顿大学大学评论》(第84期),2004年。

245. 安德鲁·梅尔德伦:《一百万年卢旺达人在乡村法庭面临死刑指控》,载《伦敦卫报》,2005年。

246. 马里奥·梅洛拉:《论现代检察技术》,载《刑事法律公报》(第16期),1980年。

247. 伊丽莎白·梅尔兹、金伯利·A. 朗威:《否认的力量:儿童性虐待问题的个人和文化构建》,载《西北大学法律评论》,1998 年。

248. 菲利普·梅辛等:《纽约警察局统计数据被队长篡改了》,载《纽约邮报》,2010 年。

249. 马克·L. 米勒、罗纳德·F. 怀特:《黑匣子》,载《爱荷华法学评论》(第 94 期),2008 年。

250. 威廉姆·伊恩·米勒:克林特·伊斯特伍德与衡平法:《大众文化中的复仇主义》,载奥斯丁·萨拉特、托马斯·R. 卡恩斯编辑:《文化领域中的法律》,1998 年。

251. 琳达·G. 米尔斯:《论温情的法律职业:律师和委托人关系中的情感因素》,载丹尼尔·P. 施托勒等编:《治疗法理学实践:法律作为帮助性手段》,2000 年。

252. 明尼苏达矫正部:《性犯罪者监管培训》,载《缓刑官手册》。

253. 雷蒙德·莫利:《消失中的陪审团》,载《加利福尼亚法律评论》(第 28 期),1928 年。

254. 马克·哈里森·摩尔:《论问题解决与社区警务》,载迈克尔·托尔尼、诺弗尔·莫里斯编:《现代警务》,1992 年。

255. 罗伯特·A. 摩尔、托马斯·C. 墨菲:《否认酗酒是康复的障碍》,载《酒类研究季刊》,1961 年。

256. 蒙特·莫林:《筹款者得到了最大的刑罚:八年徒刑附加赔偿》,载《洛杉矶时报》,2002 年。

257. 赫伯特·莫里斯:《性、羞耻及相关问题》,载《昆尼匹亚克法律评论》(第 22 期),2003 年。

258. 赫伯特·莫里斯:《人类和刑罚》,载《一元论》(第 52 期),1968 年。

259. 玛里琳·C. 摩西斯、辛迪·J. 史密斯:《栅栏后面的工厂:监狱"实际工作"项目起作用吗?》,载《国家司法学会期刊》,2007 年。

260. 罗伯特·P. 莫斯特勒:《受害人权利和美国宪法:一场对刑事诉讼重塑的战争》,载《乔治城法律期刊》(第 85 期),1997 年。

261. 杰弗里·G. 莫菲:《悔恨、刑罚及宽恕》,载阿米塔伊·艾奇奥尼、大卫·E. 卡尼等编:《悔恨:一种比较性视角》,1997 年。

262. 约翰·M. 默林:《地方法官、罪人以及一种岌岌可危的自由:十七世纪新英格兰的陪审团审判》,载大卫·H. 霍尔等编:《圣人和革命者:美国早期历史论文集》,1984 年。

263. 卢娜·B. 梅尔斯:《让罪犯就范:刑事法庭的观点》,载蒂莫西·J. 弗拉纳根和丹尼斯·R.罗格玛尔等编：《美国人对犯罪与司法的看法：一项全国性的民意调查》，1996年。

264. 贾尼斯·纳德勒：《论嘲笑法律》，载《德克萨斯州法律评论》（第83期），2005年。

265. 艾琳·H.纳高、史蒂夫·J.斯库尔霍夫：《三城记：一项关于〈联邦量刑指南〉下的控告和控辩交易实践的实证研究》，载《加州大学法学评论》（第66期），1992年。

266. 亚历山德拉·纳塔伯夫：《论刑事被告人逐渐沉默》，载《纽约大学法律评论》（第80期），2005年。

267. 威廉·E.尼尔森：《革命时代现代刑法的新兴理念：以历史发展为分析视角》，载《纽约法律评论》，1967年。

268. 卢茨·奈特兹、托马斯·川奇科：《恢复性司法参与性分析：理论、法律、经验和调查》。

269. 新泽西州黑人和拉丁美洲人核心会议：《新泽西州警察局对州内歧视性行为的报告》，载《塞顿霍尔大学法律期刊》（第26期），2002年。

270. 小詹姆斯·J.诺兰：《从新界定刑事法院：问题解决型法院及司法的含义》，载《美国刑法评论》（第40期），2003年。

271. 小詹姆斯·J.诺兰：《与非普通法国家的区别：英国和美国的毒品法院》，载小詹姆斯·J.诺兰编：《毒品法院的理论和实践》，2002年。

272. 玛莎·努斯鲍姆：《裁判语言中的情感》，载《圣约翰大学法学评论》，1996年。

273. 杰米·沃康奈尔：《与灵魂一搏——起诉侵犯人权者安慰被害人吗？》，载《哈佛法律评论》，2005年。

274. 威廉姆·奥多诺霍、伊丽莎白·莱图尔诺：《修正对儿童性虐待否认的短期群体治疗：结果和后续措施》，载《儿童性虐待及其忽视》（第17期），1993年。

275. 艾琳·安·奥哈拉、道格拉斯·雅恩：《论道歉和共识》，载《华盛顿大学法律评论》（第77期），2002年。

276. 迈克尔·奥希尔：《论诉辩交易和程序公正》，载《佐治亚州法律评论》（第42期），2008年。

277. 迈克尔·M.奥希尔：《恢复性司法是否能于量刑一致性兼容？》，载《马克威特法律评论》（第89期），2005年。

278. 迈克尔·M.奥希尔：《懊悔、合作与"接受责任"：〈联邦量刑指南〉

3E1.1 的结构、执行与改革》,载《西北大学法律评论》(第 91 期),1997 年。

279. 朱莉·R.奥沙利文:《为〈美国量刑指南〉对实际侵权行为的修正而辩护》,载《西北大学法律评论》(第 91 期),1997 年。

280. 苏珊·M.奥尔森、艾伯特·W.祖尔:《恢复性司法中的职业角色重塑》,载《犹他州法律评论》,2003 年。

281. 斯蒂芬·J.派德菲尔德:《评价、自证其罪和责任承担:监狱性犯罪治疗项目研究》,载《肯塔基大学法律评论》(第 49 期),2001 年。

282. 安东尼·帕杜阿诺、克莱夫·A.斯塔福德·史密斯:《致命的错误:死刑实施过程中陪审员对假释的误解》,载《哥伦比亚大学人权法学评论》(第 18 期),1987 年。

283. 罗科·帕推斯坎朵:《纽约警察局对布鲁克林第 81 选区篡改数据展开调查:据称重罪被标记为轻罪》,载《纽约每日新闻》,2010 年。

284. 唐娜·L.帕弗利克:《道歉与调解:21 世纪的马车》,载《俄亥俄州冲突处理杂志》(第 18 期),2003 年。

285. 斯蒂芬·佩里:《州法院的检察官》,《美国司法统计局公报》,2006 年。

286. 琼·皮特尔斯莉亚:《美国的假释与罪犯重新融入社会》,载《犯罪与司法》(第 26 期),1999 年。

287. 约翰·彼得里拉:《治疗法理学中的家长主义和不切实际的承诺》,载布鲁斯·J.温尼克、大卫·B.韦克斯勒编:《治疗的关键:治疗法理学和法院》,2003 年。

288. 凯莉·J.彼得鲁奇:《刑事司法中的道歉:论道歉是法律体系中附加元素》,载《社会行为与法律》(第 20 期),2002 年。

289. 托马斯·F.佩蒂格鲁、琳达·R.特罗普:《群际接触理论的元分析测试》,载《品质与社会心理学期刊》(第 90 期),2006 年。

290. 萨缪尔·H.皮尔斯伯里:《道德化刑罚的感情》,载《康奈尔大学法律评论》,1989 年。

291. 南森·L.波洛克、茱蒂丝·M.哈希麦尔:《论猥亵儿童者的宽恕事由》,载《社会行为与法律》(第 9 期),1991 年。

292. 理查德·A.波斯纳:《道德理论与法律理论的诸多问题分析》,载《哈佛法律评论》(第 111 期),1998 年。

293. 理查德·A.波斯纳:《法律"理论"的概念:对罗纳德·德沃金的一个回应》,载《亚利桑那州法律杂志》(第 29 期),1997 年。

294. 理查德·A.波斯纳:《刑法经济学理论》,载《哥伦比亚法律评论》(第85期),1985年。

295. 巴顿·鲍尔森:《第三个声音:评析恢复性司法心理学结果的实证主义研究》,载《犹他大学法律评论》,2003年。

296. 艾琳·O.奎斯特、柯蒂斯·L.吉尔罗伊:《美国志愿役部队中的女性和少数民族》,载《当代经济政策》(第20期),2002年。

297. 杰弗里·J.赖奇林斯基等:《无意识的种族偏见是否会对初审法官产生影响?》,载《圣母大学法律评论》(第84期),2009年。

298. 彼得·H.雷曼、丹尼斯·R.贝蒂:《道歉的法律后果分析》,载《冲突与冲突解决》,第1996年。

299. 凯文·R.赖茨:《量刑的事实:真实犯罪中量刑的误区》,载《斯坦福法律评论》(第45期),1993年。

300. 詹姆斯·D.赖斯:《聘请律师之前和之后的刑事审判:马里兰州陪审团审判中的权威、法律和文化(1681—1837年)》,载《美国法律史杂志》(第40期),1996年。

301. 罗伯特·F.里奇、罗伯特·J.桑普森:《公众眼中的刑事司法政策:牺牲能改变什么?》,1990年。

302. 丹尼尔·里奇曼:《2007年联邦的量刑:最高法院和中心的两种立场》,载《耶鲁法律期刊》(第117期),2008年。

303. 詹妮弗·K.罗本诺特等:《民事裁判中的象征意义和不可同比性:决定做出者是目标的管理者》,载《布鲁克林学院法律评论》(第68期),2003年。

304. 朱利安·V.罗伯茨:《受害人影响陈述和量刑过程:最新发展和研究》,载《刑法季刊》(第47期),2003年。

305. 朱利安·V.罗伯茨:《公共观点,刑事记录和量刑程序》,载《美国行为科学家》(第39期),1996年。

306. 朱利安·V.罗伯茨、洛蕾塔·J.萨伦斯:《犯罪、刑事司法与公众舆论》,载迈克尔·托尼等编:《犯罪与刑罚手册》,1998年。

307. 保罗·H.罗宾逊:《现代该当性的相互冲突的定义:复仇的、道义论式的以及经验主义的该当性概念》,载《剑桥法律杂志》(第67期),2008年。

308. 保罗·H.罗宾逊:《受害人权利运动影响了刑法的制定和判决?》,载《麦克乔治法律评论》(第33期),2002年。

309. 保罗·罗宾逊、乔西·鲍尔斯:《对非正义的认知:合法性与道德可信性之间共同目标和偶尔冲突分析(4—6)》,载 http://lsr.nellco.org/upenn_wps/365。

310. 约翰·M.达利:《刑事法律是否有威慑:以行为科学进行的调查》,载《牛津法律研究杂志》(第 24 期),2004 年。

311. 约翰·M.达利:《刑事法律规则形成过程中的威慑作用:在最糟糕情形时所发挥的最强威慑力》,载《佐治亚法律杂志》(第 91 期),2003 年。

312. 约翰·M.达利:《赏罚的效力》,载《纽约大学法律评论》(第 91 期),1997 年。

313. 索斯藤·塞林、马文·E.沃尔夫、冈罗伯特·库尔茨等:《学者的正义直觉的一致与冲突分析》,载《明尼苏达法律评论》(第 91 期),2007 年。

314. 保罗·H.罗宾逊等:《法律之外的刑罚因素:对宽恕、困难、善行和其他评价刑事处罚中不可控因素的研究》,载《范德堡大学法学评论》(第 65 期),2012 年。

315. A.G.罗勃:《权威、法律和习俗:弗吉尼亚沿海低洼地区的开庭日仪式(1720 年到 1750 年)》,载《威廉玛丽学院季刊》(第 3 辑),1980 年。

316. 丹尼尔·罗默等:《电视新闻以及对犯罪恐惧的培养》,载 53 J. Comm. 88(2003)。

317. 艾米·D.拉特纳:《陀思妥耶夫斯基和治疗法理学学说》,载《约翰·马歇尔法律评论》(第 40 期),2006 年。

318. 罗伯特·J.桑普森等:《婚姻会减少犯罪吗?个体内在因果效应的反事实路径》,载《犯罪学》(第 44 期),2006 年。

319. 威廉·塞缪尔、伊丽莎白·莫尔兹:《犯罪严重性对认识公平刑罚的影响:以加利福尼亚州的一则案例为研究视角》,载《刑法与犯罪学杂志》(第 77 期),1986 年。

320. 托马斯·J.雪夫:《应对社区会议中的羞愧和愤怒》,载布鲁斯·J.温尼克、大卫·B.韦克斯勒编:《治疗的关键:治疗法理学和法院》,2003 年。

322. 威廉·库玛:《新世纪的判决》,载《康涅狄格大学法律评论》(春季卷),2000 年。

322. 理查德·C.施拉格尔:《论地方主义的界线》,载《密歇根法律评论》(第 100 期),2001 年。

323. 斯蒂芬.J.斯库尔霍菲尔:《审判的困境:我们的困境》,载《耶鲁大学法律杂志》(第 105 期),1995 年。

324. 斯蒂芬·J.斯库尔霍菲尔:《诉辩交易是一场灾难》,载《耶鲁法律杂志》(第 101 期),1992 年。

325. 斯蒂芬·J. 斯库尔霍菲尔:《作为监管制度的刑事司法自由裁量权分析》,载《法学研究杂志》(第 17 期),1988 年。

326. 戴安娜·斯库利、约瑟夫·马罗拉:《被定罪的强奸犯对动机的陈述:宽恕事由和辩护》,载《社会问题》(第 31 期),1984 年。

327. 大卫·塞德曼、米歇尔·卡曾斯:《让犯罪率下降:政治压力和犯罪报告》,载《法学会评论》(第 8 期),1974 年。

328. 乔安娜·沙普兰:《受害人和刑事司法体制》,载埃扎特·A. 法塔赫编:《从刑事政策到受害人政策:司法系统的调整》,1986 年。

329. J. A. 夏普:《"最后的临终演讲":十七世纪英国的宗教、意识形态和公开处决》,载《过去和现在》(第 107 期),1985 年。

330. 劳伦斯·W. 谢尔曼:《对刑事审判的信任和信心》,载《国家司法研究杂志》(第 248 期),2002 年。

331. 劳伦斯·W. 谢尔曼、理查德·A. 伯克:《明尼阿波里斯市家庭暴力实验》,载 Police Found. Rep., Apr. 1984。

332. 斯蒂文·E. 威尔伯:《军方是否应采用类似阿尔法特式有罪辩护?》,载《空军法律评论》(第 44 期),1998 年。

333. 丹尼尔·W. 舒曼、吉恩·A. 汉密尔顿:《陪审服务——可能改变陪审员和非陪审员对公平的看法》,载《南方卫理公会大学法学评论》(第 46 期),1992 年。

334. 瑞瓦·B. 西格尔:《"爱的规则":作为特权和秘密的殴打妻子》,载《耶鲁法律杂志》(第 105 期),1996 年。

335. 马乔里·A. 西尔弗:《爱、恨和其他情感因素对律师和委托人关系的影响》,载丹尼斯·P. 施托勒等编:《治疗法理学实践:法律作为帮助性手段》,2000 年。

336. 小戴维·A. 斯基尔:《单位犯罪的羞辱性刑罚》,载《宾夕法尼亚大学法律评论》(第 149 期),2001 年。

337. 大卫·A. 斯科兰斯基:《可卡因、种族与平等保护》,载《斯坦福大学法学评论》(第 47 期),1995 年。

338. 大卫·A. 斯科兰斯基:《论警察与民主》,载《密歇根法律评论》(第 103 期),2005 年。

339. 克里斯多夫·斯洛博金:《刑事案件中精神疾病问题的解决路径:大脑障碍作用的重新定位》,载《弗吉尼亚法律评论》,2000 年。

340. 克里斯多夫·斯洛博金:《治疗法理学:对五个难题的思考》,载《心理学、公共政策与法律》(第1期),1995年。

341. 阿贝·史密斯:《刑事辩护的差异及其重要性》,载《华盛顿大学法律和政策》(第11期),2003年。

342. 阿贝·史密斯:《你能既做好人又成为好的检察官吗?》,载《佐治亚州立大学法律道德杂志》(第14期),2001年。

343. 洛蕾塔·J.萨伦斯:《衡量量刑态度在改变刑罚态度的影响:公众观点》,载朱利安·V.罗伯茨、麦克·霍夫等编:《犯罪与正义》(15卷),2002年。

344. 洛蕾塔·J.萨伦斯、莎丽·塞德曼·戴蒙德:《非法律人士对刑事量刑的评价的形式和变化:误解和不满》,载《法律和人类行为》(第14期),1990年。

345. 丹尼尔·W.斯蒂勒:《〈量刑指南〉:被告人和辩护律师间不信任的逐渐加深》,载《联邦量刑指南报告》(第11期),1999年。

346. 杰米·斯托克韦尔:《辩护、起诉模式与新的"犯罪现场调查"方式:陪审团期望以电视剧风格辩论》,载《华盛顿邮报》,2005年。

347. 里奥·雅各布·斯特拉希拉威茨:《论我是如何推动所有人(及所有事)?》,载《纽约大学法律评论》(第81期),2006年。

348. 希瑟·斯特朗:《犯罪受害人运动:市民社会的力量》,载希瑟·斯特朗、约翰·布雷思韦特编:《恢复性司法和市民社会》,2001年。

349. 希瑟·斯特朗、劳伦斯·W.谢尔曼:《弥补伤害:受害者和恢复性司法》,载《犹太法律评论》(第15期),2003年。

350. 威廉·J.斯顿茨:《不平等的正义》,载《哈佛法律评论》(第121期),2008年。

351. 威廉·J.斯顿茨:《刑事司法的政治性宪法维度》,载《哈佛法律评论》(第119期),2006年。

352. 威廉·J.斯顿茨:《控辩交易和刑法中逐渐消失的阴影》,载《哈佛法学评论》(第117期),2004年。

353. 威廉·J.斯顿茨:《刑法的病态政治》,载《密歇根大学》(第100期),2001年。

354. 威廉·J.斯顿茨:《论弄巧成拙的犯罪》,载《弗吉尼亚州法律评论》(第86期),2002年。

355. 威廉·J.斯顿茨:《刑事程序和刑事公正的不良关系》,载《耶鲁法学杂志》(第107期),1997年。

356. 克里斯·苏伦特罗普:《右翼的监狱信仰的转换:保守派如何走向欣然接受监狱改革》,载《纽约时报》,2006 年。

357. 斯科特·E.松德比:《死刑陪审团和赦免:庭审策略、悔意和死刑的互相影响分析》,载《康奈尔大学法律评论》(第 83 期),1998 年。

358. 凯斯·R.桑斯坦:《道德启发式教育法研究》,载《行为与脑科学》(第 28 期),2005 年。

359. 凯斯·R.桑斯坦:《论惩罚的心理》,载《最高法院经济评论》(第 11 卷),2004 年。

360. 凯斯·R.桑斯坦:《协商的麻烦?团体为什么走向极端》,载《耶鲁法律杂志》(第 110 期),2000 年。

361. 凯斯·R.桑斯坦等:《人们想要最佳威慑吗?》,载《法学研究杂志》(第 29 期),2000 年。

362. 李·塔夫脱:《被颠覆的道歉:道歉的商品化》,载《耶鲁大学法律评论》(第 109 期),2000 年。

363. 唐·德瑞:《劫车罪:旧罪新名》,载《纽约时报》,1992 年。

364. 理查德·图克斯伯里、乔恩·马克·泰勒:《废止高等矫正教育项目中的佩尔助学金所产生的后果》,载《联邦缓刑》(第 60 期),1994 年。

365. 大卫·撒切尔:《犯罪背景在房屋租赁中的影响》,载《法律和社会调查》(第 33 期),2008 年。

366. 罗德尼·撒克斯顿:《战壕中的专业和生命:以公诉辩护人为例》,载《圣托马斯大学法律评论》(第 8 期),1995 年。

367. 伊万·托马斯:《美国改革运动—隐藏在最新毒品战争背后的是什么?》,载《时代》,1986 年。

368. 迈克尔·托尔尼:《西方国家的惩罚政策与惩罚模式》,载迈克尔·汤瑞、理查德·S.弗拉塞编:《西方国家的量刑与制裁》,2001 年。

369. 迈克尔·托尔尼:《反思美国不可思议的惩罚政策》,载《加州大学洛杉矶分校法律评论》(第 46 期)。

370. 珍妮雅·依切娃·特纳:《控辩谈判中的司法参与:一个比较法视角》,载《美国比较法杂志》(第 54 期),2006 年。

371. 汤姆·R.泰勒:《司法程序的心理后果:民事听证的影响》,载布鲁斯·J.温尼克、大卫·B.韦克斯勒编:《治疗的关键:治疗法理学和法院》,2003 年。

372. 汤姆·R. 泰勒:《思考犯罪现场调查和犯罪门槛:应对现实和虚构中的真理和正义》,载《耶鲁大学法学评论》(第115期),2006年。

373. 汤姆·R. 泰勒:《何谓程序正义:民众用以评判法律程序公正的标准分析》,载《法律和社会评论》(第22期),1988年。

374. 汤姆·R. 泰勒、罗伯特·J. 贝克曼:《"三振出局法"、你踢出局及原因、公众支持惩罚规则破坏者的心理原因》,载《法学会评论》(第31期),1997年。

375. 汤姆·R. 泰勒等:《发言权对领导满意度的影响:程序控制的意义研究》,载《个性与社会心理学杂志》(第48期),1985年。

376. 杰弗瑞·T. 乌尔姆:《美国四个地区法院对〈联邦量刑指南〉的部分适用:程序命令证据》,载《象征式互动论》(第28期),2005年。

377. 玛丽·E. 沃格尔:《控辩交易的社会根源:国家形成过程中的冲突与法律(1830—1860年)》,载《法律和社会评论》(第33期),1999年。

378. 杰伊·A. 沃拉、艾丽卡·沃拉:《论南非真相及和解委员会的效力:以科萨人、阿非利卡人和英裔南非人为视角》,载《黑人学生期刊》(第34期),2004年。

379. 詹姆斯·范登堡:《论检察权的适当限制》,载《哈佛法律评论》(第94期),1981年。

380. 藤原浩·瓦戛塔苏玛、亚瑟·罗塞特:《道歉的影响:日本和美国的法律及文化》,载《法律和社会评论》(第20期),1986年。

381. 霍丽达·维克菲尔德、拉尔夫·安德韦杰:《性犯罪者中暴力累犯评估》,载《儿童被性侵指控问题研究》(第10期),1998年。

382. 斯蒂文·E. 威尔伯:《军方是否应采用类似阿尔法特式有罪辩护?》,载《空军法律评论》(第44期),1998年。

383. 凯文·K. 沃什博恩:《论恢复性大陪审团》,载《福德汉姆法律评论》(第76期),2008年。

384. 杰克·B. 温斯坦:《审判法官对〈联邦量刑指南〉违反法律的思考》,载《联邦量刑指南汇编》(第5期),1992年。

385. 托马斯·魏根特:《对受害人/证人帮助项目遇到的问题的分析》,载《国际受害人心理学期刊》(第8期),1983年。

386. 萨拉·N. 威林:《辩诉交易中的被害人参与》,载《华盛顿大学法律季刊》(第65期),1987年。

387. 大卫·B.韦克斯勒:《治疗法理学中的刑事律师:治疗法理学和刑法实践》,载马乔里·A.西尔弗编:《律师的情感援助:把法律作为治疗性专业》,2007年。

388. 大卫·B.韦克斯勒:《反思治疗法理学和刑法实践》,载《刑法公报》(第38期),2002年。

389. 戴安·怀特利:《受害人和刑罚正义》,载《犯罪、司法、道德》(夏秋版),1998年。

390. 詹姆斯·Q.惠特曼:《判处羞辱性惩罚是否可行?》,载《耶鲁法律杂志》(第107期),1998年。

391. 理查德·P.韦伯:《心理健康对刑事被害人权利的影响》,载大卫·B.韦克斯勒、布鲁斯·J.温尼克编:《重点治疗中的法律:治疗法理学的发展》,1996年。

392. 金杰·L.威尔扎克、卡罗尔·A.马克斯托姆:《家长教育对被监禁父亲的控制与满意的父母轨迹的影响》,载《罪犯治疗与比较犯罪学国际期刊》(第43期),2006年。

393. 布鲁斯·J.温尼克、大卫·B.韦克斯勒:《毒品法院:治疗法理学的运用》,载《杜鲁大学法律评论》(第18期),2002年。

394. 布鲁斯·J.温尼克:《重新定义刑事律师在控辩交易及量刑中的作用:以治疗法理学为视角》,载《心理学、公共政策&法律》(第5期),1999年。

395. 布鲁斯·J.温尼克:《治疗法理学的法理》,载大卫·B.韦克斯勒、布鲁斯·J.温尼克编:《重点治疗中的法律:治疗法理学的发展》,1996年。

396. 麦克·E.温:《对性侵者的认知/行为治疗:"否认"行为的治疗战略及系统管理》,载《性泛滥:法律及应对》(第8期),1996年。

397. 安·德莱顿·威特:《用个人数据评估犯罪的经济模式》,载《经济学季刊》(第94期),1980年。

398. 伊莱恩·M.沃尔夫:《对东北部毒品法院执行的系统性限制》,载小詹姆斯·J.诺兰编:《毒品法院的理论和实践》,2002年。

399. 罗纳德·F.怀特:《检察官选举怎样使我们失望》,载《俄亥俄州刑事法律期刊》(第6期),2009年。

400. 罗纳德·怀特、马克·米勒:《控辩交易中的诚信和透明度》,载《斯坦福大学法学法学评论》(第55期),2003年。

401. 罗纳德·F.怀特、罗德尼·L.恩金:《指控运动和检察官理论》,载

《大学法学评论》(第91期),2007年。

402. 科里·雷伯恩·杨:《刑法对新兴的对性犯罪的战争》,载《哈佛民权与公民自由法律评论》(第45期),2010年。

403. 爱德华·安布勒、凯瑞·李·卡姆:《衡量公众量刑态度的一般和特殊方式》,载《加拿大行为科学杂志》(第22期),1990年。

译后记

有学者曾把著书立说比喻为一种修行,这恐是寻常读者无法深切感受的。一本书的创作亦可谓是一个生命的孕育,妊娠只是基本思路形成、写作之肇始。漫漫创作路,文章草创初成,犹如十月怀胎,方才分娩。此间,亦要经历流产之虞、分娩之痛。译书何尝不是如此?

自2013年被国家公派留学美国宾夕法尼亚大学法学院,在法学院新图书展览柜邂逅《刑事司法机器》,便被其标题所吸引。尔后闲暇之余阅读此书,更深深被内容吸引。据此,便有意将该书翻译成中文。在宾夕法尼亚大学法学院学习期间,也和原著作者斯蒂芬诺斯·毕贝斯(Stephanos Bibas)教授取得联系,并获其将该书翻译成中文的授权。后着手其他的准备工作,且几番周折才就绪。在此过程中,数次和北京大学出版社的邹记东主任和李昭编辑联系,多番就版权、翻译和其他相关事宜烦扰他们。而无论何时,他们都非常耐心,并对相关事宜进行耐心而周详的解释,并给予积极的回应和促成。第一次翻译专著就能和这么优秀的出版人合作,我尤荣幸。同时,对于他们高度的学术责任感和出版使命感,亦怀感动。在如今工作均已告罄,即将付梓之际,对他们的辛苦付出表示感谢。

初视翻译是容易之事,但亲为之后,深感翻译绝非易事。借助词典是常事,几易其稿亦是常事。对原文进行理解和表达的准确性和有效性,是巨大挑战。要对原文理解透彻,涉及方方面面。单就语言而言,往往一个词、一个句子,就传递出不同文化背景中的不同观念和意义。衍生至语篇、文章的整体结构、原作者的创作动机和表现意图、句子的结构词的指代,都需要字字句句精雕细琢。

再有，英语和汉语各属性不同，有各自的语言起源的生存地域和发展过程，在语言结构、语言表现和语言习惯上大相径庭，同样意思的表达有时候出入很大，这给理解带来了较大的困难。而对于专业性很强的法学学术专著，既有语言本身带来的困难，还有不同法系法学专业差异性带来的困难。译者不仅要忠实地传递作者的思想意图、保证原作的语言形式、风格特征，而且还要充分理解原文的语言文字、原文结构、作者写作意图和时代背景等。在这一点上，译者肩负着压力和责任。

译书相较于著书，仅缺构想，但却需把作者的构思从一种文字转化为另外一种文字。在此转化过程中，涉及原文理解、词义选择、词性转换、句子转化、文风转化等，其中经历的酸甜苦辣，只有境中人才有体会。鲁迅先生曾描述这境中滋味，他认为当某个名词或动词写不出来时，创作可以回避，但翻译却不能回避，这会扰得译者头晕眼花，好像在脑子里磨一个要用来打开箱的钥匙，但却磨不出来。而且在对两种不同语言进行转化时，过于归化的翻译，感觉少了洋味，过于异化的翻译，感觉文理不通。所以严复亦叹谓译事之"信、达、雅"三事之难。另一方面，翻译又多原著的束缚。除此之外，翻译还要受原著文化和背景知识的束缚，所以翻译是戴着镣铐跳舞。因此，郁达夫甚至认为翻译比创作更艰难。

在翻译该书的过程中，除了上述翻译中的困难外，还需履行和完成自身作为大学老师的责任和义务。因此，工作和翻译的双重任务，常使人感觉分身乏术，以致常工作至"夜半无人私语时"。但是，回顾该著作的翻译历程，有困难亦有收获。特别让人受鼓励的是，当我第三次修改本书且准备向法律出版社交定稿之时，时逢司法部2015年部级课题申报。而全面审视该书的内容后，我发现其与司法部的课题指南和课题方向吻合。因此，我以该书的翻译和研究为内容，进行了课题申报。虽然从前期的准备工作和该书的内容分析，觉得课题还是具有很大的可行性，但并没有给予期待。后接到司法部的立项通知，有几分意料中的高兴，亦有几分意料外的惊喜，更多了几分鼓励。因此，在此对司法部和那些匿名评审的专家们深表感谢,谢谢匿名评审的各位专家对该种比较和借鉴性研究方法和该书内容的认可。

更关键的是,《刑事司法机器》确实为一本值得译介的好书,所以翻译本书亦使人受益匪浅。因此,我想把本书的内容在此向读者进行较为详细的介绍。众所周知,美国作为判例法系的主要国家,其司法制度(包括刑事)的影响力早已漂洋过海蔓延至全世界。然而,美国诸多刑事司法制度,即使为世界瞩目、各国纷纷效仿的司法审查制度、被告人沉默权制度、辩诉交易制度等等,亦正遭受最激烈的反对、批判。赞成与反对者泾渭分明,互相攻讦,难分难解。但是,正是美国刑事法领域的反对者和反思者的坚持不懈的批评和反思,使得相关制度越完善,也更具生命力。《刑事司法机器》正是美国司法制度批评者的又一反思力作。

值得注意的是,本书作者并不像一般的制度批评者那样,按照刑事诉讼法目录,步步为营,逐个击破,或者选择一两项具体制度强攻猛打,既快又准又狠。作者是对美国整个刑事司法制度发动的一场有预谋、有组织、有重点的围剿。作者在深思熟虑中论及了本书的三大主题:法律人士和非专业人士之间的鸿沟;刑事诉讼法价值与刑事实体法价值之间的脱节;从个体恶的模式向多关联的犯罪模式转移。作者着墨最多的是法律人士和非法律专业人士之间的鸿沟。作者认为,控辩交易制度是司法专业化极致的产物。在一定程度上体现了作为刑事司法活动中局内人,即称之为法官、检察官、辩护律师等法律人士的自负、自利,且这些人相信自己是正义之天使、学识渊博、掌握生杀予夺大权。而为了追求效益,局内人通过各种措施进行交易,达至目的:"局内人能够预知结果将是什么,所以他们可以达成反映那些期望的交易,并且节省每一个人的时间和金钱。迅速的交易使所有局内人高兴:检察官、辩护律师和法官都减轻了自己的工作量,从而继续处理接下来要处理的待处理案件。"①于是,控辩交易成了不二之选。但是,现实中控辩

---

① 参见本书"内容概要部分"。

交易的滥用,同时造成了更为严重的问题,因为控辩交易往往只是检察官、法官、辩护律师之间暗地里讨价还价,隐秘、随意且缺乏监督,受害人甚至被告人无法真正参与,这与司法公开、司法民主化的现代刑事司法理念显然背道而驰。

作者认为,在国家垄断的、非透明和非共鸣的刑事司法体系之中,法律人士与非法律人士之间就划出的难以逾越的鸿沟,最终导致刑事司法未能为被害人伸张正义或者治愈被害人。作者反复强调,以控辩交易,包括律师辩护制度在内的一系列现代刑事司法制度滥用或者异化,正将美国的刑事司法日益变成了片面地追求高效率、机械重复且缺乏人性的"刑事司法机器"。在这种刑事司法体制中,刑事司法局外人和局外人基于各自的利益和对司法的诉求,展开了博弈,并使刑事司法付出了沉重的代价:消减刑事实体法的价值和有效性、破坏刑事法治的合法性和信任、妨碍公众监督和公众利益、普适道德与机械效益对弈中效益对普适道德的取缔、刑事司法体系中实体道德沦陷而至的刑事司法公信力的缺失。然而无论是刑事司法改革中的被害人权利运动、恢复性司法运动、治疗型司法运动还是问题解决型法院设置,都没有跳出政府垄断刑事司法或进一步垄断刑事司法的窠臼,最终仍不能避免刑事司法局外人局内人之间的博弈。

由于局内人与局外人相隔离,局内人不会意识到他们对效率的功利性强调会与局外人的表达需求、道德利益相抵触,甚至局内人认为局外人的道德主义是愚昧肤浅的从而对其嗤之以鼻,更不会严肃处理局外人在质量方面的利益诉求,而只会关注数量方面的利益。但局外人除实质性结果之外还寻求程序正义,在意这个过程所表达的信息,认为其参与刑事司法可以充实枯燥的司法程序,而不是通过局内人的话语判断是否实现这些诉求。因此,作者认为刑事司法的疾病不在于过度民众主义本身,而是局内人过多的代理成本及局外人健康发泄方法的缺失。因此,局内人决不能简单地把他们的效率意识、犯罪控制观念和正义感等强加于公众。相反,在民主和法治国家,局外人的正义感对刑事审判的实体和程序都是极为重要的。对于刑事实体法而言,则会意味着要尊重惩罚的该当性,以及大多数社区成员在深思之后所秉持的责任与刑罚直觉。因此,尽管刑事司法的对应物是程序正义和实体正义,但刑事司法的实际情况已经远远疏离公众的程序主义与实体正义观念。所以,从刑事法治角度分析,刑事司法正义需要被带回到审判中,并且从刑事司法民主、刑事司法为民、刑事司法为公的角度分析,刑事司法体系应克服政府垄断型刑事司法体系的非公开、非透明和非共鸣的管理模式。

作者还认为,从刑事司法规范性、合法性、公开性和透明性角度分析,应坚持托克维尔式的民众主义和民主主义,偏离切萨雷·贝卡利亚提出的在刑事司法中占据支配地位的理性主义、集中主义及国家主义,因为这会最终导致刑事审判局内人从根本上而言是韦伯式的官僚主义。同时,刑事程序模式构建者帕克的方案是(温和的)正当程序模式,这种模式强调公平、权利、被告人自主性以及在释放无辜者中的准确性,但政府垄断的刑事司法模式是(法律—秩序)的犯罪控制模式,强调在宣告犯人有罪中的准确性、成本、终局性及效率。而犯罪控制模式忽略了受害者和社区在刑事审判中应该扮演的角色,加速该机制将使被监禁的年度总数量至最大限度,从而通过使其丧失资格和威慑促进犯罪控制。但报应、维护受害者、教育公众或调解并治愈被告人、受害者以及社区等方面的许多讨论被漏掉了。而效率仅仅服务于少数易于量化的价值,刑事司法产出量增至最大限度,但忽略了刑事司法质量及其应有的软性目标。所以作者认为,民众有了解并参与刑事审判的权利,并根据现代刑事司法制度的弊端,从制度的宏观层面、中间层面和微观层面提出了改革路径。作者一直强调,刑事司法应是个性化的、道德的、透明的且是大众参与式的。这样的刑事司法才具有民主性和合法性,才能得到民众支持,才能树立刑事司法威信和提高公信力。所以,作者认为未来的刑事司法改革应重构普适道德在刑事司法体系中的价值,并构建专业人士驱策下还权于公众的刑事司法体系。

之所以能把该书的内容翻译成中文呈现给读者,还应感谢斯蒂芬诺斯·毕贝斯教授。在翻译过程中,有很多我实在把握不准且在中文中很难找到对应的字词,以及遇到可能是美国独有的某些法律文献等,几次写信给毕贝斯教授,毕贝斯教授都给予了详细而耐心的解读,甚至有时候还附上了一些补充材料加以说明。除此之外,本书的最后得以付梓,还应感谢西南政法大学的三位学子的辛苦付出。首先,感谢西南政法大学民商法学院的彭俊旭同学。彭俊旭同学是我上过课的本科学生之一。在教学的师生互动中,我发现这个学生的综合素质非常好,而且电脑知识也很全面。在翻译过程中,由于牛津出版社提供给中方的是加密的 PDF 格式,这给翻译带来了很大不方便,所以就让彭俊旭同学做了很多文档格式的处理工作。同时,彭俊旭同学教会了我很多电脑操作上的方式,并提供了很多电脑技术上的帮助,这对翻译能顺利和方便进行,提供了很大助益。其次,感谢西南政法大学研究生尹丹丹同学。在该书的文字校对过程中,尹丹丹同学多次逐字逐句地校对文字,付出了辛苦劳动。最后,感谢研究生冯小玲同学,在翻译本书期间,为我分担了诸多教学中的辅助性工作,才让我更能够集中精力进行翻译。

在结束本书译校工作之际,亦忆起远在大洋彼岸古老的宾夕法尼亚大学。这是北美历史上第一所真正意义上的大学,也是美国八所常青藤盟校之一。宾夕法尼亚大学是由美国开国元勋、著名科学家和政治家、独立宣言起草之一,避雷针、富兰克林炉及远近两用眼镜等的发明者本杰明·富兰克林创办于 1740 年。这座具有悠久历史的校园总是那么美丽、深沉、幽静、庄重,也培养了诸如巴菲特、郎咸平、梁思成和林徽因等著名的校友。在宾大一年学习期间,法学院主管国际事务的领导、老师和图书馆的工作人员给我提供了"非常优质的服务"——我无可挑剔的服务。比如如果需要参考书、相关文章,只要联系相关工作人员,他们会把相关的文章发往我的邮箱,或者把需要的参考书送往我的办公室。如果需要的参考书在宾大法学院图书馆找不到,相关的工作人员会帮助跨图书馆在全美帮我借,在极短的时间从美国其他的图书馆帮我借到,然后送往我的办公室。即使需要的文献在美国找到有困难,图书馆相关的工作人员,也会竭尽全力和与宾大法学院图书馆有合作的世界其他图书馆联系,帮助我查找相关文献。而这些工作人员的效率非常高,不需要再次催促就能在极短的时间里帮我找到相关文献。诸多种种汇流成涓,给我太多惊讶和感动。还有校园冬日的皑皑白雪、春日暖阳中的蝶飞花舞、夏日里的碧草盎然、蓝天白云映衬的金秋气爽,构筑了我留学生生涯中这一段至今犹在眼前的令人忘怀的美好时光。

　　行文至此,言犹未尽。而我迫切想在此特向读者说明的是,由于中美两国语言逻辑和法律文化传统的巨大差异,译文难免或多或少具有"翻译的痕迹",望读者谅解,并不吝批评指正!

姜　敏
二〇一五年二月